Uta Ranke-Heinemann, geboren am 2. Oktober 1927, promovierte 1954 in katholischer Theologie und habilitierte sich 1969 weltweit als erste Frau in diesem Fach. 1970 wurde sie Professorin für katholische Theologie und verlor ihren Lehrstuhl (Neues Testament und Alte Kirchengeschichte) an der Universität Essen, weil sie die Jungfrauengeburt Mariens theologisch und nicht biologisch deutet. Seit Ende 1987 hat sie den Lehrstuhl für Religionsgeschichte an der Universität Essen inne.

Von Uta Ranke-Heinemann ist außerdem erschienen:

»Eunuchen für das Himmelreich« (Band 4079)

Vollständige Taschenbuchausgabe August 1994
Droemersche Verlagsanstalt Th. Knaur Nachf., München
© 1992 Hoffmann und Campe Verlag, Hamburg
Originalverlag Hoffmann und Campe, Hamburg
Umschlaggestaltung Werner Rebhuhn
Druck und Bindung Elsnerdruck, Berlin
Printed in Germany 5 4 3 2 1
ISBN 3-426-77090-3

Uta Ranke-Heinemann

Nein und Amen

Anleitung zum Glaubenszweifel

Inhalt

Meinem Mann

Als ich ein Kind war, hat mich am Christentum im Grunde nur eine einzige Frage interessiert: Gibt es ein Leben nach dem Tod? Ich lag manchmal lange wach vor dem Einschlafen und stellte mir vor, im Sarg zu liegen: ewig, ewig, ewig... Und die Kinderfrage und die Kinderangst wurden schwer und dunkel wie die Nacht.

Etwa ein halbes Jahr vor dem Ende des Krieges, also 1944, als unser Haus, die Schule und die ganze Stadt Essen durch Bomben weithin zerstört waren und auch in Winterberg, wohin uns der Krieg inzwischen verschlagen hatte, keine Schule für mich mehr war, fuhr meine Mutter mit mir nach Marburg zu Professor Rudolf Bultmann (1884–1976), bei dem sie in den zwanziger Jahren studiert und ihr Staatsexamen gemacht hatte, um ihn zu fragen, ob ich bei ihm wohnen und in Marburg weiter zur Schule gehen könnte. Ich war damals gerade 17 Jahre alt, und er sagte freundlich: »Wir (= er, seine Frau und seine Töchter) freuen uns auf die kleine Uta.« Und so blieb ich dort, bis der Krieg vorbei war.

Damals – durch die Bombennächte und Katastrophen des Krieges übertönt – erhoben sich innerhalb der evangelischen Kirche die ersten Stimmen gegen Rudolf Bultmann, den später wegen seiner »Entmythologisierung des Neuen Testaments« so berühmten evangelischen Theologen. Und eines Tages kam ein Brief von meinem Pfarrer Friedrich Graeber, bei dem ich konfirmiert worden war, dem besten Freund meines Vaters: »Liebe Uta, Professor Bultmann glaubt nicht an die Auferstehung. Laß Dich nicht davon beeinflussen.«

Beim (damals allerkärglichsten) Mittagessen sagte ich: »Herr Professor, stimmt das, daß Sie nicht an die Auferstehung glauben?« Er sagte: »Uta, das verstehst du noch nicht.« Und er lächelte dabei so müde wie jemand, der immer dasselbe gefragt wird, daß ich schloß: Er glaubt zwar an die Auferstehung, aber offenbar irgendwie anders als andere. Ich fragte nicht weiter und verschob die Erörterung dieses Problems auf später. Im Moment war ich zudem vorwiegend damit beschäftigt, genügend vorbereitet zu sein, da Rudolf Bultmann jeden Dienstag- und Freitagnachmittag oben in seinem Arbeitszimmer zwei Stunden mit mir Platon übersetzte, d. h.: ich übersetzte, und er erklärte mir die Gedankenwelt Platons.

Viel später, nachdem ich in den Spuren meiner Mutter evangelische Theologie studiert hatte und – durchaus nicht in den Spuren meiner Eltern – 1953 zum Katholizismus übergetreten war, habe ich ihn in einem Brief noch einmal nach seinem Glauben an die Auferstehung der Toten gefragt. Aber davon später im Kapitel über Ostern.

Die Frage nach einem Leben nach dem Tod und die Erinnerung an Rudolf Bultmann, den Gelehrten voller Hilfsbereitschaft, den Aufgeklärten voller Frömmigkeit, haben mich durch mein Leben begleitet. Die Erinnerung an Bultmann war gegenwärtig, als bei mir die Zweifel größer wurden. Aber gleichzeitig hat mich sein Beispiel gelehrt, daß auch der Skeptiker ein Christ sein kann. Und wenn in diesem Buch von manchem Nein zur gewohnten Glaubenswelt die Rede ist, wird dadurch das Amen, das der Mensch hinter allem Zweifel gleichwohl sagen kann, nicht ausgeschlossen.

Der Mensch ist ein gutgläubiger Mensch. So ist er der ideale Boden für Religion. Das ist so lange nicht bedenklich, wie es der Mensch mit Gott selbst zu tun hat, denn der Mensch darf darauf vertrauen, daß Gott ihn nicht hinters Licht führt. Aber der Mensch hat es viel weniger mit Gott als mit dessen Vertretern zu tun. Und von ihnen läßt der Mensch sich, da sie ihm versichern, daß es zu seinem ewigen Glück und Heil sei, viel erzählen. Gläubig akzeptiert er ohne Fragen, was sie ihn zu glauben und zu tun lehren, denn wenn eine Autorität ihm in göttlichem Auftrag entgegentritt, scheint ihm jeder Zweifel sündhaft.

Mit der Wahrheit Gottes hat es der Christ in seinem Leben nur indirekt zu tun, denn »was Gott geoffenbart hat, lehrt uns die katholische Kirche«, sagt der Katechismus. Oder, wie es in einem katholischen Kirchenlied heißt: »Ich glaube, Gott, mit Zuversicht, was deine Kirche lehret, es sei geschrieben oder nicht, denn du hast ihr's erkläret.« Der Christ erhält die Wahrheit also, wenn überhaupt, nur aus zweiter Hand. Aber die Wahrheit, die durch fremde Hände ging, ist eine zensierte Wahrheit. Und auch der Gott, dem der Mensch am Ende der kirchlichen Verteilerkette begegnet, ist ein zensierter Gott. Die Wahrheit oder das, was von ihr übrigblieb, ist zudem durch theologischen Unverstand der Hirten zu einer Masse von Unverstandenem und Unverständlichem und damit zu einem Pseudo- und Aberglauben verkommen.

Der Mensch wird von der Kirche zum Glauben gerufen und nicht zum Denken. Und so übt sich der Mensch ein Leben lang in der christlichen Gymnastik des Ja-und-Amen-Sagens. In einer Religion, die den Glaubenden seligpreist und niemals die Zweiflerin, bleiben die Fragenden ohne Segen und machen Fragende sich bei manchem Glaubenden verdächtig. Dabei ist Fragen eine christliche Tugend, obwohl sie selten eine Tugend der Christen ist.

Vielleicht, daß der Mensch einmal nicht länger zufrieden ist mit dem, was andere von ihm verlangen zu glauben, daß er ihre Märchen nicht mehr hören und sie nicht mehr für wahr halten will, weil sein Herz und sein Verstand leiden.

Aber wohin soll er sich wenden? Die Kirche ist nicht am Verstand und an der Aufklärung des Menschen interessiert. Jede Art von Aufklärung erscheint ihr eher verdächtig und oft verdammenswert. Die Kirche redet nur von der Verletzung der religiösen Gefühle. Auf solche Verletzungen achtet sie sehr und rannte solcher wegen oft zum Richter. Sie achtet leider zu wenig auf die Verletzung des religiösen Verstandes. Der religiöse Verstand ist im Gesetz überhaupt nicht geschützt. Es gibt ihn von Rechts wegen gar nicht. Und so ist der Mensch, wenn es ihn nach Wahrheit verlangt und wenn er damit nicht nur die von den kirchlichen Vorgesetzten vorgesetzten Wahrheiten meint, auf sich selbst verwiesen.

Diesem suchenden Verstand wollen die folgenden Darlegungen eine Hilfe sein. Manche werden sagen, damit werde dem Glauben geschadet. Aber der Verstand kann dem Glauben nicht schaden, viel eher und viel öfter hat der Glaube dem Verstand geschadet. Und geistig unbeschadet glauben zu wollen ist, recht betrachtet, ein Akt der Frömmigkeit.

Wenn der Mensch, der nach einer unmittelbareren, eigentlicheren und größeren Wahrheit verlangt, einfach fortgeht aus den vielen Wörtern und den leeren Predigten, kann es sein, daß eine neue und schöne und sanfte Wahrheit in seiner Dunkelheit aufgeht, die Wahrheit der Barmherzigkeit Gottes nämlich, die von den vielen kirchlichen Märchen verdeckt war und die doch die einzige Wahrheit ist und auch die einzige Hoffnung.

Diese Wahrheit begegnet uns in der Person Jesu. Es ist nicht viel, was wir über Jesus wissen. Wir wissen nicht, wann und wo er geboren ist, nicht, wann er gestorben ist. Er ist ein Mensch ohne Biographie. Wir wissen nicht, welchen Zeitraum seine öffentliche Predigttätigkeit umfaßte und wo genau sich diese abgespielt hat. Wir wissen genaugenommen nicht viel mehr, als daß er geboren wurde, daß es Menschen gab, die ihm während seiner Predigerzeit als seine Jünger und Jüngerinnen gefolgt sind, und daß er am Kreuz, dem römischen Galgen, als Aufrührer hingerichtet wurde und so auf elende Weise zu Tode kam.

Wir wissen nicht viel von Jesus. Aber wenn wir ihm nachgehen, spüren wir, daß er Gott gesucht und daß er Gott gefunden hat und daß er diesen Gott als einen jedem Menschen Nahen offenbaren und daß er jeden Menschen zu einem Nahen dieses Gottes und zu einem Nahen jedes Nächsten werden lassen wollte. Wer es wissen will, weiß auch, daß Jesu Stimme eine immer noch lebendige Stimme ist, seine Wahrheit eine immer noch lebendige Wahrheit und sein Gott ein immer noch lebendiger und naher Gott.

Dieser Jesus liegt nicht nur in Jerusalem begraben, sondern auch unter einem Gebirge von Kitsch und Fabelei und kirchlicher Phraseologie. Es gilt, einen Verschollenen und Vermißten wiederzufinden.

I. Kapitel

Das Weihnachtsmärchen des Lukas

Weihnachten, das Fest der Geburt Jesu, ist so etwas wie die Eingangspforte zur christlichen Welt. Es ist eine schöne und reiche Pforte, eine Art Zaubertor. Es liegt Geheimnisvolles hinter diesem Tor, etwas von den Märchen aus Tausendundeiner Nacht. Auch hier spielt sich alles im Orient ab, und so sind denn auch orientalische Könige da und Kamelkarawanen und ein fremder Stern und der Duft von unbekannten Spezereien.

Über solche goldenen Traumbilder eines geheimnisvoll verklärten Tages in einer fernen Vergangenheit hinaus bietet Weihnachten dem heutigen Menschen einen ganz konkreten Zauber. Es schenkt ihm eine Welt voller Lichterschein, mit Kerzen und Tannenduft und Weihnachtsliedern, und so legt es über die vielfältige menschliche äußere und innere Armut für einen Abend oder einige Tage den Widerschein von Engeln. Und diese verkünden eine große Freude.

Und doch ist alles nur ein Märchen. Denn in Wahrheit kommt niemals ein Engel in unseren Alltag, um große Freude zu verkünden. In Wahrheit hält niemals ein Märchen dem Leben stand. Und es kann auch jenes zauberhafte Märchen von der Krippe und den Königen und den Hirten auf dem Felde vor dem kritischen Blick auf die wirkliche Geschichte nicht bestehen, auch nicht vor dem Blick auf die wirkliche Geschichte des Kindes, dessen Geburt wir Weihnachten gedenken, da diese eine bittere Geschichte wurde und in einer Hinrichtung endete. Und hatten wir auch schon im Märchen so etwas wie den Saum vom Kleid eines Engels in der Hand – wenn wir die Hand öffnen und hineinsehen, ist sie doch wieder leer. Das haben Märchen so an sich, daß ihre bunten Seligkeiten vergehen wie eine Fata Morgana.

Aber, wenn uns diese Tatsache auch bekümmern mag, wir sollten ihr nicht ausweichen. Denn es ist nicht einmal ausgemacht, ob wir so schlecht dabei fahren, wenn wir den Bildern der phantastischen Fabeln den Rücken kehren und sie tauschen gegen eine unmärchenhafte Wahrheit, die stärker als alle Märchen unser Leben betrifft. Es ist die Wahrheit, die Jesus verkündete, nachdem auch er aus dem Zauber der Kindheit herausgetreten war in die Schmerzen der Welt: nämlich die Wahrheit der Liebe Gottes.

Aber als wäre immer noch oder immer nur die Zeit der Märchen, wird statt dieser Wahrheit den Christen Dekoration und bunter Flitter des märchenhaften Eingangs geboten. Es wird uns Wahrheitsersatz in Gestalt von Fabeleien als wesentliche und feiernswerte Wahrheit vorgesetzt und damit das Wesentliche unter Weihnachts- und sonstigem Wunderkitsch und -rummel begraben. Wenn sich die Kirche zu einer Art ewiger Scheherazade, zu einer unaufhörlichen Märchenerzählerin von tausendundeinem Wunder stilisiert, hat sie das einzige lebenswichtige Wunder gegen nichtige Wünderchen getauscht und verraten.

Innerhalb der sogenannten synoptischen Evangelien von Markus, Matthäus und Lukas, die man so nennt, weil sie in ihren Darstellungen eine »Synopse« = »gemeinsame Sicht« haben, läßt sich die Tendenz zur Wundergeschichte deutlich erkennen. Markus ist der älteste von den dreien, dann folgen Matthäus und Lukas. Und bei ihnen verstärkt sich die Absicht, Jesus immer mehr himmlisch zu überhöhen und zu vergöttlichen durch immer massivere Eingriffe himmlischer Mächte in sein konkretes Leben, schon in das seiner Geburt, schon seiner Zeugung und Empfängnis.

Bezeichnend ist, daß Paulus, der älteste neutestamentliche Schriftsteller, nichts von einer Jungfrauengeburt erwähnt. Sein Glaube gründet sich allein auf die alles entscheidende und alles umfassende theologische Wahrheit von der Auferstehung Christi:

»Wurde Christus nicht auferweckt, so ist euer Glaube nichtig« (1 Kor 15,17). Wäre Christus nicht auferstanden, dann hätten auch Engelverkündigung, Jungfrauengeburt und Wundertaten den Glauben nichtig sein lassen. Ist aber Christus auferstanden, bedarf es aller dieser Wundererzählungen nicht. Und so redet Paulus auch nicht von ihnen.

Aber der späteren Generation, der die Evangelisten angehörten, genügte der Glaube an die Auferstehung nicht mehr. Sie wollten massive Beweise der Göttlichkeit Jesu liefern. Die Wahrheit der Auferstehung haben sie dabei zu detaillierten, einander widersprechenden Auferstehungswundergeschichten ausgearbeitet. Im übrigen haben sie die Göttlichkeit Jesu, die sie darzustellen trachten, immer weiter vordatiert.

Bei Markus, dem ältesten, bei dem eine wunderbare Verkündigungs- und Geburtsgeschichte noch fehlt, tut sich der Himmel bei der Taufe Jesu auf und erklärt eine Stimme die Gottessohnschaft. Bei Markus wurde Jesus also erst anläßlich seiner Taufe zum Sohn Gottes. Bei Matthäus greift Gott schon vor Jesu Geburt auf wunderbare Weise ein. Dem Josef erscheint ein Engel, allerdings nur im Traum. Der Traumengel bringt ihm die Botschaft einer göttlichen Geburt. Bei Lukas tritt der Engel dann schließlich leibhaftig, wenn man das von einem Engel sagen kann, in Erscheinung. Bei dem vierten und spätesten Evangelisten, Johannes, der nicht zu den Synoptikern gerechnet wird, weil er eine eigene Darstellung der Ereignisse bietet, ist der Prozeß der wunderbaren Vergöttlichung Jesu innerhalb des Neuen Testaments zu seinem Höhepunkt gelangt: Bei ihm ist Jesus schon vor der Empfängnis Gott.

Seit den neutestamentlichen Wundergeschichten hat sich das Christentum bis heute immer mehr zu einem Wunderglauben entwickelt, hat es sich in immer sonderbareren Kuriositäten und Abstrusitäten entfaltet und verflüchtigt. Und diese sind so sehr das Maß christlichen Glaubensverständnisses geworden, daß einer, der heute an nichts anderes glauben will als an Jesus und dessen Auferstehung, in den Augen der Kirche ein Ketzer ist.

Aber nun konkret zu den Weihnachtsgeschichten des Neuen Testaments: Die Berichte der Evangelien von Matthäus und Lukas – nur diese beiden berichten über die Geburt Jesu – sind, was Zeit, Ort und Umstände der Geburt Jesu betrifft, legendär. Die Evangelien von Markus und Johannes berichten nichts über die Geburt Jesu, sondern beginnen ihre Darstellung des Lebens Jesu erst mit einem Zeitpunkt, da Jesus bereits erwachsen war. (Es sei angemerkt, daß das Lukasevangelium ebenso wie die Apostelgeschichte – beide Schriften haben denselben Verfasser – nicht von Lukas, dem im Kolosserbrief [4,14] genannten Arzt und Begleiter des Paulus, stammen. Auch der Autor des Matthäusevangeliums ist nicht der Apostel Matthäus. Die Autoren beider Evangelien sind unbekannt.)

Es genügt ein kurzer Blick auf die Unmöglichkeiten und Widersprüche, die wir in den Berichten der Evangelien über die Geburt Jesu finden, um ihre historische Unglaubwürdigkeit zu erkennen. Fangen wir bei der berühmten Weihnachtsgeschichte des Lukas an, die in vielen christlichen, insbesondere evangelischen Familien zu Weihnachten verlesen wird: »In jenen Tagen geschah es, daß vom Kaiser Augustus ein Befehl ausging, daß von der ganzen bewohnten Erde eine Schätzung gemacht werde. Diese Schätzung war die erste und geschah, als Quirinius Statthalter in Syrien war. Alle gingen hin, um sich schätzen zu lassen, ein jeder in seine Stadt« (Lk 2,1–3).

Schon mit der Behauptung eines derartigen Volkszählungsbefehls erweist sich der ganze Bericht als Fabel. Kein römischer Kaiser hat jemals einen so unsinnigen Völkerwanderungsbefehl gegeben, der die Einwohner des Reiches kreuz und quer durch die Länder in ihre Heimatstädte und wieder zurück zu ihrem Wohn- oder Aufenthaltsort in Bewegung gesetzt hätte. Eine solche Steuerschätzungsmethode wäre absurd und undurchführbar gewesen.

Natürlich waren Volkszählungen (census) und Aufstellungen von Bürgerlisten zur Steuerveranlagung und auch zur militärischen Musterung üblich. Solche Zählungen erfolgten in Rom alle fünf Jahre. Dieser Brauch bestand seit 366 v. Chr. Jeder Bürger der Stadt Rom mußte dann auf dem Marsfeld erscheinen und vor den Zensoren (censores) seine Familien- und Vermögensverhältnisse offenlegen. Volkszählungen in den Provinzen fanden nicht in regelmäßigen Zeitabständen, sondern nach Bedarf statt. Bei solchen Volkszählungen waren dem römischen Staat die familiären – in diesem Fall jüdischen – Ursprungsorte völlig gleichgültig. Nach dem römischen Recht mußten die Steuererklärungen am Wohnort des Steuerpflichtigen, für den Grundbesitz am Ort des Grundbesitzes abgegeben werden.

Eine Volkszählung des Quirinius in Judäa hat tatsächlich stattgefunden. Nach dem Tod des Königs Herodes 4 v. Chr. war der älteste Sohn des Herodes, Archelaos, »Ethnarch« (= Volksfürst) von Judäa, Samaria und Idumäa geworden. Er lebte in dauernden Streitereien mit seinen Untertanen. Nachdem es zu einem Blutbad im Vorhof des Tempels gekommen war, wandte sich die Bevölkerung mit einer Beschwerdedelegation an Augustus. Der Kaiser zitierte Archelaos zu sich, setzte ihn ab und verbannte ihn nach Gallien.

Nach der Absetzung des Archelaos wurde Judäa 6 n. Chr. der römischen Provinz Syrien zugeschlagen. Im selben Jahre 6 n. Chr. wurde Quirinius vom Kaiser zum Statthalter (legatus) von Syrien ernannt, und zwar mit dem speziellen Auftrag, Judäa verwaltungsmäßig zu organisieren. Judäa erhielt gleichzeitig einen Regionalstatthalter (procurator, von Luther mit »Landpfleger« übersetzt) als Verwalter. Diese Landpfleger hatten übrigens nicht in Jerusalem ihren Sitz, sondern in Cäsarea am Meer. Nur zu den hohen Festtagen, wenn die Juden in großen Mengen nach Jerusalem strömten, kamen auch die Prokuratoren dorthin, um eventuellen Unruhen entgegenzutreten. Der bekannteste Prokurator war Pontius Pilatus (26–36 n. Chr).

Josephus (* 37/38 n. Chr., † 100/110), jüdischer Heerführer und 66/67 n. Chr. Oberbefehlshaber in Galiläa, der im Jahre 67 mit der Festung Jotapata vor den Römern kapitulierte und nach der Zerstörung des Tempels und der Beendigung des Jüdischen Krieges (66–70 n. Chr.) eine Anzahl von wichtigen historischen Werken verfaßte, die für uns die Hauptquelle der neutestamentlichen Zeitgeschichte sind, berichtet über Quirinius und dessen Volkszählung: »Quirinius, einer von den römischen Senatoren, der übrigens alle öffentlichen Ämter bereits bekleidet hatte und wegen seiner ehrenvollen Stellung großen Einfluß besaß, kam auf Geheiß des Kaisers mit wenigen Begleitern nach Syrien, teils um Gerichtssitzungen abzuhalten, teils um die Vermögensschätzung vorzunehmen. Zugleich mit ihm wurde Coponius, ein Mann ritterlichen Standes, zur Wahrnehmung der höchsten Gewalt nach Judäa entsandt. Bald begab sich nun auch Quirinius nach Judäa, das mit Syrien verbunden war, um auch hier eine Vermögensschätzung vorzunehmen und die Güter des Archelaos zu verkaufen« (Jüdische Altertümer 18,1,1; Übers. H. Clementz [auch im folgenden]).

Was diese Volkszählung bzw. Vermögensschätzung betrifft, gibt Josephus außer dem Hinweis auf den Prokurator Coponius (6–9 n. Chr.) noch einen anderen Hinweis auf das Jahr 6 n. Chr.: »Als Quirinius für das Vermögen des Archelaos einen Treuhänder bestellt und die Vermögensschätzung, die in das 37. Jahr nach dem Siege des Caesar über Antonius bei Actium fiel, zu Ende geführt hatte, setzte er den Hohenpriester Joazar, der mit dem Volk in Streit geraten war, ab« (a. a. O. [= am angegebenen Ort] 18,2,1). Die Schlacht bei Actium (der spätere Kaiser Augustus siegte über Antonius und Kleopatra) hat im Jahre 31 v. Chr. stattgefunden; wir kommen folglich wieder zu dem Jahr 6 n. Chr.

Der erste Prokurator war, wie gesagt, L. Coponius (6–9 n. Chr.). Unter diesem kam es sofort zu einem schweren Zusammenstoß mit der jüdischen Bevölkerung, eben wegen der von Quirinius im Jahre 6 n. Chr. angeordneten Volkszählung. Der Widerstand gegen die Zählung des Quirinius war so stark, daß ein gewisser Judas mit dem Beinamen »der Galiläer« in Judäa und Samaria einen Volksaufstand ins Leben rief. Judas der Galiläer »behauptete, es sei ein Frevel, wenn sie Steuern an die Römer zahlten und somit außer Gott auch Sterbliche als ihre Herren duldeten« (Josephus, Der Jüdische Krieg, 2,8,1; Übers. H. Endrös [auch im folgenden]). Die Apostelgeschichte berichtet (5,37) von seinem Tod bei diesen Unruhen. Später ließ der Prokurator Alexander (46–48 n. Chr.) auch seine beiden Söhne Jakob und Simon als Aufrührer kreuzigen (Josephus, Jüdische Altertümer, 20,5,2).

Im selben Jahre 6 n. Chr. erfolgte, ebenfalls im Zusammenhang mit dieser Volkszählung, die Gründung der extrem nationalistischen Partei der Zeloten (= Eiferer, gemeint sind Leute, die sich mit Eifer für das Gesetz Gottes einsetzen). Gründer und religiöser Inspirator war wieder Judas der Galiläer, zusammen mit dem Pharisäer Zadok. Die Zeloten sahen den Kampf gegen die römische Fremdherrschaft als religiöses Gebot. Bemerkenswert ist, daß die Gründung in Galiläa erfolgte, obwohl dieser Landesteil von der Volkszählung gar nicht betroffen war. Galiläa hatte sich aber schon vorher zu einem Zentrum des Widerstandes gegen die römische Besatzungsmacht entwickelt, und die Galiläer hatten den Ruf von Anarchisten. Wahrscheinlich hat die Tatsache, daß Jesus Galiläer war, bei seinem Prozeß und seiner Hinrichtung eine entscheidende Rolle gespielt.

Halten wir also fest: Die bei Lukas erwähnte Volkszählung zum Zeitpunkt der Geburt Jesu hat in Wahrheit erst im Jahre 6 n. Chr. stattgefunden. Von einer früheren ist nichts bekannt. Diese Zeitangabe des Lukas stimmt demnach nicht einmal mit seiner eigenen anderen Angabe überein, wonach Johannes der Täufer, Jesu nur sechs Monate älterer Vetter, zur Zeit des Herodes (†4 v. Chr.) gezeugt worden sei (Lk 1,5).

Neben der unstimmigen Zeit nennt Lukas auch einen falschen Grund der Reise nach Bethlehem. Nur wenn Josef in Bethlehem Grundbesitz gehabt hätte, wäre eine solche Reise für ihn in Frage gekommen. Ohne Grundbesitz wäre er in Galiläa unter dem Vierfürsten Herodes Antipas von der Anordnung des syrischen Statthalters Quirinius gar nicht betroffen gewesen. Auf keinen Fall konnte der Grund für seine Reise die Tatsache sein, daß er, wie Lukas sagt, »aus dem Hause und Geschlechte Davids war«, weil das, wie schon gesagt, die Römer in diesem Zusammenhang nicht interessierte.

Grundbesitz aber hatte Josef in Bethlehem nicht. Er hätte sonst dort Sklaven oder Pächter gehabt, wäre ein vermögender Mann gewesen und hätte das Kind bei Pächter oder Verwalter zur Welt kommen lassen können statt in einer Krippe. Daß es sich aber bei Josef und Maria um arme Leute, um ein Paar ohne Besitz handelte, geht aus der Schilderung des Lukas über das Reinigungsopfer Marias hervor. Er schreibt: »Als die Tage ihrer Reinigung sich nach dem Gesetz des Moses erfüllten (Lukas bezieht hier fälschlicherweise die Notwendigkeit einer kultischen Reinigung auf beide Eltern, die Reinigung betraf aber nur die Mutter. Im Deutschen fällt sein Irrtum nicht auf, weil die Worte «ihrer Reinigung»vom Leser nur auf Maria bezogen werden, im Urtext steht aber der Plural *auton*, also ihrer = Marias und Josefs Reinigung), brachten sie ihn (Jesus) nach Jerusalem hinauf, um ... das Opfer darzubringen nach der Vorschrift im Gesetz des Herrn: ›Ein Paar Turteltauben oder zwei junge Tauben‹« (Lk 2,22 ff.).

Ein Taubenopfer war nicht die Regel, sondern eine Ausnahme und nur bei armen Leuten zulässig: »Wenn aber die Zeit ihrer Reinigung vorüber ist ..., soll sie ein einjähriges Lamm zum Brandopfer und eine junge Taube oder Turteltaube zum Sündopfer ... zum Priester bringen. Dieser bringe es vor dem Herrn dar und schaffe ihr Sühne, und so wird sie von ihrem Blutfluß rein ... Wenn sie aber zur Beschaffung eines Lammes zu arm ist, so nehme sie zwei Turteltauben oder zwei junge Tauben, die eine zum Brandopfer, die andere zum Sündopfer; der Priester schaffe Sühne für sie, dann wird sie rein« (3 Mose 12,6 ff.). Wenn die Opferung von Tauben durch Maria nicht auch bloß wieder Phantasie des Evangelienschreibers ist, so wird daran die Armut des Paares deutlich. Jedenfalls kann man Josef nicht einerseits, um einen Grund für seine Reise zu haben, als Grundbesitzer in Bethlehem sehen wollen und andererseits Maria ein Armenopfer darbringen lassen.

Hat aber gar keine Volkszählung zur Zeit der Geburt Jesu stattgefunden, sofern diese Geburt unter Herodes erfolgte, dann gab es überhaupt keinen Grund für Josef, seine schwangere Frau unmittelbar vor der Entbindung den Beschwerden und Gefahren einer solchen Reise auszusetzen. Folglich kann man sagen: Maria und Josef haben zu dieser Zeit und aus diesem Grund diese Reise nach Bethlehem nicht gemacht. Daraus folgt, daß Jesus, wenn Maria und Josef in Nazareth wohnten, nicht in Bethlehem geboren ist, sondern in Nazareth. Bethlehem ist aber für Lukas (genau wie für Matthäus) als Geburtsort Jesu wichtig, weil es die Davidsstadt ist. Lukas will mit seiner Konstruktion der Volkszählung die Geburt Jesu in Bethlehem plausibel machen, aber da er mit den Tatsachen willkürlich umgeht, wird er von den Tatsachen widerlegt. Und darum gab es keine vergebliche Herbergssuche und kein Kind in einer Krippe und keine Hirten an derselben, und Ochs und Esel daneben auch nicht.

Selbst wenn man für einen Augenblick unterstellen wollte, daß es eine solche Zählung zu der von Lukas angegebenen Zeit, nämlich zur Zeit des Herodes, gegeben hätte, wäre der Gedanke eines solchen Marsches einer Hochschwangeren unmittelbar vor der Entbindung nach Bethlehem absurd. Man müßte das Verhalten Josefs, der damit seine Frau und das ungeborene Kind in Lebensgefahr gebracht hätte, schon als unbegreiflich rücksichtslos bezeichnen, insbesondere, wenn man bedenkt, daß Marias Anwesenheit bei einer Steuerschätzung gar nicht erforderlich war, da die Registrierungspflicht sich allein auf die Familienoberhäupter bezog. Zudem erfolgten solche Schätzungen nicht an einem bestimmten Stichtag, sie zogen sich über Wochen oder sogar Monate hin. So eilig war die Sache also auf keinen Fall.

Es ist, wenn wir dem Evangeliumsbericht folgen, gänzlich unbegreiflich, daß Josef für die Geburt nicht bessere Vorsorge traf, daß er z. B. nicht dafür sorgte, daß Maria, als »sich die Tage ihrer Niederkunft erfüllten«, bei ihrer Verwandten Elisabeth, die nach dem Neuen Testament nur wenige Kilometer entfernt wohnte, ihren Aufenthalt nahm und dort ihren Sohn gebar. Vermutlich ist allerdings diese Verwandte auch nur legendär.

Außerdem war der Weg Marias und Josefs (genannt wird zunächst einmal nur der Mann: »Auch Josef zog von Galiläa, aus der Stadt Nazareth, hinauf nach Judäa« [Lk 2,4]) zur angeblichen Volkszählung ein beschwerlicher und gefährlicher Weg von etwa 130 Kilometern. Was die Beschwerden betrifft, mag man sich nur den letzten Teil des Weges vergegenwärtigen, den von Jericho nach Jerusalem (denn es ist anzunehmen, daß der einfachere Weg durch das Jordantal genommen wurde und nicht der Weg bergauf und bergab durch das zudem feindliche Bergland von Samaria. Auch von Jesus wird berichtet, daß er den Weg nach Jerusalem über Jericho nahm: Mk 10,46). Jericho liegt 250 Meter unter dem Meeresspiegel, Jerusalem ca. 750 Meter über dem Meeresspiegel. In der Regenzeit, im Winter also, war an ein Fortkommen wegen der aufgeweichten Wege überhaupt nicht zu denken. Deswegen ist es auch absurd, wenn wir uns die Weihnachtsgeschichte als im Dezember geschehen vorstellen (»mitten im kalten Winter«).

Und gefährlich war der Weg auch, denn das Räuberunwesen war zur damaligen Zeit stark verbreitet. Einzelpersonen und kleine Gruppen waren in ständiger Gefahr, überfallen zu werden. Die Geschichte von dem Mann, der von Jerusalem nach Jericho gehen wollte und unter die Räuber fiel, wie sie Jesus erzählt (Lk 10,30), ist ganz aus dem täglichen Leben gegriffen. Zusammen mit Maria und Josef wäre aber vermutlich kaum jemand aus Nazareth zu einer Volkszählung nach Bethlehem gegangen, denn es ist nicht anzunehmen, daß eine größere Zahl von Bethlehemitischen Grundbesitzern ausgerechnet in Nazareth wohnte. Nur zu den hohen Festtagen konnten sich zum Schutz vor Räubern größere Reisegesellschaften, Karawanen, bilden.

Es ist aber nirgendwo davon die Rede, es ist vielmehr ausgeschlossen, daß die Steuerveranlagung ausgerechnet an einem der drei hohen Festtage (Ostern, Pfingsten und Laubhüttenfest) stattfand, an denen die jüdischen Pilger nach Jerusalem kamen. Falls sie sich nämlich an anderen Orten als Jerusalem hätten schätzen lassen müssen, wären sie entweder durch ihre religiöse Pflicht zur Wallfahrt an ihrer politischen Pflicht zur Schätzung oder umgekehrt durch ihre politische Pflicht zur Schätzung an ihrer religiösen Pflicht zur Wallfahrt gehindert worden. Diese religiöse Pflicht zur Wallfahrt bestand aber für alle (mit einigen Ausnahmen): »Alle sind verpflichtet, an den drei Hauptfesten im Tempel zu erscheinen, außer Tauben, Blödsinnigen, Minderjährigen, Geschlechtslosen, Zwittern, Frauen (!), Sklaven, Lahmen, Blinden, Kranken, Greisen und denen, die nicht imstande sind, mit eigenen Füßen heraufzugehen zum Tempelberg« (zitiert nach: Joachim Jeremias, Jerusalem zur Zeit Jesu, 1969, S. 87). Kurz, die Schätzung kann nicht ausgerechnet zu den drei großen Festen erfolgt sein.

In der übrigen Zeit, in der keine Pilger in Massen zu den Festen kamen, standen Übernachtungsquartiere in Jerusalem zehntausendfach leer. Jerusalem war eine Fremdenverkehrsstadt von einmaligem Ausmaß. Es galt als achtes der zehn Wunder, die am Heiligtum geschehen, daß genügend Platz vorhanden war und nie einer zum anderen sagte: »Der Andrang ist zu groß, ich finde kein Nachtquartier in Jerusalem.« Indes, so ganz stimmte das nicht. So wird berichtet: »Niemals wurde jemand im Tempelhof zerquetscht, außer an einem Passahfest zur Zeit Hillels, an dem ein Greis zerquetscht wurde; das nannte man: Passah der Zerquetschten« (zitiert nach J. Jeremias, a. a. O., S. 89, 95).

Außerhalb der Festtage, wenn in Jerusalem alles leerstand, war deswegen der Weg in ein laut Lukas überfülltes Bethlehem unnötig, weil Bethlehem nahe bei Jerusalem (etwa 8 Kilometer) lag. Und es war noch nicht einmal nötig, nach Jerusalem selbst zu gehen: Alle umliegenden Ortschaften, auch die zwischen Jerusalem und Bethlehem, waren auf die Aufnahme von Fremden vorbereitet.

Den historischen Unstimmigkeiten, um nicht zu sagen: Unsinnigkeiten, die der Verfasser des Lukasevangeliums bringt, setzt er, wie schon erwähnt, die Krone auf, indem er neben der Datierung auf die Zeit der Volkszählung durch Quirinius (6 n. Chr.) noch eine zweite Datierung bringt. Denn in Lk 1,5 läßt er die ganzen Ereignisse in der Regierungszeit des Herodes geschehen. Herodes aber starb bereits im Jahr 4 v. Chr. Ein Ereignis zugleich in zwei verschiedenen Jahrzehnten geschehen zu lassen bedeutet einen histori-schen Spagat. Entweder ist es falsch, daß er die Geburt Jesu in die Zeit der Steuerregistrierung des Quirinius, 6 n. Chr., legt, oder es ist falsch, daß er sie in die Zeit des Herodes († 4 v. Chr.) legt, da ja nur eins von beidem stimmen kann, falls nicht beides falsch ist. Und es müßte sich einer schon mit der Annahme zufriedengeben, daß Lukas zwar in allen nachprüfbaren historischen Fakten lauter Mär-chen erzählt, aber in allen nicht überprüfbaren, übernatürlichen Ereignissen Tatsachen berichtet, um weiter seine Engelsbotschaften usw. als historische Ereignisse sehen zu können. Lukas hat sich durch seinen willkürlichen Umgang mit der Geschichte als unhisto-rischer Berichterstatter, als Märchenerzähler erwiesen.

Ein anderes Beispiel dafür, daß die historischen Angaben des Lukas nicht zuverlässig sind, ist folgendes. Neben der Datierung der Geburt liefert Lukas auch eine Jahresangabe für den Beginn der öffentlichen Tätigkeit Jesu. Er läßt sie mit dem Auftreten des Täu-fers Johannes zusammenfallen. Auch hier zeichnen sich die Anga-ben durch ihre Verworrenheit aus. Zu Anfang des 3. Kapitels heißt es: »Es war im 15. Jahr der Regierung des Kaisers Tiberius, als Pontius Pilatus Prokurator von Judäa war, Herodes Vierfürst von Galiläa und sein Bruder Philippus Vierfürst von Ituräa und Tracho-nitis und Lysanias Vierfürst von Abilene, unter *dem* Hohenpriester Hannas und Kaiphas. Da erging in der Wüste das Wort Gottes an Johannes, den Sohn des Zacharias.«

Im einzelnen: Tiberius (42 v. Chr. – 37 n. Chr.) wurde am 19. Au-gust 14 n. Chr. Kaiser, mithin lag das 15. Jahr seiner Regierung zwischen August 28 und August 29 n. Chr. Pontius Pilatus war von 26 bis 36 n. Chr. Prokurator von Judäa. Herodes Antipas war 4 v. Chr. bis 39 n. Chr. Vierfürst (gemeint ist ein Herrscher über ein Teilstück eines Landes, ursprünglich ein Viertelfürst) von Galiläa und sein Bruder Philippus 4 v. Chr. bis 34 n. Chr. Vierfürst von Ituräa und Trachonitis. Von Lysanias weiß man nicht viel mehr, als daß er zwischen 28 und 37 n. Chr. gestorben ist. So weit, so gut: Das Jahr 28/29 ist möglich.

Unmöglich aber ist die Hinzufügung des Lukas: »Unter dem Hohenpriester Hannas und Kaiphas.« Zunächst macht Lukas sonderbarerweise aus den beiden eine Einzahl (*dem* Hohenpriester). Zweitens versteht jedermann unter der Zeitangabe die Amtszeit, nicht etwa die Lebenszeit der beiden. Die Amtszeit des Hannas endete aber im Jahre 15 n. Chr. Da wurde sie ihm von dem damaligen römischen Prokurator Valerius Gratus (15–26 n. Chr.), dem Amtsvorgänger von Pontius Pilatus, entzogen (Josephus, Jüdische Altertümer 18,2,2). Die Amtszeit des Kaiphas begann im Jahre 18 n. Chr. Dazwischen lagen vier kurze Amtszeiten vier anderer Hoherpriester.

Offenbar hatte Lukas überhaupt keine Vorstellung von den tatsächlichen historischen Daten, und so behauptet er praktisch, daß Jesus einerseits in den Jahren 15 bis 18 (als Minimum des Zeitraums, in dem sowohl Hannas als auch Kaiphas Hohepriester waren), andererseits im Jahre 29 tätig war. Er macht also einen ähnlich historischen Spagat, wie er ihn mit der Zeitangabe über die Geburt Jesu begeht, die er einerseits in die Zeit des Herodes († 4 v. Chr.) und andererseits in die Zeit der Volkszählung unter Quirinius (6 n. Chr.) legt. Heute weicht man der Problematik der falschen Datierung »unter dem Hohenpriester Hannas und Kaiphas« dadurch aus, daß man erklärt, der eine der beiden Hohenpriester (Hannas) sei zwar nicht mehr im Amt, aber es sei zu seinen Lebzeiten gewesen, und er habe ja auch immer noch Einfluß gehabt, als Jesus im Jahr 29 seine Tätigkeit begann.

Aber wenn Lukas das vielleicht wirklich nicht so genau gemeint haben sollte, wie er es andererseits genau sagt, daß nämlich Jesus während der Amtszeit von Hannas und Kaiphas wirkte, so haben ihn spätere Theologen doch wortwörtlich so verstanden. Das zeigt z. B. ein Blick in die berühmte »Kirchengeschichte« des Eusebius von Cäsarea in Palästina († 339 n. Chr.), Bischof daselbst. Eusebius versteht Lukas so, wie Lukas es sagt, daß Jesu Tätigkeit nämlich in die Jahre von Hannas bis Kaiphas fiel. Zugleich hält er aber auch am Jahr 29 fest. So gibt Eusebius folgende unsinnige Darstellung: »Es war, als Tiberius im 15. Jahr regierte ... Die göttliche Schrift erzählt (Kommentar: die Ungenauigkeit des Lukas ist inzwischen ›göttlich‹ geworden), daß Jesus seine ganze Lehrtätigkeit unter den Hohenpriestern Hannas und Kaiphas entfaltet habe; sie will sagen, daß die ganze Zeit seiner Lehrtätigkeit sich völlig abgewickelt habe in den Jahren, welche zwischen die Amtstätigkeit dieser beiden Männer fiel. Da Jesus unter dem Hohenpriester Hannas seine Tätigkeit begann und noch bis zur Herrschaft des Kaiphas wirkte, beträgt die Zwischenzeit nicht ganz vier Jahre ... Denn von Hannas bis Kaiphas haben vier Hohepriester in vier Jahren je ein Jahr Dienst getan« (Eusebius, Kirchengeschichte [= KG] I,10).

Man ist in der Kirchengeschichte lange solchem Datierungsmanöver gefolgt. Alles, was in den Evangelien steht, zu schlucken, hatten die Theologen kaum je Schluckbeschwerden. So wurde der Nonsens auch von Thomas von Aquin, dem bedeutendsten Theologen des Mittelalters († 1274), in seiner Catena Aurea, der »Goldenen Kette«, einer Auslegung der Evangelien, übernommen: Thomas legt die Tätigkeit Jesu wie Eusebius sowohl auf das 15. Regierungsjahr des Tiberius (das wäre 29 n. Chr.) als auch auf die vier Jahre 15 bis 18 von Hannas bis Kaiphas (Lukaskommentar, zu 3,1–2).

In Wirklichkeit haben wir keine einzige sichere biographische Notiz über Jesu Geburtsjahr. Dabei gab es durchaus Historiker in seiner Zeit, die etwas hätten berichten können, so Josephus, aber er erwähnt Jesus nicht. Und diejenigen, die über ihn schreiben, die vier Evangelisten, sind an Jesu Biographie nicht wirklich interessiert. So ist Jesus, was die konkreten Daten seiner Geburt betrifft, nahezu wie ein Phantom in die Geschichte eingetreten und, da wir auch sein Todesjahr nicht kennen, in der gleichen Undeutlichkeit wieder aus der Geschichte herausgegangen. Und wir haben nichts Konkretes in der Hand, nur die Spuren, die er in der religiösen Landschaft Palästinas hinterlassen hat.

Zum Schluß noch eine Anmerkung zu der bei Lukas (1,26 ff.) beschriebenen Verkündigungsszene. Der Engel Gabriel, der seinen Namen selbst nicht nannte, anders als in der Szene mit dem Vater

Johannes des Täufers, Zacharias, von der Lukas vorher berichtet (Lk 1,19), den Maria aber gleichwohl sogleich als Gabriel identifizierte, kam also nach Nazareth und prophezeite die Empfängnis eines Sohnes. Maria machte einen Einwand: »Wie soll das geschehen, da ich keinen geschlechtlichen Umgang mit einem Mann habe?« (Lk 1,34) Luther übersetzt vage: »Sintemal ich von keinem Manne weiß.« Mindestens von ihrem eigenen Mann Josef hätte Maria etwas »wissen« sollen. Aber auch die verschämte Übersetzung »da ich keinen Mann erkenne«, die sowohl in katholischen wie in evangelischen Bibeln sich findet, ist ungenau, weil das deutsche Wort »erkennen« lediglich einen geistigen Vorgang meint im Sinne eines verstehenden Wahrnehmens und in keiner Weise ein sexuelles Ereignis bezeichnet, anders als das neutestamentliche griechische Wort »erkennen«. Im übrigen, ob nun klar oder vage übersetzt, zeigt die Formulierung des Einwandes bei näherem Hinsehen, daß der Einwand einer Kunstfigur in den Mund gelegt und eine literarische Erfindung ist.

Zwar gibt Maria mit den Worten »da ich keinen geschlechtlichen Umgang mit einem Mann habe« den ihrer Situation gemäßen objektiven Sachverhalt korrekt wieder, subjektiv bzw. psychologisch ist solche Redeweise jedoch gänzlich unstimmig. Objektiv bzw. rechtlich war es Maria verwehrt, mit einem fremden Mann sexuellen Umgang zu haben. Das hätte Ehebruch und ein todeswürdiges Verbrechen bedeutet. Und für ihren eigenen Mann war sie, obwohl dieser rechtlich bereits ihr Mann war, immer noch eine Art Braut. Josef hatte sie noch nicht in sein Haus heimgeholt. Ehelicher Verkehr von Verlobten war, wenn auch nicht verboten, so doch unüblich. Der objektive Sachverhalt ist also mit Marias Einwand richtig wiedergegeben.

Psychologisch aber kann dieser Satz von Maria so nicht ausgesprochen worden sein, denn er sagt aus, daß sie weder mit ihrem Mann noch sonst mit einem Mann Verkehr habe, daß sie umgekehrt die Voraussetzung der Erfüllung der Botschaft des Engels darin sieht, daß sie Verkehr entweder mit ihrem eigenen Mann oder mit einem fremden Mann haben müßte. Sie sagt ja nicht, was sie allein sagen könnte: »da ich keinen geschlechtlichen Umgang mit *meinem* Mann habe«, sondern sie sagt: »mit *einem* Mann«, und das bedeutet: mit einem beliebigen Mann. Und diese Beliebigkeit des sexuellen Verkehrs, die sie mit diesem Satz zum Ausdruck bringt, die Gleichgültigkeit im Sinne einer gleichen Gültigkeit ehelichen oder ehebrecherischen Verkehrs, erweist den ganzen Einwand Marias gegenüber dem Engel als literarische Erfindung, was er, wie wir sehen werden, auch ist (vgl. das Kapitel über die Mutter-Jungfrau).

Anhang

Das Haus der heiligen Jungfrau in Nazareth wurde in der Nacht vom 9. auf den 10. Mai 1291 von Engeln aus Nazareth nach Europa gebracht, zunächst nach Raunitza in Dalmatien, zwischen Tersato und Fiume. Die Bewohner sahen am Morgen voller Staunen das Haus, das einen fremden Baustil hatte, an einem Orte stehen, an dem bis dahin noch nie ein Haus gestanden hatte. Es stand dort ohne ein Fundament. Und in dem Haus befand sich ein Kreuz auf einem Altar und eine Statue der heiligen Jungfrau. Der Bischof der Gegend, der krank darniederlag, erhielt in einer Vision Informationen über das fremde Haus, wurde daraufhin gesund und erzählte allen, was ihm offenbart worden war. Der Gouverneur von Fiume, Nicolaus Frangipani, schickte eine Delegation nach Nazareth, die von den dortigen Bewohnern erfuhr, daß das heilige Haus aus Nazareth verschwunden war. Und das noch vorhandene Fundament stimmte mit dem fremden Haus in Raunitza überein.

Dies ist alles beschworen und im Archiv von Fiume nachzulesen. Die Protokolle sind sämtlich veröffentlicht. Doch nach drei Jahren und sieben Monaten, in der Nacht des 10. Dezember 1294, verschwand das Haus wieder aus Raunitza und stand plötzlich jenseits der Adria in der Nähe der Stadt Recanati in Italien. Hirten hatten es über das Meer heranschweben sehen. Da aber neben vielen Pilgern auch viele Kriminelle sich angezogen fühlten, wanderte das Haus zunächst noch einmal etwa zwei Kilometer und ein letztes Mal 150 Meter weiter nach Loreto und ließ sich mitten auf einer öffentlichen Straße nieder. Und da steht es heute immer noch. »Das heilige Haus von Loreto hat in der Reihe der Jahrhunderte alle Proben sowohl des geschichtlichen Nachweises als der wissenschaftlichen Untersuchung durchaus bestanden, und es ist menschlich gewiß, daß es dasselbe ist, in welchem die Himmelskönigin Maria zu Nazareth gewohnt hat« (Heinrich Joseph Wetzer/ Benedikt Welte, Kirchenlexikon, 2. Aufl. 1886–1903; Bd. VIII, 1893, S. 147).

Papst Julius II. (1503–1513) ließ 1510 durch den berühmten Bramante eine Marmorumkleidung für das Haus entwerfen. Die Päpste Leo X. (1513–1521), Clemens VII. (1523–1534) und Paul III. (1534–1549) ließen sie ausführen. Von späteren Päpsten, nämlich von Pius V. (1566–1572) und Sixtus V. (1585–1590), wurde über dem Haus eine prachtvolle Basilika erbaut. Leider wurde das Gnadenbild von den Franzosen 1797 geraubt, aber Napoleon ließ es 1801 wieder zurückbringen. Zur Erinnerung an das fromme Ereignis der »Überführung des heiligen Hauses der Gottesgebärerin Maria, worin das Wort Fleisch geworden ist« stiftete Innozenz XII. nach gründlicher Prüfung durch zuständige Kommissionen im Jahre 1699 ein Fest mit eigener Messe. Es war zunächst ein bloßes Regionalfest, wurde aber 1719 auf die Toscana und von Papst Benedikt XIII. (1724–1730) auf den Kirchenstaat, auf Venedig und alle spanischen Besitzungen ausgedehnt. Die Besucher des Gnadenortes erhielten und erhalten viele Ablässe.

Im November 1887 besuchte eine berühmte Heilige das Haus in Loreto. Es war die heilige Therese von Lisieux, auch »Therese vom Kinde Jesu« oder »die kleine heilige Therese« genannt im Unterschied zu der »großen Therese« von Avila. Sie trat mit 15 Jahren in den Karmeliter-Orden ein und starb nach einem harten Ordensleben mit 24 Jahren 1897. Über ihre Fahrt nach Loreto berichtet die kleine heilige Therese in ihrem Tagebuch: »Nachdem wir von Venedig Abschied genommen haben, verehrten wir in Padua die

Zunge des heiligen Antonius. Dann in Bologna den Leib der heiligen Katharina, deren Antlitz die Spuren des Kusses trägt, den ihr das Jesuskind aufgedrückt hat. Mit Freude sah ich mich auf dem Weg nach Loreto. Welch gute Wahl traf die seligste Jungfrau mit diesem Ort für ihr gebenedeites Häuschen... Was soll ich vom heiligen Hause sagen? Tiefe Rührung erfaßte mich, als ich mich unter demselben Dache befand wie einst die heilige Familie, die Mauern betrachtete, auf denen der Blick des Herrn geruht, den Boden betrat, den der heilige Josef mit seinem Schweiß begoß, den Raum, wo Maria das Jesuskind in den Armen trug, nachdem sie es in ihrem jungfräulichen Schoß getragen hatte. Ich sah das kleine Gemach, die Stätte der Verkündigung. Ich legte meinen Rosenkranz in das Schüsselchen des Jesuskindes« (Geschichte einer Seele, 1936, S. 98 f.).

2. KAPITEL

Das Kindheitsmärchen des Matthäus

Die Kindheitsgeschichten Jesu bei Matthäus und Lukas sind Darstellungen des späten ersten Jahrhunderts. Im Grunde ist die übliche Bezeichnung »Kindheitsgeschichten« unzutreffend. Was für ein Kind Jesus war, erfahren wir nämlich nicht. War er ein lebhaftes, war er ein stilles Kind? Es geht in diesen Geschichten hauptsächlich um seine wunderbare Geburt.

Daß diese Geburtsgeschichten erst so spät entstanden sind, ist für den bekannten katholischen Neutestamentler Karl Hermann Schelkle ganz natürlich: »Von den vier Evangelien, jedenfalls so, wie sie uns heute in griechischer Sprache vorliegen, ist das Markusevangelium das älteste, geschrieben wohl vor dem Jahre 70 n. Chr., dem Untergang Jerusalems. Das Markusevangelium hat keine Kindheitsgeschichte. Der Befund fällt auf. Es wäre jedoch zu schnell, daraus zu folgern, die Kindheitsgeschichten seien späterer, wohl legendärer Zuwachs. Es mußte zuerst die Auferstehung Christi verkündet und damit das erschreckende Kreuz, das vor aller Augen stand, erklärt und überwunden werden... Dann erst wandte sich das Interesse den verborgenen Vorgängen der frühen Kindheit Jesu zu. So ist es zu erklären, wenn erst die späteren Evangelien nach Matthäus und Lukas Kindheitsgeschichten haben« (Die Kindheitsgeschichten Jesu, in: Bibel und zeitgemäßer Glaube, Bd. II, 1967, S. 14).

Schelkle will also sagen: Nicht weil sie Legenden sind, sind die Kindheitsgeschichten erst so spät entstanden, sondern weil man vorher mit anderem beschäftigt war. Zuerst mußte nämlich die Auferstehung verkündet werden. Dann aber und dadurch war am Ende des ersten Jahrhunderts – das Matthäus- und Lukasevangelium sind nach Schelkle um 80 n. Chr. geschrieben – der Tod Jesu »erklärt und überwunden«, und jetzt erst konnten sich diese beiden Evangelisten neuen Interessensgebieten zuwenden.

Aber selbst wenn die Christen den Tod Jesu schneller »erklärt und überwunden« hätten, wären die Kindheitsgeschichten, denen sie sich infolgedessen früher hätten zuwenden können, trotzdem Legenden. Anderseits gibt es Leute, die den Kreuzestod Jesu bis heute noch nicht »erklären« und die ihn vor allem nicht »überwinden« können und die die theologischen Erklärungen zum Kreuzestod und die Überwindung des Kreuzestodes durch die Theologen nicht ohne Überwindung zur Kenntnis nehmen. Aber davon später. Die Kindheitsgeschichten bleiben jedoch davon unberührt und nach wie vor Legenden.

Auch Matthäus läßt »Jesus von Nazareth« (wo er wahrscheinlich wirklich geboren ist) in Bethlehem, der Davidsstadt, geboren werden, aber er erzählt im übrigen eine ganz andere Geschichte als Lukas. Matthäus legt zunächst einmal die Ereignisse ausschließlich in die Zeit des Herodes. Damit ist bei ihm der spätestmögliche Zeitpunkt der Geburt Jesu das Jahr 4 v. Chr., da Herodes in diesem Jahr starb.

Matthäus weiß nichts von einer von Augustus angeordneten Volkszählung, die bei Lukas nur deswegen erforderlich war, um Maria und Josef nach Bethlehem, der Davidsstadt, gehen zu lassen. Für Matthäus wohnen Maria und Josef nicht in Nazareth, sondern von Anfang an eben in Bethlehem. Und darum ist sein Problem ein ganz anderes als das des Lukas. Während Lukas, um den »Jesus von Nazareth« in der Davidsstadt geboren werden zu lassen, Maria und Josef nach Bethlehem wandern läßt, mußte Matthäus ein genau umgekehrtes Problem lösen: Für ihn mußte der »Jesus von Nazareth« von Bethlehem aus irgendwie nach Nazareth gelangen, was Matthäus sofort als Erfüllung einer alttestamentlichen Weissagung sieht: »Damit erfüllt würde, was die Propheten gesagt haben, daß er Nazaräer heißen soll« (Mt 2,23).

Diese Weissagung hat allerdings einen Schönheitsfehler: Es gibt sie nicht. Da aber auch die vorhandenen alttestamentlichen Schriftworte nicht als Weissagungen auf eine konkrete Person zu beziehen sind, kann ebensogut ein nicht vorhandenes Schriftwort als Weissagung auf Jesus bezogen werden. Diese Weissagung also beruht auf einem totalen Mißverständnis des Matthäus, und zwar bezüglich der Stelle Jesaja 11,1, wo der Messias als Nezer = Zweig bezeichnet wird, nämlich als Zweig aus Isais (Vater des David) Stamm. Und Matthäus hat aus Nezer die Stadt Nazareth herausgelesen. Das hilft aber alles nichts: Maria und Josef mußten deswegen nach Nazareth umziehen.

Als Anlaß für diesen Umzug nach Nazareth nahm Matthäus nicht ein von Augustus angeordnetes Volkszählungs-Chaos oder dergleichen, sondern er wählte das Motiv der Flucht, allerdings mit einer Zwischenstation. Jesus floh vor dem König Herodes zunächst nach Ägypten, dann aus Furcht vor dessen Nachfolger nach Nazareth. Er hätte natürlich gleich nach Nazareth fliehen können, aber zwecks Erfüllung einer anderen Weissagung mußte er vorher nach Ägypten fliehen, und zwar wegen des Propheten Hosea, der gesagt hatte: »Aus Ägypten habe ich meinen Sohn gerufen« (Hos 11,1). Also mußte auch Jesus irgendwann aus Ägypten gerufen werden. Zunächst aber mußte er natürlich erst einmal dorthin gelangen, deswegen also erfolgte die Flucht vor dem Kindermörder Herodes nach Ägypten. Nebenbei: Bei diesem »Sohn« aus Ägypten handelt es sich gar nicht um einen einzelnen Sohn. Mit dem Sohn ist das Volk Israel insgesamt gemeint.

Vor beiden Fluchten (nach Ägypten und Nazareth) aber kamen zunächst noch die Nachstellungen des Herodes, und die wiederum standen im Zusammenhang mit hohem Besuch aus dem Morgenland. Im einzelnen war das also so: Nachdem Matthäus die Geburt Jesu nur kurz erwähnt hat – irgendwelche Kenntnisse über irgendwelche Einzelheiten hat er nicht –, beginnt er seine eigentliche

Erzählung mit astrologischen Ereignissen: »Als aber Jesus in den Tagen des Herodes zu Bethlehem in Judäa geboren war, siehe, da kamen Magier (= Astrologen) aus dem Morgenland nach Jerusalem« (Mt 2,1). Sie kamen vermutlich aus Babylon und wollten nach dem neugeborenen König der Juden suchen, dessen Stern sie gesehen hatten. Damit riefen sie Herodes auf den Plan.

Denn offenbar hatte der Stern zwischenzeitlich nicht recht funktioniert. Nachdem die Magier den Stern im Morgenland gesehen hatten, leuchtete er ihnen zwar bis Jerusalem, dann aber erst wieder nach dem Besuch bei Herodes, und er zog dann vor ihnen her bis zum Aufenthaltsort des gesuchten Kindes in Bethlehem. Hätte er beständig geleuchtet oder nur ein weniges eher wieder zu leuchten begonnen, oder hätte er an Jerusalem vorbei geleuchtet, so wäre der fatale Besuch bei Herodes überflüssig gewesen, und der neue König der Juden wäre nicht durch den zeitweiligen Ausfall des Sternes in Lebensgefahr geraten. Für die laut Matthäus durch Herodes ermordeten bethlehemitischen Kinder jedenfalls ist der himmlische Stern auf diese Weise zu einem tödlichen Unstern geworden.

Und was das Sternleuchten auf der Straße von Jerusalem nach Bethlehem betrifft, war es da gänzlich überflüssig, denn zu Informationen über die in Frage kommende Geburtsstadt Bethlehem hatte ja schon Herodes den Magiern verholfen. Der Stern war sozusagen nur für die genaue Hausnummer nötig. Und dazu meint schon Hermann Samuel Reimarus († 1768), der Vater der modernen Skeptiker: »Ein Komet mit einem Schwanz ist zu hoch, um auf ein gewisses Häuschen zu weisen« (Apologie oder Schutzschrift für die vernünftigen Verehrer Gottes, Bd. II, 1972, S. 536).

Bei Lukas gibt es für die ganze Geschichte mit Stern und Magiern innerhalb seiner Schilderung überhaupt keine Zeit. Da – so Matthäus – Herodes alle männlichen Kinder töten ließ, »die zweijährig und darunter waren, gemäß der Zeit, die er von den Magiern genau erkundet hatte« (Mt 2,16), muß mindestens ein Jahr zwischen der Geburt Jesu und dem Besuch der vom Stern herbeigeleuchteten Magier vergangen sein, und muß Jesus im zweiten Lebensjahr gestanden haben. Sonderbarerweise lag Jesus aber, wie wir aus allen kirchlichen Krippendarstellungen mit den Heiligen Drei Königen wissen, immer noch in der Krippe, war also wohl kein sehr lebhaftes Kind. In diesem phlegmatischen Charakterzug war Jesus offenbar nach dem Vater geschlagen, der nach all der Zeit immer noch mit seiner jungen Familie im Stall festsaß.

Nach Lukas also war alles anders: Maria und Josef sind bereits nach vierzig Tagen, nämlich nach der gesetzlich geforderten Reinigung der Mutter, direkt nach Galiläa und Nazareth zurückgekehrt (Lk 2,39). In diesen vierzig Tagen können aber weder der Magierbesuch bei dem ein- bis zweijährigen Jesus noch die anschließende Flucht nach Ägypten noch der Kindermord stattgefunden haben. Und insofern kommen Märchen denn doch der Wahrheit wenigstens indirekt nahe, wenn nämlich das eine Märchen das andere widerlegt.

Von einem Stern, der bedeutende Ereignisse ankündigt, insbesondere die Geburt großer Männer, ist in der Antike häufig die Rede. Zunächst war der Gedanke einer Führung durch Sterne etwas ganz Alltägliches gewesen. Jeder Nation, die mit Seefahrt zu tun hatte, war er vertraut. Da aber diese Führungszeichen als göttliche Zeichen verstanden wurden, hat man sie schon früh als Hindeutung auf eine das gewöhnliche Maß der Menschen überschreitende, göttliche Würde angesehen.

Nicht ausdrücklich von einem Stern, sondern allgemein von einem »Wunderzeichen« in Zusammenhang mit der Geburt des Augustus berichtet Sueton (geb. ca. 70 n. Chr., Todesjahr unbekannt). Sueton erzählt unter Bezugnahme auf Julius Marathus, den Freigelassenen und Sekretär des Augustus, folgendes: »Julius Marathus berichtet, wenige Monate vor der Geburt des Augustus habe sich in Rom in der Öffentlichkeit ein Wunderzeichen zugetragen, das darauf hindeutete, daß die Natur dem römischen Volke alsbald einen König hervorbringen werde. Daraufhin habe der bestürzte Senat beschlossen, kein in jenem Jahr geborenes Kind dürfe aufgezogen werden; jedoch hätten diejenigen Senatoren, deren Frauen schwanger waren, ein jeder in der Hoffnung, die Verheißung auf sich beziehen zu können, die Hinterlegung des Senatsbeschlusses im Staatsarchiv zu hintertreiben gewußt.«

Ferner erzählt Sueton noch dieses: »In den ›Theologumena‹ des Asklepiades von Mende lese ich, Atia (die Mutter des Augustus), die um Mitternacht zu einem feierlichen Gottesdienst für Apollon gekommen war, sei in ihrer im Tempel aufgestellten Sänfte eingeschlafen. Plötzlich sei eine Schlange zu ihr hineingekrochen und wenig später wieder verschwunden; sie habe sich erhoben und sich wie nach einem Beilager mit ihrem Gatten gereinigt; dabei habe sich sogleich an ihrem Leib ein Fleck ähnlich einer gemalten Schlange gezeigt und sich nicht mehr beseitigen lassen, so daß sie seitdem für immer auf öffentliche Bäder verzichten mußte. Zehn Monate später sei Augustus geboren und deshalb für einen Sohn Apollons gehalten worden... Der Vater, Octavius, hatte ein Traumgesicht: aus dem Schoß der Atia brach Sonnenglanz hervor« (Divus Augustus 94).

Die gleichen Erzählungselemente, die im Zusammenhang mit der Geburt Jesu vorkommen, begegnen uns also hier in bezug auf Augustus: ein wunderbares Zeichen, eine Empfängnis ohne Mann, ein Traumgesicht des Ehemannes, Nachstellung durch die Machthaber.

Auf Sternzeichen-Parallelen in der Religionsgeschichte verweist auch Schelkle: »Nach Vergil († 19 v. Chr.), Aeneis 2, 694 ff., wurde Aeneas auf der Fahrt von Troja nach Latium durch einen Stern geführt. Nach dem Kommentar des Servius (lebte um 400 n. Chr.) zur Aeneis 10, 272 erschien ein Komet, als Augustus die Herrschaft erlangte. Da hieß es, daß große Freude allem Volk zuteil werde. Die Beschreibung des Sterns der Magier, wie er erscheint, verschwindet und wieder erscheint, mag man als legendenhaft stilisierte Erzählung bezeichnen« (a. a. O., S. 16). So gesehen ist der Evangelienbericht über eine solche wunderbare Sternenerscheinung bei der Geburt Jesu schon nicht mehr ein Wunder.

Der Kirchenvater Origenes († 253) beansprucht geradezu einen Stern für die Geburt Jesu: »Man hat die Beobachtung gemacht, daß bei dem Eintritt großer Ereignisse und gewaltiger Veränderungen auf Erden solche Sterne erscheinen, um entweder den Umsturz von Königreichen oder den Ausbruch von Kriegen oder irgendwelche anderen menschlichen Vorkommnisse anzuzeigen, die die irdischen Verhältnisse zu erschüttern vermögen. In der Abhandlung des Stoikers Chairemon (lebte im 1. Jahrhundert n. Chr.) über die Kometen haben wir aber gelesen, wie die Kometen manchmal auch beim Eintritt glücklicher Ereignisse erschienen seien. Für diese Behauptung legt er auch den Bericht über diese Ereignisse vor. Wenn nun beim Entstehen neuer Reiche oder bei anderen wichtigen Begebenheiten Kometen oder andere Sterne ähnlicher Art erscheinen, wen darf es dann wundernehmen, wenn die Erscheinung eines Sternes die Geburt desjenigen begleitete, der in dem Menschengeschlecht eine Neugestaltung vollziehen sollte?« (Gegen Celsus I, 59).

Übrigens scheidet schon wegen der Tatsache der Erscheinung eines Einzelsternes und nicht etwa einer Sternenmehrzahl die Möglichkeit aus, daß es sich um die von Astronomen seit Kepler († 1630) für das Jahr 7 v. Chr. berechnete seltene dreifache Konjunktion Jupiter-Saturn im Sternbild der Fische im Mai, Oktober und Dezember handeln könnte. Eine Konjunktion wandert auch nicht von Jerusalem nach Bethlehem, um dort, wie Matthäus behauptet, über einem Haus stehenzubleiben. Das vermag nur ein Märchenstern, und zwar ein sehr niedrig stehender Märchenstern, denn von einem Stern am Himmel ist ja nicht auszumachen, über welchem Haus er steht.

Bemerkenswert ist in diesem Zusammenhang, was Papst Leo I. († 461) in schon früh entwickeltem christlichen Antijudaismus über den Stern sagt, daß er nämlich für die Juden unsichtbar war, und zwar wegen ihrer Verblendung (Sermo 35,1). Es muß eine überdimensionale Verblendung gewesen sein, denn der Stern seinerseits war nach alter kirchlicher Auffassung überdimensional groß. Der Kirchenvater Ignatius von Antiochien († um 110) schreibt über ihn: »Ein Stern strahlte auf am Himmel, und sein Licht war unbeschreiblich; alle übrigen Sterne samt Sonne und Mond führten einen

Reigen auf vor diesem Stern, und sein Licht überstrahlte alle«
(Epheserbrief 19). Und im apokryphen Protevangelium des Jakobus (ca. 150 n. Chr.) schildern die Magier dem Herodes den Stern
folgendermaßen: »Wir haben gesehen, wie ein unbeschreiblich großer Stern unter diesen Sternen schien und die anderen verdunkelte,
so daß sie nicht mehr schienen« (21).

Für die neutestamentlichen Schriftsteller und ganz besonders für
Matthäus ist das Alte Testament ein Buch voller Prophezeiungen
auf Jesus. Er gibt sich jede erdenkliche Mühe, darzulegen, daß diese
Prophezeiungen nun in Erfüllung gegangen seien, wenngleich es bei
seinen Erfüllungsbeweisen gelegentlich auf Biegen oder Brechen
geht.

Für Bethlehem, das als Davidsstadt ohnehin mit dem zukünftigen
Messias in Zusammenhang gebracht wurde, erwähnt Matthäus zusätzlich noch eine Prophezeiung des Propheten Micha. Micha
spricht nämlich von Bethlehem als dem Geburtsort eines zukünftigen »Herrschers über Israel« (5,1). Die Hohenpriester (nebenbei,
man muß unterscheiden zwischen *dem* Hohenpriester und *den*
Hohenpriestern; die Hohenpriester sind die Glieder eines aus Prie-
stern und adligen Laien bestehenden Konsistoriums, das *dem* am-
tierenden Hohenpriester unterstand) und Schriftgelehrten wußten
auf Grund dieser Prophezeiung dem Herodes den Geburtsort des
neugeborenen Königs zu nennen: »Du, Bethlehem im Lande Juda,
bist keineswegs der geringste unter den Fürstensitzen Judas; denn
aus dir wird hervorgehen ein Führer, der leiten wird mein Volk
Israel« (Mt 2,6). Bei Micha heißt es allerdings gerade umgekehrt:
»Du bist die kleinste unter den Sippen Judas.«

Bei näherem Hinsehen erweist sich zudem der Bezug zwischen
diesem bei Micha prophezeiten Führer und Jesus als unpassend.
Prophezeit wird nämlich ein blutiger Kriegsführer. Seine Männer
»sollen assyrisches Land mit dem Schwert weiden, Nimrods Gebiet
mit dem Dolch« (Micha 5,6). Die bekannte katholische Pattloch-
Bibel scheut sich nicht, diesen Mord-und-Totschlag-Abschnitt aus
dem Propheten Micha (8. Jahrhundert v. Chr.) mit der Überschrift

zu versehen: »Geburt und Wirken des Messias.« Über dieses »Wirken des Messias« wird im Text des Propheten Micha weiter gesagt: »Wohin er kommt, zertritt und zerfleischt er, und retten kann niemand« (Micha 5,8). Und wegen dieser Verheißung des Messias ist nun schließlich Jesus in Bethlehem geboren (oder auch nicht).

Wenn immer Matthäus irgendwo im Alten Testament so etwas wie eine Prophezeiung entdeckt zu haben glaubte, bemühte er sich, Ereignisse im Leben Jesu zu finden, die als Erfüllung darauf passen könnten. Notfalls erfindet er solche Ereignisse. Solche erfundenen Erfüllungen von alten Weissagungen nennt man »Erfüllungssagen«. Das ist wie bei Christian Morgenstern, wo das *Wiesel* auf dem *Kiesel* um des Reimes willen saß.

Eine ganz besonders kuriose Erfüllung einer alttestamentlichen Weissagung nach Art des Matthäus sei hier eingeschoben, obwohl sie erst gegen Ende des Lebens Jesu passierte, nämlich im Zusammenhang mit Jesu Einzug in Jerusalem. Matthäus sieht diesen Einzug in Jerusalem als Erfüllung des Prophetenwortes Sacharja 9,9: »Tochter Zion, juble laut, jauchze, Tochter Jerusalem! Siehe, dein König kommt zu dir. Sanftmütig ist er und reitet auf einem Esel, auf dem Füllen einer Eselin.«

»Füllen einer Eselin« ist eine Erläuterung zu »Esel«. Die Rede ist von einem einzigen Esel. Weil nun Matthäus irrtümlich meint, Sacharja spreche von zwei Eseln, übersetzt er auch falsch: »Dies ist geschehen, damit erfüllt würde, was gesagt ist durch den Propheten: ›Saget der Tochter Sion: Siehe, dein König kommt zu dir. Sanftmütig ist er und reitet auf einem Esel *und* auf dem Füllen einer Eselin« (Mt 21, 4 f.). Dementsprechend läßt Matthäus auch vorher Jesus zu den Jüngern sagen: »Geht in das Dorf, das vor euch liegt, und ihr werdet dort eine Eselin angebunden finden und ein Füllen bei ihr. Bindet sie los und bringt sie zu mir. Und wenn euch jemand etwas sagt, so sagt: Der Herr bedarf ihrer ... Die Jünger gingen hin und taten, wie Jesus ihnen aufgetragen hatte. Sie führten die Eselin und das Füllen herbei, legten ihre Kleider auf sie, und er setzte sich auf sie (auf beide!)« (Mt 21,2 ff.).

Die Kirche weiß jedoch im Verbund mit dem Staat noch aus dieser falschen Übersetzung des Matthäus theologischen Honig zu saugen. In der vom »Kultusminister des Landes Nordrhein-Westfalen« als Schulbuch »genehmigten« katholischen »Patmos-Synopse« (1968) heißt es: »So bezeugt Matthäus auf seine Weise den Glauben, daß das Geschehen dem Willen Gottes entspricht... Offensichtlich ist es für Matthäus sehr wichtig, daß sich die alttestamentliche Verheißung bis in den kleinsten Einzelzug erfüllt« (S. 13).

Ein kurioses Mißverständnis einer alttestamentlichen Stelle seitens des Matthäus wird also dadurch theologisch saniert, daß man es als Zeugnis des Glaubens dafür nimmt, »daß das Geschehen dem Willen Gottes entspricht«. Bei einem Mißverständnis den Willen Gottes ins Spiel zu bringen ist jedoch unangebracht. Man muß den Willen Gottes durchaus nicht auch noch im Unsinn suchen; es genügt, ihn im Sinn zu sehen. Aber Gott und Sinn zusammenzubringen, das gelingt jedem. Der Unsinn ist für die Theologen der Kaffeesatz, aus dem den Willen Gottes herauszulesen sie nicht selten ihre Hauptaufgabe sehen.

Daß Jesus selbst mehr gesunden Menschenverstand besaß als die Zunft der alles zurechtbiegenden Theologen, zeigt ein Jesuswort, das im apokryphen, 1945 in Nag Hamadi in Oberägypten wiedergefundenen koptischen Thomasevangelium erhalten ist und Merkmale der Echtheit hat. Das Jesuswort lautet: »Es ist nicht möglich, daß ein Mann zwei Pferde besteigt« (Logion 47; Wilhelm Schneemelcher, Neutestamentliche Apokryphen, Bd. I, 1990, S. 107).

Die Zwei-Esel-Theologie könnte kleinere Schüler, etwa acht- bis neunjährige, überfordern. Auch daran haben die Theologen gedacht und wechseln in dem Fall besser von der Theologie in die Zoologie über, statt weiter auf den beiden Eseln herumzureiten. Da bietet sich etwa eine tierfamilienfreundliche Betrachtung des Einzugs Jesu in Jerusalem mit seinen beiden Mutter-und-Kind-Eseln an, wie sie im »Kommentar... zum Glaubensbuch für das 3. und 4. Schuljahr« von Joseph Solzbacher herausgearbeitet wurde, der den Religionslehrern eine »umständliche Exegese« (= Texterklärung) ersparen will: »Saß Jesus auf der Eselin? Auf dem Füllen? Auf beiden? ... Jesus ritt auf dem Füllen, auf ihm allein; das Muttertier mußte aber mitgeholt werden; ohne die Eselin hätte das Füllen gebockt, wäre nicht mitgegangen und hätte sich nicht reiten lassen« (1966, S. 190).

Erfüllung einer Prophezeiung ist auch die schreckliche Herodesgeschichte mit dem Mord an den kleinen Jungen von Bethlehem. Trauer über diese Tode brauchen wir dennoch nicht zu empfinden. Die ganze Geschichte ist wie die der drei Weisen aus dem Morgenland ein Märchen und nur wegen einer Prophezeiung geschehen. Matthäus schreibt: »Damals hat sich das Wort des Propheten Jeremia erfüllt, wenn er spricht: ›Eine Stimme hört man in Rama, viel Weinen und Klagen; Rahel weint um ihre Söhne und will sich nicht trösten lassen, denn sie sind nicht mehr‹« (Mt 2,17 f.; Jer 31,15). Dabei kommt es gar nicht darauf an, daß bei Jeremia von Rama, einem Ort acht Kilometer nördlich der Hauptstadt, die Rede ist und keineswegs von Bethlehem, acht Kilometer südlich von Jerusalem. Auch handelt es sich bei Jeremia keineswegs um einen Kindermord, denn Rahels Söhne sind bei Jeremia gefangen, und der Prophet verheißt: »Sie kehren heim aus dem Land des Feindes« (Jer 31,16).

Die Erzählung vom Kindermord begegnet uns auch zu anderer Zeit und an anderen Orten. Sie enthält ein verbreitetes Märchen- und Sagenmotiv. Matthäus übernimmt das Märchen im wesentlichen aus 2 Mose 1,15 f. Er verwendet dabei die Form, die diese Mosesgeschichte inzwischen im jüdischen Kulturkreis angenommen hat und in der sie z. B. Josephus (†ca. 100 n. Chr.) erzählt: »Einer ihrer Schriftgelehrten weissagte dem Pharao, es werde um jene Zeit aus hebräischem Blut ein Knabe geboren werden, der, wenn er erwachsen sei, die Herrschaft der Ägypter vernichten, die Israeliten hingegen mächtig machen werde ... Durch diesen Spruch wurde der König erschreckt, und er befahl, alle israelitischen Knaben gleich in den Fluß zu werfen und zu töten« (Jüdische Altertümer 2,9,2). Diese Pharao-Verfolgung der israelitischen Kinder ist die Vorlage zur Herodes-Verfolgung der bethlehemitischen Kinder.

Matthäus bereichert sein Kindermordmärchen noch um einige weitere Zitate aus dem Alten Testament, die sich auf ein späteres Stadium im Leben des erwachsenen Moses beziehen. Moses hatte vor dem Pharao fliehen müssen, weil er einen Ägypter erschlagen hatte (2 Mose 2,12 ff.), und war so lange ferngeblieben, bis Gott ihm mitteilte, daß er gefahrlos wieder zurückkehren könne: »Alle, die dir nach dem Leben trachteten, sind gestorben« (2 Mose 4,19). »Die, die dem Kind nach dem Leben trachteten, sind gestorben« (Mt 2,20). »Er nahm seine Frau und seine Söhne ... und kehrte nach Ägypten zurück« (2 Mose 4,20). »Er nahm das Kind und seine Mutter und zog in das Land Israel« (Mt 2,21). Matthäus fügt also die Ereignisse von 2 Mose 1,15 f. in der zeitgenössischen Ausschmükkung und die Sätze von 2 Mose 4,19 f. zu einem neuen Geschehen zusammen.

Theologen sind allerdings mit solchem Nachweis einer Geschichtenübernahme nicht in Verlegenheit zu bringen. Hermann Schelkle etwa schreibt: »Die Überlieferung über die wunderbare Kindheitsgeschichte des Moses hat offenbar auf die Darstellung der Kindheitsgeschichte Jesu eingewirkt. Dieser formgeschichtliche Befund hat jedoch einen theologischen Gehalt. So soll ausgedrückt werden, daß Jesus der neue Moses ist« (S. 17). Unter solchem Motto eines »theologischen Gehalts« kann man vieles von vielen abschreiben und Jesus zu einer Kopie aller möglichen Vorgänger werden lassen. Dabei ist der Vergleich Jesu mit Moses schon deswegen unpassend, weil Jesus nicht wie Moses jemanden erschlagen hat.

Von Herodes kennen wir genügend Schandtaten, aber die des bethlehemitischen Kindermordes ist nicht dabei. Es handelt sich lediglich um eine christliche Verleumdung. Zudem wäre eine solche Mordmaßnahme gar nicht nötig gewesen, denn jedermann in Bethlehem mußte doch wissen, zu welchem Haus mit welchem kleinen Jungen (schätzungsweise kamen etwa 20 bis 30 Jungen in Frage) der Stern und die Karawane der Weisen gezogen waren.

Aber wenn man die Erzählung des Kindermordes doch für bare Münze nähme, dann müßte man die Frage stellen, warum denn

Gott zwar seinen eigenen Sohn rettete, indem er Josef im Traum einen warnenden Engel schickte, warum er aber anderer Väter und Mütter kleine Söhne ohne Warnung sterben ließ. Aber vielleicht ist das eine unchristliche Frage. Papst Leo I., der Große (†461), jedenfalls sieht die Sache positiv: Gott verlieh den toten kleinen Kindern »bereits die Würde der Martyrer« (Sermo XXXI). Und warum Maria und Josef nach solchem Warntraum nicht auch die Eltern anderer Kleinkinder gewarnt haben, muß ebenfalls eine offene Frage bleiben. Vielleicht dachten sie ebenso positiv, wie Papst Leo d. G. später dachte.

Obwohl man dem Herodes mit dem bethlehemitischen Kindermord ein Märchen angedichtet hat, kann man ihn in gewissem Sinn gleichwohl als Kindermörder bezeichnen, weil er drei seiner eigenen Kinder – unter der Beschuldigung einer Verschwörung gegen den Vater – hat hinrichten lassen: im Jahre 7 v. Chr. seine Söhne Alexander und Aristobulos von seiner zweiten Frau Mariamne, die er im Jahre 29 v. Chr. wegen Ehebruchs hatte umbringen lassen, und fünf Tage vor seinem eigenen Tode im Jahre 4 v. Chr. seinen ältesten Sohn Antipater von seiner ersten Frau Doris. Herodes war mit insgesamt zehn Frauen verheiratet. Sein kindesmörderisches Verhalten soll Augustus zu dem Ausspruch veranlaßt haben, er wolle lieber des Herodes Schwein als des Herodes Sohn sein. Im Griechischen – als gebildeter Römer sprach man zu der Zeit Griechisch – klingen die Wörter für Sohn und Schwein ähnlich: *hys* = Schwein und *hyios* = Sohn. Herodes aß als Jude kein Schweinefleisch, aber er mordete seine Söhne.

Was übrigens die Magier und ihren Besuch in Bethlehem betrifft, so blieb trotz der auf alle Leser und Hörer wirkenden Faszination der orientalischen Erscheinung solcher Zauber- und Wahrsagepriester das ganze Szenario doch noch zu karg und blaß, als daß man nicht allzu gern noch mehr über diese geheimnisvollen Besucher erfahren hätte. Diesem Mangel hat man kirchlicherseits abgeholfen, und man hat dem gläubigen Publikum in einer umfangreichen, stetig wachsenden choreographischen Ausmalung, in einer Art Illustrations- und Illustrierten-Theologie den frommen Wissenshunger mehr und mehr bis zur völligen Zufriedenstellung gestillt. Auf diese Weise entstand eines der zentralen Märchenbilder des Christentums, und nicht wenige sehen in diesem gewohnten Bild der Weihnachtszeit mit seinen Phantasien von Krippe und Königen und Ochs und Esel und mitten darin dem trauten Paar und dem holden Knaben mit lockigem Haar die Mitte des Christentums.

Wußte man zunächst noch nicht einmal, wieviel Magier denn aus dem Osten gekommen waren, so wurde diese Wissenslücke als erste geschlossen. Aus der Dreizahl der im Matthäusevangelium genannten Geschenke, nämlich Gold, Weihrauch und Myrrhe, schloß man auf eine Dreizahl von Schenkern. Es waren drei Magier, so meint schon Origenes († 253; in Gen. hom. XIV,3). Für Papst Leo d. Gr. steht in seinen »Predigten zu Epiphanie« die Dreizahl endgültig fest.

Aus den Magiern wurden allmählich Könige, endgültig bei Caesarius († 542), Bischof von Arles (dem gallischen Rom), dem einflußreichsten Kirchenfürsten des 6. Jahrhunderts. Im 8. Jahrhundert wurden auch ihre Namen bekannt: Kaspar, Melchior und Balthasar; ebenso ihre Altersstufen: Sie waren junger Mann, Mann und alter Mann. Ebenfalls seit dem 8. Jahrhundert weiß man, daß sie aus drei Erdteilen stammten: Europa, Asien und Afrika.

Ihre Namen dienten zur Abwehr von Spuk und Dämonen. Die Nacht vor dem Dreikönigsfest ist Befana, die letzte der Rauhnächte, in denen böse Geister durch die Lüfte fahren. Der Segen der drei Könige hält heute immer noch Böses von Haus und Hof fort. Dreikönigszaubersprüche waren nützlich gegen Seuchen, Unglück und Feuersbrünste. Ihre Anfangsbuchstaben auf Kirchenglocken wehrten Unwetter ab, und sie verheißen noch heute den Reisenden in Gasthofsnamen wie »Stern« und »Krone« eine sichere Bleibe. Der Stern von Bethlehem hat damit von seinem großen und heiligen Glanz eingebüßt und sich kommerziell profanisiert.

Einer von den drei Königen ist übrigens im Kasperletheater immer noch springlebendig. Daß dies letztere insbesondere in Köln der Fall ist, ist kein Zufall. Denn 1164 hatte der Erzbischof von Köln, Rainald von Dassel, ein Reichskanzler zudem († 1167), die Reliquien der drei aus Mailand gewaltsam nach Köln bringen lassen. Er befand sich gerade mit Friedrich I. Barbarossa auf einem Kriegszug in Italien und verband auf diese Weise das Unheilige des Krieges mit dem Heiligen des Reliquienraubes. Welcher Stern oder Unstern die drei vorher nach Mailand geführt hatte, ist nicht bekannt, und wer sie wo gefunden hat, wer überhaupt die phantastische Idee gehabt hatte, daß es sich um die Gebeine der Magier handele, liegt gänzlich im dunkeln. Es gibt eine Überlieferung, nach der die Kaiserin Helena, Mutter des Kaisers Konstantin, die gelegentlich Gesichte über heilige Örter und Gegenstände hatte, sie nach Mailand verschenkt haben soll. Aber das ist ein anderes Märchen.

Für den, der es glaubt, liegen nun die drei alten Zauberer still und tot in einem goldenen Sarg im hohen Dom in Köln am Rhein und warten darauf, daß die Zeit vergeht. Und der eine oder andere nächtliche Besucher des Doms glaubt sogar gespürt zu haben, daß in der Rauhnacht ihres Festes geheimnisvolle Dinge um ihren Sarg herum geschehen. Manche wollen gar für einen Augenblick ein seltsames Licht auf dem Sarg wie von einer Art Stern gesehen haben, aber andere wiederum behaupten, das sei nur ein verirrter Widerschein von Kölner Straßenlaternen gewesen.

3. Kapitel

Die Mutter-Jungfrau

Die Jungfrau und der Engel, das ist ein Bild für Dichter und für Maler. Ein Dichter – Lukas – hat es geschrieben, und Maler haben es in immer neuer Weise gemalt. Der Bote des Göttlichen und die jungfräulich dem konkreten menschlichen Dasein noch Ferne, auf der Schwelle zwischen Kindheit und Frausein eingefaßt noch von einem Raum der Erwartung und Hoffnung und der bereiten Träume... Das Bild wächst zu einem Zauber der menschlichen und religiösen Phantasie, wie er die Menschen schon immer faszinierte.

Aus ähnlicher Phantasie heraus haben die alten astrologischen Religionen die Jungfrau als Sternbild an den Himmel gesetzt als himmlische Wirkerin der Fruchtbarkeit, haben die Ägypter Isis zu den Sternen erhoben, die Griechen Dike als die Astraia, die Sternenjungfrau, oder auch Demeter und Tyche. Aus solcher Phantasie heraus waren auch viele andere antike Göttinnen Jungfrauen, Artemis z. B., die Göttin, die nicht nur keusche Jünglinge schützt, sondern auch die Herrin von Jugend, Hochzeit und Geburt ist. Athene war eine Jungfrau, eine mutterlose Göttin, die ebenso wie die jungfräuliche Nike dem Kopf des Zeus entstieg. Und Nemesis und die schon erwähnte Dike sind als Jungfrauen die unnahbaren und unabhängigen Göttinnen des Rechts.

Viele ließen sich noch nennen. Bei ihnen allen war die Vorstellung von Göttin und Jungfrau zugleich der zweifache Klang und Ausdruck der einen alten aus menschlichen Träumen geborenen Sehnsucht nach un- und überirdischem Sein. Und Jungfrau ist auch die große Jungfrau des Christentum: Maria. Und für viele, mag die Kirche es auch bestreiten, ist sie, wenngleich unausgesprochen, die große christliche Göttin.

Die jungfräuliche Maria ist allerdings keine ursprünglich christliche Vorstellung, sie betrat gleichsam auf einem Umweg über die Heiden und die Heidenchristen das Glaubensgebäude des Christentums. Die obengenannten Bilder sind allesamt außerjüdische Bilder; dem Judentum und auch dem ursprünglichen Judenchristentum blieben solche Vorstellungen fremd. Das Judenchristentum glaubte nicht an eine Jungfrauengeburt (siehe das Kapitel »Die Märchen der Apostelgeschichte«).

In allen Erlösungsmythen haben Jungfrauen immer wieder eine besondere Rolle gespielt als Ausdruck und Symbol des neuen, reinen Anfangs einer neuen und besseren Welt. Uralt ist die Vorstellung von Jungfrauen, die göttliche Erlöserkinder gebären. »Der Erlöserkönig erscheint überall als Jungfrauensohn« (Gerhard Kittel, Theologisches Wörterbuch zum Neuen Testament, Bd. V, 1954, S. 828, Anm. 21). Und Kardinal Joseph Ratzinger schreibt: »Der Mythos von der wunderbaren Geburt des Retterkindes ist in der Tat weltweit verbreitet«, und er vermutet, daß »die verworrenen Hoffnungen der Menschheit auf die Jungfrau-Mutter« vom Neuen Testament aufgenommen wurden (Einführung in das Christentum, 1968, S. 224). Damit erkennt sogar Kardinal Ratzinger an, daß der Mythos von der Jungfrauengeburt nichts spezifisch Christliches ist.

Für die »Überschattung« Marias durch den Heiligen Geist gab es in der Tat mancherlei Vor- und Konkurrenzbilder: »Die verschiedensten Mythen- und Sagenkreise erzählen von Göttersöhnen, die aus der Vereinigung des Gottes mit einem irdischen Weib entstanden sind; nach altägyptischer Überlieferung zeugt Amon-Re mit der Gemahlin des Königs das Götterkind, das ein herrliches Königtum im ganzen Lande ausüben wird. Babylonische Könige, griechische Helden (Herakles, Asklepios u. a.) und römische Kaiser sind von Göttern gezeugt, wobei gerade die griechische Religion in besonderem Maße die Jungfräulichkeit der von dem Gott geschwängerten Mutter betont... Auch die Geburtslegende Jesu ist in diesen religionsgeschichtlichen Zusammenhang hineinzustellen«, schreibt das evangelische Standardwerk »Religion in Geschichte und Gegenwart« ([= RGG] Bd. III, 1929, S. 569 f.).

Karlheinz Deschner gibt für die Zeugung eines Gottessohnes aus einer Frau ein schönes Beispiel aus dem persischen Mythenkreis wieder: »Herrin, sprach eine Stimme, der große Helios hat mich abgesandt zu dir als Verkünder der Zeugung, die er an dir vollzieht... Mutter wirst du eines... Kindleins, dessen Name ist ›Anfang und Ende‹« (Abermals krähte der Hahn, 1987, S. 79).

Es fügte sich also auch im Neuen Testament so, wie es sich häufiger in den antiken Mythen fügte, daß der Erlöser der Sohn einer Jungfrau war. Angefangen hatte alles, wenn wir Lukas folgen, in Nazareth, einer kleinen Stadt in Untergaliläa, von der bis dahin sozusagen noch niemals jemand irgend etwas gehört hatte, und zwar mit einem etwa zwölfjährigen Mädchen, eigentlich also einem Kind. Der jüdische und damit eigentliche Name dieses Mädchens war Mirjam, man hat sie später zu einer Maria latinisiert. Das Mädchen war verlobt, und zwar mit einem Mann, der Josef hieß und aus dem Geschlechte Davids war oder gewesen sein soll.

Das normale Verlobungsalter für ein jüdisches Mädchen war das Alter von zwölf bis zwölfeinhalb Jahren. War ein Mädchen älter als zwölfeinhalb und hatte es noch keinen Mann gefunden, so geriet manche Mutter damals in Torschlußpanik, und mancher Vater bekam graue Haare. Eine Verlobung war der erste Teil der Eheschließung, dem nach etwas mehr als einem Jahr die sogenannte Heimführung folgte. Zwar nicht praktisch, aber rechtlich galt eine Verlobung als Ehe. Die Verlobte war bereits die Frau des Mannes. Starb der Mann vor der Heimführung, war sie bereits seine Witwe.

Und Untreue galt auch bei der Verlobten als Ehebruch. Wenn der Mann dann vor Gericht ihre Bestrafung forderte und wenn sie überführt wurde, drohte ihr harte Strafe: Ein Mädchen im Alter von zwölf Jahren und einem Tag bis zu zwölf Jahren und sechs Monaten wurde mit ihrem Liebhaber gesteinigt. Ein älteres Mädchen wurde erdrosselt, ein jüngeres galt als minderjährig und blieb straffrei. Glücklicherweise hatten die Schriftgelehrten die Strafbestimmungen für den Ehebruch von Verlobten (5 Mose 22,23 f.) mit so vielen Bedingungen versehen, daß praktisch die Strafe kaum möglich war: mindestens zwei Zeugen mußten nachweisen, daß sie das ehebrecherische Paar unter Hinweis auf die Folgen gewarnt hatten und dieses gleichwohl bei seiner Sünde blieb.

Und doch kam es zu Hinrichtungen. So wurde eine verlobte Priestertochter – für Priestertöchter galten verschärfte Strafen gemäß 3 Mose 21,9 – wegen Ehebruchs verbrannt. Rabbi Eleasar ben Zadoc I. (* bald nach 35 n. Chr.) hat als kleiner Junge diesen Strafvollzug mit angesehen (J. Jeremias, a. a. O., S. 201). Diese Hinrichtung geschah in der Regierungszeit des Königs Herodes Agrippa I. (41–44 n. Chr).

Herodes Agrippa I. war übrigens ein Enkel des Herodes d. Gr. († 4 v. Chr.) und der Mariamne (ermordet von ihrem Mann 29 v. Chr.) und ein Sohn des Aristobulos (ermordet 7 v. Chr.) und ein Bruder der Herodias, die die Enthauptung des Täufers veranlaßte. (Die Szene mit der tanzenden Salome, die sich das Haupt Johannes des Täufers erbittet und so die Hinrichtung des Täufers bewirkt (Mk 6,17–29), nennt Bultmann »einen ganz legendarischen Bericht...«, während Josephus erzählt, daß Herodes angesichts der Scharen, die zum Täufer strömten, fürchtete, Johannes werde das Volk zum Aufruhr treiben, und dem durch die Hinrichtung zuvorkam« [Jesus, 1926, S. 27]). Herodes Agrippa I. wird in der Apostelgeschichte (12,2) erwähnt: »So ließ er Jakobus, den Bruder des Johannes, mit dem Schwert hinrichten.«

Was Josef betrifft, so hätte er natürlich den gerichtsnotwendigen Zeugenbeweis der Untreue Marias nicht erbringen können. Für ihn blieb nur die Möglichkeit, sich von seiner Braut zu trennen, indem er ihr einen Scheidebrief ausstellte. Denn es geschah, daß dieses Mädchen Maria, das zwar verlobt, aber noch nicht heimgeführt war, schwanger geworden war. Aber es war keine Untreue, es war eine Jungfrauenempfängnis.

Diese jungfräuliche Schwangerschaft begegnet uns im Neuen Testament in zwei verschiedenen Versionen: einer längeren, farbenreichen im 1. Kapitel des Lukasevangeliums und einer davon abweichenden und eher unscheinbaren im 1. Kapitel bei Matthäus, bei diesem aber nicht in Nazareth, sondern in Bethlehem. Matthäus läßt ja, wie wir sahen, Ehepaar und Kind erst einige Jahre später nach Nazareth ziehen. Außer bei Matthäus und Lukas wird die jungfräuliche Empfängnis und Geburt im ganzen übrigen Neuen Testament nicht erwähnt. Man kann im Gegenteil sagen, daß sich bei Paulus, dem ältesten christlichen Autor, Anklänge an das Gegenteil von Jungfrauengeburt finden: »Geboren von einer Frau«, sagt er (Gal 4,4), nicht etwa: von einer Jungfrau.

Nun zu Matthäus. Da heißt es schlicht: »Es fand sich, ehe sie noch zusammengekommen waren, daß sie schwanger war von Heiligem Geist« (Mt 1,18). Es ist deutlich, daß die Situation, von der hier die Rede ist, eine andere ist als im Lukasevangelium, in dem ein Engel erscheint und die Empfängnis ankündigt. Es muß sich im Matthäusevangelium um einen Zeitpunkt handeln, der einige Monate nach der Empfängnis liegt, anders könnte sich die Schwangerschaft nicht »finden«, d. h. herausstellen. Und nur die Schwangerschaft selbst konnte sich finden. Daß diese Schwangerschaft durch »Heiligen Geist« erfolgt war, konnte sich nicht »finden«. Das mußte erst geoffenbart werden.

Es wird aber nichts davon berichtet, daß irgendeine Ankündigung stattgefunden hätte oder daß Maria von einer bevorstehenden Schwangerschaft auf sonst irgendeine Weise informiert oder während der Schwangerschaft selbst über deren Qualität oder Bedeutung aufgeklärt worden wäre. Es scheint, daß sie nicht gefragt und daß ihr nichts gesagt wurde und daß sie demgemäß auch nichts wissen konnte. Und so wirkt sie wie eine unmündige Figur am Rande. Sie sagt in der ganzen Geschichte kein einziges Wort. »Es fand sich«, daß sie schwanger war. Offenbar hatte sie auch ihrem Mann Josef über ihre Schwangerschaft nichts gesagt, bis ihr Zustand offenkundig war.

Daß dies eine Schwangerschaft »von Heiligem Geist« war, wird erst später durch einen Traumengel dem Josef offenbart. Auch dann spricht niemand mit dem Mädchen Maria selbst, auch dann sagt sie nichts. Aber über sie muß natürlich in Anbetracht der Situation gesprochen werden. Und hat sie auch selbst nichts zu entscheiden, so muß doch über sie entschieden werden. Wenn dem Josef ein Engel im Traum erscheint, so informiert er ihn gleichsam als ihren Herrn, der nun zu bestimmen hat, was geschehen soll. Das Schicksal einer Frau liegt ganz in den Händen eines Mannes, aber immerhin kann der Traumengel Josef bewegen, über sie anders zu entscheiden, als dieser es zunächst wollte, und so verstößt er seine Braut nicht, sondern behält sie.

Übrigens ergeht auch die Anweisung, das Kind Jesus zu nennen, in dieser Matthäusversion an Josef, anders als in der Version bei Lukas, wo es die Mutter ist, die dem Kind den Namen geben soll. Das Ganze ist also eine Szene, die völlig auf Josef zugeschnitten ist. Er ist die allein handelnde Hauptperson der Erzählung. Durch die stumme Mutter ist die Geburtsgeschichte zu einer Männergeschichte und damit schlicht geraten. Vielleicht ist das der Grund, warum diese Matthäusversion für die fromme Phantasie nicht allzu viel hergibt.

Diejenigen, die Matthäus für einen historischen Schriftsteller halten, sollten sich vielleicht fragen, wieso Gott dieses Mädchen so ganz ungefragt und uninformiert in diese Situation der öffentlichen Schande mit dem Anschein einer Ehebrecherin gebracht hat. Das ist eine Frage, mit der sich die Theologen, die diese Märchengeschichte als historischen Dokumentarbericht auffassen, nicht beschäftigt haben und auf die sie demgemäß auch keine Antwort geben. Das sagt etwas über ihre Männer-Theologie aus.

Bei Lukas wird nicht zuerst Josef, sondern, wie es sich in solchen Fällen gehört, zuerst Maria, und zwar im voraus, informiert. Auch sonst steht die Lukasversion ganz im Gegensatz zu Matthäus. Bei Matthäus war nur von einem geträumten Engel die Rede, bei Lukas erscheint ein richtiger Engel. Und ein geträumter Engel unterscheidet sich von einem richtigen Engel etwa so wie ein geträumter Lottogewinn von einem realen. Bei Lukas steht Maria nicht uninformiert und wortlos am Rande, hier ist sie ein lebendiges Zentrum der Schilderung.

Und diese eindrucksvolle Erzählung des Lukas hat durch eine in den Jahrhunderten danach erfolgende phantasiereiche Entfaltung des Bildes der »Jungfrau Maria« und der Botschaft des Engels das katholische Christentum sowohl in seiner Volksfrömmigkeit als auch in seiner Theologie in einer Weise geprägt, daß demgegenüber das ganze übrige Neue Testament – von der Passionsgeschichte abgesehen – sich weit weniger in den Frömmigkeitsformen und in der Lehre der katholischen Kirche wiederfindet.

Durch diese mariologische Überbetonung hat man häufig den Sinn und den Inhalt der christlichen Lehre geradezu auf den Kopf gestellt. Das katholische »Kirchenlexikon« von Wetzer und Welte etwa lehrt die Summe einer theologisch verkehrten Welt, wenn es schreibt: »Der ganze Schwerpunkt des Christenglaubens ruht auf der Tatsache, daß Maria als Jungfrau empfangen und geboren hat, durch Einwirkung des heiligen Geistes befruchtet. Alles, was weiter von der Entsündigung und Befreiung unseres Geschlechtes durch das Blut Jesu Christi ›als des unbefleckten Lammes‹ gelehrt und geglaubt wird, stützt sich auf dieses Factum« (VIII, S. 719 f.).

Der Engel trat also bei ihr ein und sagte: »Sei gegrüßt, du Begnadete, der Herr sei mit dir.‹ Sie aber wurde verwirrt durch dieses Wort und überlegte, was dieser Gruß bedeute« (Lk 1,28 f.). Der Engel hieß Gabriel, weiß Lukas, und es war ein Mann, denn Gabriel heißt »Mann Gottes« oder »Held Gottes«, und ein Held ist immer ein Mann. Weibliche Engel gibt es nicht, wie es auch weibliche Teufel nicht gibt, nur des Teufels Großmutter bringt etwas Weiblichkeit in das männliche Inferno.

Im realen Leben kommen keine Engel zu keinen Jungfrauen, heute nicht und damals nicht. Hören wir den biblischen Engel gleichwohl weiter: »Du wirst empfangen in deinem Leib und einen Sohn gebären und wirst seinen Namen Jesus nennen. Dieser wird groß sein und Sohn des Höchsten genannt werden. Und Gott der Herr wird ihm den Thron seines Vaters David geben« (Lk 1,31 f.).

Es handelt sich bei diesen Versen um eine teilweise wörtliche Übernahme aus Stellen des Alten Testaments, etwa aus 1 Mose 16,7 ff., wo der »Engel des Herrn« zu Hagar, der Nebenfrau des Abraham, kam und zu ihr sagte: »Siehe, du hast empfangen und wirst einen Sohn gebären und sollst seinen Namen Ismael nennen.« Der Engel des Herrn erschien auch der Frau des Manoach, Simsons Mutter, die bis dahin unfruchtbar gewesen war, und sprach zu ihr: »Du wirst empfangen und einen Sohn gebären ... Gott geweiht soll der Knabe sein von Mutterleib an« (Ri 13,3 ff.). Und 1 Mose 17,19 kam Gott selbst zu Abraham und verkündete: »Dein Weib Sara soll dir einen Sohn gebären, und du sollst seinen Namen Isaak nennen.«

Maria aber erhebt einen Einwand und sagt zum Engel: »Wie soll das geschehen, da ich keinen Mann erkenne?« (Lk 1,34). Natürlich hat dieser Dialog zwischen dem Engel und Maria niemals wirklich stattgefunden. Er ist vielmehr von Lukas nach einem alttestamentlichen Schema konstruiert. Der katholische Neutestamentler Gerhard Lohfink hat darauf schon 1973 in seinem »Sachbuch zur Formkritik. Jetzt verstehe ich die Bibel besser« aufmerksam gemacht. Er weist darauf hin, daß es wichtig ist, bei der Verkündigungsgeschichte die literarische Gattung zu beachten, um nicht zu der falschen Auffassung zu gelangen, es handele sich um ein wirkliches Gespräch zwischen Maria und dem Engel Gabriel. Lukas benutze vielmehr ein übliches alttestamentliches Schema für göttliche Berufungsgeschichten, das aus vier Elementen besteht.

Unter einer Reihe von Beispielen bringt Lohfink auch die Berufungsgeschichte des Moses (2 Mose 3,10–12), in der sich diese vier Stilelemente finden : 1. Gott spricht zu Moses: »So geh hin. Ich sende dich zum Pharao. Führe mein Volk, die Israeliten, aus Ägypten heraus.« 2. Moses antwortete ihm: »Wer bin ich, daß ich zum Pharao gehen und die Israeliten aus Ägypten hinausführen könnte.« (= Einwand) 3. Da sprach Gott: »Ich selbst bin mit dir.« (= Beseitigung der Bedenken) 4. »Und dies soll dir zum Zeichen sein, daß ich dich gesandt habe: Wenn du das Volk aus Ägypten herausgeführt hast, werdet ihr Gott an diesem Berge verehren.« (= Beglaubigungszeichen)

Auch bei der Verkündigungsgeschichte Marias finden sich diese vier Bauelemente, wichtig in diesem Zusammenhang vor allem Punkt 2, der Einwand des Offenbarungsempfängers: »Wie soll das geschehen, da ich keinen Mann erkenne?« Es folgen dann auch Punkt 3, nämlich die Beseitigung der Bedenken durch eine Erklärung: »Der Heilige Geist wird über dich kommen...«, und Punkt 4, das Beglaubigungszeichen, das letzte Bauelement der alttestamentlichen Berufungsgeschichten: Maria wird an der Schwangerschaft der hochbetagten Elisabeth erkennen, daß Gott seine Zusage erfüllen wird.

Aber obwohl also der Dialog Maria – Engel kein realer, sondern ein von Lukas nach einem alttestamentlichen Schema komponierter ist, haben die von Lukas Maria in den Mund gelegten Worte einen echten theologischen Gehalt. Eigentlich sollte es jedem auffallen, wie sozusagen unkatholisch Maria argumentiert. Für sie ist die vom Engel verkündete Botschaft von der Empfängnis des Sohnes Gottes *deswegen* unvorstellbar, weil sie keinen Mann erkennt. Ihr ist also der Verkehr mit einem Mann eine notwendige Voraussetzung für die verheißene Geburt des Sohnes Davids. Für sie hängt beides unabdingbar zusammen, während für die katholische Dogmatik sich gerade umgekehrt der Verkehr mit einem Mann und die Geburt eines göttlichen Sohnes ausschließen.

Wenn wir den Bericht über die Verkündigung historisch nehmen könnten, müßte man also Maria mehr theologischen Verstand zuerkennen als den 2000 Jahren katholischer Jungfrauengeburtstheologie, das heißt gynäkologischer Klapperstorchtheologie. Maria hat damals schon in ihrer Frage klar zum Ausdruck gebracht, was sich zwar bei den meisten Theologen inzwischen herumgesprochen hat, was aber die katholischen Bischöfe bis heute noch nicht begriffen haben und Johannes Paul II. erst recht nicht, daß nämlich nach Marias Ansicht Gottessohnschaft Jesu und eine natürliche Sohnschaft Jesu sich nicht ausschließen. Für Maria ist vielmehr das eine nicht ohne das andere möglich.

Sie hätte bei ihrer Frage (legendäre) Vorgänge aus der jüdischen Bibel vor Augen haben können, in denen ebenfalls eine Empfängnis durch das schöpferische Eingreifen Gottes erfolgte, ohne daß dabei die zeugende Mitwirkung eines Mannes hätte ausgeschlossen werden müssen. Durch solchen Eingriff Gottes wurde etwa der neunzigjährigen Sara und dem hundertjährigen Abraham ihr Sohn Isaak geboren (1 Mose 17,17), und die unfruchtbare Rebekka gebar durch ein Eingreifen Gottes ihre Söhne Esau und Jakob (1 Mose 25,21).

Dem Judentum war der Gedanke einer Jungfrauengeburt gänzlich fremd, und es hat eine solche auch nicht für den erhofften Messias erwartet. Im Gegenteil, seine Hoffnung galt einem Messias, der ein von Menschen geborener Mensch sein werde. »Wir alle«, sagt der Jude Tryphon bei Justin, dem Martyrer († um 165 n. Chr.), »erwarten in Christus einen Menschen von Menschen... Wenn er als Christus kommt, muß man ihn auf jeden Fall als Menschen von Menschen erklären« (Dialog mit dem Juden Tryphon, 49). Wenn Maria also die Botschaft des Engels in irgendeiner Weise in Verbindung mit der jüdischen Messiaserwartung hätte bringen wollen, hätte sie dabei an alles andere als eine Jungfrauengeburt denken dürfen, da eine solche der jüdischen Hoffnung geradezu entgegenstand.

Die Lukanische Maria gerät jedenfalls mit ihrer Frage nicht in die Gefahr des in der katholischen Kirche schon früh sich ausbreitenden Mißverständnisses, die Gottessohnschaft beruhe auf der Jungfrauengeburt oder sei irgendwie damit verknüpft oder davon abhängig. Man sieht katholischerseits in der Jungfrauengeburt so etwas wie die Voraussetzung und Bedingung der Gottessohnschaft. Theologisch aber ist solcher Zusammenhang falsch: »Die Gottessohnschaft Jesu beruht nach dem kirchlichen Glauben nicht darauf, daß Jesus keinen menschlichen Vater hatte; die Lehre vom Gottsein Jesu würde nicht angetastet, wenn Jesus aus einer normalen menschlichen Ehe hervorgegangen wäre. Denn die Gottessohnschaft, von der der Glaube spricht, ist kein biologisches, sondern ein ontologisches Faktum; kein Vorgang in der Zeit, sondern in Gottes Ewigkeit« (Ratzinger, a. a. O., S. 225).

Die für die meisten Theologen und auch Kardinal Ratzinger selbstverständliche Erkenntnis, daß die Gottessohnschaft Christi nicht von der Tatsache einer Jungfrauengeburt abhängig gemacht werden kann, ist beim sogenannten gläubigen Volk so gut wie ganz und in der Hierarchie noch weithin unbekannt. Die Vorstellung, Gottessohnschaft sei von der Jungfrauengeburt abhängig, fand sich z. B. bei Kardinal Höffner, der behauptete, wenn Jesus einen menschlichen Vater gehabt hätte, dann wäre er nicht »wahrer Gott und wahrer Mensch zugleich« (Ruhrwort, 4. 7. 87, S. 11). Dabei hätte ihn ein kurzer Blick in eine einigermaßen moderne Dogmatik belehren können, daß seine Befürchtung unbegründet ist: »Es wäre also keine Beeinträchtigung Gottes, wenn sein Sohn, insofern er in der Gottnatur existiert, Gott zum Vater hat, insofern er aber in der menschlichen Natur existiert, einen menschlichen Vater hätte« (Michael Schmaus, Katholische Dogmatik, Bd. V, 1955, S. 138). Maria sah das genauso, als sie den Verkehr mit einem Mann als notwendige Voraussetzung der Geburt des Gottessohnes annahm.

Aber unabhängig von der Frage, ob der Gottessohn aus einer Jungfrau geboren sein muß, wie die meisten katholischen Bischöfe immer noch glauben, oder ob das nicht der Fall ist, wie Maria meint, in dieser von einem Griechen geschriebenen und unter hellenistischen Einflüssen stehenden Geschichte des Lukas wird im folgenden jedenfalls eine Jungfrauengeburt erzählt. Und wenn auch nicht in bezug auf das Judentum, dem der Gedanke an Göttersöhne fremd ist, so konnte für das junge Christentum doch in bezug auf die hellenistische Umwelt eine solche wunderbare Geburt als Erweis der Göttlichkeit des Erlösers durchaus nützlich sein. Die Christen konnten auf diese Weise mit parallelen Erlöservorstellungen antiker Mythen gleichziehen. So schrieb schon der katholische Theologe Karl Adam, der keiner Ketzerei verdächtigt werden kann: »Ohne Zweifel ist der Glaube an die übernatürliche Erzeugung überragender, vom Mythos verklärter Persönlichkeiten... derart eingewurzelt, daß zum mindesten innerhalb des Hellenismus die Meinung der Frommen einen rein natürlichen Ursprung eines Kultwesens nicht ertragen hätte. Mußte dieser eingesessene Glaube an eine übernatürliche Geburt sich in dem sittlich gereinigten, christlichen Vorstellungskreis nicht von selbst in den Glauben an eine jungfräuliche Geburt umsetzen?« (zitiert nach: Bernhard Bartmann, Dogmatik, Bd. I, 1920, S. 445). Die Jungfrauengeburt des Neuen Testaments ist also durch die Erwartung der heidnischen Umwelt diktiert.

Der Evangelist Lukas drückt sich bei der Ankündigung der Geburt Jesu auch ganz hellenistisch aus, nämlich im Sinne einer *Zeugung* des Kindes durch Gottes Heiligen Geist, das heißt, durch Gott selbst: »Darum wird das heilige *Gezeugte* Sohn Gottes genannt werden.« Da viele Übersetzer den Begriff »Zeugung« in bezug auf Gott zu heidnisch, zu unpassend und sexualistisch finden und ihnen der Gedanke einer geschlechtlichen Beziehung zwischen einem Gott und einer Frau zu deplaziert erscheint, überspringen sie diese heidnisch klingende Peinlichkeit und wenden sich lieber dem Endprodukt dieser göttlichen Zeugung zu: dem Geborenen. Sie sprechen in ihrer Übersetzung statt vom zeugenden Gott lieber von der gebärenden Maria. Kürzinger übersetzt in der Pattlochbibel: »Darum wird auch das Heilige, das *geboren* werden soll, Sohn Gottes genannt werden« (Lk 1,35). Und die deutsche katholisch-evangelische »Einheitsübersetzung« spricht direkt vom Kind: »Deshalb wird auch das *Kind* heilig und Sohn Gottes genannt werden.«

Das steht aber nicht im griechischen Urtext. Der katholische Dogmatiker Michael Schmaus sucht das von Lukas Gemeinte in Worte zu fassen und schreibt ungeniert: »Was sonst durch das männliche Tun geleistet wird, wirkte in Maria die Allmacht Gottes« (a. a. O., Bd. V, 1955, S. 107). Was aber wird denn »durch das männliche Tun geleistet«? Jeder weiß es: Der Mann steuert den für eine Zeugung unumgänglichen männlichen Samen bei. Diese Vorstellung Gottes als eines männlichen Samenspenders ist jedoch nicht nur abzulehnen, sondern sie gibt auch das von Lukas Gemeinte nicht richtig wieder. So simpel ist noch nicht einmal die Vorstellung des Lukas.

Die Vorstellung des Lukas und Matthäus von einer Jungfrauengeburt ist trotz der heidnischen, hellenistischen Ausdrucksweise von einer »Zeugung« durchaus tiefsinniger. Sie will Gott als einen allein und souverän Handelnden, als Schöpfer, darstellen. Die Geburt Jesu sollte in keinerlei Hinsicht einen menschlichen Zeugungsbeitrag beinhalten, nicht nur nicht männlichen, sondern überhaupt keinen menschlichen. Die Erschaffung Jesu sollte ganz und gar Gottes ausschließliches Schöpfungswerk sein, vergleichbar mit der Erschaffung Adams aus einem Erdenkloß.

Nun ist aber eine Frau kein Erdenkloß. Die ganze Jungfrauengeburts-Wundergeschichte ist zu einer Zeit entstanden, da man von der Existenz eines weiblichen Eis nichts wußte. Dieses wurde erst 1827 von dem Arzt K. E. von Baer, Professor in Königsberg und St. Petersburg, entdeckt. Und nur zu einer Zeit, als das weibliche Ei noch nicht entdeckt war, konnte die Jungfrauengeburtsgeschichte entstehen, zu einer Zeit also, als die Frau einen ganz passiven Part spielte. Sie trug bis zur Entdeckung des weiblichen Eis in der theologischen Vorstellung, auch des Lukas und Matthäus, nichts dazu bei, als daß sie gleichsam die Erde war, der Blumentopf, wohinein der Mann den Samen legte, aus welchem Samen allein dann das Kind erwuchs. Es lag die aristotelische Biologie zugrunde, der zufolge die Frau nur das leere Gefäß für das allein zeugende männliche Prinzip war (zur aristotelischen Biologie vgl. Uta Ranke-Heinemann, Eunuchen für das Himmelreich. Katholische Kirche und Sexualität, 1990[15], S. 184 ff. u. a.).

Auch heute noch sprechen wir fälschlicherweise nicht von einem »Zeugen« der Frau, das dem männlichen Zeugen entspricht, wir reden immer noch davon, daß Frauen »Kinder empfangen«. Laut unserem Sprachgebrauch ist die Frau immer noch passiv, sie kann nur entweder »ein Kind empfangen« oder die »Empfängnis des Kindes verhüten«.

So konnten nach dem alten Weltbild Lukas und Matthäus der Meinung sein, daß, wenn ein irdischer Vater bei der Zeugung Jesu ausgeschlossen wird, Gott der allein Handelnde ist, denn sie wußten nicht, daß zum Zeugen eines Menschen zwei gleich aktive Partner gehören, so daß, wenn der Mann durch Gott ersetzt wird, Gott gleichwohl nicht der allein Handelnde wird.

Seit der Entdeckung des weiblichen Eis 1827 durch K. E. von Baer jedoch und damit der Entdeckung des hälftigen Anteils der Frau an der Zeugung läßt sich die traditionelle Vorstellung der Jungfrauengeburt nicht einmal mehr als bloßes Bild eines alleinigen Schöpfungshandelns Gottes halten, anders als das Bild von der Erschaffung Adams aus Erde, das sich sehr wohl halten läßt. Denn niemand findet es unpassend, wenn am Grab gesagt wird: Aus Erde bist du genommen...

Das weibliche Ei steht der in der Jungfrauengeburt zum Ausdruck gebrachten Idee genauso entgegen wie bisher der männliche Same. Nicht nur der männliche Same, sondern auch das weibliche Ei schließen für ihren Teil das souveräne, alleinige Handeln Gottes aus. Es gibt keine ausschließliche Tat Gottes bei der Zeugung Jesu mehr. Das Handeln Gottes ist seit der Entdeckung des weiblichen Eis als die notwendigerweise konzertierte Aktion zwischen Gott und einer Frau zu sehen. Das aber ist gerade nicht die ursprüngliche Vorstellung des Matthäus und Lukas von einer Jungfrauengeburt, denn das würde eine sexuelle Beziehung Gottes zu einer Frau bedeuten, die der sexuellen Beziehung zwischen Mann und Frau wenn nicht gleich, so doch ähnlich wäre.

Hätte man also das weibliche Ei damals gekannt, dann hätte man es ebenso wie den männlichen Beitrag ablehnen müssen, denn ein weibliches Ei bedeutet in gleicher Weise wie der männliche Same die Zerstörung der Grundidee, die hinter der Vorstellung von der biologischen Jungfrauengeburt steht, der Idee nämlich, daß Gott der allein Wirkende ist.

Die Wissenslücke in bezug auf die weibliche Eizelle war also das Fundament für die Vorstellung einer Jungfrauengeburt vom Heiligen Geist im geschlechtslosen Raum. Nach der Entdeckung des weiblichen Eis bedeutet die weitere Behauptung der biologischen Jungfrauengeburt Marias eine Schrumpfung Gottes zu einem Männersatz.

Die Lehre von der biologischen Jungfrauengeburt bringt die Kirche in Anbetracht der seit 1827 bekannten weiblichen Befindlichkeiten in unlösbare theologische Probleme – falls sie diese weiblichen Befindlichkeiten zur Kenntnis nehmen würde. Aber die Kirche hat sich zu helfen gewußt: In der Frage der Jungfrauengeburt herrscht für sie immer noch die aristotelische Biologie. Denn, nähme die Kirche Kenntnis von der Entdeckung des weiblichen Eis, dann ergäbe sich für sie folgende Alternative: Entweder die Kirche gesteht Maria ein Ei zu, dann muß sie das Credo ändern: »Empfangen vom Heiligen Geist zu fünfzig Prozent«, oder die Kirche gesteht Maria weiterhin kein Ei zu, dann wäre Maria nicht die Mutter, sondern nur die Leihmutter Jesu.

Dasselbe noch einmal in anderen Worten: Nicht nur der männliche Same, sondern auch das weibliche Ei schließen das ursprünglich bei Matthäus und Lukas mit dem Bild der Jungfrauengeburt gemeinte alleinige Handeln Gottes aus. Denn Maria hat nun nicht mehr Jesus total vom Heiligen Geist empfangen, sondern nur zur Hälfte, sie hat ihren eigenen hälftigen Anteil an diesem Jesus, wie alle Frauen bei ihren Kindern, beigetragen. Es sei denn, die Kirche behauptet, Jesus sei nicht nur ohne männlichen Samen, sondern auch ohne weibliches Ei geboren worden. Aber dann wäre Maria nicht die leibliche Mutter Jesu, wie nach katholischer Lehre jetzt schon Josef nicht der leibliche Vater Jesu ist. Sie wäre Jesu Nährmutter, wie Josef sein Nährvater ist.

Zudem ist auch folgendes zu bedenken: Die erste Zelle Jesu bei einer Jungfrauengeburt war allemal eine weibliche Zelle. Und wenn bei einer Frau wunderbarerweise diese erste weibliche Zelle, das weibliche Ei, ohne Zutun eines Mannes sich zu teilen begänne, so daß durch immer weitere Teilung der Zellen ein Mensch entstände, dann könnte aus solcher jungfräulichen Schwangerschaft immer nur ein weiblicher Mensch entstehen. Irgendwann also müßte vor der Geburt Jesu ein ursprünglich weiblicher Fetus sich in einen männlichen Fetus verwandelt haben. Daß aber bei der jungfräulichen Empfängnis Marias und der jungfräulichen Geburt Jesu außerdem auch noch an eine transsexuelle Mutation Jesu, also an eine Verwandlung Jesu aus einem weiblichen Wesen in ein männliches Wesen, zu denken bzw. zu glauben ist, auf diese Ergänzung des Glaubensbekenntnisses ist noch nicht einmal Johannes Paul II. gekommen. Und doch wäre sie unumgänglich.

Zurück zu den Geburtsgeschichten des Neuen Testaments. Als Fundament der Legende von der Jungfrauengeburt benutzte Matthäus (gemäß seiner Art, mehr oder weniger alles, was Jesus betrifft, im Alten Testament vorhergesagt zu finden) eine Stelle beim Propheten Jesaja aus dem 8. Jahrhundert v. Chr., die er als Weissagung einer Jungfrauengeburt Marias interpretierte. In Wahrheit hat Jesaja überhaupt nicht von einer Jungfrauengeburt gesprochen. Die angebliche Verheißung einer Jungfrauengeburt durch den Propheten entspricht nicht dem hebräischen Urtext. In Jesaja 7,14 heißt es: »Eine junge Frau (alma) wird schwanger werden und einen Sohn gebären und ihn Immanuel nennen.«

Daß bei Matthäus (1,23) das Wort »Jungfrau« erscheint, geht auf die griechische Bibelübersetzung (Septuaginta) zurück, die im 3. vorchristlichen Jahrhundert entstand und das hebräische Wort *alma* = junge Frau mit dem griechischen Wort *parthenos* (Jungfrau) übersetzt. Alma kann Jungfrau bedeuten, muß es aber nicht, so wie jede junge Frau (im Deutschen vergleichbar dem »Fräulein«) eine Jungfrau sein kann, aber nicht sein muß. Aber selbst wenn Jesaja von einer Jungfrau gesprochen hätte, so hätte das immer noch keine jungfräuliche Empfängnis bedeutet. Von einer solchen redet er nicht. Auch wenn man also die Übersetzung von *alma* mit Jungfrau als im Sinne des Jesaja ansieht, besagt die Stelle nur, daß die Mutter des zu erwartenden Kindes vor seiner Zeugung eine Jungfrau war, aber nicht, daß die Zeugung auf übernatürliche Weise geschehen würde oder daß die Mutter weiterhin Jungfrau bleiben werde.

Welche junge Frau oder Jungfrau Jesaja auch bei seinem Gespräch mit König Ahas in Jerusalem während des syrisch-ephraimitischen Krieges 734 v. Chr. meinte, als er dem König das »Zeichen« von der jungen Frau, die schwanger wird, ankündigte, er sprach auf jeden Fall von der damaligen Zeit, von einem nahen Ereignis und nicht von einem Ereignis nach über 700 Jahren. Ein solch verspätetes Zeichen hätte ja auch für den König kein Zeichen mehr sein können. Jesaja sagt von dem Kind Immanuel: »Von Dickmilch und Honig wird er leben, bis er das Böse verwerfen und das Gute erwählen lernt, denn ehe der Knabe das Böse verwerfen und das Gute erwählen lernt, wird das Land, vor dessen beiden Königen dir graut, verödet sein« (7,15 f.). Das alles trifft auf Jesus nicht zu, wohl aber auf die Jahre 733/32: Damals eroberten die Assyrer die beiden Reiche Damaskus und Nordisrael. Die Gefahr, die König Ahas von den beiden Königen gedroht hatte, war damit vorbei. Und das Kind Immanuel der jungen Frau war in der Tat noch klein und noch nicht urteilsfähig und lebte von Dickmilch und Honig, wie der Prophet gesagt hatte. Jesaja sprach nicht von Maria. Und »Immanuel« hat Maria das Kind ja auch nicht genannt.

Maria hat nach der Verkündigungsszene noch einmal, wenn man es so nennen will, einen großen Auftritt, und zwar beim Besuch bei ihrer legendären Base Elisabeth (daß die Base und damit der ganze Bericht legendär ist, beweist der in dieser Beziehung historisch glaubwürdigere Hinweis im Johannesevangelium, nach dem Jesus und Johannes sich nicht kannten [Joh 1,33]). Dem Mann der Elisabeth, Zacharias, war sechs Monate vorher ebenfalls der Engel Gabriel erschienen und hatte ebenfalls die Geburt – allerdings auf natürlichem Weg – eines Sohnes angekündigt, und zwar die Johannes des Täufers. So ganz natürlich war diese Empfängnis allerdings auch nicht, denn die für eine Geburt ungünstigen Umstände, die wir schon bei Sara und Rebekka antrafen, einmal das Alter, das andere Mal Unfruchtbarkeit, hatten sich bei Elisabeth zu einem Doppelproblem konzentriert: Sie war sowohl alt als auch immer schon unfruchtbar. Um so größer war das Wunder.

Ihr Mann Zacharias hatte der Engelsbotschaft zunächst auch nicht so recht glauben können, und er hatte sich darum die gegenüber einem Engel dumme Frage erlaubt: »Woran soll ich das erkennen? Denn ich bin alt, und meine Frau ist hochbetagt.« Und Gott, dem in diesem Augenblick entfallen war, daß die Frage des Zacharias lediglich wegen des oben erwähnten alttestamentlichen Berufungsschemas gestellt wurde, wonach auf die Ankündigung Gottes bzw. des Engels ein Einwand kommen mußte, sah darin offenbar eine schwere Sünde. Denn augenblicklich bestrafte Gott den Zacharias hart für sein loses Mundwerk und schlug ihn mit Stummheit. Und die ganzen neun Monate bis zur Geburt des Johannes sollte Zacharias stumm bleiben. So lesen wir es in den Übersetzungen, etwa in der »Einheitsübersetzung«: »Er gab ihnen nur Zeichen mit der Hand und blieb stumm« (Lk 1,22).

Das ist richtig, aber das griechische Wort für »stumm« kann auch »taub« bedeuten und auch »taubstumm«. Und offenbar schlug Gott den Zacharias nicht mit bloßer Stummheit, sondern sogar mit Taubstummheit. Daß er nicht reden konnte, steht Lk 1,22, und daß er nicht hören konnte, ergibt sich aus Lk 1,62, wo die Verwandten von Zacharias den Namen seines Neugeborenen erfahren wollten. Sie fragten ihn aber nicht mit Worten, sie fragten ihn vielmehr mit Zeichen. Demnach war er also auch taub. Gott hat die Dauer der Strafe später sogar noch verlängert, denn Zacharias blieb nicht nur bis zur Geburt des Johannes taubstumm, sondern noch darüber hinaus bis zu dessen Beschneidung (Lk 1,64).

Das ist keine besonders barmherzige Geschichte, die hier von Gott erzählt wird, denn Gott ist hier einer, der Menschen hart auf den Mund und die Ohren schlägt, wenn diese nicht gleich begreifen und eine Frage stellen, um zu begreifen. Glücklicherweise wurde Maria für ihre ähnlich zweiflerische Frage »Wie soll das geschehen, da ich keinen Mann erkenne?« (Lk 1,34) nicht von Gott mit Taubstummheit geschlagen, sonst hätte sie ihr »Magnificat anima mea Dominum, Hoch preise meine Seele den Herrn« gar nicht bei Elisabeth aufsagen können.

Aber sie hat es ja so und so nicht gesagt, außer sie hat vorher eine umfangreiche redaktionelle Vorarbeit geleistet. Spontan läßt sich dieses Magnifikat nicht formulieren.

Es ist nämlich eine Zusammenstellung von Zitaten aus dem Alten Testament. »Hoch preise meine Seele den Herrn«, sagte die Mutter Samuels, Hanna, die lange vergeblich auf ein Kind gewartet hatte. Sie hatte Gott versprochen, wenn sie ein Kind bekäme, womit sie aber einen Sohn meinte, werde sie diesen Sohn ganz Gott weihen. Ihr Gebet wurde erhört, und als sie ihren Sohn später »vor den Herrn brachte«, sprach sie die erwähnten Worte aus (1 Sam 2,1). Diese Worte sind also auch die Anfangsworte von Hannas alttestamentlichem Magnifikat (1 Sam 2,1–10).

Der nächste Vers begegnet uns bei Habakuk 3,18: »Ich will frohlocken über Gott, meinen Heiland«. Es handelt sich hier um einen Vers aus dem sogenannten Habakukpsalm. – Der folgende Vers ist wiederum dem Mund der erwähnten Hanna entnommen, die ihn allerdings als Bitte aussprach, bevor ihr Gott den erbetenen Sohn schenkte (1 Sam 1,11): »Du siehst die Niedrigkeit deiner Magd an«. – Und »Von nun an werden mich selig preisen alle Geschlechter« ist eine Abwandlung der Worte Leas, die diese ausrief, nachdem ihre Magd Silpa als ihre Stellvertreterin dem Jakob einen Sohn (Aser) geboren hatte: »Mich werden selig preisen alle Töchter« (1 Mose 30,13).- »Heilig ist sein Name« findet sich im Psalm 111 (110),9. – »Sein Erbarmen währet von Geschlecht zu Geschlecht über die, die ihn fürchten«, stammt aus Psalm 103 (102), 17 f. – Dem Arm Gottes begegnen wir im Psalm 89 (88),11. – Und daß er die Übermütigen zersprengt, wissen wir aus 2 Sam 22,28. – Daß er Stolze vom Thron stürzt und Niedrige erhöht, steht bei Jesus Sirach 10,14, ähnlich im Psalm 147,6, ferner bei Hiob 5,11 und bei Ezechiel 21,31. – Daß er die Hungrigen sättigt, wissen der Psalm 107 (106),9 und 1 Sam 2,5. – Und daß die Reichen leer ausgehen, lesen wir im Psalm 34 (33),11. – Den Schluß finden wir dann verteilt bei Jesaja 41,8; Psalm 98,3; Micha 7,20; 1 Mose 17,7.

Das Magnifikat wurde wahrscheinlich ursprünglich gar nicht

Maria in den Mund gelegt, sondern Elisabeth. Durch eine veränderte Formulierung im Vers 46: »Maria sagte« statt »Elisabeth sagte« wurde der ganze Lobgesang umgemünzt. In einigen alten lateinischen Handschriften steht aber noch der Name Elisabeth. Und das ist auch logisch. Denn auf Maria paßt der ganze Zusammenhang gar nicht. Das Magnifikat ist wesentlich dem Lobpreis der Hanna, der Mutter Samuels, nachgebetet, die genau wie Elisabeth lange auf ein Kind gewartet hatte. Für Maria trifft diese Situation nicht zu, und es gibt keinen Sinn, wenn sie den Dank einer älteren, lange kinderlosen Mutter betet. Und der nach dem Magnifikat unmittelbar folgende Vers 56: »Und Maria blieb bei ihr«, meint mit dem Wort »ihr« die, die soeben gesprochen hatte, eben Elisabeth. Zudem nehmen in Vers 58 die Nachbarn und Verwandten den Begriff des Erbarmens Gottes aus dem Magnifikat ausdrücklich in bezug auf Elisabeth auf und wiederholen ihn.

Und auch der Umstand, daß Zacharias, nachdem er wieder reden konnte, seinerseits ein langes Lob- und Danklied anstimmte, ein Benedictus (»Gepriesen sei der Herr, der Herr Israels«; Lk 1,68–79), das ebenfalls aus lauter Zitaten aus dem Alten Testament besteht, mag ein Hinweis sein, daß der ursprüngliche Zusammenhang der gewesen ist, daß beide Eltern in je einem eigenen Lobgesang Gott für die Geburt ihres lang ersehnten Sohnes dankten.

Zu dem Gruß, den Elisabeth Maria gegenüber ausspricht, sei etwas hinzugefügt. Elisabeth sagt: »Du bist gebenedeit (griechisch: eulogemene) unter den Frauen« (1,42). Dieses »gebenedeit unter den Frauen« ist aber ein Zitat aus dem Alten Testament, und zwar aus dem Buch der Richter 5,24. Da heißt es: »Jael sei gebenedeit unter den Frauen.« Und das weckt gemischte Gefühle. Denn wer war Jael? Sie war die Frau, die dem feindlichen Feldherrn Sisera, als dieser sich bei ihr ausruhte, mit einem Hammer einen Holzpflock durch die Schläfe schlug und ihn damit tötete (Richter 4,26). Deswegen kann man bei dem Wort »gebenedeit unter den Frauen« schon ein wenig zusammenschrecken.

Nun könnte der Einwand gemacht werden, daß eine solche Parallele zu weit hergeholt ist. Aber sonderbarerweise hat die katholische Kirche in ihrer Liturgie und Lehre solche und ähnliche Heldinnen häufig als Vorbilder Marias hingestellt, und man hat Maria mit denselben Lobsprüchen bedacht, mit denen die alten Heroinen und Töterinnen gelobt und gepriesen wurden. Dieser Brauch hat sich bis heute erhalten. Im Graduale des Festes »Mariä Empfängnis« heißt es von Maria: »Du bist der Ruhm Jerusalems, du die Freude Israels, du die Ehre unseres Volkes.« Diese Seligpreisung war ursprünglich an Judith gerichtet, nachdem diese dem betrunkenen und schlafenden Holofernes den Kopf eigenhändig abgeschlagen hatte (Jud 15,9). Im selben Graduale wird noch eine zweite Kopfabschlägerinnen-Seligpreisung, die Judith galt, auf Maria angewendet: »Gepriesen bist du bei dem höchsten Gott vor allen Frauen der Erde.« Dieser Lobpreis erging in dem Augenblick, als Judith den abgeschlagenen Kopf des Holofernes hochhob und dem Volk zeigte (Jud 13,18).

In der katholischen Mariologie und »Liturgie werden vor allem Judith und Esther als Bilder Marias verstanden« (Schmaus, a.a.O., S. 163). Das »Marienbild« Esther leistete vergleichsweise noch Größeres als Judith, indem Esther nämlich dafür sorgte, daß 75810 Männer »samt Kindern und Frauen« (Esth 8,11) getötet wurden. An anderer Stelle sagt Esther: »Die zehn Söhne Hamans möge man an den Galgen hängen« (Esth 9,13). Als »Bild der unbefleckt Empfangenen« (Schmaus, a.a.O., S. 164) hat diese Massenvernichterin in der Liturgie des Festes der Erscheinung von Lourdes ihren heiligen Ort.

Es gibt noch mehr Vorbilder Marias in der katholischen Mariologie: Debora z.B., die bei der Ausrottung der Kanaanäer erfolgreich war (Ri 4,4–5,31), und eben auch die schon erwähnte Jael, die wegen ihres Holzpflockmordes gebenedeit war. Alle vier, Judith, Esther, Debora und Jael, sind laut dem Mariologen Alois Müller »in solchen Taten symbolische Vorgestaltungen von Marias Erlösermutterschaft« und »typologische Vorgestaltungen für die Erwählung

Marias« (Mysterium salutis, Bd. III, 2, 1969, S. 397). Und da kann man, wie gesagt, bei dem Wort: »Gebenedeit bist du unter den Frauen« und überhaupt bei solcher Mörderinnen-Mariologie unruhig werden.

Das reale Leben Marias vollzog sich fernab von Engelbesuchen und Kriegs-Heroinen-Pose. Uns wird berichtet von der Beschneidung Jesu nach acht Tagen (Lk 2,21). Die Ereignisse der Beschneidung, des Reinigungsopfers und des Loskaufs eines Erstgeborenen waren ganz normale Vorgänge für eine jüdische Familie der damaligen Zeit. Unterbrochen wurde diese Normalität durch ein Ereignis im Tempel, nämlich durch den Auftritt des alten, frommen Symeon, der in dem Kind den erhofften Messias erkennt.

In der Legende vom zwölfjährigen Jesus im Tempel zeigen sich die Eltern verständnislos. Als Jesus von seinem himmlischen Vater spricht, wissen sie nicht, wovon er redet (Lk 2,50). Das steht im Widerspruch zu der Erzählung von der Engelsverkündigung. Daraus wird deutlich, daß bei Lukas verschiedene Traditionsstränge zusammengefügt sind, von denen der hier zugrundeliegende die Jungfrauengeburt gar nicht kennt.

Von Josef hören wir im weiteren Neuen Testament nichts mehr. Maria tritt jedoch noch an verschiedenen Stellen in Erscheinung. Die zwei markantesten Begegnungen mit ihr werden im Johannesevangelium berichtet und sind ebenfalls legendär: nämlich Maria bei der Hochzeit von Kana und dann Maria unter dem Kreuz, zusammen mit dem Lieblingsjünger.

Bei der Hochzeit von Kana handelt es sich um ein auf Jesus bezogenes hellenistisches Märchen (siehe Kapitel: Die Wunder Jesu). Und bei der Szene unter dem Kreuz handelt es sich nicht um eine historische, sondern um eine fiktive, theologisch-symbolische Darstellung. Daß Maria und der Lieblingsjünger nicht unter dem Kreuze standen, berichten historisch glaubwürdiger die drei übrigen Evangelisten. Danach war von den männlichen Jüngern überhaupt niemand dort, und die Frauen standen in einiger Entfernung. Maria aber war nicht dabei. Wenn jemand einen Grund sucht, warum sie nicht dabei war, so mag es einen ganz natürlichen geben, nämlich die nicht genügende Zeit für eine Benachrichtigung der Mutter in Galiläa vom Prozeß und Urteil gegen den Sohn und die Dauer der Anreise aus Galiläa.

Nach allem, was wir aus den Evangelien wissen, hatte zunächst durchaus kein Einvernehmen bestanden zwischen Mutter und Sohn. Und das gilt auch für Jesu Verhältnis zu seiner übrigen Familie. »Nirgendwo hat ein Prophet so wenig Ansehen wie in seiner Heimat, bei seinen Verwandten und seiner Familie«, sagt Jesus (Mk 6,4), und es dürfte kein Zweifel sein, daß er diese Erfahrung selbst gemacht hat, denn »auch seine Brüder glaubten nicht an ihn« (Joh 7,5). Sogar mit Gewalt wollten ihn seine Angehörigen an seiner Predigttätigkeit hindern, und seine Mutter gehörte, wie sich aus dem Zusammenhang ergibt, auch dazu: »Und er ging in ein Haus, und da strömte wieder das Volk zusammen, so daß sie nicht einmal Brot essen konnten. Als seine Angehörigen davon hörten, machten sie sich auf den Weg, um ihn zu ergreifen. Sie sagten: Er ist verrückt« (meist höflich übersetzt mit: »Er ist von Sinnen« [Mk 3,21]).

Statt der Familie, die nicht an ihn glaubte, wurden ihm die, die an ihn glaubten, zur eigentlichen Familie. »Während er noch zum Volke redete, siehe, da standen draußen seine Mutter und seine Brüder und verlangten, ihn zu sprechen. Er aber antwortete und sprach zu dem, der es ihm sagte: ›Wer ist meine Mutter, und wer sind meine Brüder?‹ Und er streckte seine Hand über seine Jünger aus und sagte: ›Siehe, das sind meine Mutter und meine Brüder. Denn jeder, der den Willen meines Vaters im Himmel tut, der ist mir Bruder und Schwester und Mutter‹« (Mt 12, 46 ff.) Ähnlich in den Parallelstellen Mk 3,31 ff. und Lk 8,19 ff.

Ebenfalls historisch könnte die in der Apostelgeschichte geschilderte Situation sein, in der uns Maria zum letztenmal im Neuen Testament begegnet, und zwar in Jerusalem. Die Familienangehörigen wären demnach inzwischen eingetroffen. Es scheint eine Trauerversammlung gewesen zu sein, zu der sich die Apostel trafen:

»mit den Frauen und Maria, der Mutter Jesu, und seinen Brüdern« (Apg 1,14). Wann seine Mutter und seine Brüder zum Glauben an Sohn und Bruder gefunden haben, wissen wir nicht. Aber nun saßen sie beieinander und beteten.

Es war ein langer und schwerer Weg für eine Mutter gewesen. Aber nun, in Jerusalem, waren alle Wege und Irrwege zu Ende gegangen. Das Trennende war vergangen, und alle Schmerzen waren verstummt in dem einen letzten, großen Schmerz. Sie saß und betete. Und in ihrer Trauer war sie wieder ganz seine Mutter, und der Tote war wieder ganz ihr Sohn.

4. Kapitel

Die Engel

Der Engel trat bei Maria ein und sagte: »Sei gegrüßt, du Begnadete!«
Er hatte nicht angeklopft, Engel klopfen nicht an. Und die Tür
hatte ohnehin offengestanden. Die heiße Sonne stand hoch, der
Schatten im Haus versperrte ihrer Hitze den Weg nach innen. Es
war Mittag in Nazareth, und die staubige Dorfstraße war still, so
still, als gäbe es sonst niemanden auf der Welt oder vielmehr, als
gäbe es überhaupt keine Welt. Es war die Zeit der Mittagsdämonen
und offenbar auch die der Mittagsengel. Engel werfen bekanntlich
keinen Schatten, aber plötzlich war doch so etwas wie ein Schatten
in den Hauseingang gefallen, und dann stand er da und sagte: »Sei
gegrüßt!« Er nannte nicht seinen Namen, und das Mädchen fragte
ihn nicht nach seinem Namen und wußte den Namen doch sofort
ohne jede Frage: Es war Gabriel, der »Held Gottes«.

Wir, zu denen noch nie ein Engel kam, wüßten allzu gern noch
mehr von ihm. Wir wüßten z. B. gern, wie er aussah, ob er groß war
oder klein, dick oder dünn, ob er aussah wie ein normaler junger
Mann oder vielleicht wie ein Astronaut. Oder ob er vielleicht überhaupt nicht jung war, sondern im Gegenteil sehr alt, vielleicht so alt
wie die Welt. Die Gelegenheit wäre so günstig gewesen für den
Evangelisten, uns noch ein wenig mehr über ihn oder über Engel
überhaupt zu erzählen, etwa, wie sie es fertigbringen, da sie doch
Geister sind, sich sichtbar zu machen, und vielleicht auch, warum es
denn nur lauter Männerengel gibt. Engel heißen immer Michael
oder Gabriel oder Raphael, aber niemals hat irgend jemand irgend

etwas von einem Engel gehört, der etwa Sieglinde hieße oder Annemarie.

Wenden wir uns ab von dem sanften Bild des Mädchens und des Engels und suchen mehr über Gabriel zu erfahren. Einiges steht über ihn im Buch Daniel (entstanden 165/164 v. Chr.). Da ist er der Engel, der dem Daniel dessen Visionen interpretiert, einer, »der die rechte Einsicht bringt« (Dan 9,22). Solche Informationstätigkeit damals und die Verkündigung in Nazareth passen also ganz gut zusammen.

Allerdings tritt Gabriel bei Daniel in den Kapiteln 10 bis 12 auch ganz anders in Erscheinung, viel weniger sanft. Dan 10,5 f. lesen wir zunächst, wie er aussieht und wie er spricht. Daniel beschreibt ihn: »Da stand ein Mann, mit einem Linnengewand bekleidet, um die Lenden einen Gürtel aus feinstem Gold; sein Leib war wie Chrysolith (= Olivin, Gabriel war also grün), sein Antlitz sah aus wie der Blitz, seine Augen wie lodernde Fackeln, an Armen und Beinen ein Gefunkel wie von glänzendem Erz, und der Schall seiner Worte tönte wie das Tosen einer Volksmenge.«

Leider konnte Gabriel bei Daniel nicht allzu lange bleiben, denn er mußte fort zu einem Kampf sowohl mit dem Engelfürsten von Griechenland als auch mit dem Engelfürsten von Persien (Dan 10,20). Also wissen wir nun wenigstens, daß auch Engel untereinander Krieg führen, das macht sie einigermaßen menschlich.

Im Buch Henoch (ein jüdisches Sammelwerk verschiedener Schriften, von 170 v. Chr. bis Christi Geburt entstanden), einem bei den frühen Christen sehr beliebten Buch, das zwar nicht zur Bibel, sondern zu den sogenannten alttestamentlichen Apokryphen gerechnet wird, aber durchaus »den Anspruch haben könnte, zu den heiligen Büchern gezählt zu werden« (Lexikon für Theologie und Kirche [= LThK], 1957–1968; Bd. I, 1957, S. 712), lesen wir: »Zu Gabriel sprach der Herr: ›Ziehe los gegen die Bastarde (= Abkömmlinge von gefallenen Engeln), die Verworfenen und die Hurenkinder, tilge die Söhne der Wächter (= Engel) von den Menschen hinweg und lasse sie gegeneinander los, daß sie sich untereinander im Kampf vernichten«« (10,9).

Ferner erfahren wir (Kap. 40,9), daß Gabriel nach Michael und Raphael der dritte von vier »Angesichtsengeln« ist, die unmittelbar bei Gott stehen. Der Name des vierten ist nach Henoch Phanuel. Gabriel wird dabei als der bezeichnet, »der allen Kräften vorsteht«.

Von den vier Elementen war Gabriel das Feuer unterstellt, oft glaubte man sogar, er bestehe aus Feuer. Gleichzeitig galt er als »der härteste Engel«, der auch einfach als »Schrecken« bezeichnet wurde, weil er Gottes Strafgerichte über die Menschen vollzog (Hermann Strack/Paul Billerbeck, Kommentar zum Neuen Testament aus Talmud und Midrasch, Bd. II, 1965, S. 92). »Jeder Engel ist schrecklich«, sagt Rilke in seiner zweiten Duineser Elegie. Für Gabriel als den personifizierten Schrecken gilt das demnach ganz besonders.

Und in der »Kriegsrolle«, einer am Toten Meer gefundenen Schriftrolle (2. oder 1. Jahrhundert v. Chr. entstanden), ist der Name des Engels Gabriel Aufschrift auf den Schilden beim bevorstehenden großen Rachekrieg (1 QM IX,15 f.; vgl. das Kapitel »Jesus und die Schriftrollen vom Toten Meer«).

Aber in der Verkündigungsszene bei Lukas zeigt Gabriel nichts von seiner Härte und Menschen- und Engelvernichtungstätigkeit. Das Blut an seinen Händen, wenn Engel denn Hände haben, war nicht zu sehen. Der Harte war weich, der Schreckliche freundlich. Er hatte offenbar so etwas wie himmlische Kreide gegessen. Gleichwohl war es nötig, daß er sagte: »Fürchte dich nicht.« Ganz offenbar fürchtete das Mädchen Maria sich vor einem so furchtbaren Engel.

Gabriel gehört nach Vorstellung jüdischer Gelehrter der ersten nachchristlichen Jahrhunderte mit Michael zu den Engeln, die nicht der Vergänglichkeit anheimfielen, während von den übrigen Engeln galt, was Rabbi Chelbo (um 300 n. Chr.) über sie sagte: »Niemals hat eine Engelabteilung droben zum zweitenmal ein Loblied angestimmt; sondern täglich schafft Gott eine neue Abteilung von Engeln, und sie singen ein neues Lied vor ihm und schwinden dann wieder dahin.« Auch andere Rabbiner lehrten das tägliche Dahinschwinden der Engel (Strack/Billerbeck II, S. 91). Schade, wenn auch Engel sterben müssen und lediglich eine Art Wegwerf-Engel sind.

Gabriel ist übrigens nicht nur für die Juden und Christen von Bedeutung, eine wichtige Rolle spielt er auch im Islam, denn es war Gabriel, der dem Propheten Mohammed den Koran, die Heilige Schrift des Islam, diktierte. Und später, bei der Himmelfahrt Mohammeds, »hat Gabriel den Tempelfelsen, der Mohammed in den Himmel folgen wollte, zurückgehalten und seine Hand darin eingedrückt« (LThK IV, S. 484).

Bei den Christen machte er insofern später Karriere, als er Schutzpatron aller Boten, Postbediensteten und Zeitungsträger wurde. Papst Pius XII. erklärte ihn 1951 zum Patron über das Rundfunk- und Fernmeldewesen. Das Fernsehen dürfte darin eingeschlossen sein.

Was die Engelnamen betrifft, so haben sich nur Michael, Gabriel und Raphael durchgesetzt. Die Nennung weiterer Namen verbot die römische Synode 745 unter Papst Zacharias. Sie verbot die Engelnamen Uriel, Ragull, Tubuel, Inias, Tubuas, Sabaoc und Simiel, die ein gewisser, als Ketzer verurteilter Adelbert beigesteuert hatte. Dieser hatte behauptet, in Jerusalem sei ihm vom Himmel ein Brief Christi zugefallen, auf dem u. a. diese Namen verzeichnet waren. Das half ihm aber nichts. Die Synode erklärte, dies seien nicht Namen von Engeln, sondern von Dämonen (Karl Joseph von Hefele, Conciliengeschichte, Bd. III, 1858, S. 506 f.).

Übrigens hatte schon die Synode von Laodicea in Phrygien (zweite Hälfte des 4. Jahrhundert) sich gegen Engelverehrung und Engelkult ausgesprochen. Die Synode bestimmt, »daß die Christen die Kirche Gottes nicht verlassen und nicht die Engel verehren und einen Engelskult einführen sollen« (c. 35; K. J. v. Hefele, Conciliengeschichte, Bd. I, 1855, S. 743). Sie folgte damit dem Kolosserbrief, der sich auch gegen Engelverehrung äußert: »Laßt euch durch niemand um euren Kampfpreis bringen, der sich gefällt in unterwürfiger Demut und Verehrung der Engel« (Kol 2,18).

Das Reich der Engel mit seinen verschiedenen Klassen von Engeln ist ziemlich kompliziert. Außer den Boten – »Engel« heißt »Bote« – bevölkern himmlische militärische Heerscharen den Himmel. Insgesamt lassen sich im Alten Testament folgende Gruppen von Engeln unterscheiden: Cherubim, Seraphim, Erelim, Chajot und Ofannim (Jüdisches Lexikon, Bd. II, 1982, S. 399). Es gab Schutzengel für jeden einzelnen Menschen (1 Mose 21,17) wie für ganze Völker, so Michael als Schirmengel Israels (Dan 12,1). Nach dem Talmud gab es viele Milliarden Engel, und jeden Juden »begleiteten zweitausend, nach anderer Vorstellung sogar elftausend Engel« (Jüdisches Lexikon, S. 401).

In der katholischen Theologie herrscht wegen der Kompliziertheit der Materie keine völlige Klarheit und Übereinstimmung in der Engellehre. Manche Engeltypen des Alten Testaments sind inzwischen verlorengegangen, an ihrer Statt hat man einige neue hinzugewonnen. Was die verschiedenen Arten, die zugleich Klassen bedeuten, betrifft, so unterscheidet man nunmehr Seraphim, Cherubim, Throne (throni), Herrschaften (dominationes), Mächte (virtutes), Gewalten (potestates), Fürstentümer (principatus), Erzengel und Engel. Die untersten Engel heißen also einfach »Engel«.

Bei der Zahl der Klassen oder Kasten, die man übrigens »Chöre« nennt, war man nicht immer einig. Manche Kirchenväter sprachen von fünf bis acht Chören, andere wieder von neun oder mehr. Von neun Chören sprach Cyrill von Jerusalem (†386), ebenso Athanasius (†373), Ambrosius (†397), Basilius (†379), Chrysostomus (†407) und Hieronymus (†419/420). Papst Gregor I. d. Gr. (†604) hat die Neunzahl der Klassen festgelegt (hom. 34 in Ev.), und auch die Theologen der Scholastik, von denen der größte, nämlich Thomas von Aquin (†1274), bis heute maßgeblich ist, vertraten sie. Allerdings behauptete Papst Gregor I., *virtutes* (Mächte) und *principatus* (Fürstentümer) hätten ihre Positionen untereinander getauscht.

Engel sind eigentlich ursprünglich heidnische Wesen, denn der Glaube an sie ist älter als der Glaube an den biblischen Gott. Als noch niemand von diesem Gott etwas wußte, wußte man über die Existenz der Engel schon sehr wohl Bescheid. Bereits in Texten des alten Ugarit, eines schon in der Jungsteinzeit (im 4. und 3. Jahrtausend v. Chr.) besiedelten nordsyrischen Stadtstaates, begegnen uns Wesen in der Funktion von göttlichen Boten. Auch bei den Assyro-Babyloniern gab es Engel als Boten und Diener der Götter. Diese überkommene und übernommene Vorstellung einer Art von himmlischem Hofstaat hat sich in der jüdischen Bibel, im Alten Testament, bunt entfaltet.

Einige Details, die alle Engel betreffen, könnten vielleicht von allgemeinem Interesse sein: »Als geistige Wesen, die nicht aus körperlichen Teilen bestehen, können die Engel einen Raum nicht, wie der Körper, so ausfüllen, daß ihre Teile den Teilen des Raumes entsprächen, sondern so, daß sie ganz in dem ganzen bestimmten Raume und ganz in allen Teilen dieses Raumes sich befinden.« So sagt es das »Kirchenlexikon« von Wetzer/Welte (IV, S. 521) mit Berufung auf den heiligen Thomas (S.Th. I q. 52 a. 2), der als Engelsfachmann den Ehrentitel »doctor angelicus« hat.

Nach Thomas von Aquin bedürfen die Engel keiner Sprache, da der »Wille, mit dem der eine Engel dem andern seine inneren Akte darbietet, allein schon genügt« (S.Th. I q. 107 a. 1). Die Sprache der Engel ist also eine rein geistige. Für Menschen sind Engel stumme Wesen.

Ferner, wenn ein Engel einem Menschen erscheint, so vollbringt er mit dem angenommenen Leib keine eigenen vitalen Akte, sondern er vollzieht, weil der Leib, in dem er erscheint, ihm nur ein Werkzeug ist, auch nur nachahmende mechanische Akte ohne inneres Lebensprinzip (Thomas v. Aquin, S.Th. I q. 51 a. 2 ad 2).

Gemeinsam haben die Engel mit dem Menschen, daß ihr Wissen verschieden ist: Manche wissen mehr, manche weniger. Aber auch Engel können lernen, und darum werden die niederen Engel von den höheren Engeln belehrt.

Über zwei Engelarten sind wir näher informiert, nämlich über die Seraphim und insbesondere über die Cherubim. Die Seraphim hat der Prophet Jesaja gesehen, als er von Gott berufen wurde (Jes 6,2). »Über ihm (Gott) schwebten Seraphim. Sechs Flügel hatte ein jeder, mit zweien verhüllte er sein Angesicht, mit zweien bedeckte er seine Füße und mit zweien flog er beständig. Einer rief es dem andern zu und sprach: ›Heilig, heilig, heilig ist der Herr der Heerscharen‹… Vor ihrer Stimme erbebten die Türschwellen und füllte sich der Tempelraum mit Rauch.« Und einer der Seraphim reinigte mit einem glühenden Stein die Lippen des Propheten und entsündigte ihn damit. Wesentlich mehr über die Seraphim erfahren wir nicht.

Die Cherubim begegnen uns gleich am Anfang der Bibel, nämlich nach der Vertreibung von Adam und Eva aus dem Paradies. Auf der Ostseite des Paradieses ließ Gott Cherubim sich postieren, daß sie die Menschen am Weg zum Baum des Lebens hinderten. Bei Hesekiel finden wir eine umfangreiche Beschreibung dieser Engel. Demnach sind die Cherubim menschenähnliche Wesen, von denen jedes einen Kopf mit vier Gesichtern besitzt: »Das erste war ein Stiergesicht, das zweite ein Menschengesicht, das dritte ein Löwengesicht und das vierte ein Adlergesicht« (Hes 10,14). Die Wesen hatten vier Flügel und runde Füße. Neben jedem Wesen war ein Rad. Ohne zu wenden, konnten sie nach allen Seiten gehen. Wenn sie gingen, gingen die Räder mit, wenn sie flogen, flogen die Räder mit, und beim Fliegen entstand ein großes Getöse. Wenn die Wesen jedoch standen, bewegten sich die Flügel nicht. Zwischen den Rädern war Feuer. Ganz ohne Zweifel verfügten die Engel, die Hesekiel beschreibt, über ein technisches Gerät. Daß Herr v. Däniken hier eine Begegnung mit fremden Astronauten vermutet, ist nicht verwunderlich. Über die übrigen Engelklassen gibt es in der Bibel keine näheren Informationen.

Aber auch der Teufel ist ein Engel, und es gibt niemand, dem man in gleichem Maße unrecht getan und den man dermaßen verteufelt hat wie eben den Teufel. Zu Recht verwendet man darum im Volksmund die Redewendung vom »armen Teufel«. Im Alten Testament, in dem er kaum vorkommt und nur eine Rolle am Rande spielt, gehört er zu den »Söhnen Gottes« (Hiob 1,6), was auch sonst eine Bezeichnung für Engel ist. Er ist nicht von Gott verstoßen und auch nicht von Gott abgefallen. Und wenn er auch nicht zu denjenigen Engeln gehört, die »vor Gott stehen«, wie es etwa von Gabriel heißt, so doch zu denen, die mit Gott unmittelbaren Kontakt haben und die eingegliedert sind in den himmlischen Hofstaat.

Er übt bei Gott die Funktion eines Anklägers der Menschen aus. So bei Hiob, dessen Frömmigkeit er mißtraut. Das alttestamentliche hebräische Wort »Satan« ist ein Wort aus der Rechtssprache und bedeutet »Ankläger vor Gericht« und in diesem Sinn »Widersacher«. Satan ist so etwas wie der himmlische Staatsanwalt. In der griechischen Übersetzung wird Satan mit *diabolos* wiedergegeben, was »Ankläger, Verleumder« heißt, denn der Mensch fühlt sich gern verleumdet, wenn etwas gegen ihn vorgebracht wird. Und aus dem griechischen *diabolos* hat sich das deutsche Lehnwort »Teufel« entwickelt. Die Schlange im Paradies war übrigens nicht der Teufel, sie war ein bloßer Schadensdämon oder einfach ein Symbol der Versuchung und wurde erst später in der Vorstellung des Volkes zum Teufel umgedeutet.

Im Zusammenhang mit kirchlichen Heiligsprechungsprozessen verwendete man bis vor kurzem noch den Begriff »Advocatus diaboli«. Das ist eine scherzhafte Bezeichnung für den Generalglaubensanwalt, aber sie trifft den Nagel auf den Kopf. Und in ihr kommt die alte Auffassung Satans wieder zum Vorschein. Denn natürlich ist der betreffende Anwalt nicht in dem Sinne ein Anwalt des Teufels, daß er etwas Böses bewirken möchte. Der Anwalt ist vielmehr Widersacher im Interesse der Wahrheitsfindung, der zusammenträgt, was gegen die Heiligsprechung vorzubringen ist. Er ist ein Satan im ursprünglichen Sinn.

Nur an einer winzigen Stelle im Alten Testament, nämlich im ersten Buch der Chronik (21,1), wird dem Satan eine Anstiftung zur Sünde zugeschrieben: David wird von ihm zu einer Volkszählung verführt. Und Gott war gegen Volkszählungen. In der Parallelstelle im zweiten Buch Samuel (24,1) ist es allerdings Gott selbst, der David zu dieser Sünde der Volkszählung verführt. Satan ist also immer noch keine von Gott eigentlich losgelöste Macht.

Erst im nach-alttestamentlichen jüdischen Schrifttum, also in den letzten zwei Jahrhunderten v. Chr., findet dann ein Prozeß der feindlichen Gegenüberstellung Gottes und Satans statt. Aus dem anklagenden Widersacher des Menschen wird ein Widersacher Gottes und das Haupt eines widergöttlichen Reiches und damit ein böses Prinzip schlechthin. Die menschliche Phantasie konstruiert also, und zwar zur Entlastung Gottes vom Bösen, eine immer größere Distanz zwischen Gott und Satan. Im erwähnten Buch Henoch wird, anknüpfend an eine alte Sage von der Verbindung himmlischer Männer (= Engel) mit Menschenfrauen (vgl. 1 Mose 6,1–4; noch ein Fall für Herrn v. Däniken) in dunkler Phantastik die Idee eines Engelfalls breit ausgeführt. Anführer der gefallenen Engel ist gemäß Henoch Satan. Aus den Hurenkindern der Engelsunzucht entstehen die Dämonen. Sie sind (nur) Schadens- und Krankheitsgeister.

Im Neuen Testament trägt Satan dann auch all die negativen, gottfeindlichen Züge, die er erst spät im Judentum erlangt hat. Satan ist eine übermenschliche Macht des Bösen. Die ursprüngliche Unterscheidung zwischen Satan und Dämonen wird im Neuen Testament noch weitgehend aufrechterhalten. Sie verwischt sich aber seit den Kirchenvätern immer mehr: Dämonische und teuflische Besessenheit wird eins. Dieser ganze spätjüdische, neutestamentliche und christliche Teufels- und Dämonenspuk ist bei Bischöfen und anderen einfachen Gemütern heute immer noch lebendig.

Der Glaube an den Teufel als den Verursacher des Bösen ist ein Aberglaube. Der Mensch hat den Teufel erfunden, und zwar zu seiner eigenen Entlastung. Der Mensch will nicht für seine Taten verantwortlich sein, aber der Mensch bleibt der allein Verantwortliche. Er und kein anderer ist der Höllenfürst der Erde. Damit soll die Macht des Bösen und auch die Dämonie des Bösen in der Welt nicht verkleinert werden.

Die Christen hingegen haben das Böse in der Welt immer als einen Beweis für die Existenz des Teufels gesehen. Herbert Haag zitiert in seinem Buch »Vor dem Bösen ratlos?« (1978) Bischof Graber von Regensburg. Dieser sagte anläßlich des berühmten Besessenheitsfalles in den siebziger Jahren in Klingenberg, bei dem eine angeblich besessene Studentin auf Veranlassung des Würzburger Bischofs kirchlicherseits exorziert wurde und darüber starb: »Wenn es den Bösen nicht gibt, dann ist der Mensch allein verantwortlich.« Der Mensch will nicht allein, möglichst gar nicht für seine bösen Taten verantwortlich sein. »Kann Gott den Menschen als ein solches Scheusal geschaffen haben?« fragt Bischof Graber weiter, und er gibt auch gleich die Antwort: »Nein, das kann er nicht, denn er ist Liebe und Güte. Wenn es keinen Teufel gibt, dann gibt es keinen Gott.«

Mit diesem theologischen Höhenflug, nach dem die Existenz des Teufels zwingend notwendig ist für die Existenz Gottes, wird das Problem nur verschoben. Der Bischof scheint »für einen Augenblick vergessen zu haben, daß nach kirchlicher Lehre auch der Teufel ein Geschöpf Gottes ist... also hat Gott doch ein Scheusal geschaffen«, hebt Herbert Haag richtig hervor (a.a.O., S. 246).

Eine Invasion von Dämonen erlebt übrigens zur Zeit Italien. Einer der bekanntesten Exorzisten Italiens ist Pater Gabriel Amorth, Priester des Ordens des hl. Paulus und Mitglied der Päpstlichen Internationalen Marianischen Akademie in Rom. An ihn haben sich nach seinen eigenen Angaben 12 000 Besessene bzw. deren Angehörige allein seit 1986 um Hilfe gewandt. Er hat deshalb bei der italienischen Bischofskonferenz die Einrichtung einer Zentrale für Ausbildung und Koordinierung der Exorzisten beantragt. In einem Interview mit der italienischen Zeitschrift »Oggi« vom 1. Juni 1992 verweist Pater Amorth darauf, daß auch Johannes Paul II. ein aktiver Exorzist sei, und berichtet, daß der Papst »mit Sicherheit« im Jahre 1984 zwei Exorzismen vorgenommen und auch später, wie schon vorher in Polen, Teufel ausgetrieben habe.

Was Exorzismusprozesse im Deutschland unserer Tage betrifft:

Am 24. April 1978 zitierte »Der Spiegel« die Hamburger »Bild« mit folgenden Worten: »Allen vier Angeklagten (des Klingenberger Exorzismusprozesses) billigte er (der Staatsanwalt) verminderte Zurechnungsfähigkeit zu – wegen ihrer tiefen Religiosität.«

Die Frage nach dem Ursprung des Bösen, nach der Ursache der Tränen und Teufeleien der Welt, die noch keine Theologin zu beantworten vermochte, haben die Menschen immer wieder gestellt. Der Kirchenschriftsteller Laktanz, der im Jahre 317 von Konstantin zum Erzieher des Prinzen Crispus nach Trier berufen wurde, gibt einen Gedankengang des griechischen Philosophen Epikur († 271/270 v. Chr.) wieder: »Entweder Gott will die Übel beseitigen, aber er kann es nicht, oder Gott kann es, aber er will es nicht, oder Gott will es nicht und kann es nicht, oder Gott will es und kann es. Wenn Gott es will, aber nicht kann, ist er nicht allmächtig; wenn er es kann, aber nicht will, ist er nicht allgütig; wenn er es nicht kann und nicht will, ist er weder allmächtig noch allgütig; wenn er es aber will und kann – warum nimmt er die Übel nicht fort?« (De ira Dei, Kap. 13).

In der Frage des Ursprungs des Bösen haben die Theologen sich immer für die zweite Möglichkeit entschieden, nämlich, daß Gott die Übel beseitigen kann, aber aus welchen Gründen auch immer es nicht will. Die Theologen waren eher bereit, Abstriche an Gottes Barmherzigkeit zu machen als an seiner Allmacht. Ein potenter Gott findet mehr Nachläufer als ein mitleidender Gott. Denn der Mensch formt sich das Bild Gottes nach seinem eigenen Bild, und ihm, dem Menschen, bedeutet Potenz und Macht viel, manchmal alles, Barmherzigkeit jedoch weit weniger, manchmal nichts. Aber wir sollten umdenken. Gott kann das Böse nicht abschaffen, es sei denn, daß er die Menschheit ertränkte. Und so bleibt ihm nichts als die Trauer.

5. KAPITEL

Jesu Stammbäume

Dem Christen werden gelegentlich Sachverhalte bewiesen, die entweder niemand bewiesen haben will oder die sich gar nicht beweisen lassen. Bei den Stammbäumen Jesu im Matthäus- und Lukasevangelium finden wir beides. Daß Jesus von Adam abstammt, wie Lukas beweist, ist zu beweisen gänzlich überflüssig, da jeder von Adam abstammt. Und nicht zu beweisen ist, wieso Jesus, wenn er über diesen und nicht über jenen von Adam abstammt, der Erlöser der Welt ist. Die Bedeutung Jesu als des Erlösers der Welt kann man ebensowenig aus seiner Ahnenreihe herauslesen wie aus dem Kaffeesatz.

Ein Beispiel solcher Kaffeesatztheologie bringt Josef Kürzinger in der weitverbreiteten katholischen Pattloch-Bibel als Anmerkung zum Stammbaum Jesu bei Lukas: »Die Zurückführung des Stammbaumes über Abraham zurück bis zum ersten Menschen ... soll bei Lukas Jesus als den universalen, auch dem Heidentum zugeordneten Erlöser zeigen.« Eine solche Zurückführung kann schon deswegen nicht den universalen Erlöser zeigen, weil alle Juden von Adam über Abraham abstammen.

Wenn der, den die Christen als Sohn Gottes bezeichnen, unbedingt eine Adams- oder Abrahams- oder Davids- oder eine sonstige Menschensohnschaft vorweisen muß, so hat man zudem seine Bedeutung auf eine ziemlich karge menschliche Elle verkürzt. Nicht mehr seine Beziehung zu Gott ist allein entscheidend, vielmehr ist seine Abstammung von irgendeinem Ahnen maßgebend. Man kann aber die Bedeutung Jesu nicht an Kriterien messen, die an Gesichtspunkte erinnern, wie sie z. B. bei der Zucht von Rassepferden gelten, in deren Stammbaum ein edler arabischer Ahnenhengst von Wichtigkeit sein mag.

Jesus wird mit seinem Stammbaumzertifikat jeder Einmaligkeit beraubt, denn alle Juden waren Söhne Abrahams, und viele Juden waren Söhne Davids. Mit Recht möchte Hermann Samuel Reimarus († 1768) in seiner »Apologie oder Schutzschrift für die vernünftigen Verehrer Gottes« folgendes gern bewiesen haben. Er meint, selbst wenn man die Davidsabstammung Jesu akzeptieren würde, bliebe immer noch die Frage: »daß, wenn er (Jesus) auch aus dem Geschlecht (Davids) gewesen wäre, er allein vor vielen anderen, die Davids Nachkommen waren und noch sind, der Heiland Israels sein müsse. Daß die Verheißungen eines Heilandes aus Davids Geschlecht solche persönlichen Merkmale enthalten, die sämtlich auf diesen Jesus und sonst auf niemand passen« (Bd. II, 1972, S. 255).

Nicht nur kann diesen Beweis niemand bringen, sondern es gab im Gegenteil bestimmt echtere Söhne Davids in Israel. Denn die ganze David-Sohnschaft Jesu, die in beiden Stammbäumen über Josef und nicht über Maria aufgezeigt wird, hakt an der katholischen Lehre von der Jungfrauengeburt. Es ist eine theologische Schizophrenie, wenn der gute Katholik sagen darf, ja sagen soll: »Jesus ist der Sohn Davids«, aber niemals sagen darf: »Jesus ist der Sohn Josefs«, über den allein er doch Sohn Davids ist. Ist Jesus aber kein echter und eigentlicher Sohn Josefs, so ist er auch kein echter und eigentlicher Sohn Davids. Und umgekehrt: ist Jesus nur ein vermeintlicher Sohn Josefs, so ist er auch nur ein vermeintlicher Sohn Davids. Ist Josef nur ein Nährvater Jesu, wie er katholischerseits genannt wird, so ist auch David nur ein Nährurahn Jesu.

Die Stammbäume Jesu stammen aus einer Zeit, als Josef noch als leiblicher Vater Jesu galt. Matthäus stellt einen solchen Josef-Stammbaum an den Anfang seines Evangeliums (1,1–17) unmittelbar vor seine Erzählung von der Jungfrauengeburt (1,18–25). Die zunehmende katholische Biologisierung und Gynäkologisierung des antiken Bildes von der Jungfrauengeburt, wie sie schon in der frühen Christenheit stattfand, läßt den Josef-Stammbaum zum Problem werden. Nicht nur die Brüder und Schwestern Jesu aus dem gleichen Evangelium (Mt 13) werden zur lästigen Altlast, sondern auch dieser Stammbaum mit Josef als ursprünglich leiblichem Vater Jesu.

Das Problem mit den Geschwistern Jesu löste vorläufig um 150 das Protevangelium des Jakobus (es machte sie zu Stiefgeschwistern Jesu) und endgültig um 400 Hieronymus (dieser machte sie zu Vettern und Cousinen Jesu), wie wir im Kapitel über die Apokryphen sehen werden.

Das Problem mit dem Vater, d. h. mit dem Stammbaum (Mt 1,1–17), wird schon von der Endredaktion des Evangeliums gesehen, wenn auch nicht gelöst. Matthäus geht plötzlich auf Maria über: »Jakob zeugte Josef, den Mann Marias, aus der Jesus gezeugt wurde, der der Messias genannt wird« (oder: »der der Christus genannt wird«. Christos ist das griechische Wort für Messias. Das deutsche Wort ist: der Gesalbte). Damit ist aber die Ahnenkette zerrissen, Jesus stammt jetzt von Maria ab, aber nicht mehr ausdrücklich von Josef. Lukas verfährt ähnlich: »Er (Jesus) war, wie angenommen wurde, der Sohn Josefs, des Sohnes Heli.«

Durch diese Beseitigung des Josef-Problems ist also ein neues Problem entstanden, daß nämlich nun schon zwischen Jesus und Josef die Ahnenkette abbricht und im Keim erstickt wird, obwohl sie doch laut Lukas bis Adam führen soll und laut Matthäus immerhin bis Abraham. Für katholische Theologen allerdings ist das überhaupt kein Problem. Es wird durch christliche Märchen gelöst. Entweder sagen sie, es seien Stammbäume Marias, oder wenigstens einer von ihnen sei ein Stammbaum Marias (dem widerspricht der Text), oder sie bevorzugen in neuerer Zeit eine Erklärung, die bei jedem Kenner des jüdischen Rechts nur ein Kopfschütteln hervorruft: »Joseph war zwar nicht blutsmäßig – wie 1,18–25 deutlich macht –, aber in gesetzlich vollgültigem Sinn Vater Jesu und damit für ihn (Matthäus) anerkannter Träger der Abstammung.« So Josef Kürzinger in der katholischen Pattloch-Bibel 1970 zum Stammbaum Mt 1,1–17.

Zum zweiten Stammbaum (Lk 3,23–38) schreibt Kürzinger: daß »nach jüdischer Rechtsauffassung jemand nicht nur durch blutmäßige Abstammung, sondern auch durch andere Verwandtschaftsbeziehungen sowie durch rechtliche Adoption als ›Sohn‹ gelten konnte«. Die Anführungsstriche um das Wort »Sohn« stammen von Kürzinger, da er wohl selbst merkt, daß im jüdischen Recht es sich höchstens um einen »Sohn« in Anführungsstrichen handeln kann.

Das »Jüdische Lexikon« 1982 erklärt unter dem Stichwort »Adoption« gleich im allerersten Satz: »Die Adoption ist dem jüdischen Recht fremd. Es fehlt sowohl der juristische Begriff wie auch die technische Bezeichnung.« Das »Jüdische Lexikon« kommt dann auf die Schwagerehe zu sprechen (= Leviratsehe, von dem Wort *levir* = Schwager). Bei ihr gilt »das zukünftige Kind einer kinderlosen Witwe aus der Ehe mit einem Bruder des verstorbenen Ehemannes« rechtlich als Kind des Verstorbenen. Diese alttestamentliche Institution der Schwagerehe zeigt gerade, daß es sich um Blutsverwandtschaft des Verstorbenen handeln muß, damit das Kind als in der Stammbaumreihe des Verstorbenen stehend gelten kann. Sogar posthum wird also noch auf Blutsverwandtschaft geachtet.

Das »Jüdische Lexikon« weist mit Recht darauf hin, daß »das Fehlen der Adoption im jüdischen Recht... wohl auf die Tatsache zurückzuführen (ist), daß dieses nicht prinzipiell monogamisch orientiert ist und nur mit dem natürlichen, durch Geburt begründeten Kindesverhältnis rechnet. Die tatsächliche Blutsverwandtschaft ist maßgebend, ohne Rücksicht darauf, ob eine rechtliche Anerkennung von seiten des Vaters vorliegt.« Auf deutsch: Adoptieren war im Judentum nicht nötig, der Mann konnte ja mehrere Frauen mit der Aufrechterhaltung seiner Nachkommenschaftsreihe betrauen.

Die katholischen Theologen hingegen behaupten, Adoption

durch Josef könne für Jesus die Davidsabstammung bewirken. Das leuchtet dem modernen Leser sofort ein, da er in einer vatersnamenlosen Vornamengesellschaft lebt, in der die Abstammung kaum noch eine Rolle spielt. Wer aber von unserer individualisierten Self-made-Leistungsgesellschaft auf die damaligen jüdischen Verhältnisse Rückschlüsse ziehen will, der übersieht, welch große Bedeutung der auf Blutsverwandtschaft beruhende Stammbaum für einen Vollisraeliten zur Zeit Jesu besaß.

Es waren mit dem lupenreinen Stammbaum erhebliche bürgerliche Rechte verbunden, wie z. B. bei Joachim Jeremias, »Jerusalem zur Zeit Jesu«, nachzulesen ist in dem Kapitel: »Die bürgerlichen Rechte der Vollisraeliten« (1969, S. 332 ff.). Das wichtigste Vorrecht ist dies: seine Töchter an die Priesterschaft verheiraten zu dürfen. Ferner: Alle wichtigen öffentlichen Ehren- und Vertrauensämter waren den Vollisraeliten vorbehalten. Dazu gehörte: Mitgliedschaft in den obersten Gerichtshöfen, nämlich im Synedrion, sowie in einem der 23gliedrigen Kriminalgerichtshöfe sowie in den siebenköpfigen Ortsvorständen der jüdischen Kommunen usw. In all diesen Fällen wurden die Stammbäume vor der Amtsübertragung geprüft.

Bei diesem Wertlegen auf die noble Kette der Blutsverwandtschaft spielte für die Juden die Auswahl der Ehefrauen eine große Rolle – eben weil nicht wie bei uns durch Adoption alle zweifelhafte Herkunft auf die Reihe gebracht werden konnte. Zweimal im Jahr, nämlich am 15. Ab (= ca. August) und am Versöhnungstag, fand ein Tanz der Jungfrauen Jerusalems in den Weinbergen der Umgebung statt, eine Brautschau sozusagen. An diesem Tanz (nur Frauen, ein Tanz der zwei Geschlechter war unbekannt) nahmen auch die Töchter aus den ersten Häusern teil, sogar die Tochter des Hohenpriesters. Die jungen Mädchen hatten weiße Kleider an, die geliehen waren, damit nicht diejenigen beschämt wurden, die keine angemessenen Kleider besaßen.

Offenbar sollte der Reichtum nicht das Auswahlprinzip sein. Schönheit allerdings auch nicht. Bezeichnend ist das Lied, das die jungen Mädchen beim Tanzen sangen: »Jüngling, hebe deine Augen auf und sieh gut zu, was du dir erwählst: Lenke deine Augen nicht auf die Schönheit, lenke deine Augen auf die Abstammung! Wandelbar ist die Anmut, ein flüchtiger Hauch ist die Schönheit, ein Weib, das Jahwe fürchtet, das wird gerühmt« (Strack/Billerbeck II, S. 381).

Ja, selbst eine ebenbürtige Frau mit dem richtigen Stammbaum konnte durch äußere Umstände zum Makel in der Abstammungsreihe werden. Wenn sie z. B. in Kriegsgefangenschaft (wo Vergewaltigung nie auszuschließen ist) geriet, war sie fortan keine Garantie mehr für reine Abstammung. Der Sohn einer Kriegsgefangenen galt als illegitim und zum Priesteramt untauglich.

Dem Hohenpriester Hyrkanos (134–104 v. Chr.) und seinem Sohn, dem Hohenpriester Jannai (103–76 v. Chr.), wurde von ihren Gegnern vorgeworfen, ihre Abstammung mache sie unfähig zum Hohenpriesteramt. Josephus schildert den Vorgang im Falle des Hyrkanos: »Um nun wieder auf Hyrkanos zurückzukommen, so erregte sein Glück den Neid der Juden, und besonders waren gegen ihn die Pharisäer aufgebracht. Einst hatte er sie zum Mahle geladen und bewirtete sie prächtig. Sie stellten seiner Tugend das beste Zeugnis aus ... Nur einer von den Gästen mit Namen Eleasar, ein schlechter und streitsüchtiger Mensch, sagte: ›Willst du gerecht sein, so entsage der hohen priesterlichen Würde und begnüge dich damit, des Volkes Fürst zu sein.‹ Da nun Hyrkanos den Grund zu erfahren wünschte, weshalb er die hohe priesterliche Würde ablegen sollte, entgegnete Eleasar: ›Weil wir von älteren Leuten hören, daß deine Mutter unter der Regierung des Antiochus Epiphanes gefangen gewesen ist.‹ Diese Behauptung war indes falsch« (Jüdische Altertümer 13,10,5). Falsch war (vielleicht), daß des Hyrkanos Mutter in Kriegsgefangenschaft geriet. Nicht falsch aber war, daß nach jüdischem Recht Hyrkanos in solchem Fall nicht rechtmäßiger Hoherpriester hätte sein können.

Achteten die Juden also sehr auf die Mutter, insbesondere auf ihre Abstammung, so fällt bei den Evangelisten eine Ahnenreihe Marias gänzlich unter den Tisch. Jesus steht jetzt nach jüdischem Recht betrachtet ohne korrekte Abstammungsreihe da: Väterlicherseits war – jedenfalls unter Voraussetzung einer Jungfrauengeburt – sein Vater nicht sein Vater, mütterlicherseits war sein Stammbaum unbekannt.

Alles, was man über seine Mutter Maria sagen konnte, klang, wenn man die Berichte über die Jungfrauengeburt als Tatsachenbehauptungen auffaßt, so ähnlich wie das, was Plutarch (†ca 120 n. Chr.) über eine Frau in Pontos schreibt: »Es lebte ein Weib in Pontos, das von Apoll schwanger zu sein behauptete, was viele, wie es natürlich war, bezweifelten, viele aber auch glaubten« (Vergleichende Lebensbeschreibungen, Lysander 26).

Der väterliche Stammbaum des Davidssohnes Jesus hat ein zweifelhaftes Endglied, wenn Josef gar nicht der Vater Jesu ist. Aber er hat auch einen zweifelhaften Ursprung, was nämlich die Messiasverheißung betrifft, um die es bei der ganzen Sache ja geht. Denn David hat sich die Verheißung eines Messias, der aus seinen Nachkommen erwachsen werde, lediglich zu seiner eigenen größeren Ehre selbst zugeschrieben bzw. zuschreiben lassen. Es ist anzunehmen, daß ein Hofdichter oder Hofprophet – der Anteil der Schmeichler in der Umgebung der Herrscher ist von jeher höher als der in der Umgebung des Normalbürgers – in einem für alle Beteiligten nützlichen Einfall auf diese krönende Idee der königlichen Verherrlichung verfiel und diese »Weissagung« später dann Eingang in die Samuelbücher fand.

In 2 Sam 7,11ff. nämlich wird Davids Nachkommenschaft ein ewiges Königtum durch den Propheten Nathan verheißen: »Der Herr wird dir ein Haus bauen... Dein Haus und dein Königtum sollen durch mich (Gott) auf ewig bestehen; dein Thron soll auf ewig Bestand haben.« Dies wurde von Juden und Christen als Verheißung eines zukünftigen messianischen Königtums gedeutet. Und auch David akzeptiert das sogleich und zeigt sich seinerseits mit einer Verheißung an Gott erkenntlich: »Doch nun, Herr und Gott, verleih dem Wort, das du über deinen Knecht und sein Haus gesprochen hast, für immer Geltung und tu, was du gesagt hast. Dann wird dein Name groß sein für ewige Zeiten« (2 Sam 7,25 f.). Die Religion verspricht dem Herrscherhaus ewige Dauer, und der Herrscher verspricht der Religion Ewigkeit.

Den Messias, den Erlöserkönig für Israel, den Idealkönig, der die Herrschaft Gottes über alle Völker erringen und ein Friedensreich errichten würde, als Nachkommen eines bestimmten Herrschers zu definieren und diesen bestimmten Herrscher (in diesem Fall also David) als das Maß zu setzen, an dem der kommende Messias sich später würde messen lassen müssen, war das Äußerste, was an Glorifizierung eines Menschen erbracht werden konnte. Auf eine solche Idee war bis dahin in Israel, weil es später als alle umliegenden Länder eine Monarchie bekam, noch niemand gekommen. Noch nie hatte der Messias einen so festen Bezug zu einer bestimmten Familie Israels erfahren und hatte sich noch nie auf solche Weise vor eines Königs Propaganda-Karren spannen lassen müssen, wie das bei David der Fall war.

Daß bei David einige Hofdichter tätig waren, erkennen wir auch aus einer anderen Geschichte, nämlich aus der berühmten Geschichte von David und Goliath, der aus Gat stammte und dessen Speerschaft so dick wie ein Weberbaum war (1 Sam 17,4 ff.). Und der Hirtenknabe David tötete den riesigen, nach der Bibel 2,984 Meter großen Philister mit einer Schleuder, was von jeher, wie vieles Menschentöten, als Heldentat gilt. Es war aber keine Heldentat. Es war noch nicht einmal eine Kunst. Denn eine solche Schleuder war kein Kinderspielzeug, sondern eine gefährliche Waffe, eine Kriegswaffe. Auch heute noch kann ein Kind mit einer Waffe, z. B. einer Pistole, einen Riesen töten.

Aber David hat diese Tat – das sei als positiv für ihn vermerkt – gar nicht vollbracht. Einer der besagten Hofdichter hat sie ihm lediglich angedichtet; getötet hat den Goliath ein anderer, dessen Name ebenfalls in die Samuelbücher gelangte, der auch kein Hirtenknabe war, sondern ein Soldat, der aber ruhmlos und vergessen ist: »Als es wieder einmal bei Gob zum Kampf gegen die Philister kam, erschlug Elhanan, der Sohn Jairs aus Bethlehem, den Goliath aus Gat, dessen Speer einem Weberbaum glich« (2 Sam 21,19). Niemand redet mehr von diesem Elhanan, aber der Soldat David, der »Hirtenknabe«, wurde König und Urahn des Messias.

Die Messiashoffnung ist eine alte Hoffnung. Die Trauer und die Tränen der Menschheit haben immer auf einen Retter gehofft, der die Menschen aus allem Elend befreit und erlöst. Berühmt ist die Messiaserwartung bei dem römischen Dichter Vergil († 19 v. Chr.; 4. Ekloge, Übersetzung: Alfred Läpple, Kirchengeschichte in Dokumenten, 1967², S. 11):

> »Die letzte Zeit ist's der Sibyllenlieder:
> ein neues Weltjahr weist der Sterne Stand,
> das Jahr Saturns: die Jungfrau steigt hernieder,
> ein Knabe bringt, aus Himmelshöhn gesandt,
> der Welt aus Eisen gold'ne Zeiten wieder.«

Im Alten Testament hat das Wort »Messias« (= Gesalbter) zunächst noch nicht das Gewicht, das es später vor allem bei den Christen bekam. Könige und Hohepriester wurden Gesalbte (= von Gott Gesalbte) genannt. Sogar der Perserkönig Kyros erhält diese Bezeichnung. Ja, es ist geradezu ein hymnischer Segen, den Gott über Kyros spricht: »So spricht der Herr zu Kyros, seinem Messias, den er an der Rechten gefaßt hat, um ihm die Völker zu unterwerfen, um die Könige zu entwaffnen, um ihm die Türen zu öffnen und kein Tor verschlossen zu halten. Ich selbst gehe vor dir her und ebne die Berge ein... So sollst du erkennen, daß ich der Herr bin, der dich bei deinem Namen ruft« (Jes 45,1 ff.).

Kyros, der Gründer des persischen Weltreiches (539 v. Chr.) – mancher heute erinnert sich noch an die glänzenden Feierlichkeiten des 2500jährigen Bestehens des Persischen Reiches unter dem Schah von Persien Reza Pahlevi –, wird im Alten Testament deswegen so herausgehoben, weil er die Juden aus der Babylonischen Gefangenschaft zurück in ihre Heimat ziehen ließ und weil er und seine Nachfolger außerdem finanziell dafür sorgten, daß die Juden ihren Tempel, der bei der Eroberung Jerusalems durch die Babylonier von Nebukadnezar (586 v. Chr.) zerstört worden war, wiederaufbauen und ihren Tempelkult wiederaufnehmen konnten.

Laut dem Christentum handelte Gott tatsächlich so, wie er es nach Meinung der Christen in der messianischen Weissagung (2 Samuel 7,11 ff.) verheißen hat. Und darum wäre Jesus nicht, was er ist, wenn er kein Ururur... enkel Davids wäre. Viel wichtiger also als die Person Jesu selbst, deren Bild in den Evangelien reichlich vernachlässigt wird, ist diese Abstammung von David. Und Paulus berichtet praktisch überhaupt nichts aus Jesu Leben, wohl aber erwähnt er die Davidsohnschaft Jesu (Röm 1,3).

Einen Lebenslauf von Jesus haben wir nicht, aber an Stammbäumen haben wir gleich zwei, einen bei Matthäus und einen bei Lukas. Bei den zwei Stammbäumen muß man sich jedoch entscheiden, denn es sind zwei Stammbäume, die sich auf langen Strecken widersprechen und gegenseitig ausschließen.

Es bedarf keiner näheren Begründung, wenn man in einem Stammbaum bis zurück zum ersten Menschen eine bloße Phantasterei sieht. Einen solchen bringt Lukas. Er bietet eine aufsteigende Linie in die Vergangenheit zurück, und zwar bis zu Adam. Matthäus bringt einen Stammbaum in absteigender Linie lediglich von Abraham bis Josef. Von Abraham bis David stimmen die Stammbäume überein und bieten Abstammungsreihen, die dem im Alten Testament verzeichneten Stammbaum (1 Chr 2, 1–14) entsprechen. Dann aber trennen sich Matthäus und Lukas. Matthäus folgt der regierenden Königslinie über Salomon und dessen Sohn und Nachfolger Rehabeam, wie sie in 1 Chronik 3,5–19 steht. Lukas hingegen führt die Ahnenreihe über Nathan, einen nichtregierenden anderen Sohn Davids. Zur Zeit des Babylonischen Exils (586–536) treffen sich die Listen von Matthäus und Lukas wieder, und zwar bei Schealtiel, für den Matthäus einen anderen Vater nennt als Lukas. Von Schealtiels Sohn Serubbabel ab trennen sich die Listen erneut voneinander und verlaufen über zwei verschiedene Söhne des Serubbabel, um sich erst bei Josef, dem Vater Jesu, wieder zu treffen (vgl. J. Jeremias, a. a. O., S. 325 ff.).

Man hat die sonderbarsten Versuche gemacht, die beiden nicht übereinstimmenden Ahnenreihen Jesu in Übereinstimmung zu bringen. Katholische Theologen haben dabei viel Schweiß vergossen. Insbesondere der Umstand, daß schon über den Großvater Jesu keine Klarheit besteht, weil für Josef bei den beiden Evangelisten zwei verschiedene Väter, einmal Heli, einmal Jakob, genannt werden, hat viele fromme Geister nicht ruhen lassen.

Schon im christlichen Altertum fand darüber ein großes Raten und Kombinieren statt. Der Kirchenvater Eusebius († 339) berichtet in seiner Kirchengeschichte, daß »alle Gläubigen sich abmühen, eine Erklärung der Stellen ausfindig zu machen« (KG I,7). Die Gläubigen kombinieren heute immer noch. Die Ungläubigen haben es da besser. Sie können ihre Zeit mit nützlicheren Dingen verbringen.

Und hier sind sie also, die beiden auseinanderklaffenden Stammbäume von David bis Jesus, wobei die Regierungszeiten der Könige nur ungefähre sind:

1. Chronik	Matthäus	Lukas
3, 5–19	1, 1–17	3, 23–38
David 1004–965	David	David
Salomon 965–928	Salomon	Natham (= Nathan)
Rehabeam 928–911	Roboam (= Rehabeam)	Mattatha
Abia 911–908	Abia	Menna
Asa 908–867	Asaph (= Asa)	Melea
Josaphat 867–846	Josaphat	Eliakim
Joram 846–843	Joram	Jonam
Ahasja 843–842		Joseph
Joas 836–798		Juda
Amazja 798–769		Symeon
Asarja	Ozias (= Usia = Asarja)	Levi
Jotham 743–733	Joatham (= Jotham)	Matthat
Ahas 733–727	Achaz (= Ahas)	Jorim
Hiskia 727–698	Ezechias (= Hiskia)	

Manasse 698–642	Manasse	
Amon 641–640	Amos (= Amon)	
Josia 639–609	Josias (= Josia)	Eliezer
Jojakim 608–598		Jesus
Jechonja (= Jojachin)	Jechonias (= Jojachin)	Er
		Elmadam
		Kosam
		Addi
		Melchi
		Neri
Schealtiel	Salathiel	Salathiel (= Schealtiel)
Serubabbel	Zorobabel	Zorobabel (Serubabbel)
	Abiud	Resa
	Eliakim	Johanan
	Azor	Joda
	Sadok (= Zadok)	Josech
	Achim	Semein
	Eliud	Mathatias
	Eleazar	Maath
	Matthan	Naggai
		Esli (= Hesli)
		Nahum
		Amos
		Mattathias
		Josef
		Jannai
		Melchi
		Levi
		Matthat
	Jakob	Heli (= Eli)
	Josef	Josef

In der Ahnenreihe Jesu bei Matthäus findet sich als letzter König vor dem Exil König Jojachin (= Jechonias). Diesen Jojachin hatte Gott verflucht: »Diesen Mann schreibt als kinderlos ein, als Mann, der im Leben ohne Erfolg war. Denn keinem seiner Nachkommen wird es gelingen, auf dem Thron Davids zu sitzen« (Jer 22,30). Verwehrt hat Gott also der Nachkomenschaft des Jojachin, daß der Messias aus ihr erwächst. Man kann daher sagen: Als Nachkomme Davids konnte Jesus Messias sein, als Nachkomme des Jojachin konnte er es keinesfalls sein. Aber der Engel Gabriel scheint sich gar nicht um den alten Fluch über Jojachin zu kümmern, wenn er zu Maria sagt: »Gott wird ihm den Thron seines Vaters David geben« (Lk 1,32). In der Bibel widerspricht manchmal ein Wort Gottes einem anderen Wort Gottes.

Matthäus weist darauf hin, daß die Ahnenkette Jesu seit Abraham aus dreimal 14 Geschlechtern besteht. Er sieht darin offenbar eine höhere Bedeutung, eine heilsgeschichtliche Symbolik, obwohl niemand mehr so recht weiß, welche. Um seine Zahl 14 zu erreichen, mußte er allerdings einige Manipulationen vornehmen und einige Könige zwischen David und Jesus verschwinden lassen, z. B. die Könige Ahasja, Joas und Amazja, die zwischen Joram und Asarja regierten (1 Chr 3,11 f.). Der Fortfall dieser Könige mochte für Matthäus auch deshalb angebracht sein, weil diese drei Könige ebenfalls von Gott verflucht waren (1 Kön 21,21; 2 Kön 9,8) und es als unangemessen angesehen werden konnte, solche Verfluchten in der Ahnenreihe Jesu erscheinen zu lassen. Der König Jojakim ist, wegen des Gleichklangs mit seinem Sohn Jojachin, versehentlich weggefallen.

Lukas verdient, wie schon gesagt, hinsichtlich seiner potemkinschen Vorfahrenreihe von Abraham bis hinauf zu Adam keinerlei Glauben. Aber auch sonst erweist sich seine Aufstellung weithin als Phantasie: Für die Zeit der Könige finden wir bei ihm die Namen Joseph, Juda, Symeon und Levi. Diese vier Namen gehören zu den Namen der zwölf Stammväter Israels. Joachim Jeremias hat mit Recht darauf hingewiesen, »daß der Brauch, die Namen der zwölf Stammväter des Volkes als Personennamen zu gebrauchen, erst in nachexilischer Zeit (= nach dem Babylonischen Exil, also nach ca. 536 v. Chr.) aufgekommen ist... Wenn Lukas in der frühen

Königszeit nacheinander die Namen Joseph, Juda, Simon, Levi nennt, die der 6. bis 9. Nachkomme Davids getragen haben sollen, so ist das ein Anachronismus, der den vorexilischen Teil des Lukas-Stammbaums als historisch wertlos erweist« (J. Jeremias, a. a. O., S. 330 f.).

Wenn die beiden Evangelisten Matthäus und Lukas auch verschiedene Ahnenreihen bringen, so zeigen sie doch in einem Punkt volle Harmonie: Die Ahnenreihen beider Evangelisten sind Zeugnisse einer Männerreligion. Es sind die Männer, die die Ahnenreihe bilden. Beide stellen die Geburt Jesu als eine Jungfrauengeburt dar, und doch steht am Ende der Reihe nicht die Mutter, sondern ein Mann, der gar nicht der echte Vater sein soll. Und dieser ist es, der die edle Abstammung garantiert. Ein falscher Vater, ein Pflegevater, ein Nährvater, ein vermeintlicher Vater, ein lediglich als Vater ausgegebener Vater, ein Adoptivvater, alles ist besser und bedeutsamer als eine echte Mutter. Ihre Abstammung spielt nicht die geringste Rolle.

Frauen kommen in den zwei Stammbäumen Jesu so gut wie gar nicht vor. Bei Lukas werden außer Maria überhaupt keine, bei Matthäus nur vier Frauen genannt: »Perez und Serah aus der Thamar« (Mt 1,3), »Boas aus der Rahab« (Mt 1,5), »Jobed aus der Ruth« (Mt 1,5) und eine, die ohne Namen angeführt wird: »Salomon aus der Frau des Urias« (Mt 1,6). Gemeint ist Bathseba. Die vier Frauen waren also: erstens eine Blutschänderin, Thamar, die ihren Schwiegervater Juda verführte und ihm zwei Söhne gebar, nämlich die oben genannten Perez und Serah (1 Mose 38), zweitens die heidnische Dirne Rahab (Jos 2,1), drittens Ruth, die zwar keine Dirne, aber eine Ausländerin, nämlich eine Moabiterin, war, und schließlich viertens die Frau des Urias, mit der David Ehebruch trieb.

Die vier im Stammbaum aufgezählten Frauen haben also sämtlich einen Makel, worauf hinzuweisen kaum ein Theologe versäumt. Der Hinweis auf die Huld Gottes, die deutlich wird, wenn solche Frauen im Evangelium vorkommen, findet sich dann auch regelmäßig. In solcher Bewertung der Bedeutung der Weiblichkeit in Jesu

Stammbaum stimmen die beiden christlichen Konfessionen brüderlich überein. So schreibt der evangelische Theologe Gerhard Kittel: »Nennung und Auswahl ist keineswegs zufällig, sondern absichtsvoll. Der Evangelist will mit den Namen dieser Frauen auf etwas hinweisen, ... daß der Stammbaum des Christus, indem er die Geschichte Israels umschließt, nicht nur von deren Glanzpunkten zeugt, sondern zugleich von der diese Glanzpunkte... durchziehenden Sünde und Unwürdigkeit« (Theologisches Wörterbuch, Bd. III, 1950, S. 1).

Und der bekannte katholische Neutestamentler Hermann Schelkle machte fast wörtlich dieselbe Entdeckung: »Auswahl und Nennung der vier Frauen kann kein Zufall sein, sondern geschieht absichtsvoll. Das Evangelium weist darauf hin, daß der Stammbaum des Christus, indem er die Geschichte Israels umschließt, nicht nur dessen Glanz bezeugt, sondern ebenso die Sünde und Unwürdigkeit in dieser Geschichte« (Die Kindheitsgeschichten Jesu, in: Bibel und zeitgemäßer Glaube, Bd. II, 1967, S. 22).

Mit anderen Worten: »Nicht nur dessen Glanz« heißt soviel wie: daß solcher Glanz offenbar auf den nach Abzug der vier Frauen verbleibenden Männern ruht. Und »ebenso die Sünde und Unwürdigkeit« Israels heißt soviel wie: auch einige Frauen. Dabei sind bestimmt genug männliche Beispiele in der Ahnenreihe Jesu für »Sünde und Unwürdigkeit«, ganz davon abgesehen, daß Ausländerinsein keine Sünde ist (Ruth) und daß zum Ehebruch zwei gehören, in diesem Fall David und Bathseba, er ein Glanz der Ahnenreihe, sie ein Fleck.

Allein der Gedanke, von David abzustammen, mag bei näherem Hinsehen manchem nicht mehr als so besonders glanzvoll erscheinen, denn außer dem Ehebruch, den er mit Bathsebas Hilfe beging, tat David noch einiges ohne ihre Beihilfe. David war, bevor er König wurde, ein Plünderer und Brandschatzer und »ließ weder Mann noch Frau am Leben« (1 Sam 27,9. 11). Und auch als König blieb er ein Mensch mit mörderischer Gesinnung und ließ z. B., um eine Hungersnot abzuwenden, zwei Söhne seines Vorgängers Saul,

»welche Rizpa dem Saul geboren hatte, Armoni und Meribal«, und fünf Enkel des Saul durch die Gibeoniten hinrichten. Gott verlangt offenbar Menschenopfer, um Schlimmes nicht eintreten zu lassen, und das gibt dem Frommen Gelegenheit, Rivalen und Konkurrenz loszuwerden.

»Diese (die Gibeoniten) setzten sie mit gebrochenen Gliedern auf dem Berg vor dem Herrn aus, die sieben lagen gemeinsam da.« Diese Geschichte ist eine der traurigsten Geschichten, die im Alten Testament stehen: »Sie wurden aber in den ersten Tagen der Ernte getötet, zu Anfang der Gerstenernte. Da nahm Rizpa, die Tochter Ajas, das Trauergewand und breitete es für sich als Lager über den Felsen aus, vom Anfang der Gerstenernte an, bis Regen vom Himmel sich über die Toten ergoß, und sie ließ nicht zu, daß am Tage die Vögel des Himmels über sie herfielen noch des Nachts die Tiere des Feldes« (2 Sam 21).

Bathseba, die Frau des Uria, wurde von David »vom Dach des königlichen Palastes« beim Baden beobachtet. »Das Weib war von sehr schöner Gestalt. Und David sandte hin und ließ nach dem Weibe fragen, und man sagte: Das ist ja Bathseba, die Tochter Eliams, das Weib des Hethiters Uria. Da schickte David Boten hin und ließ sie holen; und als sie zu ihm hineinkam, schlief er bei ihr.« Dann schrieb David an den Kommandeur Joab: »Stelle Uria voran, wo der Kampf am heftigsten ist; dann laßt ihn im Stich, damit er in der Schlacht umkommt.« So kam Uria um. »Als das Weib des Uria hörte, daß ihr Mann Uria tot sei, hielt sie die Totenklage um ihren Gatten. Sobald aber die Trauerzeit vorüber war, sandte David hin und ließ sie in sein Haus holen, und sie ward seine Frau und gebar ihm einen Sohn. Dem Herrn aber mißfiel, was David getan hatte.« Der Sohn starb, der zweite Sohn war der spätere König Salomo (2 Sam 11 und 12).

Wegen des Verbrechens an Uria erging ein Fluch Gottes über David und seine Nachkommen: »Warum hast du Gott verachtet und getan, was böse ist? Den Hethiter Uria hast du mit dem Schwert erschlagen… Niemals wird das Schwert von deinem Hause wei-

chen, weil du mich verachtet hast« (2 Sam 12,9 f.). Das kann man bei
Licht besehen als das Gegenteil einer Messiasverheißung durch
Gott verstehen, der offenbar den Mord an Uria als schlimmer
einstufte als die Theologen den Ehebruch der Bathseba: »Niemals
wird das Schwert von deinem Hause weichen.« Ein unaufhörlicher
Krieg (»niemals weichendes Schwert«) und ein Friedenskönig
schließen sich aus.

Was die vier Ahnfrauen Jesu betrifft, so ist es vermutlich nicht
Gott, der einiger Frauen in der Ahnenreihe bedurfte, um so seine
Gnade über menschliche »Sünde und Unwürdigkeit« dokumentieren zu können, es ist lediglich das männliche Interesse an allem, was
nach Femme fatale aussieht, das die vier ins Evangelium gebracht
hat.

Anhang

Aus den Stammbäumen Jesu im Neuen Testament wird ersichtlich,
daß die Christen großen Wert darauf legen, daß der Jude Jesus vom
Juden David abstammt. Nur mit diesem Stammbaum ist Jesus ihnen
recht. Somit beruht ihr ganzes Christentum auf einem jüdischen
Stammbaum. Für sich selbst allerdings suchen die Christen häufig
genau entgegengesetzte Ahnenforschung zu betreiben und nachzuweisen, daß sie gerade nicht von David oder überhaupt einem Juden
abstammen. Ein solcher dem Stammbaum Jesu genau entgegenge-
setzter Stammbaum war für manchen Christenmenschen sogar von
lebenswichtiger Bedeutung. Diese bittere Erfahrung, wie unselig
ein jüdischer Stammbaum ist, machten nicht erst viele Leute zur
Hitlerzeit, sondern bis ins vorige Jahrhundert, ja teilweise bis 1946,
viele Leute in Spanien, wobei übrigens, wie wir sehen werden, der
Stammbaum der Familie Marias abwärts eine ähnlich entscheidende
Rolle spielte wie für Jesus der Stammbaum Josefs aufwärts.

1492, im Jahr der Entdeckung Amerikas, werden von den spanischen *reyes catolicos* (= Katholischen Königen) Ferdinand und Isa-

bella die Juden aus Spanien vertrieben. Verbannung oder Taufe hieß die Alternative. Für die Juden, die sich so zwangskonvertieren ließen, weil sie die Taufe der Verbannung vorzogen, war damit die Sache nicht erledigt. Denn eine der ersten Taten der beiden »aller- christlichsten Könige« war 1478 die Einrichtung der kastilischen Inquisition mit Hilfe einer päpstlichen Bulle gewesen. Ziel der Inquisition, dessen Tribunal 1480 zum erstenmal, und zwar in Sevilla, tagte, war es, diejenigen zwangsbekehrten Juden ausfindig zu machen, von denen vermutet wurde, daß sie heimlich weiter jüdische Gebräuche zu Hause praktizierten. Zum Beispiel war der Gebrauch von Öl statt Schweineschmalz in der Küche verdächtig und galt als Zeichen des Rückfalls in das Judentum. Dieses Küchen- fett-Indiz wurde von den Denunzianten gegenüber der Inquisition wohl am häufigsten vorgebracht (Léon Poliakov, L'Histoire de l'Antisémitisme, Bd. II, 1961, S. 187). Die Inquisition in Sevilla dauerte sieben Jahre, 700 bekehrte Juden, die heimlich doch nicht bekehrt waren, auch Marranen = Schweine genannt (von dem spani- schen Wort *marrano* = Schwein), wurden verbrannt.

Aber auch für die getauften Juden, die es schafften, den Fängen des Neides der Altchristen und der Inquisition zu entkommen, waren die Probleme keineswegs zu Ende. Für sie begann nun das Problem des Stammbaums. Der Erzbischof von Toledo, Juan Mar- tinez Siliceo, ehemals Erzieher des Kronprinzen, des späteren Phi- lipp II., forderte nämlich 1547 in einem Traktat die »Reinheit des spanischen Blutes« (limpieza de sangre). Nur der dürfe Kleriker werden, der nachweisen könne, daß er nicht von Juden abstammt.

Auch bei Eintritt in einen religiösen Orden wurden fortan kost- spielige Rassenreinheitsnachweise verlangt. Der Gründer des Jesui- tenordens Ignatius von Loyola († 1556) konnte das für seinen Or- den zu seinen Lebzeiten verhindern, aber von 1592 bis 1946 wurde der Reinheitsnachweis für den Eintritt in den Jesuitenorden welt- weit gefordert.

Der spanische Maure (= Abkömmling spanischer Moslems) Don Cosme und seine beiden Brüder Don Fernando und Don Juan,

Chefs des einflußreichen und reichen Hauses Abenamir in Valencia, verloren ihr großes Vermögen. Don Cosme klagt 1578: »Ich habe 7000 Dukaten bezahlt, und heute besitze ich nichts mehr, um die Lügen der Zeugen zu finanzieren« (Poliakov, S. 331).

Ein großer Geschäftszweig entstand: die *linajudos* = Ahnenforscher. 1655 kam es in Sevilla zu einem Prozeß gegen das Ahnenforschungs-Unternehmen des Don Fernando de Leiba, denn »diejenigen, die sich nicht an dieses Unternehmen wenden, macht es zu Neffen Luthers oder sogar Mohammeds«. Ein Zeitgenosse beklagt sich, wie teuer es für alle sei, die falschen Zeugen zu bezahlen, sowohl für die Blutsreinen als auch für die Unreinen, für die ersteren, daß sie rein bleiben, für die Unreinen, daß sie rein werden (Poliakov, S. 283).

Im 17. Jahrhundert waren in Spanien in allen Richtungen und auf allen Straßen Leute unterwegs, die in den Archiven anderer Orte nach Beweisen für die Reinheit ihres eigenen und für die Unreinheit des Blutes ihrer Gegner suchten. In einem Schreiben an Philipp IV. von Spanien (1621–65) gibt ein anonymer Inquisitor zu bedenken, daß inzwischen bei neun von zehn aller Zivil- und Kriminalprozesse die Rassenreinheitsfrage der Grund sei (Poliakov, S. 284).

1681 verbietet der Großinquisitor Valladares den adligen Häusern, neuchristliche Hebammen zu nehmen, weil sie die Kinder durch ihre Milch verderben würden. 1772 wurde ein Gesetz erlassen, daß jeder, der Advokat, Lehrer oder auch nur einfacher Schreiber zu werden beabsichtige, ein Rassenreinheitszertifikat vorlegen müsse. Erst ab 1835 hörte das langsam auf (Poliakov, S. 287).

Einigen jüdischen Häusern allerdings gelang es nachzuweisen, daß sie schon vor der Kreuzigung Jesu in Spanien ansässig waren, manchen sogar, daß sie direkt nach der Sintflut nach Spanien geflohen seien und deswegen keine »Gottesmörder« sein könnten (Poliakov, S. 284). Ebenfalls als reinrassig galten die Glieder der Familie der heiligen Maria. Das war der Fall bei den Nachkommen des berühmten Salomon Halevi. Dieser hochgebildete und einflußreiche Rabbiner von Burgos, der sich 1391 zum Christentum bekehrt hatte, wurde christlicher Bischof von Burgos. Er nahm den Namen des Apostels Paulus an und nannte sich Pablo de Santa Maria, da er überzeugt war, aus dem Geschlecht der Gottesmutter Maria abzustammen. Diese Überzeugung sollte für seine Nachfahren später von höchstem Nutzen sein. Er starb 1435 im Geruch der Heiligkeit. Sein Grab wurde zum Wallfahrtsort.

1604 veröffentlichte Philipp III. von Spanien eine Dispens zugunsten des Don Pedro Osorio de Velasco und anderer Nachfahren des Don Pablo de Santa Maria. Die Dispens gründet sich auf »die wunderbare Bekehrung des Pablo de Santa Maria und auf das ehrwürdige Alter dieser Bekehrung und auf den Adel seines Blutes, das der Tradition nach aus der Abstammungslinie unserer lieben Frau stammt« (Poliakov, S. 227).

6. Kapitel

Die Wunder Jesu

Bei einem Messias bzw. bei einem Menschen, in dem man den Messias sehen wollte, gab es nach Auffassung der Juden zur Zeit Jesu und gibt es nach Auffassung vieler Christen heute Kriterien und Merkmale. Diese Kriterien und Merkmale glaubte man damals und glaubt man noch heute in alttestamentlichen Verheißungen zu finden, z. B.: »Die Augen der Blinden werden aufgeschlossen, und die Ohren der Tauben werden aufgetan« (Jes 35,5). Zu den Kriterien gehört also in erster Linie die Macht, Wunder zu tun. Wunder sind das erste, was man von einem Messias erwartet, und an solcher Fähigkeit zu Wundern muß ein Messias sich messen lassen. Denn niemand glaubt einem Messias bedingungslos. Auch der Glaube verlangt nach Garantien. Vollbringt ein Messias keine Wunder, wird niemand ihm folgen. Jedenfalls ist das grundsätzlich so, denn es gibt eine Alternative: daß man dem Messias bzw. demjenigen, den man als den Messias hinstellen will, Wundertaten zuschreibt, die er gar nicht vollbracht hat. Und es hilft ihm nicht viel, wenn er sich selber gegen die Wundersucht wendet: Man wird ihn auf jeden Fall mit Wundertaten versorgen.

Jesus, der kein Messias sein wollte (siehe das Kapitel »Jesus und die Schriftrollen vom Toten Meer«), lehnte auch Wunder zum Erweis der Wahrheit seiner Botschaft ab. »Wenn ihr nicht Zeichen und Wunder seht, dann glaubt ihr nicht« (Joh 4, 48). Für ihn ist Glaube auf Wunder hin kein Glaube, und damit ist für ihn auch der Glaube an Wunder kein Glaube. Als die Pharisäer kamen und von ihm ein Zeichen vom Himmel verlangten, wies er sie darum ab:

»Was fordert dieses Geschlecht ein Zeichen? Wahrlich, ich sage euch: Diesem Geschlecht wird kein Zeichen gegeben werden« (Mk 8,12). Und: »Ein böses und ehebrecherisches Geschlecht verlangt ein Zeichen...« (Mt 12,39, ebenso 16,4; vgl. Lk 11,29).

Mit dieser Ablehnung Jesu, zum Zweck seiner Legitimation Wunder zu wirken, stimmt überein, daß die Apostelbriefe, allen voran Paulus, der früheste neutestamentliche Schriftsteller, von Wundertaten Jesu nichts berichten. Indessen hat, was die Evangelien betrifft, Jesu Wunderdistanz ihm nichts genutzt: Nach den Evangelien hat er an Wundern mehr als genug getan, um nach der Absicht der Evangelisten als Messias erkennbar zu sein. Gemäß den Evangelien hat Jesus also die damalige wie die heutige Wundererwartung in reichlichem Maße befriedigt.

Aber wenn wir Jesu Kritik an Wundererwartungen und entsprechend auch an Wundertaten nicht als bloße Rhetorik oder als Zusatz von Redaktoren ansehen, müssen wir die ihm nachgesagten Wunder als Ergebnisse einer naiven Mirakelsucht der Evangelienschreiber und deren Quellen ansehen, vor allem, wenn seine Wunder an Zauberei grenzen oder wenn wir solchen Wundern begegnen, die anderswo von anderen Wundertätern berichtet werden.

Beginnen wir mit dem Wunder auf der Hochzeit zu Kana. Bei Johannes steht dieses Wunder einer Verwandlung von Wasser in Wein am Anfang der öffentlichen Tätigkeit Jesu. Wo dieses Kana lag, wissen wir nicht, wir wissen nur: Es ging bei dem Wunder um ziemlich viel Wasser und ziemlich viel Wein, nämlich um sechs Krüge mit jeweils »zwei oder drei Maß pro Krug«. Je nachdem, ob die Krüge denn nun zwei oder drei Maß faßten, ergab das insgesamt 472,68 bis 709,02 Liter Wein (1 Maß = 39,39 Liter).

Es handelt sich um ein Wunder, von dem die übrigen Evangelisten nichts wissen, jedenfalls nichts berichten. Und es paßt auch nicht zu den sonst im Johannesevangelium von Jesus berichteten Heilungs- oder sonstigen Nothilfewundern, es sei denn, daß man es für eine echte menschliche Not hält, wenn Leute, die ohnehin schon betrunken sind (Joh 2,10), nicht noch mehr zu trinken bekommen.

David Friedrich Strauß hat mit Recht dieses Wunder ein »Luxuswunder« genannt (Das Leben Jesu, Bd. II, 1837, S. 226). Hervorgehoben wird im Evangelium, daß es sich um Wein vom Allerfeinsten handelte, möglicherweise gar um eine Trockenbeerenauslese, keinesfalls jedoch um einfachen Tafelwein. Das macht das Wunder noch staunenswerter. Daß es allerdings nicht für alle Christen ein vorbildliches Wunder war, zeigt einige Jahrhunderte später die Handlungsweise des Bischofs Makarios, der ein genau umgekehrtes Wunder vollbrachte: Als er vom Abt Peregrinus eingeladen war und ihm ein Glas Wein vorgesetzt wurde, trank er das Glas erst leer, nachdem er den Wein in Wasser verwandelt hatte.

Über das Wunder von Kana haben viele Leute viel geschrieben, was es denn bedeute und offenbare. Sie haben sozusagen das Wasser aus den Krügen nicht in Wein, sondern in Tinte verwandelt. Aber niemand ist bis heute so recht dahintergekommen, was es denn bedeutet. Und so ist anzunehmen, daß es weiter gar nichts bedeutet, außer daß hier eben eine Art Zauberkunststück geschildert wird. Wenn Jesus, statt Wasser in Wein zu verwandeln, auf der Hochzeit irgendein anderes Zauberkunststück vollzogen hätte, z. B. Zinn in Aluminium verwandelt hätte, würden wir genauso rätseln, was das bedeutet, und es würde ebensowenig und ebensoviel bedeuten. Wir sollten uns also nicht in irgendeinen spekulativen Tiefsinn verlieren, sondern erkennen, was wirklich geschehen ist: Man hat Jesus solchen Wunderzauber angedichtet. Nebenbei: Manche Leute, die bekümmert sind, daß Jesus seine Mutter auf der Hochzeit so hart angefahren und ihr sogar den Mutternamen verweigert hat – »Weib, was habe ich mit dir zu tun« –, und die darüber grübeln, warum er denn solches tat, können sich beruhigen und sich anderen Überlegungen zuwenden. Jesus hat nichts dergleichen getan.

Wie es zu dieser Wundererzählung gekommen ist, darüber kann uns das kirchliche Datum der Feier des Festes der Hochzeit zu Kana einen Hinweis geben. Das Gedächtnis an diese Hochzeit wird am 6. Januar gefeiert, am Fest der Epiphanie. Epiphanie heißt »Erscheinung« und meint die Macht-Offenbarung des Herrn. Am 6. Januar feierte man in der heidnischen Antike schon eine andere göttliche Macht-Offenbarung und andere göttliche Weinwunder: Es war das Fest und waren die Weinwunder des Dionysos, des griechischen Weingotts. »In der Tat ist das Motiv der Geschichte, die Verwandlung des Wassers in Wein, ein typisches Motiv der Dionysos-Legende, in der dieses Wunder eben das Wunder der Epiphanie des Gottes ist und deshalb auf den Zeitpunkt des Dionysos-Festes, nämlich die Nacht vom 5. auf den 6. Januar, datiert wird. In der alten Kirche ist diese Verwandtschaft noch verstanden worden, wenn man... den 6. Januar für den Tag der Hochzeit von Kana hielt« (Rudolf Bultmann, Das Evangelium des Johannes, 1962, S. 83).

Auf deutsch: In der Legende von der Hochzeit zu Kana offenbart Jesus seine göttliche Macht auf die gleiche Weise, wie man es vorher schon von dem griechischen Gott Dionysos erzählt hatte. Der 6. Januar wird für die Christen das Fest der Macht-Offenbarung (Epiphanie) ihres Gottes und verdrängt die Feier der Epiphanie des heidnischen Gottes Dionysos, die bis dahin am 6. Januar stattgefunden hatte. Bultmann: »Zweifellos ist die Geschichte (der Hochzeit zu Kana) aus heidnischer Legende übernommen und auf Jesus übertragen worden« (a. a. O., S. 83). Dionysos ließ in seinem Tempel in Elis an seinem Feiertage leere Krüge sich mit Wein füllen, und auf der Insel Andros floß dann aus einer Quelle an oder in seinem Tempel statt Wasser Wein. Das wahre Wunder der Hochzeit von Kana wäre demnach nicht die Verwandlung von Wasser in Wein durch Jesus, sondern die Verwandlung Jesu in eine Art christlichen Weingott.

Johannes hat das Weinwunder übrigens einer Jesus-Wundergeschichtensammlung entnommen und Teile dieser Sammlung etwas unausgeglichen in sein Evangelium eingearbeitet, wie Rudolf Bultmann zeigt (a. a. O., S. 78). Die in dieser Sammlung erzählten Wunder waren numeriert. Das erste Wunder war das Weinwunder und wird auch bei Johannes als das erste Wunder bezeichnet (2,11: »Dies tat Jesus als Anfang der Zeichen«). Das zweite Wunder aus der Wundersammlung ist die Heilung des Sohnes des königlichen Beamten in Kapharnaum und wird auch bei Johannes als zweites Wunder bezeichnet (4,54: »Dieses war das zweite Zeichen, das Jesus wirkte«). Johannes hatte aber in seinem Evangelium inzwischen schon längst mehrere andere Wunder Jesu erwähnt, nämlich Joh 2,23: »Als er am Osterfest in Jerusalem war, glaubten viele an seinen Namen, weil sie seine Zeichen sahen, die er tat.«

Die sympathischsten Wunder sind uns angesichts des Leidens der Kranken die Wunderheilungen. Jesus war vermutlich tatsächlich ein Krankenheiler, eine Art Arzt: *Iasthai* (= heilen) wird seine Tätigkeit von den Evangelisten genannt. Schon durch den Namen »Jesus« fühlten sich die Griechischsprechenden – und Griechisch war die damalige Weltsprache, das gesamte Neue Testament wurde in griechischer Sprache geschrieben – an *iasthai* erinnert. Bei dem jonischen Futur *iesomai* (= ich werde heilen) oder bei dem Substantiv *iasis* (= Heilung) drängte sich der Gleichklang für alle Griechischsprechenden auf.

Auch im deutschen Wort »Heiland« wird der ärztliche Aspekt des Wirkens Jesu deutlich. Es handelt sich bei dem Wort »Heiland« um die alte Form des Partizips von heilen, die sich in der Sakralsprache bei uns noch erhalten hat. Übrigens stammt auch das deutsche Wort »Arzt« von dem griechischen *iasthai* bzw. *iatros* (= Arzt). Das Wort Arzt entwickelte sich aus dem griechischen *archi-iatros* (= Chefarzt, Oberarzt).

Trotz aller legendären Ausschmückung und Übertreibung dürfte ein historischer Kern ärztlicher Tätigkeit Jesu nicht zu widerlegen sein. Jesus übernahm dabei nicht die in der Antike weitverbreitete Auffassung, die das Wesen der Krankheit in einem Schuld-Strafe-Schema sah: Krankheit als Strafe Gottes.

Auch die altjüdische Theologie hatte Kataloge entwickelt, in denen ursächliche Schuld und bewirkte Krankheit zusammengestellt waren. Zum Beispiel: »Drei Arten von Wassersucht gibt es: Bei der infolge von Unzucht ist der Leib hart, bei der infolge von Hunger ist der Leib aufgedunsen, bei der infolge von Zauberei ist der Leib abgemagert«. – »Jeder Richter, der ein Geschenk annimmt und Recht beugt, wird nicht sterben in hohem Alter, ohne daß seine Augen erblinden, siehe Exodus 23,8: ›Ein Bestechungsgeschenk sollst du nicht annehmen, denn solch Geschenk macht Sehende blind.‹« – Rabbi Jochanan († 279 n. Chr.) sagte: »Wegen siebenerlei Dinge kommen Aussatzplagen: Verleumdung, Blutvergießen, falscher Schwur, Unzucht, Hochmut, Raub und Neid.« – Ein Rabbi sagte: »Wer beim Licht der Lampe den Beischlaf vollzieht, der bekommt epileptische Kinder.« – Rabbi Acha (um 320 n. Chr.) sagte: »Wenn ein Mensch seiner Frau in den Tagen der Menstruation beiwohnt, so werden seine Kinder mit Aussatz geschlagen.« – Rabbi Jochanan ben Dahabai (um 180 n. Chr.) sagte: »Weshalb werden die Kinder lahm? Weil die Eltern ihren Tisch umkehren (= sie oben, er unten). Weshalb werden sie taub? Weil die Eltern während des Beischlafs sprechen.« Übrigens wandte sich Rabbi Jochanan († 279 n. Chr.) gegen diese Reglementierung des ehelichen Verkehrs (Strack/Billerbeck II, S. 196 u. 529).

Indem Jesus solche abergläubischen Zusammenhänge bestritt, humanisierte er das Phänomen der Krankheit und Behinderung. »Rabbi, wer hat gesündigt, daß er blind geboren wurde«, wird er gefragt bei der Heilung eines Blinden, »er selbst oder seine Eltern?« (Joh 9,2). Und Jesus antwortete: »Weder er selbst noch seine Eltern« (Joh 9,3). Er sieht also in einem Kranken nicht einen Gestraften, sondern ganz aufklärerisch lediglich einen, dem geholfen werden muß.

Um kranker Menschen willen hat Jesus sich gegen die religiöse Tradition seines Volkes gewandt und auch am Sabbath Krankheiten geheilt, auch wenn die Krankheit nicht akut und lebensgefährlich war. Nach herrschender pharisäischer Lehre galt: Das Heilen am Sabbath ist bei drohender Lebensgefahr erlaubt, aber wo keine Gefahr im Verzug ist, ist es unbedingt verboten (Strack/Billerbeck I, S. 623).

Wie es zu zwei römischen Wunderheilungen kam, berichtet uns anschaulich und psychologisch einfühlsam der römische Historiker

Tacitus († 120 n. Chr.), indem er über Vorfälle in Alexandria bei einem Besuch des Kaisers Vespasian im Jahre 69 n. Chr. folgendes schreibt: »In denselben Monaten, in denen Vespasian zu Alexandria die Tage der Sommerwinde und die sichere Seefahrt abwartete, geschahen viele Wunder, in welchen sich der Segen von oben und eine Art Verneigung der Gottheit vor Vespasian kundtaten. Ein gewisser Alexandriner, bekannt als ein Mensch, dem das Augenlicht erloschen war, bat ihn jammernd um Heilung seiner Blindheit, und zwar auf Anweisung des Gottes Serapis hin, welchen das abergläubische Volk vor allen anderen verehrt. Und so bat er den Herrscher um die Gnade, daß er ihm auf die Wangen und Augenhöhlen spucken möge. (Kommentar: Auch Jesus berührt mit Speichel einen Blinden [Mk 8,23; Joh 9,6]). Ein anderer Mann mit kranker Hand bat auf desselben Gottes Rat hin, der Kaiser möge mit der Fußsohle auf seine Hand treten. Anfangs lachte Vespasian darüber und wollte nicht. Aber da die Leute nicht abließen, überkam ihn Furcht vor der Nachrede, wenn es ihm mißlingen sollte, bald wiederum Hoffnung durch ihr inständiges Flehen und das Zureden seiner Bewunderer. Schließlich verlangte er ein Urteil der Ärzte, ob eine Blindheit und ein Schaden dieser Art durch menschliche Einwirkung geheilt werden könnten. Die Ärzte erklärten bezüglich der vorliegenden Fälle: Dem einen sei die Sehkraft nicht erstorben, und sie werde wiederkehren, wenn die schädlichen Ursachen beseitigt würden. Dem anderen könnten die ausgerenkten Gelenke wiederhergestellt werden, wenn eine heilsame Kraft auf dieselben einwirke. Und vielleicht sei das der Wille der Götter und sei der Herrscher zu ihrem Werkzeug erkoren. Und im übrigen werde der Ruhm der Heilung auf den Kaiser und das Gelächter über ein Mißlingen auf die bedauernswerten Kranken fallen. So entschloß sich denn Vespasian, der für sein Glück überall freie Bahn sah und überhaupt nichts mehr für unmöglich hielt, fröhlichen Angesichts und unter gespannter Erwartung der umstehenden Menge, das zu tun, was man von ihm verlangte. Und auf der Stelle war die Hand brauchbar, und der Blinde erhielt das Augenlicht wieder. Zeugen von damals erinnern sich an beides noch heute, wo die Lüge ihnen nicht mehr von Nutzen sein kann« (Hist. 4,81).

Aus diesem Bericht sind alle wesentlichen Voraussetzungen einer Wunderheilung abzulesen. 1. Nicht eine übernatürliche Wunderkraft des Wunderheilers, sondern die *Erwartungshaltung des Kranken* bewirkt die Heilung. Nicht, weil Jesus viele Leute heilte, strömten viele Leute zu ihm, sondern weil viele zu ihm strömten, heilte er viele – worauf dann noch mehr zu ihm strömten und er noch mehr heilte usw. Eine Wunder-Spirale.

2. Erwartungen der Menschen richten sich in besonderem Maße an *Herrscher und andere herausragende Personen*. Krankenheilungen erwartete man z. B. bis ins 19. Jahrhundert von den französischen Königen, den Nachfolgern der römischen Kaiser. Sie pflegten die Kranken mit den Worten zu berühren: »Gott heile dich! Der König berührt dich!« (Dieu te guérisse! Le Roi te touche!) Im großen Hof von Versailles berührte Ludwig XIV. 2400 Kranke am 22. Mai 1701. Der Ruf des Außergewöhnlichen, in dem ein Herrscher, ein Berühmter, steht, und die Erwartungen des Kranken an ihn eskalieren in einer Abhängigkeit der einen Komponente von der anderen.

Und dies ganz unfehlbar. Denn, wie Tacitus bemerkt, die Ursache für eine mißlungene Krankenheilung wird nicht dem Wunderheiler negativ angerechnet, sondern allenfalls bei dem Kranken gesucht. Auch bei Jesus ist das so: Wenn ihm Wunder nicht gelingen, wird das mit mangelndem Glauben der Leute begründet. Wunder zu wirken war darum auch für Jesus am schwierigsten in der Heimatstadt, weil man dort am wenigsten von ihm erwartete.

Bei Tacitus findet sich auch die Beschreibung der dritten Komponente einer Wunderheilung, nämlich die *Augenzeugen:* Sie bleiben dabei, daß Vespasian die beiden Kranken geheilt hat, auch später noch, als solche für Vespasian schmeichelhafte Zeugenaussage ihnen keine Vorteile mehr bringen konnte.

Wunderheilungen sind ein kompliziertes Geschehen, weil bei ihnen nicht nur die Erwartungshaltung des Kranken, sondern weil bei ihnen auch die Umgebung und vor allem die Zeugen eine wichtige Rolle spielen. Zeugen können Dinge bezeugen, weil sie sie gesehen haben oder weil sie sie gesehen zu haben glauben. Zeugen können Dinge, die sie gesehen haben, verschweigen. Zeugen sind imstande, Dinge, die sie sehen müßten, nicht zu sehen, denn es gibt keine größere Blindheit als die, die nicht sehen will. Aus welchen Gründen Zeugen möglicherweise etwas Falsches bezeugen, auch wenn sie keinen unmittelbaren Nutzen mehr davon haben, das wiederum ist eine Frage, der Tacitus nicht mehr nachgeht, wie er ja auch die Frage, ob er oder in welchem Sinn er, Tacitus selbst, Wunderheilungen für möglich hält, offenläßt.

Neben der vorrationalen Bereitschaft, an Wunderheilungen zu glauben, die bei einer durch Krankheit und Leiden heimgesuchten Menschheit zu allen Zeiten kein Wunder ist und auch damals in Alexandria beim Besuch des Kaisers Vespasian kein Wunder war, kam in bezug auf Jesus hinzu, daß man, wie erwähnt, vom Messias in besonderer Weise Heilungswunder erwartete.

Jesus war nicht der erste Heiland. Der griechische Gott der Heilkunde, Asklepios, lateinisch Aesculapius, der ebenfalls »Erlöser der Welt« (soter tes oikumenes) genannt wurde, dessen Heiligtum in Epidauros seit dem 6. Jahrhundert v. Chr. das Lourdes der Antike war, überzog seit dem 5. und 4. Jahrhundert v. Chr. die damalige Welt mit einem Netz von fast einem halben Tausend von Kultfilialen und Heilzentren, darunter z. B. auch Kos. Seine Tempel hingen voller Votivtafeln von dankbaren Geheilten, mit Angabe der Krankheit und des Heilmittels, das der Gott dem Kranken im Traum eines Heilschlafs geoffenbart hatte.

Der berühmteste Arzt der Antike, Hippokrates († ca. 370 v. Chr.), stammt aus Kos, aus einer in Kos ansässigen Asklepiadenfamilie (= Arztfamilie). Asklepios war nämlich sowohl Wunderheiler, z. B. in seinem Heiligtum in Epidauros, als auch der Schutzpatron einer aufgeklärten Ärzteschaft, wie ja auch heute noch sein Äskulapstab und seine Äskulapschlange das Symbol der ärztlichen Wissenschaft sind.

Nach der sogenannten Konstantinischen Wende (um 300), als das Christentum zur Staatsreligion wurde und die anderen Religionen zu zerstören begann, hat der Gott-Arzt der Christen den heidnischen Arzt-Gott Asklepios verdrängt. Bischof Eusebius von Cäsarea († 339), des ersten christlichen Kaisers Konstantin Biograph und Hofberichterstatter, erzählt in seiner Kirchengeschichte von einer Statue, die er in Cäsarea Philippi mit eigenen Augen gesehen habe. Diese Statue, sagt er, stelle einen Mann dar, der seine Hände heilend nach einer vor ihm knienden Frau ausstrecke. Unter dem Mann wachse bis an den Saum seines Mantels eine Pflanze empor, die ein Heilmittel gegen alle möglichen Krankheiten sei. Eusebius und die Leute in Cäsarea wußten auch, wen die Statue darstelle, Jesus nämlich, und die vor ihm kniende Frau sei das blutflüssige Weib, das Jesus geheilt habe (Mt 9,20 ff.; Mk 5,25 ff.; Lk 8,43 ff.). Diese Frau sei nämlich in Cäsarea Philippi zu Hause gewesen.

Aber diese vereinnahmende christliche Deutung war ein Irrtum: Es war keine Christusstatue, sondern die eines heidnischen Heilgottes, wahrscheinlich des Asklepios. Eusebius jedoch, der das anders sieht, fügt geschmeichelt hinzu: »Man braucht sich nicht zu wundern, daß die Heiden, denen unser Erlöser seinerzeit Wohltaten erwiesen hat, ihm solche Denkmäler errichteten« (KG VII,18).

Die Christen haben in ihrem Sieges- und Vernichtungszug entweder heidnische Statuen und Tempel zu Christusstatuen und Kirchen umgewidmet oder aber zerstört. Konstantin z. B. ließ durch seine Soldaten ein »hochgerühmtes Wunderwerk«, den Äskulaptempel in Ägä, dem Erdboden gleichmachen.

Die Krankenheilungen, wie wir sie bei Jesus als historisch annehmen können, verstärkten dann einen Trend, mit dem bei allen berühmten Leuten zu rechnen ist, den Zuwanderungstrend, in diesem Fall Zuwanderungstrend von fremden Heilungswundern. Das ist kein Wunder. Denn *Wundermärchen* sind zugleich *Wandermärchen,* und so sind manche Wunder Jesus einfach zugewandert. Sie wurden vorher von anderen erzählt und wurden dann von Jesus erzählt, und so wurden sie niedergeschrieben und stehen nun im

Neuen Testament. »Der Vorgang, daß schon vorhandene Wundergeschichten wie auch andere Anekdoten auf einen Helden (einen
Heiland oder auch einen Gott) übertragen werden, ist in der Litera-
tur- und Religionsgeschichte oft zu beobachten ... In Tausendundeiner Nacht ist Harun Al Raschid zum Helden oder Mitspieler
zahlreicher Märchen geworden« (Rudolf Bultmann, Die Geschichte der synoptischen Tradition, 1961, S. 244).

Manche Wunder, die man von Jesus berichtet, haben im Alten
Testament ihre Vorbilder, etwa die Speisung der 5000 bzw. 4000:
»Da kam ein Mann von Baal Schalischa und brachte dem Gottes-
mann in seinem Brotbeutel Brot aus Erstlingsfrüchten. Es waren
zwanzig Brote von Gerste und Jungkorn. Elisa befahl: ›Gib es den
Leuten zu essen‹. Doch sein Diener erwiderte: ›Wie soll ich das
hundert Leuten vorsetzen?‹ Er aber wiederholte: ›Gib es den Leuten zu essen; denn also spricht der Herr: Essen wird man und noch
übriglassen.‹ Er setzte es ihnen vor. Sie aßen und ließen noch übrig,
wie der Herr gesagt hatte« (2 Kön 4,42–44).

Elisa hat auch sonst noch mancherlei Wunder vollbracht und
z. B. nicht nur Tote auferweckt (2 Kön 4,34 f.) und Blinde sehend,
sondern auch Sehende blind gemacht (2 Kön 6,18 ff.). Glücklicherweise fand er in Jesus hinsichtlich des Schadenswunders keinen
Nachahmer. Die Mehrzahl der Wunder, die von Jesus erzählt werden, entstammen ohnehin nicht der jüdischen Tradition, sondern
dem hellenistischen Umfeld.

Von Jesus werden uns etwa 30 Wunder berichtet. Diese gliedern
sich in Heilungswunder, die die Mehrzahl der Wunderberichte
ausmachen, dann Dämonenaustreibungen, Totenerweckungen und
Naturwunder. Bei den Heilungen und den damit zusammenhän-
genden Dämonenwundern kann, wie schon erwähnt, ein historischer Kern angenommen werden. Zwischen Besessenheit und
Krankheit wurde, dem medizinischen Wissen der Zeit entsprechend, nicht eigentlich unterschieden. Es werden Kranke als Besessene bezeichnet und Besessene als krank (Mt 4,24; Mk 1,34). Insbesondere werden Epileptiker (Mt 17,15), Stumme (Mt 9,32; Lk

11,14), Behinderte, die zugleich blind und stumm waren (Mt 12,22), sowie Gichtkranke (Lk 13,11 ff.) als Besessene angesehen.

Die Legende hat sich der Krankenheilungen bzw. der Dämonenaustreibungen Jesu angenommen und insbesondere letztere bis zu so sonderbaren Ereignissen ausgemalt und verzerrt wie der Ausfahrt von Dämonen aus einem bzw. aus zwei Menschen in eine Schweineherde, welchselbige Schweineherde sich daraufhin – offenbar samt Dämonen – selber ertränkte, so daß man nur von einer Entgleisung der Phantasie reden kann.

Diese Geschichte begegnet uns in verschiedenen Varianten: bei Mt 8,28 ff.; Mk 5,1 ff.; Lk 8,26 ff. Nach Markus und Lukas war es ein einzelner Besessener, mit dem Jesus nach einer stürmischen Seefahrt auf der östlichen Seite des Sees Genezareth zusammentraf, bei Matthäus handelt es sich um zwei Besessene. Auch sonst stimmen die Evangelisten nicht überein: Während Matthäus die Dämonenaustreibung in Gadara stattfinden läßt, legen Markus und Lukas sie nach Gerasa.

Bei Markus lesen wir folgende Schilderung; »Als er aus dem Boot stieg, kam ihm sogleich aus den Grabkammern ein Mensch entgegen, der mit einem unreinen Geist behaftet war. Er hauste in den Gräbern, und niemand hatte ihn je mit einer Kette fesseln können. Er war zwar oft mit Fuß- und Handketten gefesselt worden, aber die Ketten hatte er zerrissen und die Fußfesseln zerrieben, und niemand war stark genug, ihn zu bändigen. Und er war allezeit, Tag und Nacht, in den Gräbern und in den Bergen und schrie und schlug mit Steinen auf sich ein. Als er Jesus von ferne sah, lief er herbei, warf sich vor ihm nieder und schrie laut: ›Was willst du von mir, Jesus, du Sohn des höchsten Gottes? Ich beschwöre dich bei Gott, quäle mich nicht!‹ Jesus hatte nämlich zu ihm gesagt: ›Fahre aus, unreiner Geist, aus dem Menschen!‹ Und Jesus fragte ihn: ›Wie heißt du?‹ Und er antwortete: ›Mein Name ist Legion, denn wir sind viele‹. Und er bat ihn sehr, ihn nicht aus dem Lande zu vertreiben. Nun weidete dort am Berg eine große Schweineherde, und sie baten ihn: ›Schick uns zu den Schweinen, daß wir in sie hineinkommen.‹ Er erlaubte es ihnen, und die unreinen Geister fuhren aus und fuhren in die Schweine, und die Herde stürmte den Hang hinunter in den See hinein, ungefähr 2000 an der Zahl, und ertrank im See.«

Der vermeintlich eine böse Geist hatte sich also plötzlich nicht nur als eine Mehrzahl entpuppt, sondern sogar als eine riesige Menge und dazu noch als eine militärische. »Legion« ist ein Wort aus der römischen Militärsprache und bedeutete zu der damaligen Zeit 6000 Mann an Fußtruppen, dazu noch 120 Reiter sowie dazugehörige Hilfstruppen. Es war also schon eine gewaltige Kriegsmacht Satans, die Jesus in dem einen armen Wahnsinnigen entgegentrat. Jesus standen zwar umgekehrt auch Legionen zur Verfügung, nämlich himmlische, und zwar nicht nur eine, sondern »mehr als zwölf« (Mt 26,53), aber er bedurfte ihrer nicht, denn das teuflische Heer ergab sich ihm freiwillig, erbat lediglich einen freien Abzug in eine Schweineherde. Und der wurde gewährt.

Manches an dem Verhalten dieser Dämonenarmee erscheint indessen seltsam. Das nächstliegende wäre doch gewesen, daß die Dämonen davongelaufen wären oder sich versteckt hätten, statt dessen liefen sie zu ihrer eigenen Kapitulation herbei. Das beweist eine Art Vertrauen und Glauben an Jesus als Messias. Auch daß sie Jesus »im Namen Gottes« beschworen, mag nicht so recht einleuchten. Eher ist das eine Formel, mit der man einen Dämon in seine Gewalt bekommen will. Vollends unverständlich ist der dämonische Wunsch, in eine Schweineherde zu fahren. Es ist intelligenter Wesen, wie es Dämonen sind, unwürdig, eine solche Lebensweise zu wünschen. Und schließlich führte das ganze Unterfangen nur zu einem sinnlosen Selbstmord von Tieren, die zudem damit sogleich wieder als Aufenthaltsmöglichkeit der Dämonen ausfielen. Warum haben sich die Dämonen ihres erbetenen Biotops sogleich wieder selbst beraubt? Und was geschah mit ihnen dann? Wohin fuhren sie anschließend? Und ob Dämonen schwimmen können, ist auch nicht bekannt. Andererseits darf vermutet werden, daß Dämonen Selbstmord weder machen wollen noch können.

Verwirrend ist auch der Gedanke, daß Jesus mit seiner dämonen-freundlichen Erlaubnis den Eigentümern der Herde großen Scha-den zugefügt hat. Alles in allem scheint das nicht ein gelungenes Wunder gewesen zu sein. Und wenn es bei Markus heißt, daß nach dem großen Wunder die Leute aus der Stadt kamen und Jesus »baten, er möge sich aus ihrer Gegend entfernen« (Mk 5,17), so ist das sicher in Anbetracht des schweren Schweineverlustes und der Wut der Leute allzu verharmlosend formuliert. An Jesus glaubten sie jedenfalls trotz des Massen-Schweinetodes nicht. Von solchem Mißerfolg her betrachtet, muß man also sagen, daß sich bessere Methoden der Glaubensverbreitung denken lassen.

Im übrigen geben Markus und Lukas eine völlig falsche Vorstel-lung von der geographischen Situation. Beide legen das Wunder an das Ostufer des Sees Genezareth. Markus: »Sie kamen an das andere Ufer des Sees, in das Gebiet von Gerasa. Als er (Jesus) aus dem Boot stieg, kam ihm ein Mann entgegen« (Mk 5,1 f.). Lukas: »Sie fuhren in das Gebiet von Gerasa, das dem galiläischen Ufer gegenüberliegt. Als Jesus an Land ging, lief ihm ein Mann aus der Stadt entge-gen...« (Lk 8, 26 f.). Nun liegt aber Gerasa (heute: Dscherasch) keineswegs am Ufer, sondern etwa 60 km landeinwärts, wie auf jeder Landkarte zu sehen ist. Auch das bei Matthäus genannte Gadara liegt nicht am See, sondern in einer Entfernung von ca. zehn Kilometern. Aber um der Pointe des Wunders willen mußten die Städte in der Nähe des Sees liegen.

Bei Licht besehen ist diese ganze Dämonenaustreibung nur ein volkstümliches Märchen, ein Schwank unter Benutzung des Motivs vom betrogenen Teufel, den man auf Jesus übertragen hat. Die Dämonen erhalten von Jesus die Erlaubnis, die sie erbeten hatten, und bleiben doch am Ende die Geprellten (vgl. Bultmann, Die Geschichte der synoptischen Tradition, S. 224 f.).

Als legendär bzw. märchenhaft anzusehen sind die Schilderungen der Totenerweckungen und der Naturwunder Jesu. Es wird von drei Totenerweckungen erzählt: Von der zwölfjährigen Tochter des Synagogenvorstehers Jairus (Mk 5,22 ff.; Parallelen bei Mt 9,18 ff.

und Lk 8,40 ff.), dann von einem jungen Mann aus Nain (Lk 7,11 ff.) und schließlich von Lazarus (Joh 11,1 ff.).

Der Vergleich dieser Geschichten zeigt einiges Bemerkenswerte, nämlich die Tendenz zur Steigerung des Wunderbaren. Wenn Jesus bei Markus über die Tochter des Jairus sagt: »Das Kind ist nicht tot, sondern es schläft« (Mk 5,39), so ist es mindestens theoretisch denkbar, daß Jesus tatsächlich meinte, was er sagte, daß nämlich das Mädchen nicht tot war, sondern nur bewußtlos, und daß Jesus dann nicht eine Tote auferweckte, sondern eine im Koma Liegende rettete.

Bei der Geschichte von dem jungen Mann aus Nain, die Lukas, der später als Markus schreibt, neben der Jairus-Geschichte als zweite Totenauferweckung erzählt, scheidet die Möglichkeit eines nur scheinbaren Todes aus. In diesem Falle ist klar, daß der Tote tatsächlich tot ist.

Bedeutet also die Erweckung des Jünglings von Nain gegenüber der der Tochter des Jairus schon eine Steigerung, so ist Johannes noch massiver. Lazarus ist nicht nur ganz sicher tot, er hat schon vier Tage im Grab gelegen, ist schon in Verwesung übergegangen und »roch« schon (Joh 11,39). Gegen die Glaubwürdigkeit des Lazaruswunders bei Johannes melden sich schon deshalb Bedenken an, weil alle drei anderen Evangelisten, die vor ihm schreiben, davon schweigen. Es ist nicht denkbar, daß Evangelisten, die die Wundertaten Jesu schildern, dieses unerhörteste aller Wunder Jesu unter den Tisch fallen ließen, falls sie davon wußten. Es bleibt nur die Konsequenz, daß sie eben nichts davon wußten. Und das bedeutet wiederum, daß die Erzählung erst später in Umlauf kam, daß sie ein später entstandenes Märchen ist.

Die Geschichte der Erweckung des Jünglings von Nain zeigt deutliche Anklänge an das erste Buch Könige (17), wo Elias den Sohn einer Witwe vom Tode auferweckt und wo es von Elias genau wie von Jesus heißt: »Und er gab ihn seiner Mutter« (1 Kön 17,23; Lk 7,15). Eine andere Erzählung über eine Auferweckung eines Witwensohnes findet sich im zweiten Buch Könige (4), wo es Elisa ist, der das Wunder vollbringt.

Daß Totenerweckungen vor allem in den antiken hellenistischen Philosophenlegenden eine Rolle spielen – Apollonius von Tyana z. B. begegnet der Bahre einer toten Braut, der der Bräutigam trauernd mit den anderen Leidtragenden folgt, und Apollonius erweckt die Tote –, darüber ist bei Rudolf Bultmann nachzulesen: »Das angeführte Material« zeigt »die Atmosphäre, zeigt Motive und Formen und hilft so, das Eindringen von Wundergeschichten in die evangelische Tradition zu verstehen« (Die Geschichte der synoptischen Tradition, S. 248 ff.).

Noch eine Bemerkung zu der Tochter des Jairus, die Jesus aufgeweckt haben soll. Bei der Entstehung von Legenden und Märchen herrschen bestimmte Regeln. Die neutestamentliche Wissenschaft hat diese Gesetzmäßigkeiten des Waltens der Phantasie bei dem Prozeß der mündlichen und schriftlichen Überlieferung, also bei der Weitergabe von Erzählungen von Mund zu Mund oder von einem Verfasser zum anderen Verfasser, immer mehr erforscht.

Ein scharfer Beobachter solcher Legendenbildungsregeln war David Friedrich Strauß. Mit 27 Jahren wurde er durch sein »Leben Jesu« 1835 der berühmteste Theologe seines Jahrhunderts und erhielt eben wegen dieses Buches für jede kirchlich-akademische Karriere ein lebenslängliches kirchlich-staatliches Berufsverbot. Strauß schreibt, es sei ein »falscher Obersatz, daß, wer nur ausführlicher und anschaulicher erzähle, der genauere Referent, der Augenzeuge, sei« (I, S. 784).

Man könnte meinen, Phantasie und Ungenauigkeit seien ein Paar. Es ist aber gerade umgekehrt: Phantasie und *Genauigkeit* gehören zusammen, so daß die Phantasie wie ein Augenzeuge dasteht. Die Phantasie stopft nämlich die Wissenslücken, und zwar nicht mit Grobstich, sondern mit der Sorgfalt einer Kunststopferin. Zeugen wissen darum (oft) nach 20 Jahren mehr als unmittelbar nach dem Geschehen. Bei Genauigkeit ist also immer eine gewisse Vorsicht geboten. Es könnte sich um eine bloße Phantasie-Genauigkeit handeln. Die Genauigkeit des Augenzeugen und die Genauigkeit der Phantasie sind nur schwer zu unterscheiden.

Diesen Trend der Phantasie zur Genauigkeit kann man im Neuen Testament an vielen Einzelheiten beobachten. Die Phantasie hat sich zu allen Zeiten der letzten Worte eines Menschen angenommen, das Undeutliche zu deuten gesucht, so auch und erst recht bei Jesus. Und so wird aus dem letzten, wortlosen Schrei Jesu (Mk 15,37) bei Lukas (23,46): »Vater, in deine Hände befehle ich meinen Geist.«

Die Phantasie zeigt auch darin ihre Genauigkeit, daß sie Namen von bis dahin unbekannten Personen hinzudichtet. Wir sahen das bereits bei den drei Königen aus dem Morgenland. Dieser Phantasieprozeß ist aber auch schon innerhalb des Neuen Testaments zu beobachten, daß nämlich das älteste Evangelium, Markus, die Namen nicht mehr wußte, hingegen die jüngeren Evangelien sehr wohl. Namen, die das gesamte Neue Testament nicht weiß oder nicht erwähnt, erfindet dann die Phantasie um 150 nach Christus, nämlich die Namen der Eltern von Maria. Sie lauten gemäß dem Protevangelium des Jakobus: Joachim und Anna.

Mit dem Trend zur Genauigkeit ist fast immer der Trend zur Steigerung verbunden. Es werden möglichst bekannte Namen eingesetzt. Aus »die Jünger« werden »Petrus und Johannes« (Mk. 14,13 gegenüber Lk 22,8). Aus »der Jünger« (Mk 7,17) wird »Petrus« (Mt 15,15). Der Evangelist Markus weiß von der Tochter des Jairus, die Jesus auferweckt haben soll, noch nicht, daß sie »die einzige Tochter des Jairus« war, das weiß erst der später schreibende Evangelist Lukas. Die gleiche Genauigkeits- und Steigerungstendenz findet sich auch in folgendem: Markus (9,17) berichtet, daß der Vater seinen besessenen Sohn zu Jesus brachte. Lukas fügt hinzu, daß es der einzige Sohn war (9,38). Aus dem Reichen (Mk 10, 22) wird ein reicher Jüngling (Mt 19,22).

Andere Beispiele: Jesus heilt (Mk 3,1) eine steife Hand. Lukas weiß (6,6): Es war die rechte Hand (die für die meisten Menschen die wichtigere ist). – Markus 9,43 und 47 ist von Hand und Auge allgemein die Rede. Bei Matthäus ist es das rechte Auge, die rechte Hand (Mt 5,29 f.).– Während Lukas 6,29 nur vom Schlag auf die

Backe redet, weiß Matthäus, daß es die rechte Backe ist (Mt. 5,39). Rudolf Bultmann meint dazu: »Die Frage, ob Jesus einen Schlag mit der inneren Handfläche oder mit dem Rücken der Hand gemeint habe, ist... ohne Verständnis für die Plastik von volkstümlicher Redeweise« (Geschichte der synoptischen Tradition, S. 340).– Markus berichtet, einem Knecht sei im Garten von Gethsemane ein Ohr abgeschlagen worden (14,47). Lukas (22,50) weiß mehr: Es war das rechte Ohr, auch das ist, wie bei der rechten Backe, eine Steigerung analog der rechten Hand, obwohl die meisten Menschen zwar Rechtshänder, aber nicht rechtsbackig oder Rechtshörer sind. Der vierte Evangelist, Johannes, der der späteste der vier Evangelisten ist, weiß inzwischen auch den Namen des Jüngers, der das Ohr abhieb, nämlich Petrus. Er weiß auch, wie der Knecht hieß: Malchus (Joh 18,10).

Auch die sogenannten Naturwunder sind sämtlich Märchen. Was die wunderbare Brotvermehrung betrifft, sahen wir schon, daß sie alttestamentliche Vorbilder hat. Von diesem Essenswunder gibt es mehrere Versionen. Bei Matthäus (14,13–21) werden aus fünf Broten und zwei Fischen »5000 Männer, Frauen und Kinder nicht gerechnet«, gespeist (14,21). Das ist eine leicht chauvinistische Zählweise, bei Markus (6,44) heißt es einfach: »5000 Männer«. Da werden also die Frauen und Kinder gar nicht erst erwähnt. Auch bei Lukas heißt es: »An 5000 Männer« (9,14), und Johannes ist auch nicht höflicher: »An 5000 Männer« (6,10). Bei allen Evangelisten blieben zwölf Körbe Brot übrig.

Neben dieser Version mit den fünf Broten und zwei Fischen gibt es noch eine andere, die Markus und Matthäus zusätzlich bringen. Diesmal sind es sieben Brote und »einige« Fische. Bei Markus wird die Gesamtzahl der Gespeisten genannt, nämlich 4000 (Mk 8,9), und es blieben sieben Körbe voll Essen übrig. Bei Matthäus ist alles ebenso mit Ausnahme des Umstands, daß es jetzt wieder 4000 Männer sind, »Frauen und Kinder nicht gerechnet« (15,38). Und es verblieben wieder sieben Körbe Essen.

In der katholischen Pattloch-Bibel gibt es sowohl im Matthäus-

wie im Markusevangelium die klar unterscheidenden Überschriften »Erste Brotvermehrung« und »Zweite Brotvermehrung«. Aber das hilft nichts. Man kann als Überschriften schreiben, was man will: Es bleibt alles immer nur die eine und einzige Brotvermehrung, über die verschieden berichtet wird, eine zweite kommt dabei nicht heraus.

Langsam spricht sich das auch in der katholischen Theologie herum, und die ersten Zeichen dafür stehen schon im katholischen »Lexikon für Theologie und Kirche«: »Die Exegese, z. T. auch die katholische, nimmt heute meist an, daß beide Erzählungsformen von einem Ereignis handeln« (II, 1958, S. 709). Es sind Varianten oder es sind Dubletten, ganz wie man will. Aber noch immer rätseln manche Leute daran herum, warum in der einen Variante die Zahl 5000 steht und in der anderen die Zahl 4000, und die Rätselrater finden sogar Gründe dafür, gerade so, als sei das alles historisch. Aber das ist es nicht. Historisch gesehen gab es vielmehr weder zwei noch eine »wunderbare Brotvermehrung«, es gab überhaupt keine.

Das Bild, daß Jesus Menschen Brot zu essen gibt, Brot im eigentlichen oder auch im übertragenen Sinne, ist darum doch ein schönes und wahres Bild. Auf Brot in beidem Sinn ist der Mensch angewiesen. Und wir können uns in dieses Bild hineinbeziehen, wenn auch nicht in diesen Multivisionsrahmen von 4000 oder 5000 Menschen, Frauen mitgerechnet oder nicht mitgerechnet. Wir dürfen uns eine viel kleinere und dabei durchaus historisch richtige Schar vorstellen, an einem Abend, nicht weit vom Seeufer, und wir dürfen Frauen und Kinder dazu einberechnen und uns vorstellen, daß Jesus tatsächlich im Gras sitzt und mit seinen Zuhörern und Anhängern ißt. Und wenn wir wollen, können wir uns dazusetzen, und wir werden zu essen bekommen.

Im Zusammenhang mit der Brotvermehrungsgeschichte gibt es zwei Verse, die sachlich falsch sind, obwohl sie von Jesus gesagt sein sollen: »Begreift ihr noch nicht und erinnert ihr euch nicht an die fünf Brote für die fünftausend und wie viele Körbe ihr aufgehoben habt? Auch nicht an die sieben Brote für die viertausend und wie viele Körbe ihr aufgehoben habt?«	(Mt 16,9 f.). In dieser Aufrechnung von Wundern behauptet Jesus also die Tatsache von zwei verschiedenen Brotvermehrungen, obwohl es sich um allenfalls eine einzige, dazu noch legendäre, gehandelt hat. Matthäus war (mit Markus) irrtümlich der Meinung, es habe sich um zwei verschiedene gehandelt, und läßt Jesus als Propagandisten seiner eigenen Wunder an diesem Irrtum teilhaben. Wenn Matthäus aber Jesus selbst sich auf die angeblichen zwei Vermehrungen berufen läßt, zeigt das, daß die Evangelisten nicht davor zurückschrecken, Jesu Worte zu manipulieren und und ihm ihre eigene Argumentation zu unterschieben. Das ist nur ein kleines Beispiel dafür, daß nicht jedes Jesus zugeschriebene Wort als tatsächlich von ihm gesagt anzusehen ist.

Ein weiteres Naturwunder sind Mk 4,37–41 und Parallelen, die Befehlsgewalt Jesu über Meer und Sturm. Es bedarf keiner näheren Darlegung, daß es auf dem See plötzlich aufkommende Stürme, daß es Gefahr, daß es glückliche Errettung gab. Das aber ist der ganze Hintergrund solcher Dichtung. Es gibt dahinein nichts spezifisch Christliches zu theologisieren. Es handelt sich um ein Wandermärchen, das auch von anderen Leuten erzählt wurde. David Friedrich Strauß verweist auf eine ähnliche Macht über Sturm und Unwetter bei Pythagoras (II, S. 182).

»Im Talmud wird erzählt, einst sei ein heidnisches Schiff auf dem großen Meer gefahren, darinnen sei auch ein jüdischer Knabe gewesen. Da habe sich ein großer Sturm im Meere erhoben, die Heiden im Schiff hätten ihre Götzen angefleht, ohne Hilfe zu erlangen. Da habe man den jüdischen Knaben gebeten, zu seinem Gott zu rufen: ›Und der Heilige nahm von ihm das Gebet an, und es schwieg das Meer‹« (Johannes Weiß, in: Die Schriften des Neuen Testaments, Bd. I, 1917, S. 118). Auch der Durchgang der Israeliten durch das Rote Meer dank Moses gehört in diese Gruppe der Seeanekdoten.

Da ist auch noch der wasserwandelnde Jesus. Wer diesem interpretierend auf den See hinaus folgt, hat theologisch allen festen Grund unter sich verloren. Er ist eigentlich schon im Meer der

Fabeln ertrunken. Da hilft es nichts, daß so etwas von Buddha und anderen auch erzählt wird, darum wird es doch nicht wahr. Übrigens berichtet uns der heilige Papst Gregor d. Gr. († 604) von einem Maurus, Schüler des heiligen Benedikt. Dieser Schüler Maurus also ist ebenfalls über das Wasser gewandelt (Dial. 2,7). (Oder auch nicht.)

Ob man die Geschichte vom reichen Fischzug (Lk 5,1–11 mit der Variante Joh 21,1–11) als Wunder auffassen soll, mag dahingestellt bleiben. Es handelt sich vielleicht um ein tatsächliches Rekordergebnis, das dann als Wunder deklariert und in den Zusammenhang mit dem Wort von den »Menschenfischern« gestellt wurde. Es kann aber auch ein Märchenmotiv mitgewirkt haben.

Das wunderlichste aller Wunder ist die traurige Geschichte eines schuldlosen Feigenbaums: »Jesus hatte Hunger. Da sah er von weitem einen Feigenbaum, der Blätter trug, und er trat hinzu, ob er daran etwas finden könnte. Aber als er hinkam, fand er nichts als Blätter. Denn es war nicht die Zeit der Feigen. Da redete er ihn an und sprach: ›Niemals mehr soll jemand eine Frucht von dir essen bis in Ewigkeit‹« (Mk 11,12–14). Und der Baum verdorrte (Mk 11,20 f.).

Hier ist ein Gleichnis*wort* Jesu in eine Wunder*handlung* Jesu verwandelt worden und hat bei dieser Umwandlung seinen Sinn und seine Pointe restlos eingebüßt. Es wurde zum dümmsten aller Wundermärchen. Denn der Sinn des Gleichnisses, Menschen zur Einsicht zu bringen, die keine Gott wohlgefälligen Früchte tragen, fällt bei einem Baum, der sich nicht in der gewünschten Verfassung befindet, weg. Daß der Baum deshalb keine Früchte trug, weil gar keine Feigenzeit, also die unrechte Jahreszeit, war, macht die Bestrafung des Baumes noch sinnloser, noch ungerechter.

Hier ist die menschliche Fabelsucht über alles Ziel hinausgeschossen. Ein solches Wunder läßt nicht an den Wundertäter glauben, sondern allenfalls an seiner Zurechnungsfähigkeit zweifeln. Und mit solchen Wundertaten bedacht zu werden, hat Jesus gewiß nicht verdient.

Manche Leute stören sich an den Wundergeschichten und wollen mit ihnen das ganze Neue Testament über Bord werfen, andere verteidigen sie mit Zähnen und Klauen und gebärden sich so, als hinge das Christentum im allgemeinen und die Wahrheit der Botschaft Jesu im besonderen davon ab, daß jedermann an diese Wunder glaubt. Die Evangelisten wollten Jesus durch die Wunderberichte herausstreichen und groß und imposant machen. Sie wollten zeigen, daß die Göttlichkeit gleichsam durch seine Gewänder glitzerte, und haben doch nur eine Menge kleiner Wünderchen vor das eine wahre Wunder gestellt, auf das es Jesus selbst ankommt: das Wunder der Liebe Gottes. Man hat mit den Wundergeschichten nicht den Blick auf Jesus geöffnet, sondern versperrt.

7. Kapitel

Karfreitag

Die Passionsgeschichte zeigt in besonderer Weise, wie die Evangelisten die historischen Daten und Fakten manipuliert haben. Einem Theologen – ob katholisch, protestantisch oder orthodox – darf man allerdings damit nicht kommen. Wenn man ihn auf Widersprüchlichkeiten und Unrichtigkeiten der Passionserzählungen hinweist, wird er zwar einiges zugeben, wird ihn das aber in seiner Überzeugung, daß es sich dennoch um das Wort Gottes handelt, letztlich nicht berühren.

Es gibt nämlich keinen Berufsstand, der derartig siegreich – mindestens in seinen eigenen Augen – aus allen Widerlegungen hervorschreitet wie der Theologenstand. Einen Theologen kann man praktisch nie widerlegen. Wenn man doch einmal glaubt, es sei einem gelungen, wenn man also alle Argumente der Logik und des historischen Beweises auf seiner Seite versammelt hat, dann wird es nur Sekunden dauern, bis der Theologe mit den Worten »*gerade* deshalb...« oder »*gerade* daran zeigt sich« oder ähnlich wie ein Phönix aus der Asche sich erhebt und die Niederlage in seinen totalen Sieg umzuwandeln beginnt, »wie denn noch jeder große Theologe aus dem Mangel einen Reichtum... zu machen verstanden hat« (Rudolf Augstein, Jesus Menschensohn, 1974, S. 230). Deshalb hat es z. B. auch nicht den geringsten Sinn, einem Theologen zu sagen – seinen Blick auf etwas zu lenken wäre schon der falsche Ausdruck, ein Theologe hat das alles selbstverständlich schon im Blick, bevor man es ihm sagt – also, es hat nicht den geringsten Sinn, einem Theologen zu sagen, dieser oder jener Bericht im Neuen Testament widerspricht diesem oder jenem anderen Bericht des Neuen Testaments.

Mitleidig wird der Theologe einem dann mitteilen, diese Widersprüchlichkeit zeige ja gerade, worauf es in der Heiligen Schrift ankomme. Nämlich überhaupt nicht auf das, was man da gegen die Aussagen der Schrift ins Feld führen möchte. Der Theologe wird etwa folgendes sagen: »Die Wahrheit der Schrift ist... nicht die Richtigkeit ihrer Angaben über historische Fakten und Daten. Sie besteht nicht darin, daß alles so passiert ist, wie es dasteht. Das setzte ja voraus, daß sie geschrieben wäre, dem Menschen... den vorgestellten Faktenverlauf zu garantieren und ihn dadurch selig zu machen, daß er über ein Bild der Vorgänge verfügt, das mit der Geschichte als Passiertem übereinstimmt« (Heinrich Schlier, Rudolf Bultmann, dem Achtzigjährigen, in: Besinnung auf das Neue Testament, 1964, S. 53).

Heinrich Schlier, bedeutender Neutestamentler, zunächst evangelisch, 1953 zum Katholizismus übergetreten, also sachkundig für evangelisches und katholisches Bibelverständnis, schreibt weiter: »Ich erfahre die Wahrheit keineswegs immer am ehesten in einem historischen Bericht, der selbst eifrig auf Fakten und Daten und ihre Richtigkeit Wert legt. Er kann mir eine Menge solcher Fakten und Daten anbieten und die historische Richtigkeit des Erzählten verbürgen – eine einzige Anekdote kann mich einen Menschen oder einen Vorfall oder eine Situation in ihrer Wahrheit besser erfassen lassen« (a. a. O., S. 54).

Das ist ja richtig. Auch dies ist richtig, was Schlier dann konkret in bezug auf den Tod Jesu sagt: Die Evangelisten waren der »Überzeugung, daß das ›Gedenken‹ des Sterbens Jesu, was die Passionserzählung ihrem Wesen nach ist, angemessen nur in einer Form stattfinden konnte, in der Bericht und Deutung, Sache und Bedeutung miteinander, ja ineinander ausgesprochen werden, wofür sich ihnen unter anderem dann auch die Aussageweise der Legende anbot« (a. a. O., S. 55).

Das heißt auf deutsch: Eine Legende kann die Wahrheit u. U. besser wiedergeben als ein Tatsachenbericht. Was aber ist, wenn die Legende die Tatsachen verfälscht und die Wahrheit nicht wiedergibt? Mag die Form einer Legende für die »Deutung« und »Bedeutung« eines Geschehens, z. B. des Todes Jesu, auch angemessener sein als die bloßen historischen Fakten und Daten, so ist doch zu sagen: Auch die Legende kann die Wahrheit verdunkeln. Dann verdeutlicht sie nicht Heil, sondern schafft Unheil, einen heillosen Wirrwarr von Pseudofakten, die schließlich auch das beabsichtigte heilsgeschichtliche »Gedenken des Sterbens Jesu« behindern. Die Legende kann u. U. die konkrete Geschichte auf den Altären von Imaginationen opfern und merkt nicht, daß sie mit dem Verzicht auf Daten und Fakten letztlich auch die Bedeutung dieser Geschichte mindert oder gar aufhebt. In den Evangelien jedenfalls haben die historischen Ereignisse der Passion Jesu einer falschen Deutung des Geschehenen weichen müssen.

Zwar ist wiederum richtig, was Schlier ferner über den Tod Jesu schreibt: »Es gibt an sich . . . kein gewisseres Faktum als das Sterben Jesu am Kreuz auf Golgatha. Aber was ist eigentlich dieses Faktum? Was ist die Wahrheit dieses Faktums? Das muß, vom Faktum her gesehen, absolut offenbleiben . . ., geschichtliches Faktum ist es in sich und in seiner geschichtlichen Wirksamkeit nur als interpretiertes. Wessen Interpretation aber soll gelten? Die der Unbekanntes aus Bekanntem innerweltlich-kausal . . . psychologisch und soziologisch erklärenden Historie oder die der Evangelisten?« (a. a. O., S. 55). Schlier wie die meisten Christen entscheidet sich natürlich für die Interpretation der Evangelisten.

Daß der Mensch alle Fakten, nicht nur die historischen Fakten im Neuen Testament, in ihrer Wahrheit und Bedeutung nur im Filter der Deutung, also der Interpretation, erkennen kann, das ist richtig. Daß »alle menschliche Geschichte . . . nie anders« geschieht »als so, daß sie sich im ausgesprochenen oder unausgesprochenen Verstehen ereignet« (a. a. O., S. 42), ist ebenfalls richtig und lehrt uns die tägliche Erfahrung.

Angenommen, das Fernsehen hätte die Kreuzigung Jesu gefilmt, auf den Bildschirm kommt sie immer nur als interpretierte. Selbst die objektivste Kameraführung interpretiert durch die Art der Aufnahme, der Großaufnahme, des Schwenks auf die Zuschauerreaktion, durch die Beleuchtung usw. Ohne Interpretation verstehen wir nichts. Wer ist der Hingerichtete? Ein Mörder? Ein Terrorist? Ein irrtümlich Verurteilter? Der Sohn Gottes? Von wem hingerichtet? Von staatlichen Rechtsorganen? Von den Juden? Von den Römern? Es gibt in diesem Sinn nichts Objektives, wir sehen nie ein nacktes, objektives Faktum, wir sehen immer nur interpretierte Fakten und interpretieren ständig selbst bei jeder Wahrnehmung.

Aber wer oder was schützt uns vor Fehlinterpretation der Fakten? Wer schützt den Tod Jesu vor einer falschen Deutung? Wer schützt uns vor tendenziösen Verzerrungen der tatsächlichen Ereignisse? Denn, wie Schlier richtig sagt: Die Heilige Schrift ist kein »Himmelsbuch« (a. a. O., S. 52). Gottes Wort fällt nicht original-verpackt vom Himmel und wird uns nicht mit Himmelsgarantie geliefert.

Wenn wir also den Theologen auch darin zustimmen, daß die Bibel tatsächlich nicht deshalb geschrieben ist, um »dem Menschen ... den ... Faktenverlauf zu garantieren und ihn dadurch selig zu machen«, so kann sie aber erst recht nicht deswegen geschrieben sein, um durch einen falsch dargestellten Faktenverlauf eine unselige Welt noch unseliger zu machen und, wie im Fall des jüdischen Volkes, über ein ganzes Volk Unglück zu bringen.

Damit sind wir bei der politisch-rechtlichen Seite der Passionserzählungen. Hitler hat erkannt, daß er die Oberammergauer Festspiele, die ja nichts anderes tun, als mit den Worten der Evangelisten das Passionsgeschehen nachzuerzählen, in den Dienst seiner Antisemitismus-Propaganda stellen könnte. Er sagte 1942, »es sei eine der wichtigsten Aufgaben, Deutschlands kommende Geschlechter vor einem gleichen politischen Schicksal (wie dem deutschen von 1918 bis 1933) zu bewahren und deshalb das Bewußtsein der rassischen Gefahr in ihnen wach zu halten. Allein schon aus diesem

Grunde müßten die Oberammergauer Festspiele unbedingt erhalten werden. Denn kaum je sei die jüdische Gefahr am Beispiel des antiken römischen Weltreichs so plastisch veranschaulicht worden wie in der Darstellung des Pontius Pilatus bei diesen Festspielen; erscheine dieser doch als ein rassisch und intelligenzmäßig so überlegener Römer, daß er wie ein Fels inmitten des vorderasiatischen Geschmeißes und Gewimmels wirke. In der Anerkennung der ungeheuren Bedeutung dieser Festspiele für die Aufklärung auch aller kommenden Geschlechter sei er (Hitler) ein absoluter Christ« (zitiert nach: Rolf Hochhuth, Der Stellvertreter, Historische Streiflichter, 1980, S. 247).

In der Tat, die Evangelien ließen sich als willkommene Unterstützung in Hitlers Judenfeindschaft verwerten, denn die Evangelisten betreiben Schwarzweißmalerei auf Kosten der Juden. Die Passionsgeschichte ist neben allem, was sie sonst noch ist, eine politische Tendenzgeschichte, verfaßt mit der Absicht, die Christen von dem Ruch der Staatsfeindlichkeit reinzuwaschen. Und deshalb behauptet sie wahrheitswidrig: Die Juden sind an allem schuld; nicht Pilatus, der Römer, sondern die Juden haben Jesus umgebracht. Die Juden sind die Feinde der Christen und nicht die Christen die Feinde der Römer.

Letzteres, nämlich daß die Christen die Feinde der Römer sind, behaupteten die Römer. Wenden wir uns deshalb der Frage zu, wie es dazu gekommen war, daß die Römer die Christen für Staatsfeinde hielten. Ein kurzer Blick auf die damalige politische Situation in Palästina macht das verständlich. Geboren der Lukas-Weihnachtslegende zufolge in Bethlehem während der Volkszählung zum Zweck der Steuererhebung unter dem Kaiser Augustus, wurde Jesus gekreuzigt unter Kaiser Tiberius. Die Volkszählung – von Lukas in die Zeit der Geburt Jesu verlegt – war im Jahre 6 n. Chr. der Anlaß zur Gründung der Partei der Zeloten gewesen, und zwar in Galiläa unter Judas dem Galiläer. Von Galiläa breitete sich der Widerstand der Zeloten gegen die Römer auch auf das unter römischer Prokuratur stehende Judäa aus und führte schließlich zum

Jüdischen Krieg und zum Untergang des Staates Israel im Jahre 70 n. Chr. unter Kaiser Titus. Nur auf der Festung Masada am Westufer des Toten Meeres hielten sich noch 960 Zeloten, darunter Frauen und Kinder. In der letzten Nacht vor dem Sturm des römischen Feldherrn Flavius Silva auf Masada 72 n. Chr. begingen sie Massenselbstmord. Nur zwei Frauen und fünf Kinder überlebten.

Zwischen dem Prokurator Pilatus und Galiläern kam es nicht erst beim Prozeß Jesu zu Blutvergießen. Schon früher einmal hatte Pilatus in Jerusalem unter galiläischen Pilgern als Aufrührern ein Blutbad angerichtet: »Zu ebendieser Zeit kamen einige und erzählten Jesus von Galiläern, deren Blut Pilatus vergossen hatte, als sie gerade opferten« (Lk 13,1). Man brauchte damals nur aus Galiläa zu sein und eine Schar Galiläer um sich zu haben, oder man brauchte nur zu einer Gruppe von Galiläern unter einem Galiläer zu gehören, um sich in Jerusalem verdächtig zu machen. Unter Umständen konnte man sich schon durch den galiläischen Dialekt in Schwierigkeiten bringen. Beim Prozeß Jesu kommt es wegen des galiläischen Dialekts des Petrus zu einer Auseinandersetzung zwischen zwei Mägden, anderen Umstehenden und Petrus. Dabei gebraucht eine der Mägde den Namen »Galiläer« ganz selbstverständlich im Sinn von »Anarchist«. Sie sagt zu Petrus: »Auch du warst bei Jesus, dem Galiläer... Bald nachher aber traten die Umstehenden herzu und sagten zu Petrus: Wahrhaftig, auch du bist einer von ihnen; denn deine Sprache verrät dich« (Mt 26,69 ff.; vgl. Lk 22,59: »In Wahrheit, auch dieser war mit ihm, denn er ist ein Galiläer.«). Das ist übrigens die berühmte Verleugnungsszene. »Und alsbald krähte der Hahn« (Mt 26,74; vgl. Lk 22,60).

[Zwischenbemerkung: Die Evangelien zeigen sich widersprüchlich hinsichtlich der Frage, wie oft der Hahn krähte. Bei Matthäus hatte Jesus außer dem dreimaligen Verrat des Petrus ein einmaliges Krähen geweissagt (Mt 26,34), also krähte der Hahn auch nur ein einziges Mal (Mt 26,74). Dasselbe finden wir bei Lukas (22,34 und 22,60) und Johannes (13,38 und 18,27). Bei Markus aber hatte Jesus prophezeit, der Hahn werde nach einem dreimaligen Verrat zweimal krähen (Mk 14,30). Nichtsdestoweniger kräht der Hahn bei Markus ebenfalls nur einmal, obwohl Markus bei diesem Krähen ausdrücklich vermerkt, das sei das zweite Krähen gewesen (Mk 14,72). Nun finden wir zwar in einigen Handschriften bei Mk 14,68 ein erstes Krähen, aber in diesen Handschriften ist diese Stelle erst später eingefügt, nachdem Schreiber gemerkt hatten, daß ein Krähen fehlt. Diese Stelle ist also unecht und das Krähen auch. Wo das echte erste Krähen abgeblieben ist, ist nicht festzustellen.]

Während der ganzen Zeit des Lebens Jesu war das ganze Land ein politisches Pulverfaß. Nach Pinchas Lapide kam es von der Zeit der Makkabäer an (ca. 165 v. Chr.) bis zum Aufstand des Bar Kochba (132–135 n. Chr.) zu 62 Kriegen, die die Juden um ihrer nationalen Unabhängigkeit willen begannen, und 61 davon gingen von Galiläa aus (Er predigte in ihren Synagogen, 1987, S. 39).

Die Situation war ständig der Lage vergleichbar, die Josephus, der als jüdischer Kommandant der Festung Iotapata am Jüdischen Krieg gegen die Römer teilgenommen und sich 67 den Römern ergeben hatte, schon für die Zeit um das Jahr 4 v. Chr., also etwa zehn Jahre vor Gründung der Zelotenpartei, beschreibt: »So war Judäa eine wahre Räuberhöhle, und wo sich nur immer eine Schar von Aufrührern zusammentat, wählten sie gleich Könige« (Jüdische Altertümer, 17,10,8). Auch damals kam es, wie Josephus weiter beschreibt, zu einem Aufstand gegen Rom, und der römische Legat in Syrien, Varus (er war später in Germanien Oberbefehlshaber bei der »Varusschlacht«, 9 n. Chr.), eilte aus Syrien mit drei Legionen und vier Schwadronen Reiterei sowie allen zur Verfügung stehenden Hilfstruppen herbei, um die in Judäa liegende römische Legion zu schützen. Er schlug den Aufstand nieder, verwüstete Galiläa und Judäa und ließ 2000 Aufständische kreuzigen (a. a. O., 17,10,9 f.).

Die Kette der Hinrichtungen riß nicht ab. Von dem Prokurator Felix (51/52 – ca. 62), laut Tacitus ein Mann »mit einer Sklavenseele« (servili ingenio; Hist V,9), berichtet Josephus, daß er »tagtäglich eine große Anzahl ergreifen und kreuzigen ließ« (a. a. O., 20,8,5).

Die zelotischen Steuerboykotteure und Widerstandskämpfer, religiöse Freiheitskämpfer in ihren eigenen Augen, wurden von der römischen Besatzungsmacht abfällig als »Räuber« bezeichnet. Die Bezeichnung »Räuber« für die zelotischen Terroristen ist auch in das Neue Testament übergegangen, wo die Zeloten häufig als »Räuber« bezeichnet werden. Markus (15,27): »Und mit ihm (Jesus) kreuzigten sie zwei Räuber, einen zur Rechten und einen zur Linken.« Oder Johannes (18,40): »Da schrieen sie wiederum:‹Nicht diesen, sondern Barrabas. Barrabas aber war ein Räuber.»

Die Frage des Pilatus war: »Bist du der Juden König?« (Mk 15,2) Und die Kreuzaufschrift, die das Verbrechen angibt, um dessentwillen der Verbrecher mit der Kreuzesstrafe belegt wurde, lautet nach Markus (15,26): »Der König der Juden«. Jesus wurde von Pilatus als staatsgefährlicher Revolutionär, der die politische Herrschaft anstrebte, angeklagt und verurteilt.

Die Anhänger des gekreuzigten »Judenkönigs« standen bei den Römern im Verdacht, ebensolche Aufrührer zu sein wie der gekreuzigte Jesus. Und mindestens einer der Apostel gehörte tatsächlich der Partei der Zeloten an bzw. hatte ihr angehört. Es war Simon mit dem Beinamen »der Zelot«. Er wird an vier Stellen des Neuen Testaments erwähnt: Mk 3,18; Mt 10,4; Lk 6,15; Apg 1,13. Bei Markus und Matthäus wird er »Simon der Kananäer« genannt, bei Lukas und in der Apostelgeschichte dann »der Zelot«. Den Beinamen »Kananäer« hat man häufig mißverstanden. Man hat geglaubt, er komme aus der Stadt Kana, die durch die Hochzeit zu Kana bekannt ist, oder er sei ein »Mann aus Kanaan«. Tatsächlich aber stammt der Beiname von einem aramäischen Wort ab, das soviel wie »der Eiferer« oder »der Fanatiker«, eben »der Zelot« bedeutet.

Zwei weitere Jünger, die Brüder Jakobus und Johannes, die von Jesus so genannten »Donnersöhne« (Mk 3,17), lassen sich zwar nicht eindeutig den Zeloten zuordnen, dennoch ist erkennbar, daß ihnen der Gedanke an terroristische Racheakte nicht gänzlich fern lag. Als die Jesusgruppe in einem Dorf Samarias wegen der Spannungen zwischen Samaria und Judäa nicht aufgenommen wurde, fragten die beiden: »Herr, willst du, daß wir sagen, es solle Feuer vom Himmel fallen und sie verzehren?« (Lk 9,54). Es ist kein Unterschied, ob sie das Dorf selbst anzünden oder Gott als Anzünder mißbrauchen wollten.

In diesem Zusammenhang ist daran zu erinnern, daß ein Teil der Jünger Jesu Waffen trug (Lk 22,38). Auch Petrus war bewaffnet. Er versuchte bei der Gefangennahme Jesu mit seinem Schwert einen Diener des Hohenpriesters zu töten (Joh 18,10). Daß aber Jesus selbst seine Jünger aufgefordert haben soll, Waffen zu kaufen – »Wer kein Schwert hat, der verkaufe seinen Mantel und kaufe dafür ein Schwert« (Lk 22,36) –, ist ein törichtes Mißverständnis. Jesus beklagt im Gegenteil solche Parolen seiner Jünger tief und mißbilligt sie.

Diese Stelle von den »zwei Schwertern«, von den Christen in militaristischer Verblendung meist mißverstanden als Aufforderung Jesu zur Aufrüstung, lautet so: »Und er (Jesus) sprach zu ihnen: Als ich euch ohne Beutel und Tasche und Schuhe aussandte, habt ihr da an etwas Mangel gehabt? Sie aber sagten: an nichts. Da sprach er zu ihnen: Aber jetzt, wer einen Beutel hat, nehme ihn, gleichfalls auch wer eine Tasche hat, und wer kein Schwert hat, verkaufe seinen Mantel und kaufe eins! (Kommentar: Jesus zitiert die neue Parole der Jünger, die sich nicht mehr mit Vorratslosigkeit und Waffenlosigkeit begnügen wollen. Er wiederholt *ihre* Worte. *Seine* Worte hat er im Satz davor gesagt.) Denn ich sage euch: Dieses Schriftwort muß sich an mir erfüllen: ›Und er ist unter die Übeltäter gezählt worden.‹ Denn was mir bestimmt ist, kommt jetzt zu Ende. (Kommentar: Jesus wird – entgegen seiner Predigt von der Gewaltlosigkeit – jetzt unter die Übeltäter gerechnet, er wird als Kriegsmessias, d. h. konkret, als Aufrührer gegen die Römer betrachtet. Und er wird dabei umkommen.) Sie aber sagten: Herr, siehe, hier sind zwei Schwerter. Er aber sprach zu ihnen: Es ist genug« (Lk 22, 35 ff.). Daß es genug ist, »bezieht sich nicht auf die zwei vorhandenen Schwerter, sondern auf das ganze Gespräch, das damit abgebrochen wird«, sagt mit Recht der katholische Neutestamentler Josef

Schmid (in: Regensburger Neues Testament. Das Evangelium nach Lukas, 1955, S. 335).

Wegen des Verdachts der staatsfeindlichen Aufrührerei klang der Name »Christen« für die Römer der ersten drei Jahrhunderte ungefähr so wie für die Deutschen der Name »Baader-Meinhof-Bande«. Der bedeutendste römische Geschichtsschreiber, Tacitus († 120), bringt seine Abneigung gegen die Christen zum Ausdruck, wenn er über den Brand Roms unter Kaiser Nero folgendes berichtet: »Um das Gerücht aus der Welt zu schaffen, der Brand sei auf seinen Befehl gelegt worden, schob Nero andere Schuldige vor und ließ diese Leute, die, wegen ihrer Straftaten verhaßt, vom Volk Christen genannt wurden, mit den ausgesuchtesten Martern peinigen.«

Schon der Name »Christen« klang also nach Schlimmem: »die, wegen ihrer Straftaten verhaßt, vom Volk Christen genannt wurden...« Sie werden zwar nicht *deswegen* Christen genannt, weil sie Straftaten begangen hatten, sowenig wie Baader und Meinhof den Namen Baader und Meinhof deswegen trugen, weil sie terroristische Aktionen begingen. Aber »Christen«, das war ein Name, bei dessen Erwähnung rote Alarmknöpfe in den Köpfen der Römer aufblinkten. »Christen« war für sie ein Wort, das sie nicht wie uns heute an ein »Wort zum Sonntag« und fromme Langeweile, sondern an die blutigen Aufstände im Nahen Osten denken ließ, die schließlich zum Jüdischen Krieg eskalierten und unter Kaiser Titus (70 n. Chr.) niedergeschlagen wurden. Der Name »Christen« stammte zwar sprachlich gesehen nicht von dem Wort »Straftaten« ab, hing aber für die Römer mit Straftaten zusammen.

Tacitus fährt fort: »Dieser Name stammt von Christus, den der Prokurator Pontius Pilatus unter der Herrschaft des Tiberius zum Tode verurteilt hatte. Dieser abscheuliche Aberglaube, der eine Weile verdrängt worden war, verbreitete sich von neuem, nicht nur in Judäa, wo das Übel begonnen hatte, sondern auch in Rom, wo alles, was es auf der Welt Scheußliches und Schändliches gibt, zusammenströmt und zahlreiche Anhänger findet« (Annalen 15,44).

Daß schon der bloße Name »Christen« nach Unheil klang, bezeugt etwa um die gleiche Zeit Plinius der Jüngere. Er schreibt im Jahr 111 in seiner Eigenschaft als Prokonsul in Bithynien an den römischen Kaiser Trajan und bittet um Anweisung darüber, wie er gegen die Christen vorgehen soll. »Es hat nämlich die Seuche dieses Aberglaubens sich nicht nur in den Städten, sondern auch über die Dörfer und das Land verbreitet.« Plinius möchte vom Kaiser erfahren, »ob der (Christen) Name allein auch ohne Verbrechen oder ob nur die mit dem Namen verbundenen Verbrechen bestraft werden sollen.«

Das Problem des Plinius ist uns heute, nachdem im christlichen Abendland sich Staat und Kirche verbündet haben und der Verdacht, eine verfassungsfeindliche Gruppierung zu sein, nicht mehr die Christen, sondern andere Leute trifft, in folgender Version geläufig: Genügt schon die Zugehörigkeit zur kommunistischen Partei, oder muß man den Kommunisten in jedem einzelnen Fall verfassungswidrige Aktivitäten nachweisen?

Jedenfalls, schon der bloße Name »Christen« versetzte die Römer in Alarmstimmung. Und das in der Ausbreitung durch das Römische Reich begriffene frühe Christentum konnte es sich deswegen nicht leisten, einen als römischen Staatsverbrecher Hingerichteten als Messias zu propagieren, viel besser einen von seinen eigenen Volks- und Glaubensgenossen unschuldig Verratenen und Verfolgten, an dem der römische Prokurator »keine Schuld« fand, um dessen Freilassung sogar sich dieser Vertreter Roms bemüht hatte.

Die politische Aufgabe, die die vier Evangelien – ca. in den Jahren 70 bis 95 n. Chr. geschrieben – deshalb für bessere Voraussetzungen der Kirche bei ihrer Missionstätigkeit leisten wollten, war die Entlastung der Römer von der Verantwortung für den Tod Christi und die Belastung der Juden statt dessen. Die Evangelisten leisteten diese Aufgabe durch eine große antijüdische Manipulation. Zu dieser Geschichtsmanipulation gehört die Geschichte des Verräters Judas als des Vertreters und Synonyms seines Volkes. Vom Kuß des

Judas bis zum Händewaschen des Pilatus spannt sich der Bogen einer verbogenen Wahrheit, ein Bogen an jahrhundertealter christlicher Schuld, der in der Lüge von den Christusmördern damals begann und bis nach Auschwitz reichen sollte.

Die vier Evangelisten lösen die Aufgabe der Abwälzung der Schuld am Tod Jesu von den Schultern der Römer auf die der Juden in verschiedener Weise. Sie marschieren sozusagen getrennt, aber schlagen gemeinsam. Auf der einen Seite stehen die drei ersten Evangelien, Matthäus, Markus, Lukas (= Synoptiker), auf der anderen Johannes. Bei den drei älteren Evangelien sind es (historisch falsch) die Juden, die Jesus verhaften und ihm einen Prozeß machen. Bei Johannes erfolgt zwar historisch richtig die Gefangennahme durch die Römer und findet ebenfalls historisch richtig kein Prozeß vor dem jüdischen Hohen Rat (= Synedrion) statt. Aber trotzdem sind gerade bei Johannes die Juden die eigentlich Schuldigen, denn sie sind die eigentlichen Regisseure und Drahtzieher, die böswilligen Initiatoren des Todes Jesu und die letztlich Verantwortlichen.

So finden wir also bei der Schilderung der Gefangennahme Jesu in den Evangelien zwei Versionen. Bei Markus ist es »ein Haufen mit Schwertern und Knüppeln, der von den Hohenpriestern, Schriftgelehrten und Ältesten geschickt war« (Mk 14,43). Ebenso bei Matthäus: »Ein großer Haufen mit Schwertern und Knüppeln, der von den Hohenpriestern und Ältesten des Volkes geschickt war« (Mt 26,47). Lukas sagt einfach: »Da erschien ein Haufen« (Lk 22,47). Nach ihm sollen sogar die Hohenpriester selber bei der Gefangennahme anwesend gewesen sein (Lk 22,52).

Bei Johannes heißt es dagegen: »Nachdem Judas eine Kohorte sowie von den Hohenpriestern und Pharisäern gestellte Diener in Empfang genommen hatte, kam er mit Laternen und Fackeln und Waffen dahin« (Joh 18,3). Hier handelt also vor allem der römische Staat, aber die Drahtzieherschaft und Verantwortung der Juden bleibt durch die dirigierende Anwesenheit des Judas und durch die Hervorhebung der Hohenpriester als der Herren ihrer bei der Gefangennahme beteiligten Diener unverkennbar.

»Kohorte« bezeichnet eine militärische, also römische Abteilung. Sie wurde von einem »Chiliarchos« geführt (Joh 18,12). Ein Chiliarchos (wörtlich: Führer von tausend Mann) war ein *tribunus militum*, eben ein Befehlshaber einer Kohorte. Diese war der zehnte Teil einer römischen Legion und zählte 600 Soldaten. Es gab tatsächlich in Jerusalem eine römische Kohorte. Sie war in der Burg Antonia stationiert (Josephus, Der Jüdische Krieg: »Die Burg war ständig mit einer römischen Kohorte besetzt« [5,5,8]). Daß aber diese ganze Kohorte sich in Bewegung setzte, um den einen Jesus zu verhaften, ist eine absurde Vorstellung. Die große Zahl der römischen Soldaten soll den großen Einfluß der Juden auf die Römer bei dem gesamten Prozeßverlauf dokumentieren.

Nach den Synoptikern findet anschließend an die Verhaftung Jesu ein Prozeß vor dem jüdischen Hohen Rat statt, und in diesem Prozeß verurteilen die Juden Jesus zum Tode. Nach Matthäus und Markus gab es zwei Sitzungen des Hohen Rates, einmal direkt nach der Gefangennahme Jesu und das zweite Mal am frühen Morgen. In beiden Sitzungen des Synedrions wurde Jesus vorgeführt. Nach Lukas fand nur eine einzige Sitzung statt, und zwar am frühen Morgen (Lk 22,66).

Und nach Johannes schließlich gab es überhaupt keine Sitzung des Synedrions, lediglich ein Verhör bei Hannas, der ihn dann zu Kaiphas schickt, von dem sofort Jesus an Pilatus überstellt wird. Bei Johannes findet sich keine Erwähnung eines jüdischen Prozesses. Und Johannes hätte wegen seiner besonders ausgeprägten und sonst allenthalben zu spürenden Judenfeindlichkeit (die Ausdrucksweise »die Juden« kommt im Johannesevangelium 70mal vor, davon 34mal mit dem Beigeschmack »die Feinde« [Jesu], also keineswegs neutral, wie etwa »die Schweden«) gewiß nicht versäumt, die Juden entsprechend anzuprangern, wenn es einen solchen Prozeß gegeben hätte.

Der tatsächliche Ablauf der Ereignisse um die Verurteilung und die Hinrichtung Jesu ist heute nicht mehr rekonstruierbar. Eins steht jedoch fest: Ein jüdischer Prozeß vor dem jüdischen Hohen

Rat, wie er in den drei ersten Evangelien berichtet wird, hat nicht stattgefunden, denn er hätte massiv gegen jüdisches Recht verstoßen. Auf die detaillierten juristischen Gründe soll hier nicht eingegangen werden, es sei auf das Buch »Standrechtlich gekreuzigt. Person und Prozeß des Jesus aus Galiläa« (1988) von Weddig Fricke verwiesen, der die Gründe für die Unmöglichkeit des von den Evangelien behaupteten Prozesses Jesu vor dem jüdischen Hohen Rat zusammengetragen hat; ferner auf das bereits erwähnte Buch von Pinchas Lapide »Wer war schuld an Jesu Tod?« (1987) und schließlich auf das Standardwerk von Hermann Strack und Paul Billerbeck »Kommentar zum Neuen Testament aus Talmud und Midrasch« (Bd. I, 1965, S. 1024).

Und hier die ganze Unmöglichkeit in kurzen Worten zusammengefaßt, wie sie der jüdische Religionsphilosoph Ben-Chorin schreibt: »Jesus feiert ... die Seder-Nacht (= Passahmahl) mit seinen Jüngern. Sollte er nun in dieser Nacht, nach der Feier, durch die jüdischen Behörden verhaftet worden sein, so wäre es undenkbar, daß in dieser hochheiligen Nacht das Verhör im Hause des Hohenpriesters Kaiphas stattgefunden haben sollte, daß Jesus am Morgen des Festes dem Pilatus übergeben wurde und am ersten Tag des Passah-Festes gekreuzigt worden sei ... Wer mit jüdischem Gesetz und Brauch vertraut ist, spürt hier sofort, daß all das eine bare Unmöglichkeit darstellt. Wäre Jesus in der Seder-Nacht verhaftet worden, dann hätte man ihn bis nach dem Feiertag in Gewahrsam gelassen, und alles andere hätte sich nachher abgespielt« (Bruder Jesus, 1987, S. 131 f.).

Während der Prozeß vor dem Hohen Rat in Wirklichkeit nicht stattfand, hat der Prozeß vor Pilatus sehr wohl stattgefunden, was nicht bedeuten muß, Pilatus habe sich dieses Falles – für ihn ein Fall unter vielen – persönlich angenommen. Den römischen Prozeß kann kein Evangelist ungeschehen machen. Hier bemühen sich alle vier Evangelisten, Pilatus möglichst reinzuwaschen.

Man kann im einzelnen beobachten, wie in den Jahren 70 bis 95, von Markus über Matthäus und Lukas (die beiden letzteren sind von Markus abhängig) bis hin zu dem letzten Evangelium, dem des Johannes, Pilatus immer mehr entschuldigt, die Schuld der Juden dagegen immer breiter ausgemalt wird. Lukas übernimmt in seinem Evangelium weitgehend den Text des Markus, fügt aber eine Reihe von Sätzen ein, die die Schuld der Juden anschaulicher machen sollen. Er läßt die Juden Jesus bei Pilatus mit den Worten verklagen: »Wir haben diesen erfunden als einen, der unser Volk davon abhalten will, dem Kaiser Steuer zu zahlen, und der sagt, er sei Christus, der König« (Lk 23,2). Und dann dies: »Er wiegelt das Volk auf, indem er lehrt im ganzen jüdischen Land von Galiläa an bis hierher« (Lk 23,5). Galiläa, das war ein Name, der für Unruhe bei der Besatzungsmacht sorgte.

Dreimal läßt Lukas den Pilatus betonen, Jesus sei unschuldig: »Ich finde keine Schuld an diesem Menschen« (Lk 23,4). »Ihr habt diesen Menschen zu mir gebracht als einen, der das Volk aufwiegelt. Und siehe, beim Verhör vor euch habe ich an diesem Menschen keinen Grund für eure Anklage gefunden« (Lk 23,14). Schließlich: »Darauf sagte Pilatus zum dritten Mal zu ihnen: Was hat denn dieser Böses getan? Ich habe keinen Grund zu einem Todesurteil bei ihm gefunden« (Lk 23,22).

Dreimal läßt Lukas den Pilatus erklären, daß er, da er ja keine Schuld an Jesus findet, Jesus »freilassen« will (Lk 23,16. 20. 22). Und während Markus und auch Matthäus noch schreiben, daß es Pilatus war, der Jesus kreuzigen ließ (Mk 15,15; Mt 27,26), schreibt Lukas: »Er überließ Jesus ihrem (der Juden) Willen« (Lk 23,25).

Auch Matthäus übernimmt (wie Lukas) weithin den Text des Markus; auch er fügt Züge ein, die die Um-Schuldung von Pilatus zu den Juden illustrieren, Ausmalungen übrigens, die außer ihm kein anderer der vier Evangelisten bringt: »Während er auf dem Richtstuhl saß«, schickt seine Frau zu Pilatus und läßt ihm ausrichten: »Habe du nichts zu schaffen mit diesem Gerechten. Denn ich habe heute im Traum seinetwegen viel gelitten« (Mt 27,19). Und dann die Szene, in der Pilatus sich Wasser bringen läßt und seine Hände in Unschuld wäscht: »Ich bin unschuldig am Blut dieses

Gerechten. Sehet ihr zu!« (Mt 27,24) Und »das ganze Volk« spricht daraufhin: »Sein Blut komme über uns und unsere Kinder« (Mt 27,25).

Der jüdische Neutestamentler Pinchas Lapide bemerkt dazu: »... wobei der griechische Text... keinen Zweifel erlaubt, daß hier die ganze Nation der Juden die Schuld auf sich nimmt, obwohl im vorhergehenden Satz lediglich von einer Volksmenge (Mt 27,24) die Rede ist. Ein demographisches Wachstum von maximal dreitausend Seelen zu rund fünf Millionen Menschen, und das binnen zweier Zeilen« (a. a. O., S. 88).

Der Pilatus, wie er uns in den Evangelien geschildert wird, ist unhistorisch. Sein in den Evangelien gezeichnetes Bild ist eine Legende, eine antijudaistische und darum eine böse. Indem er Jesus als unschuldig erkennt und erklärt, macht er nach der Absicht der Evangelisten die Infamie der Juden offenbar, die in blindem Fanatismus sich kein Gewissen daraus machen, unschuldiges Blut zu vergießen, königliches, ja göttliches dazu. Mochte Pilatus auch seine Hände in Unschuld waschen, die Juden ihrerseits können das auf keinen Fall, das ist der Sinn dieser Geschichte, vielmehr klebt an ihren Händen das Blut des Erlösers. Mit seinem Händewaschen deckt Pilatus auf, daß sie eine Meute von Mördern sind, denen es nicht um das Recht geht, sondern nur um die Befriedigung ihres Hasses. Und er legt damit das Fundament zu einer langen und blutigen Geschichte der Verfolgung der Juden als den Mördern Christi.

Diese Geschichte reicht bis zu Auschwitz. In dem eindrucksvollen Film »Shoah« von Claude Lanzmann, 2. Teil, sieht man eine Menschengruppe vor der Kirche von Chelmno in Polen. In dieser Kirche waren seinerzeit Juden gesammelt worden, um dann in Gaswagen, in denen sie während der Fahrt vergast wurden, abtransportiert zu werden – zur Beerdigung im Wald. Ein Pole erzählt fogendes: Ihm habe ein Augenzeuge berichtet, daß, als irgendwo die Juden zum Abtransport auf einem Platz zusammengetrieben wurden, ein Rabbi den SS-Mann um die Erlaubnis gebeten habe, noch ein Wort zu den Juden sagen zu dürfen. Der SS-Mann gestattete das. Der Rabbi sagte: »Vor 2000 Jahren haben wir den unschuldigen Jesus umgebracht. Sein Blut sollte über uns kommen, haben wir gesagt. Und das geschieht jetzt mit uns, daß sein Blut über uns kommt.«

Andere der im Film zu sehenden Umstehenden greifen diese Erzählung auf: »Ja, Pilatus wollte ihn ja freilassen, hat seine Hände in Unschuld gewaschen (der Pole, der die Geschichte mit dem Rabbi erzählt hatte, macht eine Waschbewegung), aber die Juden sagten: ›Sein Blut komme über uns.‹« Soweit der Filmausschnitt. Die Christen haben die angebliche jüdische Selbstverfluchung so verinnerlicht, daß sie tatsächlich glauben, auch ein Jude, ein Rabbi, rede inzwischen diese Sprache der Christen. Und sie haben das sogar mit eigenen Ohren gehört oder mindestens von einem gehört, der es gehört hat.

Der christliche Heiligsprechungsprozeß für Pilatus innerhalb des Neuen Testaments gelangt zu seinem Höhepunkt im vierten Evangelium, dem des Johannes. Während Markus und Matthäus berichten, daß Jesus dem Pilatus keine Antwort gab: »Und er antwortete dem Pilatus nicht, auch nicht auf ein einziges Wort, so daß der Statthalter sich sehr wunderte« (Mt 27,14; vgl. Mk 15,15), kommt es bei dem vierten Evangelisten zu einem nahezu freundschaftlichen Gespräch zwischen Jesus und Pilatus. Im Verlaufe dieses Gesprächs legt Jesus dem Pilatus die Art seiner Königsherrschaft als Herrschaft der Wahrheit dar, und Pilatus stilisiert sich zu philosophischer Höhe mit der Frage: »Was ist Wahrheit?« (Joh 18,38) Auf dieses Gespräch hin sagt Pilatus dann dreimal, daß er keine Schuld an Jesus finde (Joh 18,38; 19,4.6).

Auch Johannes kann zwar das historische Faktum, daß Jesus vom römischen Prokurator mit der römischen Todesstrafe, der Kreuzigung, hingerichtet wurde, nicht aus der Welt schaffen, aber er bringt ein Mittel ins Spiel, das beweisen soll, daß die Kreuzigung gänzlich gegen den Willen des Pilatus geschah. Pilatus wurde, so die Johannesversion, von den Juden hinsichtlich seiner Karriere erpreßt:

»Wenn du diesen freiläßt, bist du des Kaisers Freund nicht mehr . . . Als Pilatus diese Worte hörte . . .« (Joh 19,12 f.). Jeder versteht, ein derart Erpreßter handelt von da ab nur noch fremdgesteuert. Die Juden haben ihr Ziel erreicht, Jesus wird ihnen von Pilatus – sozusagen widerwillig – zur Kreuzigung übergeben: »Darauf lieferte er Jesus an sie aus, damit er gekreuzigt würde« (Joh 19,16). Er wird also praktisch zwar unter Pilatus, aber nicht durch Pilatus gekreuzigt, das ist es, was Johannes sagen will.

Historisch ist es ein absurder Gedanke, daß Pilatus sich in irgendeiner Weise der Person oder der Sache Jesu entschuldigend angenommen hätte. Jesus ist nicht *unter* Pontius Pilatus hingerichtet worden, wie es verharmlosend im Glaubensbekenntnis heißt: »Crucifixus sub Pontio Pilato, gekreuzigt unter Pontius Pilatus«, wobei Pilatus zu einer Art bloßer Zeitangabe neutralisiert worden ist. Jesus ist vielmehr *durch* Pilatus hingerichtet worden, und zwar mit einer römischen, nicht einer jüdischen Todesstrafe.

Tacitus als in dieser Hinsicht unbefangener Berichter sagt richtig: »Christus Tiberio imperitante per procuratorem Pontium Pilatum supplicio adfectus est, Christus wurde unter Tiberius durch den Statthalter Pontius Pilatus hingerichtet« (Annalen 15,44). Das christliche Credo ist ebenso tendenziös wie die Evangelienberichte.

Das christliche Urteil über Pilatus wurde also von Evangelium zu Evangelium günstiger. So schlimm die Legende um Pilatus sich bis in die Gegenwart für die Juden entwickelte, so gut kam Pilatus in der Folge bei den Christen davon. Er hat in der Zeit nach dem Neuen Testament seine christliche Karriere fortgesetzt. Es entstanden schon im Altertum unter seinem Namen apokryphe fromme Schriften, so ein Brief an Kaiser Claudius und ein Briefwechsel zwischen Pilatus und Herodes.

Noch höheres Ansehen als er erwarb seine Frau bei den Christen, die im Matthäusevangelium nach ihm schickte und Jesus einen Gerechten nannte (vgl. S. 136). Origenes († 253) spricht denn auch später von ihrer Bekehrung zum Christentum (Comm. in Matth. n. 122). In der sogenannten »Paradosis«, der »Auslieferung« des Pilatus (5. Jahrhundert), in der geschildert wird, wie Pilatus, nachdem auch er an Christus glaubte, wegen dieses Glaubens auf Befehl des Kaisers enthauptet wurde, erfahren wir auch ihren Namen, nämlich griechisch Prokla, lateinisch Procula (vgl. das Kapitel über die Apokryphen). Und zum guten Schluß standen beide unter dem Datum des 25. bzw. 19. Juni als Heilige im äthiopischen Kalender (Wetzer/Welte X, S. 4).

In der Pilatusgeschichte der Evangelien wird kein Evangelium verkündet, es wird in ihr Haß und Feindschaft gesät. Daß man noch 2000 Jahre danach die Juden erklären läßt, ihre Verfolgung durch Christen und ihre Vernichtung in den Gaskammern sei ihr verdientes Schicksal, zeigt die Bosheit einer schon damals deutlichen Tendenz, die behauptet, die Sache Christi zu vertreten, in Wahrheit aber die Verkehrung dieser Sache ist: Aus der Verleumdung der Juden in den Evangelien wurde der christliche Rechtstitel zu ihrer Verfolgung und Vernichtung.

Daß die antijüdischen Tendenzen nicht gelegentliche Entgleisungen im späteren Christentum sind, sondern schon im Neuen Testament selbst grundgelegt wurden, daß sie nicht erst späterer Entwicklung entstammen, sondern von Anfang an in den Evangelien, und zwar im Kern der neutestamentlichen Verkündigung, sich befinden, darauf hat die amerikanische evangelische Theologin Rosemary Ruether mit Recht hingewiesen (Faith and Fratricide. The Theological Roots of Antisemitism, 1974).

Die Passionserzählungen der vier Evangelien bieten nicht nur wegen ihrer römerfreundlichen und judenfeindlichen Ausrichtung, sondern auch noch aus einem zweiten Grund ein historisch falsches, ein legendäres Bild. Die wahrheitverzerrende Legende nahm sich nicht nur der Täter, sondern auch des Opfers an. Neben der verhängnisvollen politischen Judenbeschuldigungstendenz werden in den Evangelien falsche theologische Deutungen des Todes Christi und der Ereignisse vor seinem Tod entwickelt. Hierbei unterscheidet sich wieder die Sicht der Synoptiker von der des Johannes. Aber bei beiden spielt das Passahmahl eine entscheidende Rolle.

Nach den Synoptikern feiert Jesus unmittelbar vor seinem Tod mit den Jüngern das Passahmahl und setzt während dieses Passahmahls die Eucharistie ein, und zwar als ein Mahl, das einerseits in der Tradition des jüdischen Passahmahls steht, zugleich aber als das Mahl des »Neuen Bundes« das Passahmahl des »Alten Bundes« ablösen soll. Das Passahmahl, voller Deutung und Bedeutung auch bei den Juden schon immer, wird bei den Synoptikern (wie schon vorher bei Paulus, 1 Kor 11) in einer neuen (falschen) Deutung gesehen: Jesus gibt sich selbst, sein Fleisch, sein Blut, als Mahl.

Diese Abendmahlsworte Jesu, in denen Jesus vor seinem Tod seinen Tod deutet (»Dies ist mein Leib… Dies ist mein Blut«), wurden Jesus erst nach seinem Tod in den Mund gelegt. (Über die falsche Deutung des Todes Jesu vgl. das Kapitel »Erlösung durch Hinrichtung«.) Man nennt einen solchen Vorgang religionsgeschichtlich eine Kultuslegende. Sie dient der Erklärung einer in der Gemeinde üblichen Kulthandlung. Das heißt also konkret: Zuerst war das christliche Gedächtnismahl, nachträglich kamen diese Stifterworte hinzu. Die Abendmahlsworte Jesu wurden dann in der Folgezeit immer massiver und bedeutungsschwerer verstanden, bis sich die Christen bei der Frage, ob das Brot wirklich das Fleisch Christi »ist« oder nur »bedeutet« und ob der Wein wirklich das Blut Christi »ist« oder nur »bedeutet«, blutig schlugen. Auf diese Weise haben die Christen das Gedächtnis des Todes Christi jedenfalls eindrücklich bewahrt.

Nach Johannes hingegen spricht Jesus vor seinem Tod keine eucharistischen Einsetzungsworte, sondern nach Johannes ist Jesus selber das geschlachtete Passahlamm, kann also kein Passahmahl als letztes Abendmahl mehr feiern, denn zum Zeitpunkt dieses Passahmahls ist Jesus bereits tot. Durch diese zwei verschiedenen Deutungen und demgemäß verschiedenen Schilderungen der Evangelisten ist die Feststellung objektiver historischer Daten gar nicht mehr möglich. Da die Evangelisten ihre Deutungen nicht nach den tatsächlichen Ereignissen ausrichten, sondern die Ereignisse nach ihren Deutungen geschehen lassen, gerät die tatsächliche Geschichte aus den Fugen. Wir stehen am Ende vor einem historischen Trümmerhaufen.

Das Passahfest, das also für alle vier Evangelisten der Schlüssel für das Verständnis des Todes Jesu ist – für die Synoptiker, weil Jesus an einem Passahfest zur Deutung seines Todes die Abendmahlsworte sprach, für Johannes, weil Jesus das Passahlamm ist –, ist ein altes jüdisches Fest, dessen Ursprung nicht mehr bekannt ist. Es war eines der drei höchsten jüdischen Feste, der sogenannten Wallfahrtsfeste, zu denen neben Passah noch Pfingsten (50 Tage nach Passah) und das Laubhüttenfest (erste Oktoberhälfte) gehörten.

Das Passahfest wurde bei den Juden zur Erinnerung an die göttliche Errettung beim Auszug aus Ägypten gefeiert (2 Mose 12). Gott hatte jedes Haus, dessen Tür damals mit dem Blut eines Lammes gekennzeichnet war, verschont. Er tötete dort nicht die Erstgeborenen, was er in allen anderen Häusern tat, und zwar nicht nur bei Menschen, sondern auch bei Tieren: »Und es begab sich um Mitternacht, da schlug der Herr alle Erstgeburt im Lande Ägypten, vom Erstgeborenen des Pharao, der auf seinem Thron saß, bis zum Erstgeborenen des Gefangenen, der im Kerker lag, und alle Erstgeburt des Viehs. Und es erhob sich großes Wehklagen in Ägypten, denn es gab kein Haus, in dem nicht ein Toter war« (2 Mose 12,29 f.).

Blut schützte also Menschen und Vieh davor, getötet zu werden. Blut hatte eine erlösende Wirkung. Dieser makabre Gedanke, daß Blut schützt, wird im Christentum mit der Interpretation des Todes Jesu dann auf seine makabre Spitze getrieben.

Passah wurde am 14. und 15. Nisan gefeiert. Der Nisan war der Monat des Frühlingsanfangs und der erste Monat des jüdischen Jahres. Die Monate begannen mit dem Neumond. Der Tag, an dem man zum erstenmal wieder etwas von der Sichel des Mondes sehen konnte, war der erste Tag eines Monats. Passah wurde also stets bei Vollmond gefeiert. An das Passahfest schloß sich vom Abend des 15. Nisan bis zum 21. Nisan das Fest der Ungesäuerten Brote an.

Der jüdische Tag begann nicht, wie bei uns, um Mitternacht, sondern am Abend, bei Beginn der Dunkelheit. Und er endete mit Beginn der Dunkelheit. Der neue Tag war da, wenn man die ersten Sterne sehen konnte. Der neue Tag war damit »aufgeleuchtet«. So dauerte auch Passah von Abend zu Abend. Nach unserer Tagesrechnung, die ja von Mitternacht bis Mitternacht reicht, vollzog man das Passahmahl am »Vorabend« von Passah. Bei den Juden war das aber der Tagesbeginn des Passahfestes.

Nebenbei: Der helle Teil des Tages, die helle Tages-»Hälfte«, begann mit Sonnenaufgang und endete mit Sonnenuntergang. Der Tag wurde ebenso wie die Nacht in zwölf Stunden eingeteilt. Die Länge dieser Stunden schwankte je nach der Jahreszeit. Um die Sommersonnenwende betrug der helle Tag in Palästina 14 Stunden und zwölf Minuten, während der Wintersonnenwende lediglich neun Stunden und 48 Minuten (Strack/Billerbeck II, S. 543). Die Stundenlänge schwankte demnach zwischen 49 und 71 Minuten. Die erste Stunde des Tages begann lediglich im Frühjahr und im Herbst bei der Tag- und Nachtgleiche um 6 Uhr morgens nach unserer Rechnung. Die Passion Jesu erfolgte im Frühjahr, also in der Nähe von Tag- und Nachtgleiche.

Bei den Synoptikern feiert Jesus also am Abend des 14. Nisan, an dem Abend, da auch die Juden das Passahmahl feierten, mit seinen Jüngern sein neues Passahmahl. Nach den drei ersten Evangelisten hatte Jesus den Auftrag zur Bereitung des gemeinsamen Passahmahls gegeben. Zu solcher Vorbereitung gehörte die Besorgung eines entsprechend großen Raumes – ein Passahmahl durfte nur gefeiert werden, wenn mindestens zehn Personen daran teilnahmen (Strack/Billerbeck IV,I, S. 42) – und die Beschaffung eines den Bestimmungen entsprechenden Opferlammes. Dieses mußte ein einjähriges männliches Schaf- oder Ziegenlamm sein (a. a. O., S. 43). Entweder der Veranstalter des Passahmahls oder ein von diesem Beauftragter brachte das Opfertier zum Tempel und schlachtete es dort im Vorhof. Zur Passahfeier wurde das Tier dann nicht zerlegt, sondern als ganzes an einem Feuer gebraten, nicht an einem Eisen-, sondern an einem Holzspieß und natürlich nicht im Festsaal selbst, sondern in dem zum jeweiligen Haus gehörenden Hof. Wer von den Jüngern das Opferlamm zum Tempel brachte und schlachtete, wird in den Evangelien nicht gesagt.

Das Passahmahl durfte erst nach Anbruch der Dunkelheit des 14. Nisan beginnen. Nach jüdischer Zählung brach mit dieser Dunkelheit bereits der 15. Nisan an. Das Mahl mußte vor dem Morgen des 15. Nisan beendet sein (a.a.O., S. 54). Gewöhnlich war es aber bereits um Mitternacht zu Ende. Die Frauen nahmen am Passahmahl ihrer Männer teil (a.a.O., S. 45). Entgegen der landläufigen, im Christentum üblichen Vorstellung, die Jesus im Kreis von ausschließlich Männern sieht, wäre es realistisch, auch Frauen beim Mahl anzunehmen. Die Tatsache, daß Frauen nicht erwähnt werden, heißt durchaus nicht, daß sie nicht dabei waren; sie werden ja häufig in den vier Männerevangelien weder mitgezählt noch überhaupt erwähnt, wie wir z. B. bei den wunderbaren Brotvermehrungen sahen.

Der vierte Evangelist, Johannes, hat, wie schon erwähnt, mit seiner Darstellung des Todes Jesu theologisch etwas anderes im Sinn als die Synoptiker. Nach Johannes sollte Jesus nicht das Passahmahl mit seinen Jüngern feiern und anläßlich des Passahmahls auf seinen bevorstehenden Tod hinweisen: Dies ist mein Leib... mein Blut..., nach Johannes sollte Jesus vielmehr zur Zeit des Passahmahls schon gestorben und selber das geschlachtete Passahlamm sein. Das wird z. B. an folgendem deutlich: Als die römischen Soldaten bei Jesus ebenso wie bei den Mitgekreuzigten die Beine zerschlagen wollten, war Jesus schon tot, und Johannes sieht darin eine Erfüllung des alttestamentlichen Gebotes (2 Mose 12,46), wonach das Passahlamm unversehrt sein mußte: »Dies ist geschehen, damit die Schrift erfüllt würde: ›Kein Knochen soll zerbrochen werden an ihm (nämlich am Passahlamm)‹« (Joh 19,36).

Daß Jesus das wahre Passahlamm sei, das ist also die Idee, die Johannes mit seiner Passionsdarstellung zeigen will. Man mag diese Idee, Jesus sei das geschlachtete Passahlamm, für eine tiefsinnige

Idee halten oder auch nur für eine fixe – es ist nicht recht deutlich, was Johannes damit sagen wollte – der Gedanke, einen Menschen als Opfertier und die Hinrichtung dieses Menschen als erlösende Opfertierschlachtung zu sehen, ist allemal eine Schlächtertheologie.

Der Evangelist des vierten Evangeliums hat nach dieser aus barbarischer Vorzeit inspirierten Vorstellung die Ereignisse in ihrem Ablauf zurechtgebogen: Nach Johannes wird Jesus mittags verurteilt und am Nachmittag gekreuzigt, zu derselben Zeit, als die Passahlämmer geschlachtet wurden. Das ist für Johannes, dem es – wie allen vier Evangelisten – mehr um Theologie als um historische Fakten ging, wichtig. Er will Jesus als das eigentliche Passahlamm darstellen und wählt für Jesu Tötung die Tötungszeit des Passahlamms. Weil Jesus das wahre Passahlamm war und die Passahlämmer im konkreten Leben am Nachmittag vor dem Passahfest geschlachtet wurden, mußte Jesus eben an einem Nachmittag vor einem Passahfest sterben.

Aber dieser theologische Tiefsinn ergibt einen historischen Unsinn. Die Kreuzigung hätte dann nämlich zu einem Zeitpunkt stattgefunden, da Passah und Sabbath, die bei Johannes auf ein und denselben Tag fallen, unmittelbar bevorstanden und Tote am Kreuz dann eine Verunreinigung des ganzen Landes bedeutet hätten. Sie mußten gemäß dem Gesetz (5 Mose 21,23) vor Sonnenuntergang nicht nur herabgenommen, sondern auch begraben sein. Und selbstverständlich mußten die Verurteilten erst einmal gestorben sein. Zu alledem war aber in der kurzen Zeit zwischen der Kreuzigung am Nachmittag und dem nicht lange danach erfolgenden Sonnenuntergang gar keine Zeit. Die Agonie der Gekreuzigten dauerte nicht selten mehrere Tage.

Selbst das von den Juden zur Reinhaltung des Sabbaths erbetene Zerschlagen der Beine, (crurifragium) hätte da nicht geholfen. »Weil es nun Rüsttag war, richteten die Juden, damit die Leiber nicht den Sabbath am Kreuz blieben – jener Sabbath war nämlich ein großer –, an Pilatus die Bitte, daß ihnen die Schenkel zerschlagen und sie herabgenommen würden« (Joh 19,31).

Der Bericht des Johannes über den Tod am Karfreitag ist also ebensowenig glaubhaft wie der Bericht der Synoptiker mit dem angeblichen Prozeß vor dem jüdischen Hohen Rat während des Passah.

Der Tod Jesu, den Johannes beschreibt, ist ein Tod im Sinn der speziellen Theologie des Johannes. Der Karfreitag-Nachmittag vor Passah wird zu einem Mysterienspiel nach Regie des Evangelisten, ohne Ansehen des wirklichen Schicksals des Menschen Jesus selbst. Die Würdigung des Todes Christi, die der Evangelist Johannes betreiben will, ist in Wahrheit eine Entwürdigung des konkreten Todes Jesu, der nicht so stattgefunden haben kann, wie der Evangelist ihn schildert. Mit diesem johanneischen Regietod nach religiösem Steinzeitmuster, in dem Jesu Tod nach Drehbuchanweisung manipuliert wird, ist uns der Zeitpunkt des wirklichen, historischen Todes Jesu weggenommen worden.

Die Widersprüche zwischen den Synoptikern und Johannes sind offenkundig: Zwar ist der Todestag Jesu bei allen vier Evangelisten derselbe Wochentag, nämlich ein Freitag. Aber diese Freitage tragen verschiedene Daten, das des 14. Nisan bei Johannes, das des 15. Nisan bei den Synoptikern. Und diese Freitage sind auch sonst verschieden. Bei Johannes ist der Freitag der Vortag von Passah (das Passahlamm Jesus wird am Vortag geschlachtet), und der Samstag nach diesem Freitag ist bei Johannes sowohl Passah als auch natürlich Sabbath. Bei den Synoptikern ist der Freitag selbst das Passahfest, und der nächste Tag darum zwar Sabbath, aber nicht Passah. Es liegt auf der Hand, daß die genannten Tageskonstellationen nicht in ein und demselben Jahr auftreten konnten.

Über das Todesjahr Jesu wissen wir also nichts. Es erscheint sonderbar, daß die Evangelisten keinerlei Jahresangaben machen, noch nicht einmal falsche. Sogar Lukas, der die Geburt Jesu und den Beginn der Tätigkeit des Täufers mit geradezu pompösen Datenangaben begleitet, schweigt. Wenn übrigens – von allen Ungereimtheiten vorher und nachher abgesehen – die Hinrichtung Jesu tatsächlich an einem Freitag, dem 14. Nisan, erfolgt wäre, wie es

Johannes behauptet, so wäre der Hinrichtungstag nach den sehr komplizierten Berechnungen einiger Historiker entweder der 7. April 30 n. Chr. oder der 3. April 33 n. Chr. gewesen (vgl. Bo Reicke/Leonhard Rost, Biblisch-Historisches Handwörterbuch, Bd. III, 1966, S. 2223).

Alles in allem muß man sagen: Weder Todesstunde noch Todesdatum Jesu sind bekannt, die Berichte der Synoptiker und des Johannes schließen sich gegenseitig aus, und auch die innere Widersprüchlichkeit jedes einzelnen Evangelisten ist zu groß. Ja, sogar der Wochentag des Todes, wenngleich der Freitag von allen vier Evangelisten genannt wird, ist in keiner Weise gesichert. Es sind auch andere Wochentage denkbar. Schon der kurze Zeitraum zwischen dem Abschiedsmahl Jesu, ob Passahmahl (Synoptiker) oder nicht (Johannes), und der Kreuzigung ist unmöglich. Vermutlich wäre es historisch richtig, die ganzen Passionsvorgänge auf mehrere Tage verteilt anzunehmen.

Einige neuere Theologen schreiben darum einer frühkirchlichen Leidenschronologie aus dem 3. Jahrhundert (Didaskalie 21), die einen größeren Zeitraum zugrunde legt, eine mögliche Richtigkeit zu (Lexikon für Theologie und Kirche II, S. 423). Sie erwägen demgemäß folgende Möglichkeit: »Die Hypothese, Jesus könnte nach dem Kalender von Qumran das Passah am Dienstagabend ohne rituell geschlachtetes Lamm gefeiert haben, ist durchaus ernst zu nehmen« (a. a. O, VIII, S. 136). Und in der »Enzyklopädie zur Heiligen Schrift, Die Bibel und ihre Welt« heißt es: »Im allgemeinen ist man der Ansicht, das Letzte Abendmahl sei am Donnerstag, der Nacht vor der Kreuzigung, gefeiert worden. Doch wird auch, gestützt auf die Qumran-Schriften, eine andere Theorie vorgetragen, wonach das Letzte Abendmahl Dienstagnacht gehalten worden sei« (1969, S. 804).

Dann muß man allerdings zu allen anderen Unglaubwürdigkeiten der Evangelien in bezug auf die Leidensgeschichte auch noch die Fragen der Jünger hinsichtlich der Schlachtung des Osterlamms (Mt 26,17; Mk 14,12; Lk 22,7 f.) für eine Erfindung halten. Solche

Theorien und Bemühungen um eine andere Datierung der Passah-
ereignisse machen im Grunde nur deutlich, wie wenig historische
Glaubwürdigkeit den Evangelienberichten über die Passion Jesu
beigemessen wird.

Noch etwas zu dem bei Johannes geschilderten Begräbnis Jesu.
Vorauszuschicken ist, daß sich der Name »Golgatha«, »Schädel-
stätte«, mit dem der Hinrichtungsort bezeichnet wird, nirgendwo
sonst findet, so daß er legendär sein dürfte. Es wird von einem
gewissen Josef von Arimathäa berichtet, daß dieser den Leichnam
Jesu vom Kreuze nahm und ihn mit Hilfe von Nikodemus, der eine
Mischung von »hundert Pfund« (1 Pfund = 1 griechische »Litra« =
1 römische »Libra« = 327,45 g) Myrrhe und Aloe mitgebracht hatte
(Joh 19,39), also eine enorme Menge, samt diesen Spezereien in
Leinen wickelte und in einem neuen Grab in einem Garten an der
Hinrichtungsstätte begrub, und zwar »wegen des Rüsttags der Juden und weil das Grab in der Nähe war« (Joh 19,42). Diese Beerdi-
gungsschilderung spricht also einerseits von Eile, in der das Begräbnis erfolgte, und vermittelt deshalb den Eindruck einer bloßen
Vorläufigkeit des Grabes. Andererseits verlangt ein so aufwendiges
Begräbnis Zeit. Das paßt nicht zueinander, wie überhaupt der ganze
johanneische Zeitrahmen nicht paßt, wir erwähnten es schon: An
einem einzigen Nachmittag Kreuzigung, Tod und Begräbnis bis
18 Uhr, wo der Sabbath und das Passah begann. Jesus hatte gar
keine Zeit zum Sterben. Bei den anderen Evangelisten stirbt er
immerhin sechs Stunden lang, von 9 Uhr bis 15 Uhr.

Nun ist aber dieser Josef von Arimathäa kein realer Mensch,
sondern eine fiktive, für das beschriebene Begräbnis allerdings
ideale Kombination: Er ist zugleich Jünger Jesu wie auch Mitglied
des Hohen Rates wie auch einer, der gute Beziehungen zu Pilatus
hat (Joh 19,38). Und daß Pilatus Jesus gegenüber besonders gutwil-
lig war, wissen wir schon. Und er ist reich (Mt 27,57). Eine solche
Kombination wie die bei Josef von Arimathäa ist praktisch nicht
denkbar. Bultmann bezeichnet deswegen in seinem Johanneskom-
mentar die ganze Szene (Joh 19,38–42) als »erbaulich-legendäre

Bildung«. Und natürlich gab es »an dem Ort, wo man Jesus gekreuzigt hatte« (Joh 19,41), kein Grab eines reichen Mannes in einem Garten. Wohl gab es in der Nähe der Hinrichtungsstätte Gräber, aber diese Gräber, vermutlich Massengräber, waren Gräber für die Hingerichteten, die von den Römern auf einer Art Schindanger nicht beerdigt, sondern verscharrt wurden.

Da Jesus mit zwei anderen hingerichtet wurde, sogenannten »Räubern«, die vermutlich ebenso aus politischen Gründen hingerichtet wurden wie Jesus selbst, ist erstens anzunehmen, daß alle drei in ein und demselben Prozeß verurteilt und daß zweitens alle drei in ein und demselben Massengrab begraben wurden. Es ist charakteristisch, daß nach allen vier Evangelien Jesus weder von seiner Familie noch von seinen Jüngern begraben wurde (bei den Synoptikern sehen immerhin einige Frauen zu: Mt 27,61; Mk 15,47; Lk 23,55), er wurde vielmehr von Dritten begraben. Das hält die Begräbnisschilderung als Erinnerung noch fest. Aber es waren nicht zwei reiche und fromme Männer, die ihn begruben – warum hätten denn seine Familie und seine Freunde dann dem Begräbnis fernbleiben sollen –, es waren die Römer, die ihn in einem Massengrab vergruben. Und bei der großen Zahl der vielen und wohl sofort eingeebneten Gräber konnte dann niemand mehr sagen, wo es war.

So liegt kein Glanz und Pomp über Jesu Begräbnis, es gab keine hundert Pfund Myrrhe und Aloe. Nach dem armseligsten und schimpflichsten aller Tode war es vermutlich das armseligste und elendste aller Begräbnisse.

Anhang 1

Das Kreuz Christi wurde wiedergefunden: nach dem Römischen Meßbuch am 3. 5. 320 n. Chr., nach dem »Lexikon für Theologie und Kirche« (LThK) am 14. 9. 320 n. Chr. »Die Tatsache, daß vor dem Jahr 350 das heilige Kreuz wieder aufgefunden war, (ist) historisch unanfechtbar«, heißt es in Wetzers/Weltes »Kirchenlexikon«

(Bd. VII, 1891, S. 1098). Es war die Kaiserinmutter Helena persönlich, die im Auftrag ihres Sohnes, des Kaisers Konstantin, die schwierige, aber endlich erfolgreiche Suche unternahm. Sie ließ Heidentempel abbrechen (einige Quellen behaupten, es habe ein Venustempel an dem Ort gestanden) und Göttersäulen stürzen und grub sich durch den Schutt nach unten durch, bis sie schließlich glücklich auf die Grabeshöhle stieß. Und nicht weit davon fand sich auch das Kreuz (aus Zedernholz), genauer: drei Kreuze, was auch logisch ist. Das Problem, welches das echte war, löste man dadurch, daß man alle drei zu einer Todkranken brachte, und die Kranke wurde bei der Berührung des echten Kreuzes gesund. Bei der Gelegenheit soll auch ein Toter, auf den man das heilige Kreuz gelegt hatte, wieder lebendig geworden sein. Es wurden übrigens auch die heiligen Nägel gefunden. Einen davon ließ Konstantin in seinen Helm einschmieden, einen zweiten in das Zaumzeug seines Pferdes. Am Fundort ließ der Kaiser dann eine Auferstehungskirche und eine Kreuzeskirche erbauen. In der letzteren wurde ein Teil des Kreuzes aufbewahrt, das größte Stück allerdings nahm Konstantin gleich nach Konstantinopel mit, wo es sich zunächst in der Hagia Sophia befand. Dann aber wurde es in die kaiserliche Schatzkammer verbracht. 614 wurde das Jerusalemische Stück von dem Perserkönig Chosrau oder Chosroes II. nach Persien entführt. Kaiser Herakleios gelang es glücklicherweise, es laut »Lexikon für Theologie und Kirche« am 3. 5. 628, laut Römischem Meßbuch am 14. 9. 630, wiederzuerobern. 1187 ging es aber in einer Schlacht bei Hastin in Galiläa wieder, und zwar diesmal für »endgültig, verloren, nachdem der Bischof von Bethlehem es in der Schlacht noch getragen hatte« (LThK VI, S. 614). Glücklicherweise waren gleich nach der Auffindung im Jahre 320 kleinere und größere Teilchen und Teile von Christi Kreuz abgeschnitten oder abgesägt worden. Die wurden an Kirchen und Prominente verteilt. Darüber gibt es Zeugnisse von Kirchenvätern, so Cyrill von Jerusalem († 386) und Johannes Chrysostomos († 407). Und Teile dieser Partikel kamen dann in alle Welt, an Kaiser und Könige und Patriarchen und Bischöfe und Klöster usw. Und schließlich kamen sie auch zu einfachen Gläubigen. Und die Autorin dieses Buches schätzt sich glücklich, ein in einem silbernen Medaillon eingefaßtes Partikelchen des Kreuzes Christi zu besitzen (oder auch nicht).

Anhang 11

In Toulouse bestand im Mittelalter der christliche Festbrauch, daß jährlich am Weihnachtsfest, am Karfreitag und am Himmelfahrtstag vor der Kirchentür einem für diese Maßnahme auserwählten Juden eine starke Ohrfeige zu verabreichen sei. Wegen solcher Mißhandlung von Juden durch Christen in Toulouse hatten sich, wie die Biographie des Erzbischofs Theodard von Narbonne berichtet, Juden an den fränkischen König Carlmann gewandt, der daraufhin die Synode von Toulouse im Jahr 883 einberief. Ihren Glauben an christliches Recht hätten sich die Juden allerdings sparen können. Erzbischof Ricard bezeichnete auf der Synode die Klage der Juden bei Carlmann als Schmähung von Christus und Christen und ordnete an, »der zur Ohrfeige ausersehene Jude müsse dreimal rufen: ›Es ist gerecht, daß die Juden ihren Nacken unter die Schläge der Christen beugen müssen, weil sie sich Christo nicht unterwerfen wollten‹« (Karl Joseph von Hefele, Conciliengeschichte, Bd. IV, 1860, S. 523 f.).

8. KAPITEL

Das Märchen vom Verräter Judas

Durch eine Existenz des Judas wird auch das Bild Jesu in Mitleidenschaft gezogen. Einerseits hat Jesus dem Judas, wie allen anderen Jüngern, zugesagt, bei ihm im Himmel auf einem »von zwölf Thronen zu sitzen und die zwölf Stämme Israels zu richten« (Mt 19,28). Andererseits hat er »von Anfang an« (Joh 6,64) gewußt, daß Judas ihn verraten würde. Wie Jesus ihm trotzdem einen Himmelsthron versprechen konnte und vor allem: wie er ihm die gemeinsame Kasse anvertrauen konnte, ist ein Rätsel. Denn Judas war ein Dieb (Joh 12,6). Ob er es schon immer war oder ob ihn die Kassenführung erst dazu gemacht hat, wissen wir nicht, auf jeden Fall kann die Tatsache, daß Jesus ihm die Kasse anvertraut hat, weder als die ökonomisch noch als die psychologisch glücklichste Maßnahme Jesu bezeichnet werden.

Zum Glück für alle Beteiligten ist die Gestalt des Verräters Judas eine religiöse Märchengestalt. Sie ist eine Kunstfigur, eine wirkungsvolle allerdings. Denn eine Gestalt des Dunkels neben einer Gestalt des Lichts ist immer faszinierend, das personifizierte Böse neben einer göttlichen Person insbesondere. Dieser in den Evangelien als Ausbund aller Bosheit dargestellte Judas hat nicht existiert, zudem konnte er, unterstellen wir einmal, daß es ihn gegeben hätte, Jesus gar nicht verraten haben, denn er hat ein Alibi.

Dieses gibt ihm die Mehrzahl derer, die ihn beschuldigen, selbst, und zwar drei der vier Evangelisten, nämlich die Synoptiker. Sie lassen ihn während des ganzen Passahmahls anwesend bleiben, erwähnen jedenfalls nichts davon, daß er etwa fortging. Hätte er sich davongemacht, so wäre das ein zu erwähnendes Ereignis gewesen. Ihr Schweigen über einen Fortgang des Judas ist also schon Beweis genug. Einer von ihnen aber, nämlich Lukas, erwähnt zudem ausdrücklich seine Anwesenheit noch am Ende des Mahls (Lk 22,21), nach der Einsetzung der Eucharistie (Lk 22,14–20). Danach gab es nur noch einen Rangstreit der Jünger, im Verlaufe dessen Judas keineswegs von Jesus ausgenommen wird, als er ihnen sagt: »daß ihr ... auf Thronen sitzen sollt, um die zwölf Stämme Israels zu richten« (Lk 22,30). Und anschließend ging Jesus mit den Jüngern nach Gethsemane, wie Markus und Matthäus berichten, Lukas spricht lediglich vom Ölberg. »Es folgten ihm aber auch die Jünger« (Lk 22, 39), offenbar also alle zwölf.

Da taucht dann plötzlich Judas mit einem bewaffneten Haufen auf und »verrät« Jesus. Das aber gibt keinen Sinn, so schnell läßt sich nicht alles organisieren, zudem läßt sich ein Versteck bei Verdacht eines Verrats leicht wechseln. Und wenn man annehmen wollte, Judas habe sich erst in Gethsemane verräterisch mit den Verfolgern zusammengetan, so würde das bedeuten, daß auch ohne sein Zutun das Versteck Jesu, wenn es denn ein solches war, bekannt war. Und zu einer Identifizierung bedurfte es keines Verrats. Jesus selbst macht deutlich, daß er seinen Feinden längst bekannt war.

Johannes läßt Judas den Raum, in dem Jesus ein letztes Mal vor seinem Tod mit seinen Jüngern aß, verlassen (es war bei Johannes kein Passahmahl, ein solches findet bei diesem Evangelisten nicht statt, es war also ein anderes Mahl an einem anderen Tag). Johannes hat offenbar bemerkt, daß bei einer Schilderung, bei der Judas die ganze Zeit beim Mahl anwesend ist, gar keine Zeit zu einem Verrat wäre, und korrigiert jetzt eine solche Darstellung dahin gehend, daß er Judas das Mahl verlassen läßt. Es bleibt aber dabei, daß nun einmal die Darstellungen der Synoptiker seiner Behauptung entgegenstehen, so daß Judas bei dieser Widersprüchlichkeit der Zeugen zumindest die Unschuldsvermutung für sich hat.

Unklar ist völlig, warum Judas Jesus eigentlich verriet. Geld allein kann kein genügendes Motiv gewesen sein. In dem Fall wäre Judas besser mit der Kasse durchgebrannt. Manches ist unklar, so auch der Zeitpunkt, an dem der Teufel in Judas, wie die Evangelien berichten, hineinfuhr. Johannes setzt dieses Ereignis während des Abschiedsessens Jesu an (Joh 13, 27), die Synoptiker (Mk 14, 10 f.; Mt 26, 14–16; Lk 22, 3 f.) aber schon einige Tage zuvor. Dieses Problem durch die Annahme lösen zu wollen, daß der Teufel zweimal in Judas hineinfuhr, führt zu neuen Schwierigkeiten, weil die Synoptiker berichten, Judas habe bereits nach der ersten Einfuhr des Teufels den Verrat mit den Hohenpriestern besprochen, so daß die zweite teuflische Hineinfahrt nicht motiviert erscheint. Seltsam ist auch, daß Judas, gleichsam dem Teufel zum Trotz, nicht gleich wie besessen loslief, sondern erst der Aufforderung Jesu bedurfte, den Verrat »schnell« (Joh 13, 27) zu begehen. Und erst auf diesen doppelten Impuls hin, vom Teufel sowohl als auch von Jesus selbst, ging er fort in die dunkle Nacht, um zu verraten.

Auch sonst ist manches an der Situation beim Abschiedsmahl merkwürdig. Nachdem Jesus erklärt hatte: »Einer von euch wird mich verraten« (Joh 13,21), bestand die einzige Reaktion der Jünger darin, daß Petrus wissen wollte, wer es denn sein werde. Offenbar hielt er alles für möglich und jeden für denkbar. Nach der Befriedigung der Neugier und der Identifikation des Verräters durch Jesus erfolgte weiter nichts. Es scheint, als hätten die Jünger die Ankündigung des Verrats mit Gleichgültigkeit hingenommen. Von der »Erschütterung« (Joh 13,21), mit der Jesus den Verrat nach Johannes ankündigte, ist bei ihnen nichts zu merken. Offenbar wandten sie sich wieder dem Essen und Trinken zu. Jedenfalls unternahm niemand von ihnen irgend etwas, um den Verrat und damit den drohenden Tod Jesu zu verhindern. Wegen dieses Untätigkeitskomplotts machten sie sich aber eigentlich sämtlich zu Komplizen des Verräters.

Laut Lukas war die Reaktion der Jünger auf die Mitteilung Jesu, einer werde ihn verraten, noch unbegreiflicher. Nachdem sie zunächst rätselten, wer von ihnen das wohl wäre, gehen sie dann zu ihrer Hackordnung über, »wer von ihnen als der größte gelten könne« (Lk 22, 23 f.).

Zu dem gefühlsarmen Bild, das die Jünger hier bieten, paßt dann auch, daß Jesus anschließend in Gethsemane »traurig und unruhig« war (Mt 26,37; Mk 14,33), daß er vor Angst »Schweiß wie Blutstropfen« schwitzte (Lk 22,44), daß aber die Jünger, obwohl Jesus sie gebeten hatte, mit ihm zu wachen, immer wieder einschliefen. Das kann nicht nur an den mehreren Bechern Wein gelegen haben, die sie getrunken hatten. Es zeigt vielmehr, wie gering ihre Betroffenheit war.

Überhaupt ist das Bild, das die Jünger im Zusammenhang mit der Passion Jesu bieten, sonderbar, eigentlich recht erbärmlich. Sie verhalten sich nicht nur hinsichtlich des drohenden Verrats passiv, sie schlafen nicht nur, während er leidet, sie versuchen auch gar nicht, ihn zu retten. Petrus verleugnet ihn, statt sich zu ihm zu bekennen. Und beim Tod ihres Herrn sind die Jünger, vom sogenannten Lieblingsjünger abgesehen, dessen Gestalt aber legendär ist, nicht anwesend und verleugnen ihn damit wiederum. Noch nicht einmal »aus der Ferne«, wie es von den Frauen aus Jesu Begleitung heißt, nehmen sie Anteil an seinem Sterben oder leisten sie Beistand durch ihre Anwesenheit. Und begraben haben sie ihn auch nicht.

Aber die Fragwürdigkeit des Charakters der Jünger, ihre Gleichgültigkeit gegenüber dem Verrat, ist ohne Gewicht. Denn den Verräter hat es ja nicht gegeben und also auch keinen Verrat: Judas ist eine Schöpfung der Phantasie. Er setzt sich zum größten Teil aus alttestamentlichen Zitaten zusammen, ist also eine personifizierte Blütenlese.

Das Verrätermotiv ist ein landläufiges Motiv, und da es auch ein biblisches war, bot es sich den Evangelisten, die Jesu Schicksal im Alten Testament vorgezeichnet sehen, zur Verwendung in der Passionsgeschichte an. Auch David war von seinem Ratgeber, nämlich von Ahitophel aus Giloh, verraten worden, indem dieser sich der

Verschwörung des Davidsohns Absalom anschloß (2 Sam 15,12). Und Judas mußte schließlich Jesus küssen, wie auch Joab, der Feldherr Davids, den Gegner Davids, Amasa, küßte, während er ihn erstach (2 Sam 20,9 f.).

Ihre Einzelheiten verdankt die dramaturgisch wirksame Judasfigur vor allem einem Psalmwort (die Psalmen schrieb man David zu): »Ja, auch mein Freund, auf den ich vertraute, der mein Brot aß, hat gegen mich gehandelt« (Psalm 41 [40],10). Johannes übersetzt (auf Grund eines Schreibfehlers im alttestamentlichen hebräischen Text): »Der mein Brot ißt, hat seine Ferse gegen mich erhoben« (Joh 13,18). Matthäus übernimmt in seiner Judasmontage in der Anrede Jesu an Judas ein anderes Detail aus demselben Psalmvers: »Mein Freund«, sagt Jesus bei der Gefangennahme zu Judas, dem Verräter (Mt 26,50).

Interessant ist, daß es auch in der Qumransekte, von der noch die Rede sein wird, im Umkreis des »Lehrers der Gerechtigkeit« einen oder mehrere Verräter gab und der gleiche Psalmvers verwendet wird. Er findet sich in einer Hymne, die man dem »Lehrer der Gerechtigkeit«, der geraume Zeit vor Jesus lebte, zuschreibt (1 QH V 23 f.).

Die Szene von den 30 Silberlingen, die Judas in den Tempel wirft, und von dem anschließenden Kauf des Töpferackers wird mit ausdrücklicher Berufung auf das Alte Testament geschildert: »Da ist erfüllt worden, was durch den Propheten Jeremias gesagt wurde: ›Sie nahmen die dreißig Silberlinge, den Schätzwert für ihn, wie er von den Söhnen Israels eingeschätzt worden war, und gaben sie für den Acker des Töpfers‹« (Mt 27,9 f.).

Nun steht das zwar gar nicht bei Jeremias. Dort ist wohl von einem Kauf eines Ackers die Rede, aber nicht von einem Töpfer und auch nicht für 30 Silberlinge, sondern für 17 Silberlinge (Jer 32,6–9). Matthäus hat hier etwas verwechselt. Er meint offensichtlich eine andere Stelle, und zwar Sacharja 11,12 f.: »Da wogen sie mir meinen Lohn, dreißig silberne Stücke... Ich nahm die dreißig Silberlinge und warf sie in den Schatz im Tempel des Herrn.«

Mit den 30 Silberlingen, die die Hohenpriester dem Judas »abwogen« (Mt 26,15), ist Matthäus außer der Verwechslung von Jeremias mit Sacharja noch ein zweiter Fehler unterlaufen, worauf Pinchas Lapide hinweist: »daß es zu Jesu Zeiten zwar Gold- und Silberdinare, das Doppelas, Drei-As-Stücke, Minen, Selas, Schekels, Drachmen und Doppeldrachmen gab – aber keine Münze oder Währung, die als ›Silberlinge‹ bekannt war. Sie kamen schon etwa 300 Jahre zuvor aus dem Umlauf. Ebenso anachronistisch ist das ›Abwiegen‹ der Silberlinge, das zu Sacharias Zeiten noch üblich war, aber im Zeitalter Jesu längst durch geprägte Silbermünzen ersetzt worden war« (Wer war schuld an Jesu Tod, S. 23 f.).

Warum auch immer Judas seinen Herrn verriet und was auch immer er verriet: Ein Verräter verdient den Tod, das ist von alters her bekannt. Und Judas, der schlimmste aller Verräter, verdiente und starb gleich einen doppelten Tod. Von dem einen berichtet Matthäus, von dem anderen die Apostelgeschichte. Matthäus sah den Tod des Verräters Judas vorgezeichnet bei dem erwähnten Verräter Davids, Ahitophel, der sich erhängte (2 Sam 17,23). In Mt 27,5 heißt es: »Und er warf das Geld in den Tempel und entfernte sich, und er ging hinweg und erhängte sich.«

In der Apostelgeschichte schildert Petrus der versammelten Gemeinde den Tod des Judas anders: »Ihr Brüder, das Schriftwort mußte erfüllt werden, das der Heilige Geist durch den Mund Davids im voraus gesagt hat über Judas, der denen, die Jesus gefangennahmen, zum Führer wurde. Denn er war uns beigezählt und hatte das Los dieses unseres Dienstes empfangen. Dieser nun erwarb einen Acker aus dem Lohn der Ungerechtigkeit, und er stürzte vornüber zu Boden und barst mitten auseinander, so daß sein ganzes Eingeweide herausquoll. Dies ist allen Bewohnern Jerusalems kundgeworden, so daß man jenen Acker in ihrer Sprache Hakeldama, das heißt Blutacker, genannt hat« (Apg 1,16 ff.).

Bei Matthäus bereut Judas vor seinem Tod seinen Verrat, in der Apostelgeschichte nicht. Bei Matthäus sind es die Hohenpriester, die den Acker kaufen, und zwar den Acker des Töpfers. In der

Erzählung des Petrus ist es Judas, der einen Acker kauft. Dieser wurde dann zwar bei beiden »Blutacker« genannt, aber bei Matthäus, weil der Acker mit »Blutgeld« gekauft wurde, in der Apostelgeschichte wegen des Zerberstens des Judas.

Einigen Theologen gelang es, die beiden neutestamentlichen Tode zu einem einheitlichen Tod zu fügen. »Es liegt kein zwingender Grund vor, hier zwei ganz verschiedene Überlieferungen anzunehmen; es ist ganz wohl möglich, daß, was Petrus erzählt, am Leichnam des Erhängten sich zutrug« (Wetzer/Welte, Kirchenlexikon, Bd. VI, 1889, S. 1925).

In Wirklichkeit schließt die eine Todesart des Judas die andere aus. Vielleicht deswegen hat später Papias, Bischof von Hierapolis in Phrygien († 120/130 n. Chr.), noch einen dritten Tod beschrieben. Und da, gemäß dem Gesetz der Steigerung bei der Legendenbildung, der jeweils spätere Tod immer schlimmer ist als der vorgehende, ist der Judastod bei Papias der schrecklichste. Er berichtet, Judas sei so ungeheuerlich angeschwollen, »daß er dort, wo ein Wagen leicht durchgeht, nicht mehr durchkommen konnte«, noch nicht einmal mit dem Kopf. Und schließlich sei sein Leib auseinandergeplatzt, und seine Eingeweide hätten sich verstreut. Vorher aber mußte er noch Schlimmes erleiden, und die Folgen waren auch schlimm. Eiter und Würmer ausscheidend, sei auch sein Schamglied überaus gewachsen und der Ort, an dem er nach namenlosen Qualen gestorben, fortan öde und unbewohnt gewesen. Bis zum heutigen Tage, schreibt Bischof Papias mehr als hundert Jahre später, könne keiner dort vorübergehen, ohne sich die Nase zuzuhalten, »so stark erfolgte der Ausfluß durch sein Fleisch auch auf die Erde« (zitiert nach: Wilhelm Schneemelcher, Neutestamentliche Apokryphen, Bd. II, 1987, S. 25; und Karlheinz Deschner, Abermals krähte der Hahn, 1987, S. 121).

Daß die Berichte vom Verrat des Judas Märchen sind, kann man auch aus dem ersten Korintherbrief entnehmen, wo Paulus berichtet, »daß er (der Auferstandene) dem Kephas (= Petrus) erschien und danach den Zwölfen« (1 Kor 15,5). Und zu diesen Zwölfen gehörte Judas. In Mk 14,20 heißt es: »Einer von euch Zwölfen wird mich verraten.« Nach Paulus waren also die Zwölf nach Jesu Auferstehung noch vollzählig. Einige spätere Handschriftenabschreiber haben zwar Paulus korrigiert und »zwölf« in »elf« verändert. Und die lateinische Übersetzung der Bibel, die sogenannte Vulgata, die in der katholischen Kirche im allgemeinen Gebrauch ist, übersetzt das griechische »zwölf« des Paulus mit einer lateinischen »elf«. Aber Paulus spricht von »den Zwölfen«, denen der Auferstandene erschienen sei. Mag man die Erscheinungen des Auferstandenen, von denen er redet, deuten, wie man will, wichtig ist in diesem Zusammenhang nur, daß die Zwölf immer noch vollzählig waren.

Die Gestalt des Judas gehört zu der antijüdischen Tendenzberichterstattung, wie wir sie auch bei der Schilderung der Passionsereignisse feststellten. Judas wird schon durch seinen Namen als Repräsentant der Juden charakterisiert. Und wenn es auch Judas als Verräter nicht gegeben hat, so hat es doch den christlichen Haß gegeben, nicht nur auf diesen einen Mann, sondern auf sein ganzes Volk. Und eben dieser reale Haß, das ist das Schlimme an der ganzen erfundenen Geschichte.

Anhang

Dante hat in seiner »Göttlichen Komödie« Judas in die tiefste Abteilung des untersten Höllenkreises verbannt. Es ist der Kreis, der nach Judas benannt ist, der Judaskreis, die »Giudecca«. Es ist dies der Sitz Satans, die tiefste Hölle, der Mittelpunkt der Erde und der Welt. Luzifer steckt im Eise fest. Die drei riesigen Flügelpaare, mit denen er schlägt, um sich zu befreien, lassen durch ihr kaltes Schlagen alles immer noch mehr zu Eis gefrieren. Nur halb ragt Luzifer aus dem Eise heraus, und in einem der Mäuler seiner drei Köpfe hat er Judas zwischen den Zähnen, mit denen er unaufhörlich den Verfluchten zermalmt, während er zugleich mit seinen Krallen den Rücken des Apostels zerfetzt. Die drei Köpfe Satans sind ein

Gegenstück zur himmlischen Dreifaltigkeit Gottes, und aus der Gnade dieser Dreifaltigkeit ist Judas so tief wie nur möglich herausgefallen, direkt in Satans Maul.

Der 34. Gesang von Dantes Höllenschilderung, in dem das zu lesen ist, beginnt mit dem Anfangsvers eines frommen Kirchenliedes, das am Karfreitag gesungen wird: »Vexilla regis prodeunt, die Fahnen des Königs ziehen einher«. Aber der König, der hier gemeint ist, ist der König der Hölle, und Erbarmen kennt er mit Judas ebensowenig wie Gott, der König des Himmels. Luzifer weint: »Sechs Augen weinten Tränen, die, vermischt mit Blut und Geifer, auf drei Kinne flossen« (34, 53 f.), und weinend beißt er auf Judas herum: »Judas, der mit dem Kopf steckt in den Zähnen, und nach außen zappelt Fuß und Bein.«

Verlassen wir jedoch diesen Ort des Horrors und halten es lieber mit dem letzten Vers des 34. Gesanges, als Dante wieder an die Oberfläche der Erde gelangt und aufatmend feststellt: »Und beim Austritt grüßten uns die Sterne.«

9. Kapitel

Ostern

Eine der schönsten Geschichten des Neuen Testaments wird als eine erzählt, die sich am leeren Grab abspielte. Es ist die Geschichte der Maria Magdalena, die am Ostermorgen zum Grabe Jesu ging. Sie war allein hingegangen, und es war noch dunkel, aber ihre Furcht vor der einsamen Dunkelheit hatte sie nicht abgehalten hinzugehen. Ein Grund wird vom Evangelisten Johannes nicht genannt. Aber welcher Mann wüßte denn auch die Gründe einer Frau zu sagen, die nachts allein zu einem Grabe geht? Sie ging hin, um zu weinen.

Es ist immer noch dunkel, als sie beim Grab anlangt. Aber als sie ihre Hand ausstreckt, um den schweren Türstein zu berühren, erschrickt sie sehr. Der Stein ist beiseite gerollt, und niemand sonst ist da. Und sie dreht sich um, läuft außer sich vor Aufregung und Trauer und blind von ihren Tränen zurück in die Stadt, läuft zu Petrus und dem Lieblingsjünger, um nicht allein zu sein in diesem Augenblick, und sie erzählt, was geschehen ist. Auch die beiden Männer laufen nun zum Grab und gehen hinein, aber das Grab ist leer, es liegen nur die Leichentücher darinnen. Dann haben die Männer genug gesehen und gehen wieder nach Hause.

Maria Magdalena bleibt noch da, zunächst draußen. Dann beugt sie sich weinend in das Grab und sieht in dem Grab plötzlich zwei Engel, die sie fragen, warum sie weine, und sie sagt: »Weil man meinen Herrn weggenommen hat, und ich weiß nicht, wohin man ihn gelegt hat« (Joh 20,13). Die Männer sagen nichts. Dann tritt sie wieder zurück aus dem Grab und sieht jemand dastehen, den sie für den Gärtner hält, und dieser fragt ebenfalls, warum sie weine, und sie sagt: »Herr, hast du ihn fortgetragen, dann sage mir, wohin du ihn gelegt hast, dann werde ich ihn holen.« Und der Fremde sieht sie an und sagt ihren Namen: »Maria«, und da erkennt sie ihn und sagt auch nur ein Wort: »Rabbuni, Herr.«

Man kann es drehen und wenden, wie man will: Es ist eine Liebesgeschichte, wenn auch nur eine märchenhafte. Aber man kann es auch umgekehrt sehen: Es ist nur eine Märchengeschichte, aber dennoch eine wahre...

Das leere Grab Jesu am Morgen des Ostersonntags ist eine Legende. Das zeigt die einfache Tatsache, daß der Apostel Paulus, der entschiedenste Verkünder der Auferstehung Christi, zudem der früheste neutestamentliche Schriftsteller, davon nichts sagt. Es existiert für ihn nicht. Es bedeutet ihm also auch nichts, und das heißt: Ein leeres Grab ist für die Wahrheit der Auferstehung, die er so nachdrücklich verkündet, ohne Bedeutung. Für Paulus hängt zwar das ganze Christentum von der Wahrheit der Auferstehung Christi ab – »Ist aber Christus nicht auferweckt worden, so ist unsere Predigt leer, leer auch euer Glaube« (1 Kor 15,14) –, aber mit einem leeren Grab hat das für Paulus nichts zu tun. Und ganz offenkundig weiß er auch gar nichts von einem solchen. Denn wenn er jemals von einem leeren Grab gehört hätte, dann hätte er es als ein erwähnenswertes Zeichen im Zusammenhang mit der Auferstehung Jesu nicht verschwiegen, zumal er im übrigen alle ihm überlieferten Zeugnisse für Jesu Auferstehung sammelt und anführt (1 Kor 15). Wenn er also nicht davon gehört hat, so ist das ein Beweis, daß es ein solches leeres Grab nicht gegeben hat, daß also die Berichte darüber erst später entstanden sein müssen.

So sagt auch der bedeutendste katholische Theologe unseres Jahrhunderts, der Jesuit Karl Rahner: »Das ›leere Grab‹ ist eher als Ausdruck einer schon aus anderen Gründen verbreiteten Überzeugung zu werten, daß Jesus lebt« (Schriften zur Theologie, Bd. XII, 1975, S. 348). Der Auferstehungsglaube ist älter als der Glaube an ein leeres Grab. Der Osterglaube erfolgte nicht auf Grund eines leeren Grabes. Die Legende vom leeren Grab entwickelte sich vielmehr aus dem Osterglauben. Sie ist eine fromme Ausmalerei eines Ereignisses, das man sich konkret vorstellen wollte.

Paulus, der große Verkünder der Auferstehung, gründet seinen Glauben also auf etwas anderes als ein leeres Grab. Was ihn zum Glauben an Christus, den Auferstandenen, bekehrte, wissen wir von Paulus selbst aus einem Nebensatz seines Briefes an die Galater: »Ihr habt ja von meinem ehemaligen Wandel im Judentum gehört, daß ich die Kirche Gottes über die Maßen verfolgte und sie zerstörte und im Judentum weiter ging als viele Altersgenossen in meinem Volk, indem ich in besonderem Maße ein Eiferer für die Überlieferung meiner Väter war.« Dann kommt er auf seine Bekehrung zu Christus zu sprechen: »Als es aber Gott gefiel, seinen Sohn in mir zu offenbaren, damit ich ihn unter den Heiden verkündigen sollte...« (Gal 1,13 ff.). Wie diese Bekehrung erfolgte, wie sie psychologisch einzuordnen ist, darüber erfahren wir bei Paulus nichts.

Später wird seine Bekehrung in der Apostelgeschichte in den Kapiteln 9, 22 und 26 in teilweise sich widersprechenden Versionen legendär ausgemalt. Aber Paulus selbst hat die Art der »Offenbarung« nicht beschreiben und nicht diskutieren wollen. Belassen also auch wir es dabei, sie nicht beschreiben und nicht diskutieren zu wollen. Sagen wir nur dies: Paulus war – auf Grund einer persönlichen Erfahrung – überzeugt, daß der auferstandene Christus ihm begegnet sei, um ihm einen Auftrag als Heidenapostel zu erteilen. Paulus erwähnt diese persönliche Begegnung mit dem Auferstandenen noch zweimal, wiederum ganz kurz, nämlich im ersten Korintherbrief (9,1 und 15,8). Letzteres ist die Stelle, an der er alle Ereignisse aufzählt, die in seinen Augen das Auferstandensein Jesu bezeugen, aber das leere Grab nicht erwähnt.

Abgesehen davon, daß Paulus von einem leeren Grab offenbar nichts gehört hat, kann ein solches für ihn auch deshalb keine Rolle gespielt haben, weil er sich den Auferstehungsleib als einen »geistigen Leib« vorstellt. Die Frage, was aus einem Leichnam geworden ist, den man in das Grab gelegt hat, hat für ihn keine Bedeutung: »Aber es wird jemand sagen: *Wie* werden die Toten auferweckt? Und mit was für einem Leibe kommen sie? Du Tor, was du säst, wird nicht lebendig gemacht, wenn es nicht zuvor stirbt. Und was du säst, damit säst du nicht den Leib, der werden soll, sondern ein bloßes Korn, zum Beispiel von Weizen oder von irgend etwas anderem. Gott aber gibt ihm einen Leib, wie er gewollt hat, und zwar jeder Samenart einen besonderen Leib... So ist es auch mit der Auferstehung der Toten. Es wird gesät in Verweslichkeit, es wird auferweckt in Unverweslichkeit... es wird gesät ein natürlicher Leib, es wird auferweckt ein geistiger Leib... Dies aber sage ich, ihr Brüder, daß Fleisch und Blut das Reich Gottes nicht ererben kann, auch die Verweslichkeit die Unverweslichkeit nicht ererbt« (1 Kor 15, 35–50).

Daß das leere Grab Jesu für den Auferstehungsglauben keine Bedeutung hat, zeigt auch dies: Es ist ja nicht das Christentum, das erstmalig die Auferstehung des Leibes lehrt. Paulus war vor seiner Bekehrung Pharisäer (Phil 3,5). Und die Pharisäer, und mit ihnen die große Masse des jüdischen Volkes zur Zeit Jesu, glaubten an die Auferstehung. Lediglich die Sadduzäer taten das nicht. In der Apostelgeschichte (23,8) steht die kurze Bemerkung: »Denn die Sadduzäer behaupten, es gebe weder eine Auferstehung noch Engel, noch Geisteswesen, die Pharisäer nehmen beides an.«

Die Sadduzäer begründeten ihre Skepsis bezüglich eines Auferstehungsglaubens damit, daß die fünf Bücher Mose (für sie der Kern der Bibel), davon nichts erwähnen – womit die Sadduzäer recht haben. Denn der Auferstehungsglaube ist erst im 2. Jahrhundert vor Christus ins Judentum – aufgrund griechischer und persischer Einflüsse – eingedrungen. Und so findet sich im Alten Testament der Auferstehungsglaube deutlich bezeugt erst im allerletzten Buch, dem Buch Daniel, ca. 165 v. Chr. entstanden (vgl. das Kapitel über die Hölle).

Angesichts der Tatsache, daß es nicht leicht ist, zu verstehen, was Sterben ist – denn noch ist, was der Tod ist, nicht ausgedacht –, ist es nicht überraschend, daß Auferstehung nicht für alle das gleiche bedeutet. Aber auf die Unterschiede bzw. die gegenseitige Beeinflussung von griechischer Vorstellung einer Unsterblichkeit der Seele und jüdischer Vorstellung einer Auferstehung des Leibes soll hier nicht eingegangen werden. Angesichts des Todes wird alles Besser-Wissen zu einem Nicht-Wissen.

Schon längst vor Jesu Auftreten glaubten, wie gesagt, die Juden, außer den Sadduzäern, an die Auferstehung: »Und es kamen Sadduzäer zu ihm (Jesus), die bekanntlich sagen, es gebe keine Auferstehung, und sie fragten: Meister, Mose hat uns vorgeschrieben...« Und sie bringen als Beispiel die siebenmal verwitwete Frau und das Durcheinander nach der Auferstehung, wessen Frau der sieben Brüder sie denn sei. Im Unterschied zu den Sadduzäern sieht Jesus die Auferstehung bei seiner Antwort an die Sadduzäer doch bei Mose bezeugt (Mk 12,18 ff.) und neigt damit der pharisäischen Schriftauslegung zu.

Die meisten jüdischen Zeitgenossen Jesu teilten den Auferstehungsglauben der Pharisäer. Als Jesus zu Martha nach dem Tod des Lazarus sagt: »Dein Bruder wird auferstehen«, sagt Martha traurig: »Ich weiß, daß er auferstehen wird bei der Auferstehung am jüngsten Tag« (Joh 11,23 f.). An ein leeres Grab glaubte Martha nicht. Und nur die Legende läßt den Leichnam ihres Bruders Lazarus – bis zu seiner nächsten Beerdigung – eine Weile wieder herumlaufen. Und dann blieb auch Martha nur der Glaube an die wirkliche Auferstehung, die keine leeren Gräber und keine herumlaufenden Toten kennt.

Die Auferstehung Christi haben die Christen ziemlich von Anfang an mißverstanden. Sie haben seine Auferstehung und sein legendäres leeres Grab gleichgesetzt bzw. miteinander verwechselt. Sie haben das leere Grab als eine Art Folge der Auferstehung gesehen und es dann als Beweis für die Auferstehung gewertet. Aber ein leeres Grab mag aus den verschiedensten Gründen leer sein, eine Auferstehung beweist es nie. Umgekehrt mag durchaus ein Toter in einem Grabe liegen: Dem Glauben an seine Auferstehung steht eine solche Tatsache nicht im Wege, denn Auferstehung ist etwas anderes als das Wiederlebendigwerden eines Toten.

Der Jesuit Karl Rahner, der nachdenkliche Theologe, der sich nicht mit der landläufigen katholischen Primitivtheologie zufriedengab, sagte: »Wollten wir uns ... am Gedanken der Wiederbelebung eines physisch-materiellen Leibes orientieren, dann müßten wir von vornherein den allgemeinen Sinn von ›Auferstehung‹ verfehlen, aber nicht weniger auch den der Auferstehung Christi« (Karl Rahner, a. a. O., S. 349). Auferstehung bedeutet also nicht die Wiederbelebung eines Leichnams.

In gewissem Sinn ist der Glaube an ein leeres Grab dem rechten Verständnis der Auferstehung Christi hinderlich, indem nämlich eine solche Vorstellung den Eindruck erweckt, als sei die Auferstehung Christi irgendwann »danach« erfolgt, irgendwann nach seinem Tode nämlich, z. B. »am dritten Tage«, und als sei Jesus in der Zwischenzeit einfach tot gewesen oder in einem Irgendwo-Nirgendwo. Alles das ist Christi Auferstehung nicht und keines Menschen Auferstehung.

So sieht das auch ein anderer Nachdenklicher unter den Theologen, der evangelische Theologe Rudolf Bultmann, der von legendensüchtigen Frommen wegen seiner »Entmythologisierung des Neuen Testaments« so viel Geschmähte: »Wenn Gott der immer kommende Gott ist, so ist unser Glaube der Glaube an den in unserem Tod zu uns kommenden Gott« (Brief an die Autorin vom 18. Februar 1962).

Das Handeln Gottes im Tod des Menschen kann nicht theatergleich in einer Szenerie aus mehreren Akten in den Ablauf der Zeit oder in lokale Zuweisungen gepreßt werden, auch dann nicht, wenn sich das der Mensch gern auf solche Weise ausmalt, auch dann nicht, wenn es in den Evangelien in einer Zeit- und Ortsabfolge in einzelnen Stationen dargestellt ist. All das ist legendäre Bebilderung. Tod und Auferstehung und Himmelfahrt Jesu geschahen in einem einzigen Augenblick.

Der Mensch malt gern aus. Aber bei den Berichten der vier

Evangelien über die Ereignisse am Ostermorgen (bzw. am Samstag-abend, wie wir sehen werden) hat die menschliche Fabulierlust in einem Maße sich Raum gesucht, daß schon ein kurzer Blick hinein genügt, um die Autoren allesamt als fromme Märchenerzähler aus-zumachen. Jeder von ihnen würde, nähme man die Erzähler tat-sächlich beim Wort, die jeweils drei anderen Lügen strafen. Jeder von ihnen wäre von den drei anderen der Unwahrheit überführt.

Mancher Denker hat wegen der Mangelhaftigkeit der in den Evangelien aufgetischten Beweise den gesamten Glauben an eine Auferstehung Jesu oder wessen auch immer verworfen. »Daß der Beweis aus der Schrift für die Auferstehung Jesu vor dem Richter-stuhl der Vernunft in Ewigkeit nicht bestehen« kann, betonte schon Hermann Samuel Reimarus († 1768) in seiner »Apologie oder Schutzschrift für die vernünftigen Verehrer Gottes«, von der Gott-hold Ephraim Lessing († 1781) ab 1774 sieben Teile unter dem Titel »Fragmente eines Wolfenbüttelschen Ungenannten« veröffent-lichte. Diese Wolfenbüttler Fragmente sorgten von Lessings bis zu unseren Zeiten in der frommen Herde der folgsamen Schafe immer wieder für Unruhe, so daß die gesamte Apologie des Reimarus erst 1972 (!) in Deutschland veröffentlicht werden konnte. Reimarus spießt »zehn Widersprüche« in den Auferstehungsberichten der Evangelien einzeln auf.

Und doch: Diejenigen, die die Auferstehung nicht beweisen kön-nen und die sich auch nicht von irgendwelchen längst verstorbenen Augenzeugen an irgendwelchen leeren Gräbern auf Grund von Weissagungen aus irgendwelchen alten Büchern Beweise aufdrän-gen lassen wollen – gibt es für diese Zweifler gar nichts, was sie von einer Auferstehung überzeugen oder zum mindesten sie auf eine solche hoffen lassen könnte? Man sollte diese Frage nicht so ohne weiteres verneinen.

Und nun zu einigen der Widersprüche in den Auferstehungsge-schichten im Neuen Testament bezüglich des leeren Grabes. Ver-schieden sind die Zeitpunkte, an denen das Grab aufgesucht wurde (Samstagabend oder Sonntagmorgen), verschieden sind die Besucherinnen: Bei Matthäus sind es zwei Frauen, bei Markus drei Frauen, bei Lukas mindestens fünf Frauen, bei Johannes Maria Magdalena allein. Also im einzelnen:

Bei Markus heißt es: »Als der Sabbath vorbei war, kauften Maria Magdalena und die Maria des Jakobus und Salome Balsam, um hinzugehen und ihn zu salben. Sie kamen sehr früh am ersten Tag der Woche zum Grab, gerade als die Sonne aufging« (Mk 16,1f.). Bei Markus sind es also drei Besucherinnen.

Bei Matthäus sind es zwei Besucherinnen: »Maria Magdalena und die andere Maria« (Mt 28,1). Bei Matthäus fand zudem der Besuch bereits am Samstagabend statt. So nämlich ist die betreffende Stelle »Nach dem Sabbath aber, als es zum ersten Tag der Woche aufleuchtete, kamen Maria von Magdala und die andere Maria, um das Grab zu sehen« (Mt 28,1) zu verstehen. Sie ist nicht, wie es gewöhnlich geschieht, auf den Sonntagmorgen in unserem Sinne zu beziehen.

Der Tag nach dem Sabbath, der erste Tag der Woche, brach nach damaligem Verständnis unmittelbar nach Ende des Sabbaths an, und der Sabbath war am Samstagnachmittag nach Sonnenuntergang zu Ende. Der jüdische Tag begann ja, wie wir sahen, nicht, wie bei uns, um Mitternacht, sondern am Abend, bei Beginn der Dunkelheit. Und er endete mit Beginn der Dunkelheit. Wenn man die ersten Sterne sehen konnte, war mit diesen Sternen, und nicht mit einem Morgenrot, der neue Tag »aufgeleuchtet«.

Matthäus verwendet genau das gleiche Wort »aufleuchten«, das auch Lukas bei seiner Schilderung der Kreuzabnahme verwendet: »Es war Rüsttag, und der Sabbath leuchtete auf« (Lk 23,54). Der Sabbath leuchtete nicht etwa erst am nächsten Morgen auf, sondern unmittelbar nach dem Rüsttag, der seinerseits bei Beginn der Dunkelheit endete. Hier kommt niemand auf die Idee, daß der Sabbath erst am nächsten Morgen aufleuchtet und daß Jesus erst am nächsten Morgen vom Kreuz abgenommen sein muß.

Hieronymus hat die Matthäusstelle 28,1 richtig verstanden, als er in der Vulgata übersetzte: »Vespere autem sabbati, am Abend des

Sabbaths«, aber heute wird die Stelle praktisch überall falsch übersetzt und falsch verstanden. Die evangelisch-katholische »Einheitsübersetzung« z. B.: »Nach dem Sabbath kamen in der Morgendämmerung des ersten Tages der Woche Maria aus Magdala« usw. Im griechischen Urtext steht aber nicht das geringste von Morgendämmerung.

Bei Lukas sind es die Jüngerinnen, die mit Jesus aus Galiläa gekommen waren, die zum Grabe gehen. Von ihnen heißt es: »Am Sabbath hielten sie Ruhe gemäß dem Gesetz. Am ersten Tag der Woche, in der tiefen Morgendämmerung, kamen sie zum Grab« (Lk 24,1). Hier ist es also der Sonntagmorgen in unserem Sinne. Einige Namen werden in Vers 10 genannt: »Es waren aber Maria von Magdala und Johanna und Maria des Jakobus und die übrigen mit ihnen.« Es waren also mindestens fünf Frauen, wahrscheinlich handelte es sich aber um eine größere Gruppe.

Bei Johannes ist es allein Maria Magdalena, die am Ostermorgen zum Grabe geht. Sie ist die einzige Grabbesucherin, die in allen vier Berichten genannt wird. Sie ist der feste Punkt, um den die übrigen Figuren variieren. Ganz offenbar spielte sie in der Schar der Jünger eine herausragende Rolle.

Nicht, daß sie wirklich gelebt hat, ist zweifelhaft. Wohl aber, was ihr Bild schon in der frühen Kirche, erst recht in späterer Zeit betrifft, ist Maria Magdalena eine Gestalt mit märchenhaften Zügen. Was im Neuen Testament über sie berichtet wird, ist nicht viel. Daß sie aus Magdala stammte, einer Stadt am See Genezareth, sagt ihr Name. Wir hören von Markus (15,40 f.), daß unter den Jüngern Jesu Frauen waren, »die ihm schon in Galiläa nachfolgten und ihn versorgten«. Was Versorgung bedeutet, wird hier nicht gesagt, auf jeden Fall war damit vor allem finanzielle Versorgung gemeint. Unter diesen offenbar vermögenden Frauen wird Maria Magdalena an erster Stelle genannt.

Ausdrücklich ist von finanzieller Versorgung Jesu und der Zwölf durch Frauen bei Lukas (8,3) die Rede: »...die sie mit ihrem Vermögen versorgten.« Auch an dieser Stelle wird bei der Aufzählung der Frauen Maria Magdalena an erster Stelle genannt (Lk 8,2). Inzwischen hat man sie von ihrer emanzipierten Sponsorentätigkeit heruntergestuft. In vielen Bibelübersetzungen findet sich die (nachträgliche) Macho-Überschrift »Die dienenden Frauen«.

Laut Johannesevangelium (19,25) stand Maria Magdalena unter dem Kreuz. Lukas (8,2) erwähnt, daß von ihr sieben Dämonen ausgefahren waren. Auch von den anderen Frauen heißt es bei Lukas, daß sie von bösen Geistern besessen gewesen waren. Aber eine so massive Dämonenausfahrt wird nur von Maria Magdalena berichtet. Aber ob sieben Dämonen oder vielleicht nur sechs oder aber sogar acht, wir können sie allesamt (mitsamt den Dämonen der anderen Frauen) ins Reich der Phantasie des Autors des Lukasevangeliums verweisen, der der einzige Evangelist ist, der Maria Magdalena diese vielen Dämonen anhängt. Die anderen Evangelisten wissen nichts davon. Der Markusschluß (16,9–20), in dem die Dämonen der Maria Magdalena auch vorkommen, ist unecht.

Die spätere christliche Lesergemeinde fühlte sich aber durch die Dämonen der Maria Magdalena fasziniert – und nicht nur durch diese. Man setzte Maria Magdalena nämlich schon früh mit der sogenannten »großen Sünderin« gleich, die die Füße Jesu mit ihren Tränen benetzte, mit ihrem langen Haar trocknete, sie danach küßte und salbte (Lk 7,38) und von der Jesus sagte, ihr seien viele Sünden vergeben, weil sie viel geliebt habe (Lk 7,47). Daß eine unbekannte Person, wie hier die von Lukas nicht namentlich genannte Sünderin, später durch die Phantasie einen bekannten Namen erhält, ist häufig zu beobachten und haben wir als eine Gesetzlichkeit bei der Legendenbildung schon erwähnt.

Die große Sünderin und Maria Magdalena sind also nicht als ein und dieselbe Person anzusehen. Dennoch: Tertullian († nach 220) tat es (De pudic. 11), Hieronymus († 420) tat es (Praef in Os. proph.), Ambrosius († 397) tat es (lib. 6 in Luc. n. 14), Augustinus († 430) tat es (De cons. Evang. 79), Papst Gregor d. Gr. († 604) tat es (In ev. hom. 25, 1,10; 33,1). Alles das minderte das Interesse an Maria Magdalena nicht nur nicht, sondern förderte es vielmehr.

Sogar im Römischen Meßbuch fand sie unter dem 22. Juli als heilige Sünderin und sündige Heilige ihren Platz. Als im 16. Jahrhundert Faber Stapulensis († 1536) es zu bezweifeln wagte, ob die kirchlicherseits vertretene Identität der beiden Frauen aufrechtzuerhalten sei, wurde seine Schrift durch die Sorbonne verboten und auf den römischen Index gesetzt. Daß Maria Magdalena und die große Sünderin identisch sind, darf »als die Überzeugung der katholischen Kirche bezeichnet werden« (Wetzer/Welte VIII, S. 738).

Die katholische Überzeugung weiß noch manches andere von ihr zu berichten, z. B. daß sie zunächst in Sainte Baume in Südfrankreich begraben war und später endgültig in der Dominikaner-Abtei St. Maximin bei Aix beigesetzt wurde. Man weiß aber andererseits auch, daß sie in Ephesus begraben wurde, von wo Kaiser Leon VI. sie nach Konstantinopel verbringen ließ. Und schließlich wissen seit dem 11. Jahrhundert die Mönche von Vézelay auch, daß sie in ihrem Kloster begraben liegt. Unter ihrem Namen gibt es eine Reihe von Ordensgenossenschaften »zur Besserung gefallener Mädchen«.

Zurück zu den Grabbesuchen. Verschieden sind die Gestalten, denen die Frauen am Grab begegnen, verschieden auch deren Anzahl, verschieden auch die Anweisungen, die sie den Frauen geben, verschieden auch die sonstigen Erlebnisse und Reaktionen der Frauen. Bemerkenswert ist, daß nach den Synoptikern kein einziger Jünger das leere Grab gesehen hat, sondern nur Frauen. Und bei Johannes müssen Petrus und der Lieblingsjünger erst von Maria Magdalena geholt werden.

Nun zu den verschiedenen Begegnungen, die die Frauen hatten: Bei Markus ist es ein junger Mann in einem weißen Gewand: »Als sie aufblickten, bemerkten sie, daß der Stein fortgewälzt war. Und als sie in das Grab hineingingen, sahen sie auf der rechten Seite einen jungen Mann sitzen« (Mk 16,4 f.). Dieser gibt den Frauen den Auftrag, »den Jüngern und Petrus« zu sagen, daß der Auferstandene nach Galiläa vorausgehe und sich dort zeigen werde. Die Frauen aber flohen aus Furcht, und ebenso aus Furcht sagten sie entgegen dem Befehl des jungen Mannes niemandem etwas. Damit ist das Markusevangelium zu Ende. Die gewöhnlich in den Übersetzungen zu findende Fortsetzung mit der Erscheinung Jesu vor Maria Magdalena und dem globalen Verkündigungsauftrag (»Gehet hin in alle Welt...«) sowie dem kurzen Bericht über die Himmelfahrt sind nach inzwischen einhelliger Meinung der Theologen unecht und eine erst spätere Hinzufügung.

Bei Matthäus war es ein einzelner Engel, der den Frauen erschien. Dieser war zunächst noch nicht da, lediglich eine von Pilatus abkommandierte Wache, und der Stein war noch nicht fortgewälzt. Als der Engel dann vom Himmel herabstieg, verursachte er dabei ein schweres Erdbeben, ob versehentlich oder absichtlich, wird nicht gesagt, und über die Schäden und möglichen Opfer infolge dieses schweren Erdbebens wird auch nichts gesagt. Jedenfalls rollte der Engel den Grabstein an die Seite und setzte sich darauf, offenbar hatte ihn sein Tun angestrengt. »Seine äußere Erscheinung war wie ein Blitz«, und sein Gewand war, wie bei Engeln üblich, weiß wie Schnee, und die erschrockenen Wächter wurden sämtlich »wie Tote« (Mt 28,2).

Der Engel gab den Frauen den gleichen Auftrag wie der junge Mann bei Markus, und diesmal gehorchten sie, wenn auch nicht unmittelbar. Denn während sie liefen, begegnete ihnen Jesus selbst – übrigens durften die Frauen hier Jesu Füße umfassen, im Johannesevangelium später hat Jesus der Maria Magdalena dergleichen nicht erlaubt (Joh 20,17) –, und er gab ihnen noch einmal den gleichen Auftrag, den ihnen schon der Engel gegeben hatte, nämlich den Jüngern zu sagen, daß sie nach Galiläa gehen sollten, dort werde Jesus sich ihnen zeigen. So geschah es dann auch. »Die elf gingen nach Galiläa und Jesus erschien ihnen dort« (Mt 28, 16 ff.).

Bei Lukas war es nicht ein einzelner junger Mann wie bei Markus und nicht ein einzelner Engel wie bei Matthäus, bei Lukas waren es zwei Männer, allerdings auch wieder in weißen Gewändern (Lk 24,4). Im übrigen ist die Geschichte etwas anders, als wir sie bisher kennen. Von Wachen ist nicht die Rede, auch vom Erdbeben nicht. Der Stein war schon fortgerollt, und die Männer kamen erst, nachdem die Frauen eine Weile herumgerätselt hatten. Einen Auftrag erhielten sie von den Männern auch nicht, die Frauen handelten aus eigener Initiative und berichteten alles den Aposteln. Aber sie hätten sich den Weg sparen können, denn die Apostel erklärten den ganzen Bericht für Unsinn und glaubten den Frauen kein einziges Wort (Lk 24,11). Der in katholischen Übersetzungen zu findende Zusatzvers: »Petrus aber stand auf, lief zum Grabe, bückte sich hinein und erblickte nur die Leinenbinden; voll Verwunderung über diese Tatsache ging er fort« (Lk 24,12) ist unecht. Es handelt sich hier um eine spätere schönfärberische Manipulation zur Ehrenrettung des Petrus.

Die Sache mit Galiläa war laut Lukas ganz anders als bei Matthäus und Markus. Jesus erschien seinen Jüngern keineswegs in Galiläa, sondern in Jerusalem (Lk 24, 36 ff.), und er sagte ihnen ausdrücklich, nicht aus Jerusalem wegzugehen, sondern in Jerusalem auch noch den Heiligen Geist abzuwarten (Apg 1,4). Wären sie also nach Galiläa gegangen, hätten sie nach Lukas bei solchem organisatorischen Chaos der Anweisungen Jesu bzw. der Engel Jesus glatt verpaßt.

Die Engel unterschieden sich also nicht nur in ihren Anweisungen, wohin die Jünger gehen sollten, um Jesus zu sehen, sondern auch in ihrer Anzahl und in ihrem Äußeren. Bei Markus war es ein einzelner junger Mann. Da man hinter einem jungen Mann nicht gleich einen Engel vermutet, trug er als Engel-Kennzeichen ein weißes Kleid. Bei Matthäus war es ein einzelner Engel, der aber diesmal nicht aussah wie ein junger Mann, sondern wie ein Blitz. Dann bei Lukas zwei Männer, also verglichen mit dem ersten jungen Engel-Mann schon etwas ältere Engel-Männer, ebenfalls in weißen Kleidern. Dies scheint eine Art Engelsuniform zu sein, und schließlich bei Johannes zwei Engel, die aber weder wie junge Männer aussahen noch wie Männer, noch wie Blitze, sondern einfach wie einfache Engel.

Es fällt auf, daß bei der Auferstehung Jesu kein so großer und bedeutender Engel auftritt wie in den Verkündigungsszenen bei

Maria und Zacharias, in denen der Engel Gabriel erscheint, der sonst vor Gott steht. Dabei war die Auferstehung Jesu doch ein mindestens ebenso wichtiges Ereignis wie die Geburt des Täufers. Allenfalls der Engel, der wie ein Blitz aussah, mag ein etwas höhergestellter Engel gewesen sein. Daß er gewaltiger war als die anderen, deutet auch die Tatsache an, daß er bei seinem Nahen ein Erdbeben veranstaltete. Aber von diesem Engel abgesehen waren es sämtlich Engel wie du und ich.

Die Engel im Johannesevangelium sind zudem etwas mundfaul. Denn das Johannesevangelium unterscheidet sich von den Synoptikern dadurch, daß die Engel im Grab nicht die Auferstehung Christi verkündigen, sondern lediglich Maria Magdalena fragen, warum sie weine. Aber nachdem Maria den Grund genannt hat, reagieren die Engel nicht weiter und geben keine Erklärung für das Verschwinden des Leichnams. Und damit sind wir wieder bei der Szene am Anfang dieses Kapitels. Und so endet die Geschichte doch noch gut und nicht mit der tiefen ausweglosen Ratlosigkeit einer Frau. Denn dann steht Jesus da, fragt ebenfalls, warum sie weint, und nennt ihren Namen. Und er erklärt zwar auch nichts. Aber jetzt bedarf es keiner Erklärung mehr.

10. Kapitel

Himmelfahrt

»Während er mit ihnen aß, befahl er ihnen, nicht aus Jerusalem wegzugehen, sondern die Botschaft des Vaters abzuwarten, die ihr von mir gehört habt. Johannes hat mit Wasser getauft, ihr aber werdet mit dem Heiligen Geist getauft werden nicht lange nach diesen Tagen. Die Anwesenden fragten ihn: Herr, wirst du in dieser Zeit das Königreich Israel wiederherstellen? Er antwortete ihnen: Es ist nicht eure Sache, Zeit und Stunde zu wissen, die der Vater nach seiner Macht festgesetzt hat. Aber ihr werdet Kraft empfangen, wenn der Heilige Geist auf euch kommt. Und ihr werdet meine Zeugen sein in Jerusalem und in ganz Judäa und Samaria und bis zum Äußersten der Erde. Sprach es und wurde vor ihren Augen hochgehoben, und eine Wolke nahm ihn auf, so daß er ihren Blicken entschwand« (Apg 1,4 ff.).

Das ist die ganze Schilderung der Himmelfahrt Jesu in der Apostelgeschichte. Die Wiedergabe der Worte Jesu ist etwas verworren, indirekte und direkte Rede gehen ineinander über. Auch thematisch geht es etwas ungeordnet zu, zwischen die Taufe mit dem Heiligen Geist und die Kraft des Heiligen Geistes ist eine Erörterung über den Termin der Errichtung des Königreichs Israel eingefügt. Man wundert sich, daß ein so großer Erzähler wie der Autor von Lukasevangelium und Apostelgeschichte die ganze Passage ohne jede Sorgfalt zusammengestückelt hat.

Vermutlich benutzt Lukas die Himmelfahrt nur als ein literarisches Hilfsmittel, gewissermaßen als Prolog zu den danach von ihm geschilderten Ereignissen. Sie ist ihm Einleitung und Übergang zu den Aposteltaten, zunächst zu den Pfingstereignissen. Jesus ist dabei lediglich eine Art Ansager des im 2. Kapitel folgenden Wunders von Pfingsten, und die »40 Tage« (Apg 1,3) sind nur Füllmaterial für die Zeit seit Ostern. Lukas will, von der für ihn wichtigen Ansagerfunktion Jesu abgesehen, Jesus rasch in den Himmel abschieben, um sich dem kommenden Heiligen Geist und den kommenden kirchlich-irdischen Geschehnissen zuzuwenden. Die Jesusgeschichte ist zu Ende, jetzt beginnt die Kirchengeschichte.

Aber wie auch immer: Während eines Essens ist Jesus in den Himmel aufgefahren. Und er hätte doch wenigstens erst zu Ende essen sollen. Wir, die wir unten auf der Erde stehen und ihm nachsehen, sind ein wenig ratlos ob solch wagemutigen Himmelfahrt-Unterfangens. Denn eine solche Reise ist mühsam, auch wenn Jesus vorher noch etwas zu sich nahm, und sie ist zeitraubend. Wir wissen nicht, wie schnell Jesus fuhr oder flog, und ob seine Fahrt sich beschleunigte. Aber selbst wenn die Fahrt schließlich mit Lichtgeschwindigkeit erfolgte, ist der nächste Himmel doch mindestens einige Milliarden Lichtjahre entfernt, und so ist auf jeden Fall richtig, was der katholische Neutestamentler Gerhard Lohfink in seinem kleinen, aber feinen Buch »Die Himmelfahrt Jesu – Erfindung oder Erfahrung« (1972) als scherzhafte Überschrift über eines seiner Kapitel setzt: »Er fliegt immer noch«.

Aus dem Bericht des Lukas ist übrigens zu schließen, daß die letzte Mahlzeit, die Jesus vor seinem Himmelsflug noch zu sich nahm, im Freien stattfand. Nicht, daß Jesus nicht auch aus einem Zimmer durch die Zimmerdecke und das Dach hätte in den Himmel fahren können, aber das Hinaufschauen der Jünger, dem Emporsteigenden nach, wäre doch schwieriger gewesen.

David Friedrich Strauß bemerkt zu dem ganzen Himmelfahrtsbericht ebenso bissig wie treffend: »Wer zu Gott und in den Bezirk der Seligen kommen will, der, das wissen wir, macht einen überflüssigen Umweg, wenn er zu diesem Behuf in die höheren Luftschichten sich emporschwingen zu müssen meint, und diesen wird Jesus ... gewiß nicht gemacht haben, noch Gott ihn denselben haben machen lassen. Man müßte also nur etwa eine göttliche Accomodation (Angleichung) an die damalige Weltvorstellung annehmen und sagen: um die Jünger von dem Zurückgang Jesu in die höhere Welt zu überzeugen, habe Gott, obgleich diese Welt der Wirklichkeit nach keineswegs im oberen Luftraum zu suchen sei, doch das Spektakel einer solchen Erhebung veranstaltet; was aber Gott zum täuschenden Schauspieler machen heißt« (Das Leben Jesu, Bd. II, 1837, S. 678 f.).

Nach der eigentlichen Himmelfahrt Jesu erscheinen in der Apostelgeschichte plötzlich zwei Männer in den bekannten weißen Gewändern. Inzwischen sind wir mit solchem Anblick schon vertraut. Aber nur die Ehrfurcht vor Engeln hindert den Leser, die Frage, die die Engel stellen, dumm zu finden: »Männer aus Galiläa, was steht ihr da und schaut zum Himmel?« Auch Engel könnten wissen, daß eine Himmelfahrt allemal Grund genug ist, zum Himmel zu schauen. Und auch für einen Tadel, wie er in der Engel-Frage steckt, gibt es keinen Grund. Deswegen geben ihnen die Männer aus Galiläa auch gar keine Antwort.

Heute schaut niemand mehr am Himmelfahrtstag hoch zum Himmel, heute schauen eher manche an diesem Tag zu tief ins Glas. Denn dieses Fest der Himmelfahrt Jesu (vermutlich wäre es richtiger, von einem »Himmelsflug« zu sprechen, wie man ja auch von Engeln sagt, daß sie fliegen, nicht etwa, daß sie fahren) wird heute im säkularen Raum häufig als »Vatertag« bezeichnet und gefeiert. Dabei ist es nicht auf die Väter beschränkt, eigentlich ist es so etwas wie ein Männertag. Darum ist Himmelfahrt heute, wenn Männer sich zusammenfinden, nicht selten ein Fest voll angeregter Lautheit und männlicher Sangesfreude und voller Wein- oder Bierseligkeit. Es ist verständlich, daß die Kirche darin eine Entspiritualisierung des eigentlich christlichen Sinngehalts dieses Festes erblickt.

Dabei hat solches männerbündische Gemeinschaftserlebnis durchaus insofern eine solide biblische Grundlage, als auch die biblische Himmelfahrt – wie auch das biblische Pfingsten – eine reine Männersache war. Frauen waren nicht dabei. Sogar die Engel, die anschließend an Jesu Startrampe erscheinen, sind ausdrücklich »Männer«. Die Diskriminierung der Frauen in der Kirche war in vollem Gange: Frauen waren zwar noch Zeugen der Auferstehung, aber nicht Zeugen der Himmelfahrt.

Dabei saß z. B. »mit den Frauen« die Mutter Jesu »einen Sabbathweg weit« (= 880 Meter) entfernt (Apg 1, 12–14) in einem Zimmer im ersten Stock eines Hauses in Jerusalem, wohin die Männer-Jünger nach der Himmelfahrt zurückkehrten, und hätte auch gern an dem letzten Mahl ihres Sohnes teilgenommen und ihm zum Abschied zum letzten Mal nachgewinkt.

Glücklicherweise werden die Frauen nur durch den Berichterstatter des Ereignisses so gefühlsarm ignoriert, nicht durch Jesus selbst. Denn der Bericht über eine »Himmelfahrt« Christi nach 40 Tagen ist eine bloße Legende.

Himmelfahrten hat es schon vor und hat es auch neben Jesus gegeben. Gerhard Lohfink verweist auf die bei dem römischen Historiker Livius geschilderte Himmelfahrt des zu göttlicher Verehrung gelangten Gründers der Stadt Rom, Romulus: »Romulus hielt eines Tages vor den Mauern der Stadt eine Volksversammlung ab, um das Heer zu mustern. Da brach plötzlich ein Unwetter los, das den König in eine dichte Wolke einhüllte. Als sich die Wolke verzogen hatte, war Romulus nicht mehr auf Erden. Er war in den Himmel aufgefahren« (a. a. O., S. 9).

Lohfink führt noch andere Himmelfahrten an: »Ähnliche Himmelfahrtsgeschichten wurden in der Antike auch von anderen berühmten Männern erzählt, z. B. von Herakles, Empedokles, Alexander d. Gr. und Apollonius von Tyana. Charakteristisch ist die Szenerie von Zuschauern und Zeugen, vor deren Augen der Betreffende entschwindet. Oft wird er von einer Wolke nach oben getragen oder von einer Finsternis eingehüllt, die ihn den Blicken der Menschen entzieht. Nicht selten geschieht das Ganze auf einem Berg oder einem Hügel« (a. a. O., S. 7 f.). So gesehen war die Himmelfahrt Jesu nichts Ungewöhnliches. Und auch Jesus stieg von einem Berg aus, dem Ölberg nämlich, in den Himmel auf. Von einem Berg aus ist es ja auch bis zum Himmel etwas weniger weit.

In der Urkirche entstand die Legende der Himmelfahrt erst relativ spät, und zwar als Abschluß der Legende vom Erdenwandeln des toten Jesus. Paulus, der nichts von einem leeren Grab weiß, weiß auch noch nichts von einer Himmelfahrt. Für ihn ist Auferstehung und Himmelfahrt eins. Römer 1,4: »Eingesetzt in Macht seit der Auferstehung«. Gerhard Lohfink kommt in seinem Aufsatz »Der historische Ansatz der Himmelfahrt Christi« mit Recht zu dem Ergebnis: »Von einer eigenen Himmelfahrt, die sich nach schon vollendeter Auferstehung vor den Jüngern abgespielt habe, finden wir bei Paulus keine Spur« (Catholica 1/1963, S. 49).

Und auch die vier Evangelien erwähnen die Himmelfahrt nicht. Die entsprechenden Berichte bei Markus gehören zu dem unechten Schluß, der erst später angefügt wurde. Der echte Text endet (Mk 16,8) mit der Furcht der Frauen. Bei Matthäus spricht der Auferstandene bei seiner Erscheinung in Galiläa: »Mir ist gegeben alle Gewalt im Himmel und auf Erden...« (Mt 28,18). Das heißt: Der Auferstandene ist der bereits in den Himmel Erhöhte. Mit dieser Erscheinung des Auferstandenen endet das Matthäusevangelium.

Bei Johannes wird schon der Tod Jesu am Kreuz als seine Erhöhung (in den Himmel) bezeichnet: »Und wenn ich von der Erde erhöht bin, werde ich alle zu mir ziehen. Dies sagte er aber, um anzudeuten, welchen Todes er sterben würde« (Joh 12,32 f.; vgl. 3,14; 8,28). Das Johannesevangelium endet mit einer letzten Begegnung der Jünger mit dem auferstandenen Jesus am See Tiberias – was eigentlich nicht zu der johanneischen Auffassung paßt, der Tod sei schon die Erhöhung in den Himmel. Aber jedenfalls eine Himmelfahrt kennt Johannes nicht.

Der Himmelfahrtsbericht im Lukasevangelium ist unecht. Die Sätze »und er wurde zum Himmel aufgenommen« sowie »sie fielen anbetend vor ihm nieder« (Lk 24,51 f.) fehlen in wesentlichen alten Handschriften und sind darum auch nicht in den griechischen Urtext des Neuen Testaments von Nestle, den evangelische und katholische Theologen benutzen, aufgenommen. Die Himmelfahrt paßt auch nicht zum übrigen Lukasevangelium: Der Gekreuzigte sagt zu einem der Mitgekreuzigten: »Heute noch wirst du mit mir im Paradiese sein« (Lk 23,43). Und Lk 24,26 sagt der Auferstandene zu den Emmausjüngern: »Mußte nicht Christus solches leiden und so in seine Herrlichkeit eingehen?« Das heißt: Jesus, der Auferstandene, ist bereits der in den Himmel Gefahrene, der Erhöhte.

In katholischen Übersetzungen wie auch in der evangelisch-katholischen »Einheitsübersetzung« sind die später in das Lukasevangelium eingefügten Verse (24,51 f.) gleichwohl fest verankert. Aber selbst wenn man diese Stelle im Lukasevangelium als echt ansähe – auch Lohfink hält sie für echt –, hätten wir doch immer nur den einen und einzigen Berichterstatter, eben den einen und selben Autor von Lukasevangelium und Apostelgeschichte. Und er wäre zudem ein Zeuge, der sich selbst widerspricht, denn im Lukasevangelium findet die Himmelfahrt (Lk 24,50 ff.) zu einer anderen Zeit und an einem anderen Ort statt als in der Apostelgeschichte, nämlich am Auferstehungstag und nicht erst nach 40 Tagen und in Bethanien und nicht auf dem Ölberg.

Wir wissen zwar nicht genau, wo Bethanien lag, aber die Entfernung Jerusalem – Bethanien betrug nach dem Johannesevangelium 15 Stadien (Joh 11,18), und die Entfernung Jerusalem – Ölberg betrug nach Josephus fünf Stadien (Jüd. Altertümer 20,8,6). Demnach lag Bethanien 2664 Meter von Jerusalem entfernt, während es vom Ölberg bis Jerusalem 888 Meter waren. Letzterem entspricht, daß in der Apostelgeschichte die Entfernung Ölberg – Jerusalem ausdrücklich mit einem »Sabbathweg« (Apg 1,12) angegeben ist. »Sabbathweg« meinte die Entfernung, die ein Jude am Sabbath zurücklegen durfte, ohne das Gebot der Sabbathruhe zu verletzen: 2000 Ellen = ca. 880 Meter.

Da man das Schweigen des Paulus und der Evangelien (von mindestens drei Evangelien) nicht als Verschweigen werten kann, ist der Schluß naheliegend, daß die Himmelfahrt für sie ein unbekanntes Ereignis war und daß erst in der gegen Ende des 1. Jahrhunderts entstandenen Apostelgeschichte diese Legende zum Tragen kam. Bei der Himmelfahrts-Erzählung hat, wie schon gesagt, eine frühere Legende eine spätere Legende nach sich gezogen: Die Legende vom leeren Grab, die einen erneuten körperlichen Wandel Jesu auf Erden erzählte, mußte zu einem Abschluß gebracht werden, denn Jesus wandelt ja nicht seit zweitausend Jahren als ewiger Jude unter uns.

Der evangelische Neutestamentler Werner Georg Kümmel schreibt: »Während die älteste urchristliche Überlieferung die Auferstehung Christi als Erhöhung zu Gott versteht, setzt die Erzählung der Lukas-Schriften von der Himmelfahrt Christi die Rückkehr des Auferstandenen in ein irdisches Leben voraus, das durch die Himmelfahrt Christi beendet wird … Die Erzählung von der Himmelfahrt Christi ist … eine dem ursprünglichen Glauben an die Auferstehung Christi gegenüber sekundäre späte Legende, die mit dem zentralen urchristlichen Glauben an die Auferstehung und Erhöhung Christi in Spannung steht und als Materialisierung dieses Glaubens einer Mythenkritik unterworfen werden muß« (in: RGG, Bd. 3, 1959, S. 335).

Mag auch, wie man allgemein annimmt, der Verfasser der Apostelgeschichte die Zeitangabe von den 40 Tagen nur als symbolische Zahl und nicht als genaue Terminbestimmung verstanden haben: Sobald man die 40 Tage im Sinne eines irgendwie auch langen oder kurzen Zeitraums nach der Auferstehung versteht, hat man Auferstehung und Himmelfahrt mißverstanden. Wie die Auferstehung Christi nicht ein Ereignis bedeutete, das irgendwann nach seinem Tode in der Zeit geschah (»am dritten Tag«), sondern unmittelbar in seinem Tode erfolgte, so unmittelbar in seinem Tode erfolgte die Erhöhung Christi. Das Wort »Himmelfahrt« sollte man nur als Bezeichnung eines legendären Ereignisses verwenden. Die wahre Erhöhung Christi ist keine »Himmelfahrt«. Halten wir also fest: Tod, Auferstehung und Erhöhung Christi sind ein einziges Ereignis, ein einziger Augenblick.

Himmelfahrt Christi bedeutet anderes und mehr als eine Bewegung von einem Ort an einen anderen Ort, sei er oben oder unten oder rechts oder links. Himmelfahrt ist nicht ein raketengleicher Aufstieg durch das Universum, der dahin führt, wo vielleicht jenseits der Welt ein Himmelsort läge. Himmelfahrt bedeutet nicht das Jenseits der Welt, sondern, ebenso wie Auferstehung, das Jenseits des Todes: die endgültige Offenheit einer Zukunft. Himmelfahrt läßt sich nicht durch Ortsveränderung beschreiben und nicht als Ereignis in der Zeit irgendwann nach Tod und Auferstehung fixieren. Weil es kein Ereignis in der Zeit ist, wie es keines im Raume ist, ist der Auferstandene mit der »Himmelfahrt« nicht fortgegangen bzw. weggefahren bzw. weggeflogen, er ist vielmehr der endgültig Nahe geworden.

Wie Auferstehung und Erhöhung Christi der platten Datierung und naiven Lokalisierung, mit der sie in der amtlichen Verkündigung und in der kirchlichen Liturgie dargeboten werden, entzogen werden können, ist ein unlösbares Problem, solange man amtlicherseits aus Ignoranz oder aus Angst vor dem Denken keine Anstalten macht, sich um ein tieferes Verständnis dessen zu bemühen, was Christentum ist und will. Auf die Dauer aber werden auch viele sogenannte einfache Bibelleser sich nicht mit alten Beruhigungen einschläfern lassen, wenngleich andere Bibelleser eben das beabsichtigen.

Der katholische Theologe Franz Joseph Schierse schildert die Schwierigkeiten des Religionslehrers mit den Bibellesern richtig, seine Schlußfolgerungen allerdings sind falsch. Er schreibt: »Den Text, die Botschaft ... der Apostelgeschichte beginnt man erst dann zu verstehen, wenn man die Ebene historisch-kritischer Fragestellung übersteigt ... Seit dem Aufkommen der historisch-kritischen Methode, also seit 200 Jahren, haben sich auch einfache Bibelleser zunehmend das ›Gesetz des Denkens‹ von einer als rationalistisch verschrienen Wissenschaft aufzwingen lassen. Nur so ist es zu erklären, daß man in der kirchlichen Bibelarbeit wie im Religionsunterricht meist an der Frage hängen bleibt: Was ist geschehen und wie ist es geschehen, bzw. ist das Erzählte auch tatsächlich so geschehen? Die Bibelleser sind erst beruhigt, wenn man ihnen glaubhaft versichert, daß der betreffende Text, diese oder jene Geschichte wirklich von historischen Tatsachen berichtet. Würde man ihnen zum Beispiel sagen, es sei höchst zweifelhaft, ob die Apostel mit ihren eigenen Augen gesehen haben, wie der auferstandene Jesus zum Himmel emporgehoben wurde (Apg 1, 9–10), entstände lebhafte Unruhe. Der Referent oder Religionslehrer müßte sich den Vorwurf mangelnder Gläubigkeit gefallen lassen« (Geschichte und Geschichten, in: Bibel und Kirche 2/1976, S. 35).

Schierse sieht das nur halb richtig. Er sieht nämlich die Schuld bei der historisch-kritischen Auslegung. Diese ist in seinen Augen eine Zwangsjacke, von der sich der »einfache Bibelleser« etwas »aufzwingen läßt«, insofern sie seinen Blick einengt auf die Frage: Sind die Dinge so passiert oder nicht? Schierse sieht nicht, daß die historisch-kritische Forschung eine Befreiung des Bibellesers von dem Zwang, den Text der Bibel wortwörtlich verstehen zu müssen, bedeuten kann. Die historisch-kritische Forschung ist zwar, darin hat Schierse recht, nur ein Anfangsschritt auf der unteren Ebene des Verstehens, aber sie ist immerhin ein Schritt in die richtige Richtung, »den Text... zu verstehen«, nachdem man »die Ebene historisch-kritischer Fragestellung« überstiegen hat. Daß es aber gar nicht dazu kommt, daß der »einfache Bibelleser« die »Ebene der historisch-kritischen Fragestellung« verlassen kann, weil es ihm nicht gestattet ist, die »Ebene der historisch-kritischen Fragestellung« überhaupt zu betreten, dafür sorgt der amtlich katholische, episkopale, päpstliche Machtspruch: Alles sei historisch so, wie die Bibel es schildert, auch wirklich passiert.

Der »einfache Bibelleser«, der hartnäckig fragt, ob alles wirklich so passiert sei, wie es in der Bibel steht, bekommt von den Theologen meistens nur unbefriedigende Antworten, denn ein Theologe, der die Zweifel des Bibellesers zu sehr versteht, womöglich teilt, gerät u. U. in Schwierigkeiten und verliert seine kirchliche Lehrbefugnis. Bei der Himmelfahrtsgeschichte allerdings ist die katholische Hierarchie noch etwas großzügiger, weil ihr diese Wundergeschichte für die Aufrechterhaltung der katholischen Hierarchie weniger notwendig scheint. Aber es gibt Gefahrenzonen. Die Jungfrauengeburt z. B. ist für die zölibatäre Herrschaft der Junggesellen unentbehrlich. Vor allem sie muß deshalb historisch und biologisch und in wortwörtlichem Sinn verstanden und darf keinesfalls als zeitbedingtes Vorstellungsmodell gedeutet werden.

Die Einsicht, daß der christliche Glaube nicht ein Glaube an Legenden oder Märchen ist, daß er Wesentlicheres zum Inhalt hat als das unbedingte Wörtlichnehmen einiger neutestamentlicher Top-Wundergeschichten, wird von der katholischen Hierarchie nicht geteilt und ist deswegen den sogenannten einfachen Gläubigen oft gänzlich unbekannt. Nicht selten sogar ist diesen einfachen Gläubigen eine solche Einsicht inzwischen unerwünscht, nachdem sie durch die zweitausendjährige kirchliche Märchenverkündigung desinformiert, deformiert und infantilisiert worden sind.

11. Kapitel

Pfingsten

Der Verfasser der Apostelgeschichte ist der phantasiereichste neutestamentliche Märchen- und Legendenerzähler. Er ist identisch mit dem Verfasser des Lukasevangeliums, das geht aus den Einleitungen der beiden Werke hervor (Lk 1,1–3 und Apg 1,1 f.). Und so verdanken wir ihm so schöne Märchen wie das von Bethlehem mit dem Kind in der Krippe, vom zwölfjährigen Jesus im Tempel, davor schon das von Zacharias und Elisabeth usw. bis zu der Himmelfahrt nach 40 Tagen. Und nun bringt er kurz vor dem Jahr 100 (= Entstehungsdatum der Apostelgeschichte) das Pfingstwunder, wovon weder Paulus noch die anderen Evangelisten etwas berichten.

Vor diesem Pfingstwunder läßt Lukas zunächst eine Apostelnachwahl stattfinden – wegen des angeblichen Verrats und Todes des Judas. Jesus selbst hatte während seines 40tägigen nachösterlichen Erdenwandels keine eigene Wahl getroffen, offenbar hatte er das nicht als erforderlich erachtet. Die Apostel hingegen hielten eine solche Wahl um eines Psalmverses willen (»Sein Amt empfange ein anderer«, Ps 109,8) für notwendig. Natürlich hat der Verfasser des Psalmverses nicht im Traum an eine Apostelnachwahl Jahrhunderte später gedacht. Zu diesem Anlaß hielt Petrus eine Rede, bei der er, der aramäisch zu Aramäisch sprechenden Juden spricht, sonderbarerweise von der Sprache der Juden als von »ihrer Sprache« (Apg 1,19) redet wie von der fremden Sprache eines fremden Volkes, was die ganze Rede als eine aus späterer Sicht und von einem anderen Autor konstruierte erweist.

Gewählt wurde ein Jünger mit Namen Matthias, der hier aus der Versenkung gezaubert wird, um gleich wieder in derselben zu verschwinden. Denn niemals vorher oder nachher hat man je etwas von ihm gehört, wenn man von einigen späteren Legenden und der Kaiserinmutter Helena absieht, die einen ganz besonderen Geruchssinn für vergrabene Heilige und heilige Sachen gehabt haben muß und demgemäß auch den Apostel Matthias entdeckte, ausgrub und nach Rom bringen ließ. Ein Teil von ihm liegt nun in Trier, ein anderer in Rom.

Das Pfingstfest war ein turbulentes Geschehnis. »Alle« waren beisammen (Apg 2,1). Wer diese »alle« sind, steht kurz vorher in Apg 1,15 f.: »etwa 120 Personen«, nur Männer übrigens, denn sie werden von Petrus mit »Brüder« angeredet (Apg 1,16). Und es wird vorher klargestellt, daß Petrus sich »mitten unter den Brüdern« befand (Apg 1,15). Und es kam vom Himmel ein Schall oder ein Brausen, und dieses Brausen brauste in das Haus und füllte das ganze Haus eben mit Brausen. Das bisher nur Hörbare wurde dann auch sichtbar: Und plötzlich wurden Zungen wie von Feuer sichtbar, und auf jeden der Teilnehmer der Versammlung senkte sich eine solche Zunge herab, und sie begannen in vielen verschiedenen Zungen (d. h. Sprachen) zu sprechen. Nicht nur die Apostel bekommen den Heiligen Geist, sondern »alle Anwesenden«, nämlich die Brüder (Apg 2,3).

Zu Pfingsten, dem zweiten der drei großen Wallfahrtsfeste der Juden, strömten große Massen jüdischer Pilger nach Jerusalem. Diese Diasporajuden, die als »gottesfürchtige Männer aus jedem Volk unter dem Himmel« bezeichnet werden (Apg 2,5) und die draußen vor dem Haus sich versammelten, hörten die ca. 120 Christenmänner drinnen in ihrer Heimatsprache reden: »Sind diese, die da sprechen, nicht Galiläer? Und wir hören sie in unserer eigenen Sprache reden.«

Die vielen Sprachen, die die versammelten 120 Männer sprechen, werden in einer langen Reihe aufgezählt. Es ist keine aktuelle und zutreffende Aufzählung von Sprachen. Die Meder und Elamiter,

die in der Aufzählung genannt werden, waren längst aus der Weltgeschichte verschwunden. Und daß auch »Judäa« und seine Sprache
als Ausland und als ausländische Sprache angeführt wird (Apg 2,9),
obwohl die Pfingstszene in Jerusalem, der Hauptstadt von Judäa,
spielt, zeigt, daß das ganze Pfingstgeschehen ein aus späterer, hei-
denchristlicher Sicht konstruiertes Ereignis ist. Außerdem: »In
Wirklichkeit ist es höchst unwahrscheinlich, daß irgendein Diaspo-
rajude solche Landessprachen verstanden hätte, wie sie in den entfernteren Gegenden des Mittleren Ostens fortlebten... Tatsächlich
sprachen die Juden in den aufgezählten Gebieten entweder aramäisch oder griechisch« (Ernst Haenchen, Die Apostelgeschichte,
1977, S. 171).

Griechisch war die damalige Weltsprache seit etwa Alexander d.
Gr. († 323 v. Chr.) bis ca. 200 n. Chr. Griechisch wurde zur Zeit
Jesu vom Tiber bis zum Tigris und darüber hinaus gesprochen, und
zwar von allen Geschäftsleuten, Politikern, Offizieren und überhaupt Karrierebewußten. Kaiser Tiberius (14–37 n. Chr.), unter
dem Jesus gekreuzigt wurde, schrieb griechische Gedichte. Rom
war damals zweisprachig: Griechisch-Lateinisch. In Vorderasien
drängte das Griechische die aramäische Sprache, die bis dahin die
Sprache der gesamten vorderasiatischen Welt (seit ca. 500 v. Chr.)
gewesen war, immer mehr zurück. Das Aramäische zur Zeit Jesu
war mehr oder weniger zur Sprache des Volkes, d. h. der Analpha-
beten des vorderasiatischen Raums, herabgesunken. Nicht nur Jerusalem, sondern viele, auch einfache Juden waren zweisprachig:
Griechisch-Aramäisch.

Bei der von Lukas berichteten Vielsprachigkeit dachten manche
Leute draußen, die Versammelten seien betrunken (Apg 2,13). Aber
dann stand Petrus auf und erklärte den Leuten, das sei nicht Trun-
kenheit, da es ja erst 9 Uhr morgens sei, sondern es sei die Wirkung
des Heiligen Geistes. Und er erzählte ihnen u. a., daß sie, die zuhörenden »israelitischen Männer«, Jesus umgebracht hätten (Apg
2,22 f.), daß dieser aber auferstanden sei (von Himmelfahrt sagte er
nichts, obwohl diese gerade zehn Tage zuvor stattgefunden haben

soll). Dann habe Jesus vom Vater den Heiligen Geist empfangen und nunmehr, wie zu hören und zu sehen sei, denselben ausgegossen.

Petrus fügt natürlich auch in seine Pfingstrede eine Fülle von Zitaten aus dem Alten Testament ein, wie ja für die neutestamentlichen Schriftsteller und ihre Missionsarbeit ein wichtiges Anliegen dieses war: Jesus, sein Leben und vor allem sein Sterben, das ihn in den Augen vieler als Gescheiterten und Verworfenen hätte erscheinen lassen können, als schon in der jüdischen Bibel (für uns das Alte Testament) geweissagt darzustellen und damit die Christen als die Erben der jüdischen Bibeltradition zu beweisen.

Und viele Zuhörer bekehrten sich und ließen sich taufen, es waren ca. 3000 »Seelen« (Apg 2,41. »Seele« ist ein alttestamentlicher Ausdruck für »Person«), sämtlich Männerseelen, da sie mit »Brüder« angeredet wurden (Apg 2,29). Das ganze Pfingstfest war überhaupt ein reines Männer- und Verbrüderungsfest, denn vor ihrer Taufe hatten die 3000 zuhörenden Brüder die 120 vielsprachigen Brüder gefragt: »Was sollen wir tun, ihr Brüder?« (Apg 2,37).

Pfingsten ist nicht die einzige Geistherabkunft in der Apostelgeschichte. Der Geist kommt immer wieder herab, manchmal auf einzelne, manchmal auch auf eine ganze Gruppe. Solche Geistempfänger sind die Bewohner Samarias (Apg 8,17), ferner die Zuhörer bei einer Predigt des Petrus in Cäsarea, die daraufhin in Zungen redeten (Apg 10,44 ff.). Zungenreden ist ein unverständliches Reden im Zustand der Ekstase. Es ist eine den Eindruck von Geistesgestörtheit erweckende religionsgeschichtliche Erscheinung, die auch in der Urkirche sich verbreitete. Paulus berichtet darüber im ersten Korintherbrief (14). Ferner empfingen den Geist etwa zwölf Männer in Ephesus, die dann auch in Zungen redeten und außerdem noch weissagten (Apg 19,6). Das eigentliche Pfingsten unterscheidet sich also nur dem Datum nach von den anderen Geistherabkünften, der Sache nach gibt es in der Apostelgeschichte viele Pfingsten.

Eines dieser Ereignisse verdient besondere Aufmerksamkeit,

nämlich die Geistesabkunft auf die Heiden (Apg 10,44). Sie ist ein weit einschneidenderes Geschehen als das Pfingstfest in Jerusalem. Denn für die universale Ausbreitung der Kirche wichtig war nicht so sehr, daß die Apostel und übrigen anwesenden Judenmänner mit dem Heiligen Geist erfüllt wurden, sondern der Umstand, daß der Heilige Geist auch auf Heiden herabkam. Darüber waren die Judenchristen trotz des Heiligen Geistes, den sie bereits erhalten hatten, völlig entgeistert: »Noch während Petrus redete, kam der Heilige Geist auf alle herab, die das Wort hörten. Die gläubig gewordenen Juden, die mit Petrus gekommen waren, konnten es nicht fassen, daß auch auf die Heiden die Gabe des Heiligen Geistes ausgegossen wurde. Denn sie hörten sie in Zungen reden und Gott preisen« (Apg 10,44). An der Fassungslosigkeit der Judenchristen sieht man, wie einschneidend das Ereignis war. So muß man genaugenommen von einem Pfingsten der Juden in Jerusalem und einem bis dahin unerhörten Pfingsten der Heiden in Cäsarea sprechen.

Interessant an diesem Pfingsten in Cäsarea ist, daß es ein römischer Offizier war, wörtlich ein »Hundertschaftsführer«, lateinisch »Centurio«, was etwa unserer Hauptmannsbezeichnung entspricht, der an der Spitze derer genannt wird, die den Heiligen Geist erhalten, und zwar ein Offizier mit Namen Cornelius. In Cäsarea am Meer hatte der römische Prokurator seinen Amtssitz und befand sich eine römische Garnison. Es fällt auf, daß der Heilige Geist eine gewisse Schwäche für zwei Arten von Führungsspitzen hat, für kirchliche und militärische. Das blieb in der Kirchengeschichte nicht ohne Folgen. Denn seit in Jerusalem die kirchliche und in Cäsarea die militärische Spitze (eine höhere römische Militärspitze stand im Moment nicht zur Verfügung) den Heiligen Geist erhalten haben, haben beide Spitzen durch die ganze Geschichte, zwar vielleicht nicht immer im Heiligen Geist, so doch immer wieder im gleichen Geist zusammengearbeitet.

Es gab also in der Apostelgeschichte viele Pfingsten, kleinere und größere. Darin läßt sich eine Tendenz des Verfassers feststellen, den Beginn einer Zeit der Kirche zu beschreiben. Zwar hatte Jesus (irrtümlich) das Kommen des Reiches Gottes in allernächster Zukunft erwartet: »Wahrlich, ich sage euch, dieses Geschlecht wird nicht vergehen, bis alles geschehen sein wird« (Lk 21,32), aber nachdem das Reich Gottes ausblieb, haben sich die Christen mit der Ausdehnung der Endzeit zu arrangieren verstanden. Der Verfasser der Apostelgeschichte wendet sich nach dem Bericht über die Himmelfahrt Jesu, mit dem er die Zeit des Messias abgeschlossen sein läßt, nun endgültig dem neuen Horizont zu, nämlich der vom Heiligen Geist unterstützten und zur Anteilnahme am Heiligen Geist führenden Tätigkeit der Apostel und der Kirche insgesamt.

Die amtliche Kirche hat aus dem trotz der Feuerzungen ziemlich obskuren Pfingstereignis reichen Nutzen gezogen. Sie sieht diesen Tag als ihren Gründungstag. In Schotts Römischem Meßbuch ist zu lesen: »Pfingsten ist der Gründungstag, die feierliche Einweihung der von Christus gestifteten Kirche.« Die Kirchenführung sieht noch mehr Gewinn für sich. Das Meßbuch fährt also fort: »Der Heilige Geist ist vom ersten Pfingsttage an die Seele der heiligen Kirche, des mystischen Leibes Christi; er belebt, leitet, lehrt und bewahrt sie vor jedem Irrtum.« Soll heißen, daß seit diesem Tag die Kirche, und das bedeutet natürlich: die Führung der Kirche, unfehlbar ist.

Es ist kein Zufall, daß Johannes Paul II. in Radio Vatikan sozusagen jahraus, jahrein in immer mehr und zum Teil unverständlichen Sprachen (besonders unverständlich ist das päpstliche Englisch) von Pfingsten und Priestertum redet. Durch dieses Fest nämlich fühlt er sich bestätigt, erhöht, glorifiziert und illuminiert. Die Auferstehung Christi fällt bei ihm prozentual demgegenüber zurück. Das ist ja auch ein Ereignis, das alle betrifft und den Papst nicht in besonderer Weise hervorhebt.

Bei einem theologischen Symposion der Diözese Essen kurz nach dem Zweiten Vatikanischen Konzil (1962–65) sprachen zuerst der Jesuit Karl Rahner und anschließend der Essener Bischof und spätere Kardinal Franz Hengsbach. Bischof Hengsbach sagte in Hinsicht auf das II. Vatikanum: »Da werden die Theologen (und er blickte dabei zu Karl Rahner hin) noch viel Arbeit haben, um das aufzuarbeiten, was der Heilige Geist uns Bischöfen auf dem Konzil eingegeben hat.« Solche Sätze haben wir dem Bericht in der Apostelgeschichte zu verdanken bzw. dem, was die Kirche daraus gemacht hat. Da saß nun Karl Rahner, ein wirklicher und großer Theologe, still und bescheiden und in den Augen des Bischofs dem Bischof geistlich unterlegen, weil ihm der Heilige Geist nichts eingegeben hatte, und da stand Franz Hengsbach, im Vergleich zu Karl Rahner ein theologisches Kleinlebewesen, und posaunte von seinem Geistbesitz.

Von solchem Geistbesitz auf hohem Roß, was Bischöfe und Papst betrifft, abgesehen, geben die damaligen Ereignisse theologisch nicht viel her. Kennzeichnend ist etwa, daß im »Kleinen theologischen Wörterbuch« von Rahner und Vorgrimler (1961) das Stichwort »Pfingsten« überhaupt fehlt. Und es fehlt ebenso im großen, vierbändigen »Sacramentum mundi« (1967/69). Was das zwölfbändige »Kirchenlexikon« von Wetzer/Welte weiß, ist auch nicht bedeutend: »Da der Heilige Geist der Kirche... am 50. Tag nach Ostern gegeben wurde, so ist der Tag, an welchem das Fest eintritt, durch das Osterfest bestimmt« (Bd. IX, 1895, S. 1974 f.) So etwas Selbstverständliches zu sagen ist wenigstens nie verkehrt. Schon bei den Juden wurde Pfingsten als der 50. Tag nach Ostern durch Ostern bestimmt. (Das Wort Pfingsten kommt übrigens von dem griechischen Wort *pentecoste* = der fünfzigste [Tag].)

Im Spätjudentum, also auch zur Zeit Jesu, feierten die Juden Pfingsten, das zweite der drei Wallfahrtsfeste, nicht nur als Erntedankfest, wie schon ihre Voreinwohner, die Kanaanäer, sondern vor allem als »Fest der Gesetzgebung«, gemeint war die Gesetzgebung am Berge Sinai. Als Erinnerungstag an jenes Ereignis trug Pfingsten für die Juden einen heilsgeschichtlichen Charakter. Pfingsten galt dem Gedächtnis des Bundes Gottes mit seinem Volk. Der Heilige Geist übrigens spielte bei dem jüdischen Pfingstfest keine besondere Rolle. Auf der anderen Seite brauchte er den Juden, anders als der Kirche, die ihn bis dahin nicht zu besitzen schien, nicht mehr gegeben zu werden, denn er war längst früher als Geist Gottes z.B. auf die Ältesten der Juden herabgekommen (4 Mose 11,25). Damals gerieten die Ältesten der Juden ebenfalls in Verzückung, so daß dieses christliche Pfingstfest wie eine Neuauflage des damaligen Ereignisses war.

Allerdings ist nach Meinung der Christen ihr pfingstlicher Heiliger Geist dem »Geist Gottes« der Juden, wo und wann immer er wem von den Juden zuteil wurde, weit überlegen. Der alttestamentliche Titel »Geist Gottes« war nicht näher definiert. Der Begriff »Geist Gottes« wird in vielen verschiedenen Bedeutungen verwendet. Bei den Christen hingegen wurde er später zum großen Teil vereinheitlicht, und – wenn auch noch nicht im Neuen Testament – personifiziert und zur dritten Person der Gottheit erklärt, endgültig auf dem Konzil von Konstantinopel im Jahre 381.

Mit ihren »drei Personen« des einen Gottes schufen sich die Christen nie zu lösende Denkprobleme gegenüber dem Monotheismus der Juden. Aber den Christen ist eine gedankliche Unlösbarkeit und eine unlösbare Gedankenlosigkeit nur Beweis ihres größeren Glaubens. Und evangelische und katholische Theologen gleichermaßen haben alle Hände voll zu tun, zu erklären, daß der Begriff »Personen« bei der Dreifaltigkeit nicht in dem Sinne von »Personen« zu verstehen ist, wie ihn jedermann sonst von »Personen« versteht. Daß an einer Dreifaltigkeitslehre, die fast alle Menschen dahingehend mißverstehen, daß es sich doch um drei »Personen« handelt, daß an einer solchen Lehre vielleicht etwas nicht stimmt, dieses Zugeständnis wird man von den Theologen vergeblich erwarten.

Da wir gerade von der Dreifaltigkeit reden: Auch der Titel »Sohn Gottes« ist im Alten Testament und im Neuen Testament sozusagen gesetzlich nicht geschützt und ohne Beschreibung eines genauen Berufsbildes und nicht in dem Sinn verstanden, wie ihn die Christen später verstehen, wenn sie »Sohn Gottes« mit »Gott« gleichsetzen. Im Alten Testament heißen z.B. Engel oder Könige »Sohn Gottes«. Und im Neuen Testament nennt Paulus »Söhne

Gottes« im Römerbrief »alle, die vom Geist Gottes getrieben werden« (Röm 8,14; vgl. 8,19; 9,26). Im Galaterbrief sagt Paulus: »Ihr alle seid Söhne Gottes durch den Glauben...« (Gal 3,26), und im zweiten Korintherbrief (6,18) spricht »der Herr der Allmächtige«: »Ihr sollt meine Söhne und Töchter sein« (Anmerkung: die Söhne Gottes haben sich inzwischen auf einen einzigen Sohn Gottes reduziert, und die Töchter Gottes sind total ausgestorben). In der Offenbarung des Johannes sagt Gott: »Wer überwindet, wird mein Sohn sein« (Apok 21,7). In Matthäusevangelium wird in der Bergpredigt von den Friedenstiftern gesagt, daß sie »Söhne Gottes heißen« werden (Mt 5,9). Es ist genau dieselbe Formulierung, die der Engel Gabriel gegenüber Maria verwendet, wenn er von Jesus sagt, daß dieser »Sohn Gottes heißen« werde (Lk 1,35). Niemand kommt nun auf die Idee, die Friedensbewegung als Götterbewegung zu sehen. Und viele kamen während der ersten drei Jahrhunderte nicht auf die Idee, Jesus, den »Sohn Gottes«, als Gott zu sehen und mit Gott gleichzusetzen.

Das geschah erst nach langen Kämpfen 325 auf dem Konzil zu Nicäa. Inzwischen haben die Christen überhaupt keine Probleme mehr damit, daß nun alle Weihnachten Gott in Windeln in der Krippe liegt. Im Gegenteil. Das kommt ihrer infantilisierenden Theologie, die aber auch wirklich alles für möglich hält, sogar entgegen. Auch der Begriff »Gottesmutter« (Konzil von Ephesus, 431) macht ihnen keine Schwierigkeit mehr, wenngleich man heute den Begriff »Großmutter Gottes« (= heilige Anna) nicht mehr verwendet und wenngleich nachdenkende Theologen wie der Jesuit Karl Rahner, auf die Formulierung im »Ave Maria« anspielend: »Gebenedeit ist die Frucht deines Leibes, Jesus«, zu bedenken geben, daß »natürlich die Gottheit ihres Kindes nicht die Frucht ihres Leibes ist« (Schriften zur Theologie, Bd. XVI, 1984, S. 329). Die Mutter des ohne Gottheit zu verstehenden Jesuskindes, die Mutter also des Jesuskindes ohne Gottheit, sollte man aber besser erst gar nicht Gottesmutter, sondern sofort unmißverständlich Jesusmutter nennen.

Einen ähnlichen Vorschlag übrigens hat vor mehr als eineinhalb Jahrtausenden der Erzbischof von Konstantinopel Nestorius gemacht. Er wandte sich gegen den Titel »Gottesmutter« für Maria und meinte, »Christusmutter« sei richtig, denn ein Gott in Windeln sei eine zu lächerliche Vorstellung. Nestorius wurde deshalb 431 auf dem Konzil von Ephesus, auf dem der Titel »Gottesmutter« für Maria festgelegt wurde, als Ketzer verdammt und nach Oberägypten in die Verbannung geschickt, wo er ca. 451 starb.

Zurück zur Ausgießung des Heiligen Geistes in der Apostelgeschichte. Das christliche Pfingstwunder hat einen erheblichen antijüdischen Akzent. Zwar verwendet die christliche Pfingstgeschichte für das christliche pfingstliche Propagandawunder alttestamentliche Vorstellungen von Feuer und Sturm bei Gotteserscheinungen, wie 2 Mose 3,4: Gott sprach zu Moses aus einem brennenden Dornbusch, oder 1 Könige 19, 11 (»Ein starker Sturm ging vor dem Herrn daher«). Und vor allem war Gott im Feuer auf den Sinai herabgestiegen, den Berg der Gesetzgebung und des Bundes (2 Mose 19,18; vgl. 5 Mose 5,22 ff.). Aber in Konkurrenz und im Gegensatz zum jüdischen Pfingstfest wollten die Christen sich als das »wahre Israel« propagieren, während nach ihrer Meinung die Juden ihre Bestimmung vertan, verloren und verraten hätten, da sie den Glauben an den Messias verweigerten und Jesus sogar ermordeten.

Die ständige Berufung des Neuen Testaments auf das Alte Testament, seine dauernden Zitate von »Weissagungen« auf Jesus, bedeuten das Gegenteil einer Verbindung der Christen mit den Juden. Sie bedeuten Feindschaft. Die Christen entwenden den Juden das Alte Testament und richten es gegen die Juden. Dieses antijüdische Motiv bei der Übernahme der jüdischen Tradition schildert der Wiener Historiker Friedrich Heer am Beispiel des Apostels Paulus. Aber es gilt nicht nur für Paulus, sondern genauso für den Petrus der Apostelgeschichte und seine Pfingstrede. Heer also schreibt in »Gottes erste Liebe. Die Juden im Spannungsfeld der Geschichte« (1981, S. 54 f.):

»Paulus ist der Gründer und erste Organisator der Kirche. Er proklamiert sie als das neue, das wahre Israel. Diese Proklamation ist eine der revolutionärsten und folgenschwersten Proklamationen der Weltgeschichte. Sie reißt das Christentum heraus aus dem Schoß des Judentums und des alten Israel und legt theologisch, geschichtstheologisch und geschichtlich, dreifach, die Grundlage für jenen – von den Juden her gesehen – größten Raubzug der Weltgeschichte, mit dem verglichen die Plünderung des Tempels in Jerusalem durch die Römer, die Plünderung der Bibliothek Alexandriens, die ganzen großen furchtbaren Plünderungen der Schätze, Reichtümer und Weistümer der alten Welt durch Barbaren, Römer, Araber, Mongolen gering erscheinen.

Dieser – von den Juden her betrachtet... – größte Raubzug der Weltgeschichte führt das Alte Testament in den Dienst der christlichen Kirche über: Was in über 1000 Jahren jüdische Propheten, Priester, Künder, Söhne, Väter des jüdischen Volkes an Gebet, Opfer, Liturgie, Dichtung, Wortaussage geschaffen haben – unter unsäglichen Leiden und Schmerzen, lange vor und lange nach der Babylonischen Gefangenschaft –, wird nun, als Beutegut des neuen Israel, der Kirche, zum unantastbaren Erbgut der Kirche.

Die Christenheit denkt, betrachtet, betet, opfert – in ihrer Liturgie, ihrem Psalter, in dem täglichen Breviergebet der Priester, in den Tagzeiten, den Horen der Mönche – mit diesem Gut, ohne das kein Tag und keine Stunde im Jahr der Kirche denkbar wäre – gegen die Juden, gegen das ›treulose Volk der Juden‹.«

Daß es nicht die Römer, sondern die Juden waren, die Christus kreuzigten, haben die Christen in ihrer römerfreundlichen und judenfeindlichen Einstellung von Anfang an behauptet. In seiner Pfingstrede sagt Petrus zunächst: »Diesen (Jesus) habt ihr durch die Hand der Gesetzlosen ans Kreuz nageln und töten lassen« (Apg 2,23). Hier sind die Römer bei der Kreuzigung zwar noch angedeutet, aber als bloße Befehlsempfänger und Werkzeuge der Juden. Wenige Sätze später, (Apg 2,36: »diesen Jesus, den ihr gekreuzigt habt«) werden die Römer gar nicht mehr erwähnt; Petrus meint mit dem »ihr« das Volk Israel und nicht nur die vor ihm stehenden Wallfahrer aus aller Herren Länder. Damit ist die geschichtsfälschende Botschaft von dem gottesmörderischen Volk der Juden, die sich schon durch die Evangelien zieht, auch ein Bestandteil der antijüdischen christlichen Pfingstbotschaft geworden.

Die ganze Schilderung der göttlichen Geistaussendung als eines Antiwunders gegen das jüdische Pfingstgedenken des Sinaiwunders ist theologisch arm. Ihre antijudaistische Tendenz ist zu verurteilen, und die Ausschlachtung seitens der kirchlichen Hierarchie zur Stärkung der eigenen Macht ist zu bedauern.

Es gibt aber in dieser obskuren Geschichte einen Satz aus dem Propheten Joel, den Petrus als Voraussagung des christlichen Pfingstfestes: »Hier erfüllt sich, was durch den Propheten Joel gesprochen worden ist« (Apg 2,16), an den Anfang seiner Pfingstpredigt stellt, wenn auch ohne ihn als Mann, der er hier nur unter Männern sich befindet, zu bedenken. Dieser programmatische Joel-Satz erfüllt sich aber überhaupt nicht. Darum verdient er herausgehoben und festgehalten zu werden, weil seine Nichterfüllung die ganze maskuline hierarchische Arroganz mit einem Schlag ihrer Beschränktheit überführt: Gott sagt: »Ich werde meinen Geist ausgießen über alles Fleisch; und eure Söhne und eure Töchter werden prophetisch reden ... Über meine Diener und Dienerinnen werde ich meinen Geist ausgießen« (Apg 2,17 f.). Die alttestamentlich-jüdische Tradition ist nicht nur hier frauenfreundlicher als die christliche.

Wenn die kirchliche Führungsspitze im römischen Meßbuch behauptet, der Heilige Geist sei Pfingsten auf sie herabgekommen, so ist dieses: »und eure Töchter ...« das Maß des Geistes, an dem sie sich messen lassen muß. Und darum ist überhaupt kein Heiliger Geist auf jene Männergesellschaft damals herabgekommen, weil es keinen Heiligen Geist exklusiv für Männer gibt. Und deshalb sollte, wie die Dinge liegen, die Männerkirche von ihrem Heiligen Geist vorläufig schweigen, bis der Heilige Geist, den der Prophet Joel verheißen hat, wirklich auf sie herabkommt.

12. KAPITEL

Die Märchen der Apostelgeschichte

Zwei Wundermärchen der Apostelgeschichte haben wir schon kennengelernt: die Himmelfahrt und das Pfingstwunder. Ein drittes Märchen betrifft den Verlauf der Bekehrung des Apostels Paulus. Wohlgemerkt: Nicht die Bekehrung ist ein Märchen, sie ist tatsächlich erfolgt, sondern die Art und die Umstände dieser Bekehrung sind ein Phantasieprodukt des Verfassers der Apostelgeschichte. In diesem Zusammenhang sei erwähnt, daß es nicht richtig ist, wenn man immer von einer Bekehrung des Saulus zum Paulus spricht, als hätte sich Saulus (eigentlich: Saul) nach seiner Christwerdung einen neuen Namen zugelegt, den er vorher nicht hatte, etwa wie Leute, die in einen religiösen Orden eintreten. Vielmehr hatte Paulus von Geburt an einen jüdischen Synagogennamen, nämlich Saul, den Namen des jüdischen Königs aus dem Stamm Benjamin, aus dem auch Paulus stammte (Röm 11,1), sowie einen römischen Namen, nämlich Paulus, da er von Geburt an römischer Bürger war.

Als Auftakt wird in der Apostelgeschichte die »Mordgier« (9,1) des Paulus bei der Verfolgung der Christen erwähnt. Paulus war schon bei der Steinigung des Stephanus anwesend gewesen. Die Bekehrung geschah dann auf dem Weg nach Damaskus, wohin er reiste, um Christen festzunehmen »und gefesselt nach Jerusalem zu führen«. Sie wird uns in drei Parallelberichten geschildert, die sich in einzelnen Zügen widersprechen: Apg 9,1–19a; 22,3–16; 26,9–18. Einmal wird sie vom Autor der Apostelgeschichte über Paulus erzählt, dann wird sie zweimal Paulus selbst in den Mund gelegt.

In dem ersten Bericht (Apg 9,1 ff.) heißt es: »Als er auf dem Wege war und sich Damaskus näherte, da umleuchtete ihn plötzlich ein Licht vom Himmel, und er stürzte zu Boden und hörte eine Stimme, die zu ihm sprach: ›Saul, Saul, warum verfolgst du mich?‹ Er aber sprach: ›Wer bist du, Herr?‹ Und jener: ›Ich bin der, den du verfolgst. Doch steh nun auf und geh in die Stadt hinein. Es wird dir gesagt werden, was du tun sollst.‹ Die Männer aber, die ihn begleiteten, standen sprachlos da, weil sie zwar die Stimme hörten, aber niemand sahen.«

Dagegen ist in der zweiten Schilderung (Apg 22,3 ff.) zu lesen: »Meine Begleiter sahen zwar das Licht, aber die Stimme dessen, der mit mir sprach, hörten sie nicht.« In der ersten Schilderung also hörten die Männer zwar, aber sie sahen nichts. In der zweiten sahen die Männer wohl, aber sie hörten nichts.

Und in der dritten (Apg 26, 9 ff.) schließlich wird nichts davon gesagt, ob sie etwas hörten oder etwas sahen. Aber ob sie nun hörten und nicht sahen oder sahen und nicht hörten oder ob sie weder sahen noch hörten, obwohl da etwas zu hören und zu sehen war, ist gleichgültig, denn es ist eins so wenig wahr wie das andere.

In Apg 9,1 ff. und Apg 22,3 ff. blieben die Männer stehen, während Saulus stürzte, aber in Apg 26,9 ff. stürzten alle miteinander zu Boden. Seltsam ist, daß die Begleiter des Christenverfolgers sich nicht ebenfalls bekehrten. Wie auch immer, erblindet war Saulus zu alledem auch noch, und seine Begleiter führten ihn nach Damaskus. Dort wurde er dann von einem gewissen Ananias wunderbar geheilt.

Den drei Legendenversionen in der Apostelgeschichte steht in den Briefen des Paulus ein gänzlich anderer Bericht gegenüber. Von einer Erblindung schreibt Paulus nichts. Im Galaterbrief schreibt er über seine Bekehrung: »Als es aber dem, der mich von meiner Mutter Schoß her ausgesondert und durch seine Gnade berufen hat, gefiel, seinen Sohn in mir zu offenbaren, damit ich ihn unter den Heiden verkünde...«(Gal 1,15 f.). Diese Sprache hebt sich ab von den Erscheinungs-Phantastereien über eine sogenannte Bekehrungsstunde. Mag in einer solchen Stunde ein Mensch auch zehnmal Lichter sehen und Stimmen hören und zehnmal zu Boden geschleudert werden, mit einer Bekehrung hat ein solches Spektakel nichts zu tun. Des Paulus im Vergleich zu den Ereignissen der Bekehrung in der Apostelgeschichte einfacher einer Satz sagt mehr aus, als jemals in einem Theaterdonner vor Damaskus zum Ausdruck gebracht werden kann.

Im ersten Korintherbrief (15,8) spricht Paulus noch einmal von seiner Begegnung mit dem auferstandenen Christus. Gewöhnlich wird die Stelle übersetzt: »Als letztem von allen, gleichsam einer Fehlgeburt, erschien er auch mir.« Dieses »erschien« (lateinisch: visus) wird falsch verstanden, wenn man darunter eine Vision versteht, wenn man also dem »erschien« eine sinnlich reale Dimension gibt in der Form z. B., daß man etwas »sieht«. Hier ist kein Sehen gemeint. Die Kategorien unserer Sehweisen sind nicht angemessen für das gemeinte Ereignis. Was gemeint ist, ist ein Geschehen, in dem die Gegenwart des Offenbarenden existentiell erfahren wird. Diese Erfahrung bedeutet mehr als eine »Erscheinung«, mehr als ein wunderbares Sehen und Hören. Eine Definition einer solchen über jedes sinnliche Moment hinausgehenden, die ganze Existenz umfassenden Wahrnehmung und Erkenntnis ist nicht möglich. Gewiß aber ist, daß eine solche Begegnung mit Jesus, wie Paulus sie berichtet, mit der Damaskus-Show der Apostelgeschichte nichts gemeinsam hat. An der erwähnten Galaterstelle gibt Paulus den Vorgang wieder: »Als es aber Gott... gefiel, seinen Sohn in mir zu offenbaren...« (1,15 f.). Diese Kargheit des »in mir« entzieht das Ereignis aller äußeren Manifestation und Demonstration und beläßt es in der Diskretion und Verschlossenheit des Nichtbeweisbaren.

Im legendären Bekehrungsbericht Apg 26,14 steht ein Satz, den Jesus vor Damaskus angeblich zu dem am Boden liegenden Saulus gesagt haben soll und den Luther folgendermaßen übersetzt: »Es wird dir schwer werden, wider den Stachel zu löcken.« Im Deutschen sagt man nicht »löcken«, sondern »lecken«. Dieses »Lecken« oder »Löcken« hat aber nichts mit dem Zungelecken zu tun, es ist ein mittelhochdeutsches Wort, das uns sonst nicht mehr begegnet und ein Ausschlagen, ein Treten mit den Beinen meint. Es steckt auch in dem Wort »frohlocken«, das eigentlich ein Springen vor Freude bedeutet. Und der »Stachel« ist kein Pflanzen- oder Insektenstachel, sondern gemeint ist ein Stachelstock, mit welchem die Tiertreiber in der Antike ihre Tiere trieben.

Der Satz meint also, es habe keinen Sinn, gegen den Stock des Treibers zu treten. Er stammt aus einem Stück des griechischen Dichters Euripides († 406 v. Chr.), und zwar aus dem »Bacchenfest«. Daß sich im Neuen Testament ein antikes Zitat findet, ist an sich nicht verwunderlich, sonderbar ist nur, daß Jesus es ist, der dem Paulus gegenüber ein griechisches Sprichwort zitiert, vor allem, weil Paulus erklärt (Apg 26,14), Jesus habe zu ihm aramäisch gesprochen. Aber das eigentlich Sonderbare ist, daß es bei Jesus und bei Euripides nicht nur das gleiche geflügelte Wort, sondern auch die gleiche Situation ist. In beiden Fällen geht es um ein Gespräch zwischen einem verfolgten Gott und seinem Verfolger. Der verfolgte Gott ist bei Euripides der Gott Dionysos, und der Verfolger ist Pentheus, der König von Theben. Dionysos stellt, ähnlich wie Jesus, seinen Verfolger zur Rede: »Du schenkst meinen Worten nie Gehör... Statt als Sterblicher wider Gottes Stachel zu löcken, solltest du ihm lieber Opfer darbringen« (787 ff.).

Es liegt ganz offenkundig eine Übernahme dieser Dionysos-Episode in die Damaskus-Szenerie vor. Eine antike Verfolgungssage wird in eine christlichen Verfolgungssage aufgenommen. Sogar das Detail, daß Euripides wegen seines Versmaßes nicht die Einzahl, sondern die Mehrzahl von »Stachelstock« nimmt, wird von Jesus übernommen.

Das Märchen über den Verlauf der Bekehrung des Paulus ist ein harmloses Märchen. Aber es gibt auch schlimme und böse Märchen in der Apostelgeschichte, so die Geschichte des Ehepaares Ananias und Saphira: »Ein Mann mit Namen Ananias verkaufte mit Saphira, seiner Frau, ein Grundstück, unterschlug aber etwas vom Erlös mit Wissen seiner Frau, brachte nur einen Teil und legte ihn zu Füßen der Apostel« (Apg 5,1 f.). Der Mann handelte also völlig legal und legitim, denn es ist jedermanns Recht, ein Grundstück zu verkaufen, einen Teil der Kirche zu geben und etwas zu behalten. Für die Kirche in der Apostelgeschichte aber bedeutet es einen Fall von »Unterschlagung«, daß sie nicht alles bekam.

Und darum nahm Gottes Strafgericht seinen erbarmungslosen Lauf, und Gottes Mühlen mahlten schnell. Zunächst hielt Petrus dem schlimmen Bösewicht seine Untat vor: »Ananias, warum hat der Satan dein Herz erfüllt, daß du den Heiligen Geist belogst und etwas unterschlugst vom Verkauf des Grundstücks?« Nun hatte Ananias gar nicht den Heiligen Geist belogen, denn er hatte überhaupt kein Wort zum Heiligen Geist gesagt, jedenfalls wird im Bericht der Apostelgeschichte nichts davon erwähnt, und unterschlagen hatte er nichts, da sein Geld sein Geld war und er eben einen Teil davon behalten wollte.

Aber Petrus und vor allem der Heilige Geist offenbar auch sahen das anders. Sie sahen darin ein todeswürdiges Verbrechen. Und so wurde der arme Mensch auf der Stelle mit dem Tode bestraft. Er »fiel um und gab den Geist auf« (Apg 5,5). Und dieser Geist, den er aufgab, war nicht der göttliche, große Heilige Geist, sondern nur ein ganz gottverlassener und kleiner, eben ein menschlicher und armer Geist, dessen Schicksal es war, bei dem großen Heiligen Geist an die falsche Adresse gekommen zu sein. Und »die jüngeren Männer standen auf, legten ihn zurecht, trugen ihn hinaus und begruben ihn« (Apg 5,6).

Dieser Ananias hatte eine Frau. Sie kam nach drei Stunden, um nach ihrem Mann zu sehen, und wußte von nichts. Es wäre ja von den Aposteln auch zuviel verlangt gewesen, wenn sie über ihren vielen anderen Taten auch noch eine Frau über den Tod und die Beerdigung ihres Mannes hätten benachrichtigen sollen. Zudem waren sie vermutlich auch zu sehr mit Geldzählen beschäftigt. Und Petrus befragte die Witwe, die noch gar nicht wußte, daß sie Witwe war, ob das von ihrem Mann der Kirche geschenkte Geld der wahre Kaufpreis für das Grundstück sei, was ihn überhaupt nichts anging.

Und die Frau sagte: »Ja.« Vermutlich aus Angst. Und sie wollte auch nichts anderes sagen, als ihr Mann vielleicht gesagt hatte. Sie sagte also: »Ja.« Aber das hätte sie nicht tun sollen, denn augenblicklich wurde auch sie durch ein göttliches Wunder vom Leben zum Tode befördert. »Und die jüngeren Männer kamen herein und fanden sie tot. Und sie trugen sie hinaus und begruben sie bei ihrem Mann« (Apg 5,10).

Dies ist die Geschichte einer wunderbaren, göttlichen, tödlichen Bestrafung eines nur halbwegs heiligmäßigen Ehepaares. Wir mögen uns heute damit trösten, daß dieses Wunder ein Märchen ist. Aber das Erschrecken über die Methode, den Glauben der Menschen mit solchen Horrorgeschichten zu fördern, ihnen mit der Schilderung solcher Wunder Geld abzupressen und sie auszubeuten, bleibt bestehen.

Auch an einer anderen Stelle der Apostelgeschichte begegnet uns Gott als eine Art schneller Gott Schlagetot. Diesmal traf es König Herodes Agrippa I. (10 v.–44 n. Chr.), einen Enkel Herodes' d. Gr. Er starb nicht an Herz- oder Hirnschlag, sondern an Wurmfraß. »Am festgesetzten Tag zog sich Herodes ein königliches Gewand an, nahm auf der Rednerbühne Platz und hielt in öffentlicher Volksversammlung eine Rede an sie. Das Volk aber rief ihm zu: ›So spricht ein Gott und nicht ein Mensch!‹ Auf der Stelle aber schlug ihn ein Engel des Herrn, weil er Gott nicht die Ehre gab: Und er wurde von Würmern zerfressen und verschied. Gottes Wort aber nahm zu und breitete sich aus« (Apg 12,21 ff.).

Auch bei Josephus († ca. 100 n. Chr.) finden wir ein Märchen um den Tod des Herodes Agrippa I., wenngleich ein anderes. Auch hier starb der König plötzlich, aber doch nicht ganz so plötzlich wie bei den Christen, nämlich erst nach einer Krankheit von fünf Tagen. Und er starb auch nicht an Wurmfraß und nicht ohne Einsicht in die Torheit des Ruhms, vielmehr gottergeben. Das alles stand in einer Beziehung zu einem geheimnisvollen Uhu, der ihm einst von einem germanischen Seher gezeigt worden war. Dieser Seher hatte Agrippa prophezeit, er werde einen glücklichen Tod haben, aber der Uhu werde der Bote seines Todes sein: Sobald er den Vogel wiedersehe, müsse er nach fünf Tagen sterben (Jüdische Altertümer 18,6,7).

So geschah es dann auch nach drei Jahren. Bei Festlichkeiten zu Ehren des Kaisers, als er in einem kostbaren Gewand erschien, riefen ihm seine Schmeichler zu: »Sei uns gnädig! Haben wir dich bisher nur als Menschen geachtet, so wollen wir in Zukunft ein überirdisches Wesen in dir verehren. Der König machte ihnen daraus keinen Vorwurf und wies ihre gotteslästerlichen Schmeicheleien nicht zurück. Als er aber gleich darauf den Blick nach oben wandte, sah er über seinem Haupte auf einem Strick einen Uhu sitzen und erkannte darin sogleich den Unglücksboten.« Er bekam heftige Schmerzen – »aber ich muß mein Geschick tragen, wie Gott es will« – und starb nach fünf Tagen (a. a. O., 19,8,2).

Übrigens besaß laut Josephus dieser Herodes Agrippa im Gegensatz zu seinem Großvater einen gutmütigen Charakter: »Agrippa dagegen war leutselig und gegen alle gleich wohltätig und freundlich gegenüber den Ausländern« (a. a. O., 19,7,3). Offenbar gab es schon damals Ausländerfeindlichkeit. Gegen die Wurmfraß-Strafe Gottes in der Apostelgeschichte hat ihm das alles allerdings nichts geholfen. Und während Jesus den abergläubischen Zusammenhang zwischen Krankheit und Schuld zerrissen hat, haben die Christen Schuld, Krankheit und Tod da, wo es ihnen paßte, wieder miteinander verknotet, angefangen bei König Herodes Agrippa I. bis zu Aids.

Wie ein rechter Christ sich in Situationen übertriebener Komplimente benimmt und dadurch der göttlichen Todesstrafe entgeht, zeigen uns Paulus und Barnabas im 14. Kapitel der Apostelgeschichte. Paulus hatte in einer Stadt mit Namen Lystra einen Lahmen geheilt, worauf die Leute, die das beobachtet hatten, riefen: »Die Götter sind in Menschengestalt zu uns herabgekommen«, und sie bezeichneten Barnabas als Zeus und Paulus als Hermes. Der Priester des Zeus wollte sogar ein Stieropfer darbringen. »Als die Apostel Barnabas und Paulus das hörten, zerrissen sie ihre Kleider, sprangen unter das Volk und riefen: ›Ihr Männer, warum tut ihr das? Auch wir sind Menschen, von gleicher Art wie ihr‹« (Apg 14,11 ff.). Auf solche Weise entkamen die Apostel der Strafe Gottes.

Bei der Härte der Strafen Gottes hatte der jüdische Magier Barjesus auf Zypern noch Glück im Unglück. Er versuchte, nachdem Saulus auf die Insel gekommen war, den Prokonsul Sergius Paulus, der Gottes Wort hören wollte, vom Glauben abzuhalten. »Saulus aber, der auch Paulus hieß, wurde vom Heiligen Geiste erfüllt, blickte ihn scharf an und sagte: ›O Mensch, voll von sämtlichem Trug und sämtlicher Hinterlist, du Sohn des Teufels und Feind der Gerechtigkeit, willst du nicht aufhören, die geraden Wege des Herrn zu durchkreuzen? Und nun sieh her, die Hand des Herrn ist gegen dich, und du wirst blind sein und die Sonne nicht sehen, bis deine Zeit kommt.‹ Und augenblicklich fiel Dunkel und Finsternis auf ihn, und er tastete umher und suchte nach jemandem, der ihn an der Hand führen sollte« (Apg 13,6 ff.). Wir hoffen für ihn, daß er, nachdem Gottes Hand gegen ihn war, eine menschliche Hand gefunden hat, die für ihn war.

Die Christen gingen nicht nur gegen Zauberer, sondern auch gegen Zauberbücher vor. Christliche Bücherverbrennungen hat es leider vom Beginn des Christentums an gegeben. Aber niemals überwindet dabei der Glaube den Aberglauben, wie angestrebt, es vernichtet immer nur der Stärkere den Schwächeren, und durch diesen Vernichtungswillen beweist er nichts anderes als seinen eigenen Aberglauben, ganz abgesehen davon, daß jene »Zauberbücher«, die damals von den Christgewordenen verbrannt wurden, sicher nicht von dem Kaliber des späteren christlichen »Hexenhammers« waren. Es handelte sich bei den verbrannten Büchern um Texte mit unverständlichen Zauberformeln, um lange Reihen geheimnisvoller Wörter. Sie dienten z. B. dazu, die Dämonen fernzuhalten und Menschen vor schädlichen Einflüssen zu beschützen. »Und viele von den Gläubiggewordenen kamen und bekannten ihre Zauberpraktiken. Viele aber von denen, welche Zauberkünste getrieben hatten, trugen die Zauberbücher zusammen und verbrannten sie vor allen; und man schätzte ihren Wert und kam auf 50000 Silberdrachmen. So wuchs das Wort des Herrn mit Macht und erwies sich kräftig« (Apg 19,18 ff.).

Mit solchen und ähnlichen Geschichten und Berichten versucht die Apostelgeschichte, die Gläubigen zu erbauen, im Glauben zu stärken und zu disziplinieren. Das ganze Werk ist ein Propagandawerk, an Heidenchristen und an noch nicht christliche Heiden gerichtet. Auch sie sollen dem Christentum gegenüber positiv gestimmt werden. Der Titel »Apostelgeschichte« ist dabei nicht genau. Griechisch war das Werk mit »Die Taten der Apostel« überschrieben. Mit den Taten der Apostel sind so etwas wie deren Groß-, Wunder- und Heldentaten gemeint.

In der Tat vollbrachten die Apostel in der Apostelgeschichte viele Wunder, gewiß mehr, als Jesus vollbracht hatte. Meistens werden diese Wunder nicht näher beschrieben, sondern gleich en masse erwähnt. »Viele Wunder« wirkten die Apostel (Apg 2,43; 5,12). »Große Wunder« tat Stephanus (Apg 6,8), »große Wunder« vollbrachten auch die Apostel (Apg 8,13). Auf Malta heilte Paulus alle Kranken der Insel (Apg 28,9) und war auch sonst ebenso wie Petrus vielfältig als Wunderheiler tätig. Wenn des Petrus Schatten auf Kranke fiel, wurden sie davon gesund, »so daß man die Kranken sogar auf die Straße hinaustrug und sie auf Bahren und Betten legte, damit, wenn Petrus käme, auch nur sein Schatten einen von ihnen überschattete. Es kam aber auch die Menge aus den Städten um Jerusalem zusammen, und sie brachten Kranke und von unreinen Geistern Geplagte, und sie wurden alle geheilt« (Apg 5,15 f.). Und wenn man die Taschentücher oder Wäschestücke von Paulus auf Kranke legte, so wurden diese davon gesund: »Und nicht gewöhnliche Machttaten bewirkte Gott durch die Hände des Paulus, so daß sogar Schweißtücher oder Lendentücher, ihm vom Leibe weg, zu den Kranken gebracht wurden und die Krankheiten von ihnen wichen und die bösen Geister ausfuhren« (Apg 19,11 f.). Daß Petrus auch Lahme heilte, ist schon eigentlich nichts Besonderes (Apg 3,2 ff.; 9,33), und Paulus tat desgleichen (Apg 14,8).

Nur was die Totenauferweckungen anbelangt, so brachten es Petrus und Paulus lediglich auf insgesamt zwei. Sie haben je einen Toten erweckt. »In Joppe aber war eine Jüngerin mit Namen Tabita, was in griechischer Übersetzung Dorkas heißt (Tabita und Dorkas bedeuten auf deutsch: Gazelle). Diese war reich an guten Werken und Almosen. Es begab sich nun in jenen Tagen, daß sie krank wurde und starb; man wusch sie und legte sie in ein Obergemach. Weil aber Lydda nahe bei Joppe ist, sandten die Jünger, auf die Kunde, daß Petrus dort sei, zwei Männer zu ihm und ließen ihn bitten: ›Zögere nicht, zu uns herüberzukommen!‹ Da machte sich Petrus auf und ging mit ihnen. Und als er angekommen war, führten sie ihn in das Obergemach hinauf; und alle Witwen traten zu ihm, weinten und zeigten ihm alle Unterkleider und Obergewänder, welche Dorkas gemacht hatte, als sie noch bei ihnen war. Petrus aber hieß alle hinausgehen, kniete nieder und betete, und zu der Leiche gewandt sprach er: ›Tabita, steh auf!‹ Da öffnete sie ihre Augen, und als sie den Petrus sah, setzte sie sich auf« (Apg 9,36 ff.).

Des Paulus Totenerweckung steht dem nicht nach. Sie erfolgte in Troas, dem Gebiet des alten Troja. Paulus hatte mehrere Stunden bis Mitternacht gepredigt. »Und ein Jüngling mit Namen Eutychus, der in der Fensteröffnung saß, wurde von tiefem Schlaf überwältigt, weil Paulus immer weiter redete, und fiel vom dritten Stockwerk hinunter und wurde tot aufgehoben. Da ging Paulus hinab, warf sich über ihn, umfaßte ihn und sagte: ›Macht kein Getümmel, denn seine Seele ist in ihm.‹ Danach ging er hinauf und brach das Brot und aß; und er redete noch lange bis zum Anbruch des Tages, und dann zog er hinweg. Sie aber brachten den Knaben lebend, und sie wurden nicht wenig getröstet« (Apg 20, 7 ff.).

Kurz: Gewaltig waren die Taten der Apostel, und sie selber waren gewaltig. Und so ist es auch kein Wunder, daß bei ihrem Beten schon mal die Erde bebte (Apg 4,31). Und bei Bedarf bebt sie wieder, um sie von ihren Gefängnisketten zu befreien: »Um Mitternacht aber beteten Paulus und Silas und sangen Gott Loblieder; und die Gefangenen hörten ihnen zu. Plötzlich aber entstand ein großes

Erdbeben, so daß die Grundfesten des Gefängnisses erschüttert wurden; da öffneten sich sofort alle Türen, und die Fesseln aller lösten sich« (Apg 16,25 f.). Es ging wieder zu wie im Drama des Euripides (das Jesus ja schon anläßlich der Bekehrung des Paulus zitiert hatte), der von den Bacchen, die im Staatsgefängnis gefangen saßen, schreibt: »Von selbst lösten sich ihnen die Fesseln von den Füßen, und die Türriegel öffneten sich ohne sterbliche Hand« (447 f.; vgl. 497 f.).

Um die Balance zwischen Paulus und Petrus zu wahren, ging es Petrus im Gefängnis ähnlich wie Paulus, wenn auch ohne Erdbeben, dafür mit Hilfe eines Engels (Apg 12,6 ff.). Und so verkündeten die Apostel einen gewaltigen Gott, der, als er die Juden durch die Wüste in ihr Land führte, »sieben Völker im Lande Kanaan vertilgte und ihnen deren Land zum Erbteil gab« (Apg 13,19), was darauf hoffen läßt, daß Gott für die Christen, wenn nötig, noch mehr Völker vertilgen würde. Und immer wieder kam der Heilige Geist auf sie herab oder erschienen ihnen Engel. Und Jesus kam auch schon mal selbst und erteilte eine kurze Verhaltensmaßregel: »In der nächsten Nacht aber trat der Herr zu ihm (Paulus) und sprach: ›Sei getrost; denn wie du in Jerusalem meine Sache bezeugt hast, so sollst du auch in Rom Zeugnis ablegen‹« (Apg 23,11).

Neben der bisher geschilderten Erbauung der Gläubigen war ein zweites Anliegen der Apostelgeschichte die Harmonisierung der theologischen Spannungen in der jungen Kirche. Die Apostelgeschichte idealisiert die Anfangszeit des Christentums. In Wirklichkeit waren die Anfänge voller schwerer Kämpfe und Parteiungen und gekennzeichnet durch erbitterte Zerwürfnisse zwischen Petrus, dem Ur-Apostel und Augenzeugen, und Paulus, dem Spät-Apostel, der Jesus nicht gekannt hatte und sich nach Jesu Tod auf eine Vision, oder wie auch immer man es bezeichnen will, berief. Hauptstreitpunkt außer der Kompetenz- und Machtfrage war: Wie weit müssen die Heidenchristen das jüdische Gesetz befolgen? Müssen sie beschnitten werden? Müssen sie die jüdischen Speisegesetze halten?

Im Galaterbrief des Paulus, lange vor der Apostelgeschichte, in den fünfziger Jahren geschrieben, schimmert noch etwas durch von diesen Streitigkeiten der Urkirche und dem Zusammenstoß zwischen Petrus und Paulus. Für uns ist dabei im einzelnen nicht mehr deutlich, wer die in den Streit verwickelten Gruppen im einzelnen waren, wieweit wer das Sagen hatte. Bei den heutigen Diskussionen in der katholischen Kirche, wo es einen Papst gibt, der alles entscheidet, und jeder Abweichler sofort ausgeschlossen wird, sind die Fronten entschieden leichter zu durchschauen. Paulus also schreibt im Galaterbrief: »Aber nicht einmal Titus, mein Begleiter, der ein Grieche war, wurde gezwungen, sich beschneiden zu lassen. Wegen der eingedrungenen falschen Brüder aber, die sich eingeschlichen hatten, um unsere Freiheit, die wir in Christus Jesus haben, auszukundschaften, damit sie uns knechten können – denen gaben wir auch nicht für eine Stunde durch Unterwerfung nach, damit die Wahrheit des Evangeliums bei euch bestehen bliebe« (Gal 2,3 ff.).

In Antiochien kam es dann sogar zu einer öffentlichen, d. h. vor allen Gemeindegliedern erhobenen, Anklage des Paulus gegen Petrus. Paulus schildert diesen Streit in Gal 2,11 ff.: »Als Kephas (= Petrus) nach Antiochien gekommen war, bin ich ihm persönlich entgegengetreten, weil er schuldig war. Denn bevor einige Leute von Jakobus kamen, hat er mit den Heiden(christen) gemeinsam gegessen. Als sie aber kamen, zog er sich zurück und sonderte sich ab aus Furcht vor den Leuten aus der Beschneidung (= Judenchristen). Und mit ihm heuchelten die übrigen Juden(christen), so daß sogar Barnabas von ihrer Heuchelei mit fortgerissen wurde. Als ich aber sah, daß sie nicht richtig wandelten nach der Wahrheit des Evangeliums, sagte ich zu Kephas in Gegenwart aller: Wenn du, der du ein Jude bist, nach heidnischer Sitte lebst und nicht nach jüdischer, wie darfst du da die Heiden zwingen, nach jüdischer Art zu leben?«

Offenbar stand auf der einen Seite des Streites in Antiochien eine Gruppe von Judenchristen um Jakobus (gemeint ist der Herrenbruder) und auf der anderen Seite die immer stärker werdende heiden-

christliche Partei um Paulus. Petrus schwankte zwischen beiden
Fronten. Waren Jakobus und dessen Beauftragte weit weg, hielt er
das Abendmahl mit den Heidenchristen, waren Jakobus oder dessen Leute in der Nähe, zog er sich zurück. Petrus, der »Fels«, hatte
hinsichtlich der Heidenmission keinen festen theologischen Boden
unter seinen Füßen.

In der Apostelgeschichte steht von diesem Streit kein einziges
Wort. Der evangelische Religionshistoriker Hans Joachim Schoeps
schreibt über die Apostelgeschichte, daß man ihr »viel zuviel
Glauben« geschenkt hätte. In Wirklichkeit sei die Apostelgeschichte »doch nur die von einer Partei des Frühchristentums – der
siegreichen eben – akzeptierte Rückschau auf die Anfänge... Wer
tendenzkritisch zu würdigen gewohnt ist, kann sie nur als Doku-
ment der zweiten oder gar dritten christlichen Generation werten,
die einen deutlichen Lehrzweck verfolgt und daher bereits kräftig
Legendenbildung betreibt und Personen wie Ereignisse nach ihren
Maßstäben... umstilisiert« (Das Judenchristentum, 1964, S. 10).

In der Apostelgeschichte steht also von dem Streit zwischen
Petrus und Paulus kein einziges Wort. Die Apostelgeschichte versucht, »die Spannung zwischen diesen ›Hellenisten‹ und den ›He-
bräern‹ auf das Minimum des Witwenstreites zu reduzieren« (Ernst
Haenchen, Die Apostelgeschichte, 1977, a. a. O., S. 113). Die ›Hellenisten‹ (= Griechisch sprechende Diasporajuden), die in der Frage
der Heidenmission einen liberaleren Standpunkt einnahmen als die
›Hebräer‹ (= Aramäisch sprechende Juden in Palästina), fühlten sich
zurückgesetzt, weil »ihre Witwen bei der täglichen Versorgung
übersehen wurden« (Apg 6,1 ff.).

Der große Riß, der das junge Christentum zu zerreißen drohte,
der große Widerstreit zwischen Paulus und Petrus – der Streit in
Antiochien ist dafür nur ein Beispiel – findet also in der Apostelgeschichte nicht statt. Er ist mit einem Brei von Harmonie zugepappt.
Petrus wird sogar als der eigentliche Initiator der Heidenmission
dargestellt. Er ist es, der, wie wir erwähnten, den ersten Heiden
bekehrt, den römischen Hauptmann Cornelius (Apg 10,1 ff.). Pe-

trus sah während einer Verzückung den Himmel offen und einen Behälter herabkommen, der alle Tiere des Landes und der Luft enthält, reine und unreine Speisen. Und er soll schlachten und essen und erkennen, daß es keine wirklich unreinen Speisen gibt. Und er soll damit zugleich erkennen, daß er auch von den Speisen der Heiden essen und folglich zu ihnen gehen und sie bekehren soll. So ist er denn auch beim sogenannten Apostelkonzil (Apg 15) der Hauptbefürworter der Heidenmission. Er redet, als spräche Paulus aus seinem Mund.

Der Streit zwischen verschiedenen Gruppen der Urkirche, insbesondere die Auseinandersetzung des Paulus mit Petrus, wird heute immer noch mit platten Ausgleichssprüchen und Geschichtsklitterungen verdeckt. Bei der Paulus-Jahrhundertfeier in Rom im Jahre 1960 hielt der deutsche Kardinal Julius Döpfner eine Rede mit dem Titel »Paulus und Petrus: Der heilige Paulus und der Primat von Rom«, worin er Paulus zum Zeugen eines solchen Primats machte, obwohl Paulus doch niemals auch nur ein einziges Wort zum »Primat von Rom« geäußert hat und gewiß nie von einem solchen »Primat von Rom« überhaupt gehört hat. Der Kardinal kam in der Rede auch auf den Antiochenischen Vorfall zu sprechen: »An dieser Stelle ist ein Wort zu sagen über das sogenannte ›factum Antiochenum‹, die Auseinandersetzung zwischen Paulus und Petrus in Antiochien. Petrus hatte wohl nach dem Apostelkonzil in Antiochien zunächst mit Heiden-Christen zusammen gegessen. Als aber einige aus dem Jakobuskreise kamen, zog er sich von ihnen zurück, aus Furcht vor dieser extremen Gruppe der Juden-Christen. Diesem Verhalten schlossen sich auch andere Juden-Christen an, sogar Barnabas. Paulus sagte nun: ›Da trat ich ihm Aug in Aug entgegen, weil er im Unrecht war...‹ Die Meinungsverschiedenheit zwischen Petrus und Paulus betraf keine grundsätzlichen Fragen. Damals in Antiochien ging es um das praktische Verhalten, um die Möglichkeit der Tischgemeinschaft zwischen Juden und Heiden. Petrus glaubte aus pastoraler Klugheit auf die Gefühle und Schwierigkeiten der extremen Besucher aus Jerusalem Rücksicht nehmen zu müssen« (in: Bibel und Kirche 2/1961, S. 41). Was Paulus damals »Heuchelei« nannte, nennt heute der Kardinal »pastorale Klugheit«.

Die Differenzen im Urchristentum, wie sie im Galaterbrief des Paulus an den Tag treten, waren durch die Attacke des Paulus gegen Petrus keineswegs überwunden. Im Laufe der Zeit kam es zu immer mehr Spaltungen der Jerusalemer Judenchristen. Viele hielten an jüdischen Traditionen und Gesetzen fest und beachteten weiterhin das Gebot der Beschneidung, die jüdischen Speisevorschriften, hielten den Sabbath und nahmen am Tempelgottesdienst teil. Ein radikaler Teil verlangte die Beschneidung auch von den zum Christentum bekehrten Heiden, ein anderer Teil jedoch nicht.

Eine Gruppe radikaler Judenchristen und entschiedener Gegner des Paulus (die übrigens bis ins 2. Jahrhundert ihre Bischöfe aus der Familie Jesu wählten und deren erstes Oberhaupt Jakobus der Herrenbruder war) waren die Ebioniten (= Arme). Ursprünglich war »die Armen« ein Ehrenname, hatte Jesus doch die Armen seliggepriesen. Aber im Laufe der Zeit erfuhr dieser Name eine Verschlechterung, eben weil diese Gruppe sich so nannte, eine Gruppe, die Feinde von allen Seiten hatte: Sie wurden von den Juden – obwohl sie sich weiter als Juden betrachteten – exkommuniziert, weil sie in Jesus den Messias sahen und weil sie Tieropfer ablehnten (sie entwickelten sich zu Vegetariern). Sie wurden von den Heidenchristen als Ketzer betrachtet, weil sie Paulusgegner waren, z. B. Jesu Tod nicht wie Paulus als blutigen Sühnetod interpretierten, das Abendmahl als bloße Erinnerung an Jesus feierten und den Blutkelch durch einen Wasserkelch ersetzten, und andere Abweichungen. Und sie wurden von den Römern, wie die übrigen Juden und Christen, als Gruppe potentieller Aufständischer eingestuft. Den Römern waren Weltanschauungsfragen gleichgültig, ihnen ging es darum, Unruhen und Aufstände niederzuschlagen, möglichst ihnen zuvorzukommen.

Zum Hauptdifferenzpunkt mit der Großkirche entwickelte sich in den folgenden Jahrhunderten ihre Ablehnung der Jungfrauengeburt. Sie glaubten an die Messianität Christi, aber für sie war Jesus nicht als Gottessohn geboren, vielmehr hatte sich der Heilige Geist bei der Taufe Jesu mit Jesus vereinigt. Die Geburt eines Gottessohnes durch eine Jungfrau war in ihren Augen eine Vorstellung der griechisch-heidnischen Mythenwelt und dem Judentum, d. h. dem Ursprung des Christentums, fremd.

Und die Ebioniten blieben auch in der Folgezeit bei dieser Ablehnung. Deswegen wurden sie von der immer mehr und später fast ausschließlich aus Heidenchristen bestehenden Großkirche verketzert. Der Kirchenvater Irenäus von Lyon († ca. 202 n. Chr.) schreibt in seiner Schrift »Gegen die Häresien« über sie : »Falsch ist die Deutung derer, die da wagen, die Schrift so zu erklären: Siehe, ein Mädchen (statt: Jungfrau) wird schwanger werden und einen Sohn gebären. So übersetzen es ... die Ebioniten, die da sagen, er (Jesus) sei der natürliche Sohn Josefs. Damit zerstören sie die großartigen Heilspläne Gottes« (III, 21,1). Und an anderer Stelle meint Irenäus: »Töricht sind die Ebioniten ... Denn sie wollen nicht einsehen, daß der Heilige Geist über Maria gekommen ist und die Kraft des Allerhöchsten sie überschattet hat ... Es leugnen diese also den himmlischen Wein und wollen nur das Wasser dieser Welt kennen« (V,1,3).

Und der Kirchenvater Eusebius († 339) schreibt in seiner Kirchengeschichte über die Ebioniten: »Sie glaubten, Jesus sei durch die Gemeinschaft eines Mannes mit Maria erzeugt worden« (III,27). Und: »Die Häresie der Ebionäer (= Ebioniten) hält Christus für den Sohn des Josef und der Maria« (VI,17). Die Weltkirche hatte mit dieser Verketzerung der Ebioniten ihre judenchristlichen Wurzeln endgültig abgestoßen.

Ein drittes Anliegen der Apostelgeschichte war neben der Gemeindeerbauung und dem Herunterspielen der Gegensätze die Darstellung der Bosheit der Juden und im Gegensatz dazu die Hervorhebung des Gerechtigkeitssinns der Römer. Die Apostelgeschichte ist neben dem Johannesevangelium das antijudaistischste Werk des Neuen Testaments. Diesen antijüdischen Affekt haben

wir schon beim Pfingstfest als antijüdischem Propagandafest gesehen. Der Vorwurf der Christusmörderschaft der Juden war ein
Bestandteil der Pfingstbotschaft.

Die Bosheit der Juden wird dann z. B. in der Rede des Stephanus
deutlich. An dem Prozeß gegen Stephanus ist übrigens vieles unklar. Hans Joachim Schoeps bezweifelt überhaupt »die Historizität
des angeblich hellenistischen Diakons Stephanus« (Das Judenchristentum, 1964, S. 40). Auf jeden Fall herrscht in der ganzen Schilderung der Apostelgeschichte eine Unausgeglichenheit zwischen
»Lynchjustiz und ordentlicher Gerichtssitzung« (Haenchen,
a. a. O., S. 265). Lukas habe übersehen, »daß das Synedrion (= Hohe
Rat) zu solchen Bluturteilen... gar nicht berechtigt war« (a. a. O.,
S. 286). Wie dem auch sei, auf jeden Fall bot diese Stephanusge-
schichte dem Lukas »Raum für die große Rede, mit der Lukas die
Lage angesichts des Judentums klarmachen konnte« (a. a. O.,
S. 266).

Diese Rede, die Lukas dem Stephanus in den Mund legt, ist eine
Anklage- und Beschimpfungsrede, in der die gesamte Geschichte
Israels als die Geschichte eines einzigen langen Abfalls des Volkes
von seinem Gott gesehen wird. Sogar der Bau des Tempels durch
Salomo geschah gegen Gottes Willen: »›Der Himmel ist mein
Thron, die Erde aber ist der Schemel meiner Füße. Was für ein Haus
wollt ihr mir bauen – spricht der Herr – oder welches wäre die Stätte
meines Wohnens? Hat nicht meine Hand dies alles gemacht?‹ Ihr,
die ihr halsstarrig und an Herzen und Ohren unbeschnitten seid, ihr
widerstrebt allezeit dem Heiligen Geist, wie eure Väter, so auch ihr.
Welchen der Propheten haben eure Väter nicht verfolgt? Und sie
haben die getötet, welche von dem Kommen des Gerechten vorher-
verkündigten, dessen Verräter und Mörder ihr jetzt geworden seid«
(Apg 7,49 ff.). Diese Rede des Stephanus ist der große Abgesang auf
ein verstocktes und verworfenes Volk und zeigt den Willen zur
religiösen und moralischen Vernichtung Israels.

Demgegenüber erscheinen die Römer als wohlwollende Schutz-
macht des Christentums, als Rechtsstaat, der dauernd damit be-

schäftigt ist, das Leben des Paulus vor den mörderischen Juden zu retten. In Paphus auf Zypern hat sich der römische Statthalter durch Paulus sogar zum Christentum bekehren lassen, derartig war er beeindruckt davon, daß Paulus den Zauberer Barjesus erblinden ließ (Apg 13,12). Als die Juden in Griechenland Paulus vor Gallio, dem Statthalter von Achaja, verklagten: »Dieser überredet die Leute, auf gesetzeswidrige Weise Gott zu verehren« (Apg 18,13), wies Gallio die Klage schon zurück, ehe Paulus den Mund zu seiner Verteidigung öffnen konnte. Er sah das Ganze als bloßes Judengezänk (Apg 18,14 ff.).

Der Kommandant von Jerusalem, Claudius Lysias (Apg 23,29), lehnte wie später in Cäsarea die beiden Statthalter Felix (Apg 24,22) und Festus (Apg 25,4. 16. 25; vgl. 26,32), eine Verurteilung des Paulus ab. Damit Paulus sicher nach Cäsarea kommt und nicht einem Anschlag von »mehr als 40 Juden« zum Opfer fällt, wird dabei sogar die Hälfte der Jerusalemer römischen Garnison nachts in Bewegung gesetzt. Diese mehr als 40 Juden hatten sich geschworen, nichts zu essen und nichts zu trinken, bevor sie nicht Paulus getötet hätten (Apg 23,13 f.). Der römische Kommandant von Jerusalem, Claudius Lysias, kommandierte also »200 Soldaten, 70 Reiter und 200 Wurfspeerträger« ab, die Paulus vor den jüdischen Verschwörern schützten und ihn in die sichere Obhut des römischen Statthalters Felix nach Cäsarea brachten (Apg 23,23 f.). Innerhalb von nur zwei Tagen war das schon das dritte Mal, daß die Römer Paulus aus den Händen der Juden retteten (vgl. Apg 21,32 f. und 23,10).

Der römische Statthalter Felix (51/52 – ca. 62 n. Chr.), der uns im Zusammenhang mit den zelotischen Aufständen im Kapitel über Karfreitag begegnete, der von Tacitus als »Sklavenseele« bezeichnet wird und der laut Josephus »täglich eine große Anzahl Aufständischer kreuzigen ließ«, er ausgerechnet wird in der Apostelgeschichte als einer geschildert, der sich dauernd mit dem Gefangenen Paulus über das Christentum (für die Römer eine jüdische Splittergruppe) unterhielt: ». . . er ließ ihn öfter kommen und besprach sich mit ihm« (Apg 24,26); ja, er gerät sogar in »Furcht«, als Paulus von Enthaltsamkeit und Gericht spricht: »Nach einigen Tagen kam Felix mit Drusilla, seiner Frau, die eine Jüdin war, ließ den Paulus holen und hörte ihn über den Glauben an Christus Jesus. Als er aber über Gerechtigkeit und Enthaltsamkeit und das künftige Gericht redete, geriet Felix in Furcht und antwortete: ›Für diesmal geh hin. Wenn ich jedoch gelegene Zeit bekomme, werde ich dich herberufen lassen‹... Als aber zwei Jahre vorbei waren, bekam Felix zum Nachfolger Porcius Festus; und da er den Juden eine Gunst erweisen wollte, ließ Felix den Paulus gefesselt zurück« (Apg 24, 24 ff.).

Was diese in des Paulus Augen mangelnde »Enthaltsamkeit« des römischen Statthalters Felix anbelangt, lagen die Dinge so: Drusilla (38–79 n. Chr.), war beim plötzlichen Wurmfraßtod ihres Vaters Herodes Agrippa I. im Jahre 44 sechs Jahre alt. Sie wurde später von ihrem Bruder Agrippa mit König Aziz von Emesa vermählt. Josephus beschreibt, wieso sie danach den heidnischen Statthalter heiratete: »Nicht lange nachher aber wurde Drusillas Ehe mit Aziz aus folgender Veranlassung aufgelöst. Felix, der Landpfleger von Judäa, hatte Drusilla, die sich durch hohe Schönheit auszeichnete, kaum gesehen, als er auch schon in heftiger Liebe zu ihr entbrannte... Wenn sie ihn nicht verschmähe, ließ er ihr sagen, werde er sie glücklich machen. Drusilla beging auch wirklich das Unrecht, daß sie sich... zur Übertretung ihres heimischen Gesetzes verleiten ließ und sich mit Felix vermählte. Diesem gebar sie einen Sohn, den sie Agrippa nannte und der zur Zeit des Kaisers Titus bei einem Ausbruch des Vesuvs mit seiner Mutter umkam« (Jüdische Altertümer 20,7,2).

Ob nun des Paulus Vorwurf der mangelnden Enthaltsamkeit gegenüber Felix schuld war – seine Unenthaltsamkeit bestand darin, daß er eine geschiedene Frau geheiratet hatte, die vorher nicht aus eigenem Willen, sondern auf Verlangen ihres Bruders ihre erste Ehe geschlossen hatte –, jedenfalls traf der Nachfolger des Felix, der Statthalter Festus, bei seinem Amtsantritt Paulus immer noch gefangen an.

Die Paulus-Festus-Szene ist eine Parallele zur Jesus-Pilatus-Szene: Diesmal sitzt Festus auf dem Richterstuhl (Apg 25,6), und diesmal ist Paulus der Angeklagte. Wieder sind es die Juden, die den Tod des Angeklagten fordern, und wieder ist es der römische Statthalter, der keine Schuld an dem Beschuldigten findet (Apg 25,25).

Nach alldem ergibt sich der paradoxe Tatbestand, daß Paulus immerzu von den Römern als schuldlos bezeichnet, nie aber freigelassen wird. Die Apostelgeschichte endet damit, daß Paulus als Gefangener in Rom lebt und »ungehindert« predigt (Apg 28,31). Die Apostelgeschichte tut alles – wie schon die Evangelien –, um das gute Verhältnis der Christen zu den Römern, das weder durch die Kreuzigung Jesu noch durch die Gefangenschaft des Paulus getrübt werden kann, zu dokumentieren und alle Schuld an der römischen Gefangenschaft – deren Grund man letztlich nicht mehr begreift – den Juden zuzuschieben, genau wie es die Evangelien bezüglich der Kreuzigung Jesu auch schon getan hatten. So wurde die Moritat von der jüdischen Ungerechtigkeit gegen die Heiligen Gottes und das hohe Lied von der römischen Gerechtigkeit und der Korrektheit der römischen Beamten weitergesungen und im ganzen Römischen Reich verbreitet.

13. KAPITEL

Petrus in Rom?

In Rom gibt es, wie jedermann weiß, die Peterskirche. Sie ist die Kirche des Papstes. Und wie in jedem theologischen Lexikon nachzulesen ist, steht diese Kirche über dem Petrusgrab. Bevor die Peterskirche erbaut wurde, gab es an gleicher Stelle schon eine frühere Peterskirche, die von Kaiser Konstantin ab dem Jahr 320 erbaut wurde. Schon damals entwickelte sich alles zu einem gewaltigen Bau. Über Jahrhunderte wurde hinzugebaut und erneuert, und doch wurde die Kirche schließlich so baufällig, daß sie im Zuge eines Neubaus in der Zeit von 1506 bis 1615 abgerissen wurde. Etwa 200 Jahre wurde an dem Neubau gebaut; so berühmte Künstler wie Bramante, Raffael, Michelangelo und Bernini waren daran beteiligt, und sie schufen schließlich, wie Jakob Burckhard es formulierte, den größten »Ausdruck aller einheitlichen Macht überhaupt«. Finanziert wurde das gewaltige Unternehmen durch Ablaßbriefe, die von jenseitigen Sündenstrafen freikauften und Luther auf den Plan riefen.

Daß die Peterskirche über dem Petersgrab steht, ist für den Papst wichtig. Denn auch das dient der Stärkung des päpstlichen Anspruchs und der päpstlichen Macht: Petrus im Vatikan und der Papst im Vatikan, das zeigt nicht nur eine persönliche Nähe, sondern macht in einer besonderen Weise deutlich, daß der Papst das ist, was zu sein er stets von sich behauptet: der Nachfolger des Apostels Petrus. Zwar unterscheidet sich der Papst in mancher Hinsicht von Petrus, u. a. in dem Punkt, daß Petrus eine Schwiegermutter hatte, und der Papst hat keine, aber über diesen theologisch durchaus nicht bedeutungslosen Unterschied sieht der Papst geflissentlich hinweg.

Das dringende päpstliche Interesse, Besitzer bzw. Bethroner des Grabes Petri zu sein, läßt, wenn nicht den Verdacht, so doch die Frage entstehen, ob denn der Papst sich zu Recht auf Aufenthalt, Tod und Grab des Fischers vom See Genezareth in Rom beruft oder ob nicht vielleicht alle entsprechenden Behauptungen lediglich Tendenz- und Propagandabehauptungen *ad majorem gloriam,* zu größerem Glanz des Papstthrons, sind. Jedenfalls ist es angebracht, den Behauptungen nachzugehen.

Wenden wir uns zunächst dem zu, was das Neue Testament über den Lebensweg des Petrus nach dem Tode Jesu sagt. Der Apostelgeschichte zufolge hält er sich zunächst in Jerusalem auf, macht lediglich einen kurzen Abstecher nach Samaria (Apg 8,14). Eine andere, ebenfalls nicht weite Reise führt ihn nach Lydda (Apg 9,32 ff.) und Cäsarea am Meer (Apg 10,1 ff.), anschließend kehrt er wieder nach Jerusalem zurück (Apg 11,1 ff.). Von Herodes Agrippa I. wird er gefangengenommen, aber durch einen »Engel des Herrn« befreit (Apg 12,1 ff.). Er nimmt dann am Apostelkonzil teil (Apg 15,1 ff.). Und damit ist die Berichterstattung der Apostelgeschichte über Petrus zu Ende. Mögen die genannten Ereignisse auch im einzelnen sämtlich legendär sein, so wird doch bei allen Jerusalem als genereller Aufenthaltsort des Petrus deutlich. Es fällt auf, daß die Apostelgeschichte, sonst immer um Ausgleich zwischen dem Urapostel Petrus und dem Spätapostel Paulus bemüht, nichts von einem Aufenthalt oder Tod des Petrus in Rom sagt, obwohl sie nach dem Tod Petri, der laut katholischer Kirche ca. 64 bis 67 unter Nero stattgefunden haben soll, geschrieben wurde und obwohl sie doch von einem Romaufenthalt des Paulus sehr wohl berichtet.

Durch Paulus erfahren wir von einer Reise oder einem Umzug des Petrus nach Antiochien: »Als Kephas nach Antiochien kam...« (Gal 2,11). Ansonsten herrscht Schweigen im Neuen Testament über Aufenthaltsorte des Petrus.

Die Verfechter eines Romaufenthalts des Petrus führen als Beweis den ersten Petrusbrief an, den sie als von Petrus selbst geschrieben betrachten und in dem es zum Schluß heißt: »Es grüßt euch die Miterwählte in Babylon und mein Sohn Markus« (1 Petr 5,13). Bei »Miterwählte« ist »Gemeinde« zu ergänzen. Der Name der Stadt, Babylon, wird von vielen Theologen als Bezeichnung für Rom angesehen. Sie verweisen darauf, daß »Babylon« ein im jüdischen Sprachgebrauch der Zeit mehrfach zu findender Deckname für die römische Hauptstadt war, und behaupten, auch Petrus habe für Rom diesen Decknamen benutzt.

Hätte Petrus den Namen Babylon für Rom gebraucht, dann hätte er sich damit als Staatsfeind und Verschwörer gegen Rom und das Römische Reich erwiesen. Das Interesse der Christen war aber gerade umgekehrt, Freundschaft mit Rom zu propagieren und den Ruch der Staatsgefährlichkeit zu verlieren, der ihnen durch die Hinrichtung Jesu durch den römischen Prokurator Pontius Pilatus in den Augen der Römer hartnäckig anhaftete. Sie waren an einem guten Verhältnis zu den Römern interessiert und taten alles, um sich von dem Verdacht reinzuwaschen, an den jüdischen Aufständen, die zum Jüdischen Krieg und zur Vernichtung Jerusalems im Jahre 70 geführt hatten, beteiligt gewesen zu sein.

Nur für die Juden, aber nicht für die Christen war Rom die Hauptstadt des Feindes, und Juden benutzten den Decknamen der feindlichen Stadt Babylon für Rom und brachten mit diesem Decknamen des ungeliebten Babylon ihre Feindschaft gegen die römische Besatzungsmacht und Rom sowie ihre Hoffnung, daß Gott dieses Zentrum der Gottlosigkeit baldmöglichst vernichten möge, versteckt zum Ausdruck.

Nach dem Jüdischen Krieg, der mit der Eroberung und Zerstörung Jerusalems im Jahre 70 zu Ende ging, nach dem Massenselbstmord von fast tausend Zeloten beim Ansturm der Römer auf die Festung Masada im Jahre 72 kam es auch Anfang des 2. Jahrhunderts noch zu vereinzelten jüdischen Aufständen gegen die Römer. Der allerletzte Aufstand geschah, wie bereits erwähnt, 132 bis 135

n. Chr. unter dem als Messias verehrten Juden Bar Kochba (=Sternensohn).

Anläßlich dieses Aufstands fanden schwere Auseinandersetzungen zwischen Juden und Judenchristen statt. Da die Judenchristen den Messias als in Jesus bereits gekommen ansahen, betrachteten sie Bar Kochba als Messiaskonkurrenten und beteiligten sich nicht an dessen Kampf gegen die Römer. »Damals in der Verfolgung von 135 durch die eigenen Volksgenossen, fielen die letzten judenchristlichen Martyrer, von denen wir wissen« (H. J. Schoeps, Judenchristen, 1964, S. 33). Um 150 n. Chr. schreibt darüber der christliche Martyrer Justin: »In dem unlängst geführten Jüdischen Krieg hat Bar Kochba, der Anführer des jüdischen Aufstandes, die Christen zu schrecklichen Martern hinschleppen lassen« (1 Apologie 31).

Die junge Kirche war im Begriff, sich im Römischen Reich auszubreiten, und der Gedanke, Rom zur eigenen christlichen Metropole zu machen, lag den Christen näher als die Vernichtung dieser Metropole. Der 1. Petrusbrief ist nicht nur nicht von Feindschaft gegen den Staat geprägt, er macht im Gegenteil sogar Propaganda für den römischen Staat: »Seid aller menschlichen Ordnung untertan um des Herrn willen, sei es dem Kaiser als dem Oberherrn oder den Statthaltern als denen, die von ihm gesandt wurden, um die Übeltäter zu bestrafen und die zu loben, die das Rechte tun... Fürchtet Gott, ehret den Kaiser« (1 Petr 2,13 ff.).

Es ist also undenkbar, daß Petrus die Stadt Rom mit dem feindseligen Namen Babylon bezeichnete. Also ist Babylon keinesfalls mit Rom gleichzusetzen und wurde dieser Brief nicht aus Rom geschrieben. Die Frage, wo denn der Brief geschrieben wurde, ist damit nicht beantwortet. Die einfachste Antwort wäre: in Babylon. Babylon in Mesopotamien war zu dieser Zeit eine größere Stadt und besaß eine alte jüdische Kolonie. Die schwierige Frage, wie Petrus nach Babylon kam, kann man nicht gegen die nicht minder schwierige Frage eintauschen, wie Petrus nach Rom kam, und dann erklären, daß er schon eher nach Rom als nach Babylon kam, obwohl es für Petrus näher lag, nach Babylon als nach Rom zu gehen.

Voltaire meint zu der christlichen These, Petrus sei in Rom gewesen: »Wie schlecht muß es stehen, wenn man, um zu beweisen, daß dieser Petrus in Rom war, sich genötigt sieht, zu behaupten, ein ihm zugeschriebener Brief, der aus Babylon datiert ist, sei in Wirklichkeit in Rom geschrieben... einer solchen Auslegung nach müßte ein aus Petersburg datierter Brief in Konstantinopel geschrieben sein« (Das Mittagsmahl des Grafen Boulainvilliers 2).

Es kommt tatsächlich noch hinzu: Der sogenannte erste Petrusbrief wurde gar nicht von Petrus geschrieben, sondern ihm nur zugeschrieben. »Petrus, Apostel Jesu Christi, an die Auserwählten, die als Fremde in Pontus, Galatien, Kappadozien, der Provinz Asien und Bithynien in der Zerstreuung leben...« heißt es zwar zu Anfang (1. Petr. 1,1), aber diese Einleitungsworte sowie der ganze Brief gelten trotz der gegenteiligen Behauptung dieser Einleitungsworte bei vielen Theologen nicht als von Petrus geschrieben.

Einen Hinweis auf das spätere Schicksal des Petrus kann man vielleicht im 21. Kapitel des Johannesevangeliums finden: »Wahrlich, wahrlich, ich sage dir, solange du jung warst, gürtetest du dich selbst und gingst, wohin du wolltest. Wenn du aber alt geworden bist, wirst du deine Hände ausstrecken, ein anderer wird dich gürten und führen, wohin du nicht willst. Dies aber sagte er, um anzudeuten, durch welchen Tod er Gott verherrlichen werde« (Joh 21,18 f.). Das 21. Kapitel des Johannesevangeliums ist ein späterer Nachtrag. Man kann aus ihm vielleicht einen Martyrertod des Petrus entnehmen, aber auf keinen Fall, daß dieser in Rom stattfand und nichts über die spezielle Todesart, z. B. Kreuzigung.

Was die Zeugnisse außerhalb des Neuen Testament betrifft, so wird von den Befürwortern eines Romaufenthalts des Petrus als wichtigstes der erste Klemensbrief angeführt. Klemens war Bischof von Rom, also nach heutiger katholischer Sprachregelung Papst, und hat den Brief an die Kirche in Korinth etwa 96 n. Chr. geschrieben. Aber aus diesem Brief geht keineswegs hervor, daß Petrus in Rom war. Das »Lexikon für Theologie und Kirche« hingegen weiß inzwischen genau, daß »Clemens I. (1 Clem 5–6) den Martyrertod des Petrus in Rom während der Neronischen Verfolgung« bezeugt (VIII, S. 340).

Das ist eine gänzlich ungerechtfertigte Behauptung, denn die Stelle im 1. Klemensbrief lautet: »Wegen Eifersucht und Neid haben die größten und gerechtesten Männer, Säulen waren sie, Verfolgung und Kampf bis zum Tode getragen. Stellen wir uns die guten Apostel vor Augen: einen Petrus, der wegen ungerechter Eifersucht nicht ein oder zwei, sondern vielerlei Mühsale erduldet hat und, nachdem er so sein Zeugnis (für Christus) abgelegt hatte, angelangt ist an dem ihm gebührenden Ort der Herrlichkeit. Wegen Eifersucht und Streit hat Paulus den Beweis seiner Ausdauer erbracht. Siebenmal gefesselt, vertrieben, gesteinigt, Verkünder (des Evangeliums) im Osten wie im Westen, holte er sich den herrlichen Ruhm seines Glaubens. Er hatte die ganze Welt Gerechtigkeit gelehrt, war bis in den äußersten Westen vorgedrungen und hatte vor den Machthabern sein Zeugnis abgelegt. So wurde er hinweggenommen von dieser Welt und ging ein in den heiligen Ort, das größte Beispiel der Geduld.«

Zweierlei fällt auf an diesem Text: nämlich erstens, daß Klemens beide Apostel als Opfer von »Eifersucht und Neid«, offenbar Intrigen, bezeichnet. Hier schimmert etwas durch von den großen Parteiungen und Streitigkeiten in der frühen Kirche und von dem großen Anteil des Neides in den menschlichen Beziehungen auch damals. Zweitens fällt auf, daß Klemens lediglich von Paulus sagt, er habe »im Osten und im Westen« evangelisiert und sei »bis in den äußersten Westen« vorgedrungen. Ob man nun darunter Rom versteht oder (wahrscheinlicher) Spanien, jedenfalls wird der Westen, und damit auch Rom, lediglich Paulus zuerkannt. Es ist eine Überstrapazierung des Textes, auch aus den Sätzen über Petrus einen Romaufenthalt lesen zu wollen. Es bleibt vielmehr dabei: Es gibt nirgendwo einen frühen Anhaltspunkt dafür, daß Petrus jemals in Rom gewesen wäre.

Aus dieser Stelle des ersten Klemensbriefs, die der Hauptbeweis sein soll für des Petrus Martyrertod in Rom, kann man also nicht einmal entnehmen, daß Petrus überhaupt in Rom war. Ebensowenig kann man aus dem ersten Klemensbrief einen Martyrertod des Petrus entnehmen. Das griechische Wort *martyrein* = Zeuge sein, Zeugnis ablegen, wird erst ab Mitte des 2. Jahrhunderts auch im Sinn von »den Martyrertod erleiden« gebraucht. An dieser Stelle (wie übrigens auch an den beiden anderen Stellen des Briefes (38,2 und 63,3) bedeutet es »Zeugnis ablegen« im normalen Sinn. Petrus hat mit seinen »vielerlei Mühsalen«, die er wegen »Eifersucht und Neid« ertragen mußte, für Christus Zeugnis abgelegt. Daß man hier nicht vorschnell von »Martyrertod« reden sollte, sagt auch der katholische Theologe Peter Stockmeier in der vom katholischen Bibelwerk Stuttgart herausgegebenen Zeitschrift »Bibel und Leben«. Er betont, daß »der Text nicht den Tod als *martyrein* bezeichnet, sondern das Ertragen der Mühsale« (Die Römische Petrustradition – das Petrusgrab, in: Bibel und Leben, 2/1968, S. 51) .

Daß das Wort *martyrein* nicht einfach ein Wort für »Martyrium erleiden« ist, davon kann sich jeder leicht überzeugen: Bei der Steinigung des Stephanus, des ersten christlichen Martyrers, wird nicht Stephanus als »Martyrer« bezeichnet, sondern die Zeugen, die ihre Kleider ablegten, bevor sie ihn steinigten: »Und die Zeugen (= Martyrer) legten ihre Kleider zu den Füßen eines Jünglings namens Saulus nieder. Und sie steinigten den Stephanus . . .« (Apg 7,58 f.).

Die erste unmißverständliche Behauptung, daß Petrus in Rom war, finden wir erst spät, nämlich bei Dionysius von Korinth (um 170) in dessen Brief an die Römer. Eusebius von Caesarea (†339) zitiert diesen Brief in seiner Kirchengeschichte. Eusebius schreibt: »Daß beide Apostel zu gleicher Zeit den Martertod erlitten haben, behauptet Dionysius, Bischof von Korinth in seinem Schreiben an die Römer. Er sagt: ›Durch eure große Fürsorge habt ihr die von Petrus und Paulus in Rom und Korinth angelegten Pflanzungen miteinander verbunden. Denn beide (Petrus und Paulus) haben in unserer Stadt Korinth die Pflanzung begonnen und in gleicher Weise auch in Italien gelehrt, und beide haben zu gleicher Zeit den Martertod erlitten‹« (II,25).

Diese Stelle beweist aber nur, daß um 170 n. Chr. Dionysius von Korinth von einem Aufenthalt des Petrus in Rom und von dem Martertod des Petrus überzeugt war. Es war dies eine Zeit, da schon längst kirchenpolitische Gründe für eine solche Überzeugung maßgebend waren. Insbesondere die Bischöfe von Rom hatten ein Interesse daran, sich als Nachfolger von Petrus als dem ersten Bischof von Rom zu stilisieren.

Betrachtet man die Nachricht des Dionysius von Korinth im einzelnen, so ist sie ohne historische Grundlage, weil keineswegs, wie er meint, Petrus und Paulus »die Pflanzung in Rom angelegt« haben. Paulus schreibt in seinem Brief an die Römer, daß er die römische Gemeinde »seit vielen Jahren« besuchen wolle, aber immer daran gehindert worden sei (Röm 15,22 ff.). Er betont, daß von dem Glauben der römischen Gemeinde bereits »in der ganzen Welt die Rede ist« (Röm 1,8). Das bedeutet also, die römische Gemeinde war schon vor dem Besuch des Paulus gegründet worden.

Paulus schrieb den Römerbrief in den Jahren 54 oder 57 n. Chr. Aber schon im Jahr 49 gab es in Rom Christen. Das geht aus einem Edikt des Kaisers Claudius aus dem Jahre 49 hervor: »Er, Claudius, vertrieb die Juden aus Rom, die auf Anstiftung eines Chrestus (er meint: Christus) überall Unruhe stifteten.« So berichtet Sueton (geb. ca. 70 n. Chr., Todesdatum unbekannt) in seiner »Vita Claudii« (25,4).

Es muß damals, also längst bevor Paulus in Rom war, schwere Auseinandersetzungen in Rom zwischen Juden und Christen, zwischen Altgläubigen und Neugläubigen gegeben haben, die zu einer Art »Juden raus«-Reaktion in Rom führten und zu dem Ausweisungsedikt des Claudius. Aus der Apostelgeschichte (18,2) erfahren wir von einem solchen aus Rom vertriebenen jüdischen Christen mit Namen Aquila, »der unlängst [mit seiner Frau Priscilla] aus Italien gekommen war«; »auf Befehl des Claudius hatten nämlich alle Juden aus Rom wegziehen müssen.« Bei ihnen wohnte Paulus in Korinth.

Die Behauptung des Dionysius, daß zusammen mit Paulus auch

Petrus die römische Gemeinde gegründet habe, hat keinerlei historisches Fundament und ist genauso falsch wie seine Behauptung, Paulus habe die römische Gemeinde gegründet. Seine weitere Behauptung, Petrus habe die korinthische Gemeinde gegründet, ist ebenfalls falsch, da die korinthische Gemeinde allein durch Paulus gegründet wurde.

Die Wunschvorstellung, daß Petrus in Rom war und die römische Gemeinde gegründet habe, hat sich dann, also ab ca. 170, immer mehr verfestigt. Um 190 schreibt der Kirchenvater Irenäus († ca. 202 n. Chr.): »Nachdem die seligen Apostel (Petrus und Paulus) die Kirche in Rom gegründet und eingerichtet hatten, übertrugen sie dem Linus den Episkopat zur Verwaltung der Kirche ... Auf ihn folgt Anacletus. Nach ihm erhält an dritter Stelle Clemens den Episkopat« (Gegen die Häresien III,3). Laut Irenäus war also Linus der erster Bischof von Rom.

Auch laut Eusebius war nicht Petrus, sondern Linus der erste Bischof von Rom (KG III,2 ; III, 21). Nach alten Papstkatalogen soll Linus sein Amt noch zu Lebzeiten des Petrus angetreten haben und in den Jahren 55 bis 67 Bischof von Rom gewesen sein (Wetzer/Welte VII, S. 2077). Daß Linus und nicht Petrus der erste Bischof von Rom war, wird auch von anderen altkirchlichen Schriftstellern behauptet (vgl. Bibliothek der Kirchenväter, Eusebius, Bd. II, 1932, S. 101).

Daß hingegen Petrus der erste Bischof von Rom war, behauptet der gelehrte Presbyter und spätere Gegenpapst Hippolyt von Rom († 235). Er sagt von Papst Viktor I. (ca. 189–198), daß dieser »nach Petrus der 13. Bischof in Rom war« (Eusebius, Kirchengeschichte V 28). Diese Auffassung, daß Petrus der erste Bischof von Rom war, hat sich dann im Laufe der Zeit gegen die andere Tradition, derzufolge Linus der erste Bischof von Rom war, durchgesetzt.

Hier sei noch eine Legende eingefügt, in der die Phantasie eine noch größere Rolle gespielt hat, als sie in der gesamten Petrustradition ohnehin fleißig tätig war: die Legende, daß Petrus in Rom auf eigenen Wunsch mit dem Kopf nach unten gekreuzigt wurde. Diese

Legende findet sich in den Apokryphen (= unechten Schriften, siehe das nächste Kapitel), und zwar in den sogenannten Petrusakten (entstanden 180–190). Dort sagt Petrus: »Ich fordere nun von euch, den Scharfrichtern, kreuzigt mich so, mit dem Kopf nach unten und nicht anders! Und warum, das werde ich den Hörenden sagen.« Es ist aber nur eine wirre Symbolik, die er dann, verkehrt am Kreuze hängend, mit den Worten beginnt: »Ihr Männer, die ihr zum Hören berufen seid, vernehmt, was ich gerade jetzt, während ich (am Kreuz) hänge, euch verkünden werde...« (37 f.; Wilhelm Schnee-melcher, Neutestamentliche Apokryphen, Bd. II, 1989, S. 287) .

Im Römischen Meßbuch (29. Juni) wird die seltsame Kreuzigung als historische Tatsache behauptet. Laut den Petrusakten wird Petrus dann von einem gewissen Marcellus, der dafür auch in das Meßbuch gelangte (7.Oktober), vom Kreuze geholt, in Milch und Wein gebadet, gesalbt und samt einem »sehr teuren steinernen Trog mit attischem Honig« in des Marcellus eigenem Grabe beigesetzt. Und Nero wurde, als er vom Tod des Petrus hörte, sehr zornig, weil er Petrus gern strenger bestraft hätte. Aber dann hatte Nero nachts eine Erscheinung, und daraufhin ließ er die Christen in Frieden, zunächst jedenfalls erst einmal (Petrusakten 38–41).

Für Johannes Paul II. steht jedenfalls fest: Petrus ist in Rom gewesen, hat die römische Gemeinde gegründet, war der erste Bischof von Rom und hat in Rom das Martyrium erlitten. Und Johannes Paul II. ist als Bischof von Rom sein Nachfolger. Eine Legende ist damit zu ihrem logischen Abschluß gelangt.

Neben der Petrus-Rom-Tradition gab es auch eine ganz andere Petrustradition, die nicht Rom betraf. Das erfahren wir ebenfalls aus der Kirchengeschichte des Eusebius, denn Eusebius nennt Igna-tius von Antiochien († um 110) den »zweiten Nachfolger des Petrus auf dem Bischofsstuhle der Kirche in Antiochien« (III, 36). Der erste Nachfolger hieß Evodius. Auch nach Origenes (Hom VI in Lucam) und Hieronymus (De vir. ill. 16) war Petrus der erste Bischof in Antiochien. Nirgendwo gibt es eine Nachricht, daß er irgendwann diesen Bischofssitz aufgegeben hätte. Da die Anwesenheit des Petrus und sein Tod in Rom niemals ohne Tendenz hinsichtlich des Machtanspruchs Roms und der römischen Papstnachfolge behauptet wurden, hat die Variante eines Bischofssitzes, und zwar eines endgültigen Bischofssitzes, des Petrus in Antiochien ein mindestens gleiches Gewicht an Glaubwürdigkeit.

Was die archäologischen Befunde betrifft, so gilt, was Stockmeier schreibt: »Man darf von vorneherein sagen, daß auch der Spaten nicht jene Lücke der Unbestimmtheit zu schließen vermochte, die von der schriftlichen Überlieferung her – bekanntlich schweigt schon die Apostelgeschichte über den Tod des Petrus – gegeben war. Aufgrund dieser Quellenlage steht die römische Petrustradition in einem Zwielicht, das trotz aller Schlüssigkeit der Interpretation bislang nicht beseitigt werden konnte« (a. a. O., S. 51).

Erst relativ spät gibt es Aussagen über ein Petrusgrab in Rom und kurz danach von einem anderen Petrusgrab an einer anderen Stelle in Rom, so daß die Tradition fast von Anfang an gespalten war. Das erste Zeugnis über ein Petrusgrab erhalten wir von einem gewissen Gaius, der um 200 in der römischen Gemeinde eine Rolle spielte. Damals gab es nicht nur in Rom, sondern an verschiedenen Orten des Reiches Streit und Diskussion um den Besitz von Apostelgräbern, mit denen man die Richtigkeit der eigenen Glaubensauffassung und die Bedeutung der eigenen Gemeinde zu beweisen suchte. Gaius also geriet in eine Auseinandersetzung mit Proklos, dem Führer einer prophetischen Sekte innerhalb des Christentums, Montanisten genannt. Proklos, der Montanist, führte für die Richtigkeit der montanistischen Lehre an, daß in Hierapolis, das offenbar ein Hauptsitz der Montanisten war, die Gräber des Apostels Philippus sowie die Gräber der Töchter des Philippus lägen. Gaius bekämpfte Proklos mit dem schweren Geschütz der Gräber der Apostel Petrus und Paulus in Rom: »Ich aber kann die Grabmonumente der Apostel (Petrus und Paulus) zeigen; denn wenn du zum Vatikan gehst oder auf die Straße nach Ostia, so wirst du dort die Grabmonumente derer finden, die diese Gemeinde gegründet haben« (Eusebius, Kirchengeschichte 2,25).

Mit den Gräbern glaubte Gaius seinen Gegner mattgesetzt zu haben, denn wer recht hat, wird entschieden durch die Tatsache, auf wessen Grab er sitzt, eine zwar nicht jedermann überzeugende, aber damals beliebte Argumentationsweise: Ähnlich wie Gaius und Proklos sich auf Apostelgräber beriefen, hatte schon am Ende des 2. Jahrhunderts in der Diskussion um den richtigen Ostertermin der Bischof Polykrates von Ephesus seine Auffassung mit dem Hinweis gestärkt, daß sich in Hierapolis das Grab des Apostels Philippus befände: »Philippus, einer der zwölf Apostel, der in Hierapolis entschlafen ist, mit seinen beiden bejahrten, im jungfräulichen Stande verbliebenen Töchtern, während eine andere Tochter, die im Heiligen Geiste wandelte, in Ephesus ruht...« (Eusebius, Kirchengeschichte 5,24). Der Streit um den Ostertermin ging um die Frage, ob Ostern immer an einem Sonntag oder immer am 14. Tag des Passahmonats, gleichgültig um welchen Wochentag es sich dabei handelt, zu feiern sei.

Um 200 also weiß Gaius von einem Petrusgrab an der Straße nach Ostia am Vatikan. Aus einem römischen Festkalender von 354 geht jedoch hervor, daß man um 260 überzeugt war, die Gräber der Apostel Petrus und Paulus lägen an der Via Appia unter der späteren Grabesbasilika von San Sebastiano. Angesichts dieser nunmehr zwei Petrusgräber schreibt der katholische Kirchengeschichtler Hubert Jedin in der von ihm herausgegebenen neunbändigen Kirchengeschichte resigniert: »Da schließlich jede verläßliche Angabe über die Hinrichtungs- und Bestattungsart des Petrus fehlt, bleiben die damit gegebenen Möglichkeiten (Verbrennung nach der Hinrichtung, Verstümmelung des Leichnams, Bestattung in einem Massengrab, Verweigerung der Freigabe des Leichnams an die Christen) als ebenso viele Fragen weiterhin offen. Diese Schwierigkeiten zusammengenommen sind bisher nicht befriedigend gelöst; sie machen es daher vorläufig unmöglich, der Auffassung zuzustimmen, die Ausgrabungen hätten das Petrusgrab bzw. seine ursprüngliche Stelle mit Sicherheit ans Licht gebracht... Als großes trotz aller Hypothesen ungelöstes Rätsel bleibt die Kultstätte der Apostel an der Via Appia weiter bestehen« (Bd. I, 1963, S. 140). Und der Theologe Peter Stockmeier spricht vom »gespaltenen Petruskult in Rom, nämlich jenem von San Sebastiano und vom Vatikan... die Unsicherheit wird noch verschärft, wenn man bedenkt, daß wir über die ursprüngliche Bestattungsart des liquidierten Petrus (Einzelgrab, Massengrab oder Verbrennung) keinerlei Nachricht besitzen« (a.a.O., 54 f.).

Reliquien des heiligen Petrus sind jedoch in großer Zahl vorhanden. Der Kirchenvater Ambrosius († 397) soll ein emsiger Sammler von Petrusreliquien gewesen sein. Der Kopf des Petrus wird ebenso wie der Kopf des Paulus im Papstaltar der Laterankirche aufbewahrt. Zahlreiche andere kleinere Körperteile sind über ganz Italien zerstreut (vgl. LThK VIII, S. 342). Auch einiges aus dem Besitz des Petrus ist fabelhafterweise noch erhalten. Als erstes wären zwei Ketten zu nennen, die in Rom in einer Kirche mit dem Namen Ad vincula Petri (= Zu den Ketten des Petrus) aufbewahrt werden. Die erste Kette stammt aus der in der Apostelgeschichte (12, 1–17) berichteten Gefangenschaft unter Herodes Agrippa I., aus der Petrus durch einen Engel befreit wurde. Es wird nicht berichtet, ob es Petrus oder ob es der Engel war, der die Kette mitgehen ließ. Zunächst blieb sie zwar verschollen, aber Eudoxia, die Gemahlin des Kaisers Theodosius d. J., spürte sie wunderbarerweise auf und brachte sie ca. 437 nach Rom. Die zweite Kette stammt aus der Gefangenschaft des Petrus unter Nero in Rom, dort war sie von Anfang an verwahrt und verehrt worden. Zu Ehren der beiden Ketten errichtete man Kirchen in Rom und Konstantinopel, und jährlich am 1. August feiert die Kirche immer noch das Fest des heiligen Petrus zu den Ketten, genannt »Petri Kettenfeier«.

Weiter gibt es noch einen Tisch des heiligen Petrus, an dem er eine Messe las, als er nach Rom kam. Eigentümer des Tisches und des Hauses, in dem der Tisch stand, war ein römischer Senator mit Namen Pudens. Dieser hatte Petrus in sein Haus aufgenommen und sich und seine Familie von Petrus taufen lassen. Und an der Stelle, an der das Haus des Pudens stand, steht nun die nach ihm benannte

Kirche S. Pudenziana. Und der Tisch befindet sich in der Kirche, wenigstens ein Teil von ihm. Der andere Teil ist im Hochaltar des Lateran eingeschlossen (Wetzer/Welte IX, S. 1854 f.,1865).

Vorhanden ist auch noch die Kathedra des Apostels, und zwar, wie es sich gehört, in der Peterskirche selbst. In Venedig in S. Pietro a Castello steht noch eine zweite Kathedra Petri. Sie stammt aus der Zeit, als Petrus noch Bischof von Antiochien war. Dann gibt es noch einen Stab des heiligen Petrus. Über ihn sind verschiedene Überlieferungen in Umlauf. Nach einer davon hat Petrus diesen Stock dem heiligen Eucharius gegeben, der dann mittels desselben den verstorbenen heiligen Maternus wieder zum Leben erweckte. Später hat Eucharius den Stab nach Trier gebracht, und von dort aus kam er bei der Gründung des Bistums Limburg in den Dom dortselbst. Ein Stück allerdings und der Knopf befinden sich in der Schatzkammer des Kölner Doms (LThK VIII, S. 342).

14. KAPITEL

Die Apokryphen

Das Neue Testament ist nicht als fertiges Buch vom Himmel gefallen, sondern es hat jahrhundertelange Kämpfe darüber gegeben, welche Schriften zum Neuen Testament gehören sollten und welche nicht. Diejenigen Schriften, die unter den vielen im Umlauf befindlichen Evangelien, Apostelgeschichten, Apostelbriefen und Geheimen Offenbarungen ausgewählt wurden, weil sie nach dem Verständnis der damaligen Kirche einen verbindlichen Charakter hatten, bilden den Inhalt, den sogenannten Kanon (= Richtschnur, Norm) des Neuen Testaments.

Dieser Kanon entwickelte sich nur langsam. Er nahm um 200 festere Formen an, enthielt aber noch nicht die heutigen 27 Bücher des Neuen Testaments – andererseits enthielt er eine Reihe von Schriften, die später als »apokryph« ausgeschieden wurden. Im Jahre 367 werden im 39. Osterfestbrief des Bischofs Athanasius von Alexandria alle 27 Bücher des Neuen Testaments offiziell aufgezählt, »da... einige Arglose durch die Arglist gewisser Leute von ihrer Lauterkeit und Heiligkeit abgekommen und, getäuscht durch die Gleichnamigkeit mit den wahren Büchern, beginnen, sich anderen, den sogenannten apokryphen Schriften zuzuwenden...« (Wilhelm Schneemelcher, Neutestamentliche Apokryphen, Bd. I, 1990, S. 39).

Einige Schriften des Neuen Testaments, nämlich die sieben katholischen (gemeint ist: für die Allgemeinheit bestimmten) Briefe (das sind der Jakobusbrief, zwei Petrusbriefe, drei Johannesbriefe und der Judasbrief), ebenso der Hebräerbrief, haben sich allerdings praktisch erst im 5. und 6. Jahrhundert durchgesetzt, und die Offenbarung des Johannes war noch im 10. Jahrhundert nicht überall akzeptiert.

Den kanonischen Schriften stehen die sogenannten »apokryphen« Schriften gegenüber. Diese wurden, obwohl manche von ihnen gleichwertig neben den später kanonisierten Schriften gestanden hatten, nicht in den Kanon aufgenommen. »Apokryph« heißt »verborgen gehalten«, bekommt aber bald den Klang des Unechten und Falschen. Trotz dieses Gegeneinander von echten und unechten Schriften hat die Kirche mannigfache Anregungen für Glauben und Lehre gerade aus den Apokryphen gezogen und apokryphe Darstellungen, wo es ihr nützlich schien, zur Stütze ihrer Glaubenspositionen verwendet.

Die apokryphen Schriften gliedert man ihrem Inhalt nach in Evangelien, Apostolische Schriften und Apokalypsen (= Offenbarungen). Bei den Evangelien gibt es drei verschiedene Typen, die jedoch häufig nicht scharf zu trennen sind. Es gibt 1. Evangelien, die unseren vier Evangelien, vor allem den drei ersten, Matthäus, Markus und Lukas, verwandt sind. Sie sind zum Teil unabhängig von diesen entstanden, teils wurden sie ihnen nachgebildet. Es gibt 2. die Gruppe der gnostischen Evangelien, genannt nach der »Gnosis« (= Erkenntnis), jener pessimistischen, weltverneinenden und häufig sexualfeindlichen Religionsbewegung, die kurz vor der Zeitenwende aus dem Osten (wahrscheinlich aus Persien) in den Westen vordrang und zur gefährlichsten Konkurrenzbewegung des Christentums werden sollte. Und es gibt 3. sogenannte Legendenevangelien, in denen Ereignisse des Lebens Jesu phantasievoll einfach fortgesponnen werden. Und doch sind sie häufig nicht bloße Legenden, sondern tendenziös gnostisch, leibfeindlich, die Jungfräulichkeit glorifizierend und die Sexualität dämonisierend. Ihre Grenze zu der zweiten Gruppe ist also fließend. Es sind vor allem diese Legendenevangelien, die die katholische Volksfrömmigkeit entscheidend geformt haben.

Zu dieser dritten Gruppe gehören die sogenannten *Kindheits-evangelien*. Sie schildern Details aus der Kindheit Jesu. Das bekannteste von ihnen ist das schon erwähnte *Protevangelium des Jakobus*. Es entstand um 150 n. Chr. Der Verfasser nennt sich Jakobus und will wohl den Eindruck erwecken, er sei der Herrenbruder Jakobus. Dieses apokryphe Evangelium hat in der kirchlichen Lehre und in der christlichen Frömmigkeit und vor allem in der Kunst eine große Rolle gespielt, und von ihm gilt in besonderer Weise das, was der evangelische Theologe Oskar Cullmann über die Kindheitsevangelien ganz allgemein sagt: »Diese Literatur (hat) im Altertum, im Mittelalter und in der Renaissance stärkeren Einfluß auf die Literatur und die Kunst ausgeübt als die Bibel« (Schneemelcher I, S. 333).

Geschildert wird die wunderbare Geburt Marias, wobei wir auch die bis dahin unbekannten Namen der Eltern Marias, nämlich Joachim und Anna, erfahren. Ein Charakteristikum der Legendenbildung ist ja, daß Unbekannte mit Namen versehen werden. Wir lesen dann von Marias Leben als Tempeljungfrau mit dem historisch falschen, aber poetisch schönen Satz: »Der Priester stellte das Kind (Maria) auf die dritte Stufe des Altares, und Gott, der Herr, legte Anmut auf das Kind, und es tanzte vor Freude mit seinen Füßchen, und das ganze Haus Israel gewann es lieb« (7,3; Schneemelcher I, S. 342 f.). Und Maria »wurde im Tempel wie eine Taube gehegt und empfing Nahrung aus der Hand eines Engels« (8,1).

Obwohl es auf der ganzen Welt keinen Theologen gibt, der die Vorstellung von der Tempeljungfrau Maria als historisch begründet ansähe, gibt es heute immer noch das von Papst Sixtus V. im Jahre 1585 für die ganze Kirche vorgeschriebenes Fest der »Präsentation der seligen Jungfrau Maria« (21. November). Sonderbarerweise heißt dieses Fest im Deutschen »Fest Mariä Opferung«. Beschrieben wird im Protevangelium dann Marias Heirat mit Josef. Geschildert wird insbesondere ihre durch die Geburt Jesu nicht verletzte leiblich biologische Jungfräulichkeit.

Die Entdeckung der Unversehrtheit des Hymens Marias zeichnet sich nicht gerade durch Diskretion aus, man könnte hier vielmehr Züge einer theologischen Pornographie entdecken, bei der im Mantel der Frömmigkeit sich sexuelle Phantasien entfalten. Der entprechende Text lautet: »Und die Hebamme trat aus der Höhle heraus, und es begegnete ihr Salome, und sie sagte: ›Salome, Salome, ich habe dir ein nie dagewesenes Schauspiel zu erzählen: eine Jungfrau hat geboren, was doch die Natur nicht zuläßt.‹ Und Salome sprach: ›So wahr der Herr, mein Gott, lebt, wenn ich nicht meinen Finger hineinlege und ihren Zustand untersuche, so werde ich nicht glauben, daß eine Jungfrau geboren hat.‹ Und Salome . . . legte ihren Finger hinein zur Untersuchung ihres Zustandes. Und sie erhob ein Wehgeschrei und rief: ›Ich habe den lebendigen Gott versucht. Siehe, meine Hand fällt von Feuer verzehrt von mir ab‹. Und sie betete zum Herrn. Und siehe, ein Engel des Herrn stand vor Salome und sprach zu ihr: ›Gott der Herr hat dein Gebet erhört. Tritt herbei und faß das Kind an, dann wird dir Heilung geschehen.‹ Und Salome tat so. Und sie wurde geheilt, wie sie gebetet hatte, und ging aus der Höhle heraus.«

Nicht nur die Geburtshöhle oder Geburtsgrotte verdanken wir also dem Protevangelium des Jakobus (im Lukasevangelium war ja lediglich von einer Krippe in einem vermutlichen Stall die Rede), sondern auch die Kenntnis der Jungfäulichkeit Marias während der Geburt Jesu, bei der, laut Hebammengutachten, das Hymen unverletzt blieb. Diese »Jungfräulichkeit in der Geburt« (= virginitas in partu) ist der mittlere Teil der von der katholischen Kirche als Glaubenssatz vorgeschriebenen Gesamtjungfräulichkeit Marias.

Vor allem aber verdanken wir dem Protevangelium des Jakobus eine Antwort auf die Frage: Wohin mit den Brüdern Jesu? Das in der gesamten Antike verbreitete Bild der jungfräulichen Empfängnis, das sich auch im Neuen Testament (bei Matthäus und Lukas) findet und so wenig wörtlich zu nehmen ist wie die Erschaffung Adams aus einem Erdenkloß im Alten Testament, hat ursprünglich noch nichts mit der späteren katholischen Jungfräulichkeitsmanie und Sexualfeindlichkeit zu tun. Es ist kein Bild im antisexuellen Sinn, sondern ein Bild für die Schöpfungstätigkeit Gottes bei der

Erschaffung Jesu, des »zweiten Menschen«, wie Paulus ihn (1 Kor 15) nennt, so wie die Erschaffung aus einem Erdenkloß ein Bild für die Schöpfungstätigkeit Gottes bei der Erschaffung Adams, des ersten Menschen, war.

Das neutestamentliche Bild der jungfräulichen Empfängnis ist also nicht ein Bild für die sexuelle Unberührtheit Mariens, betont nicht und glorifiziert nicht ihre Jungfräulichkeit, sondern verträgt sich gut – da es eben nicht im sexualfeindlichen Sinn zu verstehen ist – mit den in Matthäus 13 und Markus 6 erwähnten Brüdern und Schwestern Jesu, die Maria und Josef nach Jesus noch bekommen haben. Es handelt sich um vier Brüder Jesu, die namentlich aufgezählt werden: Jakobus, Josef (= Joses), Simon und Judas. Außerdem hatte Jesus noch nicht namentlich genannte »Schwestern«, also wenigstens zwei Schwestern. Jesus hatte also insgesamt mindestens sechs jüngere Geschwister.

Die Erzählungen von Jungfrauengeburten in der heidnischen Antike und die beiden bei Matthäus und Lukas sind keine Keuschheitsgeschichten über die Mutter, sondern Verherrlichungsgeschichten über den Sohn. Sie galten nicht der Jungfräulichkeitsglorifizierung, sondern ausschließlich der Sohnes-Glorifizierung.

Ein Beispiel: Von Platon († 348/47) berichtet sein Neffe Speusippos (Platons Schwestersohn), daß in Athen die Sage verbreitet sei, daß Platon ein Sohn des Gottes Apoll war; bis Platons Geburt habe Platons Vater Ariston sich des ehelichen Verkehrs mit der Gattin Periktione enthalten (Diogenes Laertius 3,1,2). Genau wie von Ariston, dem Vater Platons, heißt es später von Josef, dem Vater Jesu: »Josef erkannte sie (Maria) nicht, bis sie einen Sohn geboren hatte« (Mt 1,25). Und wie Platon später Geschwister bekam (z. B. die Mutter des Speusippos), so bekam Jesus laut demselben Matthäusevangelium, das seine Jungfrauengeburt berichtet, später Geschwister (Mt 13,55 f.).

Aber im Zuge der gnostisch-sexualfeindlichen Einflüsse auf das frühe Christentum wird das Bild von der jungfräulichen Empfängnis Mariens, die sogenannte »Jungfräulichkeit vor der Geburt«

(= virginitas ante partum), mißverstanden als Eröffnung einer lebenslänglichen Keuschheitsgeschichte und umfunktioniert zum ersten Teil der Gesamtjungfräulichkeit Mariens. Damit werden die Brüder und Schwestern Jesu zum Problem. Alles, was mit normalen Kindern und dem normalen Kinderkriegen zu tun hat, wird nun von der Jungfrau Maria ferngehalten. Ihr gesamtes persönliches Umfeld wird von menschlichem Nachwuchs gereinigt, weil Kinder immer irgendwie auf Sexualität schließen lassen. Bei den Heiden hingegen war trotz des Bildes der Jungfrauengeburt ein späteres reales und normales Kindergebären seitens der Jungfrau niemals in Mitleidenschaft gezogen worden, siehe Platons Geschwister. Erst durch die christlich-neurotische Sexualfeindlichkeit wird auf Grund dieses Bildes von Übernatürlichem das Reale und Natürliche verfemt. Die Brüder und Schwestern Jesu werden, anders als die Geschwister Platons, als störend empfunden, sozusagen als Problemkinder. Und als Schandflecken der Jungfräulichkeit ihrer eigenen Mutter besitzen sie kein Lebensrecht. Sie müssen eliminiert und theologisch abgetrieben werden.

Das Protevangelium des Jakobus hat versucht, diese Frage der sogenannten »Jungfräulichkeit Mariens nach der Geburt« (= virginitas post partum), diesen dritten und letzten Teil der Gesamtjungfräulichkeit Mariens, d. h. die Frage der Brüder und Schwestern Jesu, zur Zufriedenheit der sexualfeindlichen und jungfräulichkeitsbeflissenen Frommen zu beantworten: Josef war Witwer und brachte die Kinder aus seiner ersten Ehe mit: »Als sie (Maria) zwölf Jahre alt war, fand eine Beratung der Priester statt, die sprachen: ›Siehe, Maria ist im Tempel des Herrn zwölf Jahre alt geworden, was sollen wir nun mit ihr tun, damit sie nicht den Tempel des Herrn beflecke?‹ (wg. Menstruation). Und sie sprachen zum Hohen Priester: ›Du stehst am Altar des Herrn, geh ins Heiligtum hinein und bete ihretwegen, und wir wollen dann das tun, was dir der Herr offenbaren wird.‹ Und der Hohe Priester nahm das Amulett mit den zwölf Glöckchen und begab sich ins Allerheiligste und betete ihretwegen. Und siehe da, ein Engel des Herrn stand vor ihm und sprach zu ihm: ›Zacharias, Zacharias, gehe hinaus und versammele die Witwer des Volkes... und welchem der Herr ein Wunderzeichen geben wird, dessen Weib soll sie sein.‹ Und die Boten gingen aus und verbreiteten sich über die ganze Umgegend Judäas; die Posaune des Herrn erscholl, und alle liefen herzu. Josef aber warf die Axt weg und ging auch seinerseits hinaus, um ihnen zu begegnen... Da sprach der Priester zu Josef: ›Josef, du hast durch das Los die Jungfrau des Herrn zugeteilt bekommen; nimm sie in deine Obhut.‹ Josef aber entgegnete ihm: ›Ich habe schon Söhne und bin alt, sie aber ist ein junges Mädchen. Ich fürchte, ich werde zum Gelächter für die Söhne Israels.‹ Da sprach der Priester zu Josef: ›Fürchte den Herrn, deinen Gott, und denke an alles, was Gott Dathan, Abiram und Korah getan hat, wie die Erde gespalten wurde und sie um ihrer Auflehnung willen alle verschlungen wurden. Fürchte dich nun, Josef, daß dies nicht auch in deinem Hause geschehe.‹ Und Josef fürchtete sich und nahm sie in seine Obhut« (8,2 ff.; Schneemelcher I, S. 342).

Eingeschüchtert ob solcher Fluchdrohungen war Josef also zur Ehe mit Maria bereit. Die Maler, die Josef alt aussehen lassen im Gegensatz zur jungen Maria – eine Maßnahme des Erzählers, um die Jungfräulichkeit Marias nicht durch das Ungestüm der Jugend Josefs gefährdet erscheinen zu lassen –, fußen auf dieser Legende.

Der fromme Versuch des Protevangeliums, die Brüder und Schwestern Jesu als Stiefgeschwister Jesu zu deuten, sollte sich allerdings in der Folgezeit als nicht fromm genug erweisen. Die Stiefgeschwister sollten schließlich ebenfalls aus dem Hause Marias und aus dem katholischen Lehrgebäude, das durch den Auszug der Kinder noch mehr zum Leergebäude wurde, vertrieben werden. Für die Austreibung der Marien- bzw. inzwischen nur noch Josefs-kinder sorgte der Kirchenvater Hieronymus (†419/20). Er wendet sich gegen das Protevangelium des Jakobus und erklärt, es sei eine »gottlose und apokryphische Träumerei«, zu glauben, Josef habe aus einer früheren Ehe Kinder gehabt: Der jungfräulichen Maria kann nur der jungfräuliche Josef entsprechen (Ad Matth 12).

Hieronymus macht nicht nur den Stiefgeschwistern, sondern natürlich vor allem der Grundursache für den Ärger mit den Stiefgeschwistern Jesu, nämlich den neutestamentlichen Geschwistern Jesu, den Garaus und erfindet die bis heute in katholischen Kommentaren herumgeisternden Vettern und Cousinen Jesu. Hieronymus hatte nämlich zu dieser Zeit eine heftige Auseinandersetzung mit dem Laien Helvidius, weil Helvidius im Anschluß an das Neue Testament (Mk 6 und Mt 13) behauptete, Jesus habe Brüder und Schwestern gehabt. Helvidius bestritt also die »Jungfräulichkeit nach der Geburt«.

Hieronymus verfaßte 383 eine Schrift »Gegen Helvidius über die immerwährende Jungfräulichkeit Mariens«. Die Gründe, die Hieronymus hier gegen Helvidius anführt, sind mehr oder weniger die gleichen, die katholische Theologen auch heute noch vorbringen, wenn einer von Brüdern und Schwestern Jesu spricht. Maria hat laut Hieronymus für Männer und Frauen den Grund zur Jungfräulichkeit gelegt. An Marias Person wird die moralische Überlegenheit der Jungfräulichkeit deutlich.

In Wirklichkeit war es nicht so, wie Hieronymus und mit ihm die Junggesellentheologen bis Johannes Paul II. glauben, sondern genau umgekehrt: Nicht weil Maria immerwährend Jungfrau war, schätzte man die Jungfräulichkeit, sondern weil man die Jungfräulichkeit vergötzte, machte man Maria zur immerwährenden Jungfrau.

Die Legende von der Jungfrauengeburt, die im Neuen Testament zur Verherrlichung Jesu im Stil einer hellenistischen Göttersohn-Legende begann, endet also mit einem christlichen, zölibatären Phantompaar, wobei Josef alle seine Kinder verlor und Maria nur noch eines behielt. »Du behauptest, Maria sei nicht Jungfrau geblieben; ich gehe aber noch weiter und behaupte, auch Josef hat jungfräulich gelebt« (Gegen Helvidius 19).

Um die Brüder und Schwestern Jesu endgültig zum Teufel zu schicken, wurde (auf Grund der Vorwürfe des Hieronymus) das Protevangelium des Jakobus in das berühmte päpstliche Decretum

Gelasianum aus dem 6. Jahrhundert aufgenommen, das in Teilen schon auf Papst Damasus (366–384), den Papst zur Zeit des Hieronymus, zurückgeht. Das Protevangelium des Jakobus erscheint dort ausdrücklich in der Liste der »zu verwerfenden Bücher«. Am Ende der Ketzerbücherliste steht: »Dies und das, was ihm ähnlich ist...«, das bekennen wir, daß es nicht nur verworfen sei, sondern von der ganzen römischen katholischen Kirche ausgeschlossen sei und mit seinen Verfassern und den Anhängern der Verfasser unter der unlöslichen Fessel des Anathema (Verfluchung) in Ewigkeit verdammt sei.«

Mittelpunkt der neutestamentlichen Jungfrauengeburts-Legende ist inzwischen nicht mehr der Sohn, sondern die Jungfrau. Jesus hätten Geschwister nicht geschadet. Sie hätten seiner Göttlichkeit keinen Abbruch getan und hätten seine Mitmenschlichkeit mit dem schönen Bild Jesu als eines Bruders von Brüdern und Schwestern eher unterstrichen, die Wahrheit von Jesus als dem Bruder aller Menschen eher verdeutlicht als getrübt. Aber wegen der angeblichen immerwährenden Jungfräulichkeit seiner Mutter war es Jesus nicht erlaubt, Geschwister zu haben. Er hat in diesem Punkte sich der katholischen Mariologie zu beugen.

Katholischerseits sind also seit Hieronymus die »verdammten« Brüder und Schwestern Jesu durch ihre Herabstufung zu entfernteren Verwandten entsorgt, etwa mit der Begründung: »In semitisch beeinflußten Texten wird das Wort (Bruder) gern für entferntere Verwandte gebraucht« (J. Blinzler, LThK II, S. 715). Bemerkenswert ist aber, daß das Neue Testament sonst sehr wohl zwischen Brüdern und Verwandten zu differenzieren weiß: Als Jesu Eltern den Zwölfjährigen vermißten, der in Jerusalem zurückgeblieben war, suchten sie ihn bei »Verwandten« und nicht etwa bei »Brüdern« (Lk 2,44). Und auch Jesus unterscheidet zwischen Brüdern und Verwandten: »Wenn du ein Essen gibst, so lade nicht deine Brüder und Verwandten ein« (Lk 14,12). Auch bei Lukas 21,16 macht Jesus einen deutlichen sprachlichen Unterschied zwischen Brüdern und Verwandten.

Aber die neutestamentlichen Brüder und Schwestern Jesu führen einen aussichtslosen Überlebenskampf. Katholische Theologen werden immer behaupten, daß Brüder auch Verwandte sein können, sie werden nie zugeben, daß Brüder auch Brüder sein können und Schwestern Schwestern.

Hieronymus nahm auch noch an einem anderen Detail des Protevangeliums des Jakobus Anstoß: an den beiden Hebammen. In seiner Schrift gegen Helvidius schreibt er: »Da gab es keine Hebammen oder anderer Frauen Geschäftigkeit. Sie (Maria) selbst wickelte das Kind in Windeln, sie selbst war Mutter und Geburtshelferin. ›Und sie legte es‹, heißt es, ›in eine Krippe, weil in der Herberge kein Platz war‹ (Lk 2,7). Diese Stelle entkräftet auch die Phantastereien der Apokryphen, da Maria in eigener Person das Kind in Windeln wickelte« (Gegen Helvidius 8).

Die Überflüssigkeit der Hebammen bei der Geburt Jesu hat ihren Grund darin, daß Geburtsschmerzen und Geburtsschwierigkeiten bei Maria nicht auftraten. Maria kam also ohne Hebammen zurecht. Denn Geburtsschmerzen und alles, was damit zusammenhängt – so die Meinung vieler katholischer Theologen bis heute –, sind Fluch und Strafe Gottes gemäß 1 Mose 3,16, wo Gott zu Eva wegen des Sündenfalls sagt: »Mit Schmerzen sollst du Kinder gebären.«

Hieronymus dachte da genau wie Augustinus, sein Zeitgenosse, der die Gründe für die hebammenfreie Geburt Jesu nennt: Maria hat Jesus jungfräulich empfangen, ohne sich über die Lust schämen zu müssen, und darum hat sie ohne Schmerzen geboren (Enchiridion 34). Oder noch kürzer und klarer, wie eine Reklame für eine schmerzfreie Do-it-yourself-Geburt, mit der aber keine Frau etwas anfangen kann, weil Maria eben die einzige Ausnahme bezüglich des Sich-Schämens ist: »Weil Maria nicht schamlos (sine pudore) empfangen hat, darum hat sie auch nicht schmerzvoll (cum dolore) geboren« (In serm. De nativit.).

Thomas von Aquin († 1274), der Hauptkonservator katholischer Sexualfeindlichkeit bis heute, wiederholt diesen Augustinusreim und wendet sich dann seinerseits gegen die »falsche Darstellung«

des apokryphen Protevangeliums, gegen das schon Hieronymus mit Recht vorgegangen sei. Thomas verweist mit Hieronymus auf die Weihnachtsgeschichte des Lukas, wonach Maria ihr Kind selbst in Windeln wickelte (S. Th. III q. 35 a. 6).

Nur für die anderen Mütter bleibt es gemäß der Junggesellentheologie, die die einzige Schamlosigkeit in diesem Zusammenhang ist, bei Gottesfluch und Hebammenhilfe. Übrigens hatten schon die Heiden die absurde (Männer)Idee, daß eine schmerzfreie Geburt auf Verdienste schließen läßt. Plutarch berichtet: »Die Geburt Ciceros ging, wie es heißt, leicht und schmerzlos vonstatten« (Vergleichende Lebensbeschreibungen, Cicero 2).

Neben dem Protevangelium des Jakobus wurde ein anderes Kindheitsevangelium, nämlich das sogenannte *Thomasevangelium* (»Thomas des israelitischen Philosophen Bericht über die Kindheit Jesu«), entstanden vermutlich in der zweiten Hälfte des 2. Jahrhunderts, in der frühen Kirche beliebt und fand weite Verbreitung. In diesem Evangelium soll das Kind Jesus als Wundertatenkind gezeigt werden. Jedoch sind die Wundertaten des Jesuskindes häufig beklemmend: »Er ging durch das Dorf; da stieß ein heranlaufender Knabe an seine Schulter. Jesus wurde erbittert und sprach zu ihm: ›Du sollst auf deinem Weg nicht weitergehen!‹ Sogleich fiel der Knabe hin und starb« (4,1).

Von solchen Tötungsgeschichten gibt es in diesem Evangelium noch mehr, so daß Josef, der keinen Rat mehr wußte, Maria schließlich bat: »Daß du mir ihn nicht hinaus vor die Tür lässest! Denn alle, die ihn erzürnen, sterben« (14,3). Daneben finden sich auch Totenerweckungserzählungen. Aber der Eindruck, daß Jesus ein gefährliches Horrorkind ist, wird dadurch kaum geringer.

In der Folgezeit werden gemäß dem »natürlichen Gesetz der Legendenwucherung« die beiden älteren Kindheitsevangelien (des Jakobus und das Thomasevangelium) erweitert. Zugleich wurden sie aber auch von Anstößigem befreit (Schneemelcher I, S. 363). Von Bedeutung unter diesen jüngeren Kindheitsevangelien ist vor allem das *Arabische Kindheitsevangelium* mit Wundern des Kindes

Jesus, denn durch dieses arabische Kindheitsevangelium wurden Kindheitslegenden auch unter den Moslems bekannt. Mohammed übernahm einige dieser Legenden sogar in den Koran.

Der Einfluß dieses apokryphen arabischen Kindheitsevangeliums auf den Islam wird zum Beispiel aus einem Grußschreiben der Botschaft der Islamischen Republik Iran in Bonn vom 4. Januar 1980 deutlich: »Antwort des Imam Khomeini vom 27. 12. 1979... Im Namen des Barmherzigen und Gnädigen Gottes, ich gratuliere allen unterdrückten Nationen der Welt, den christlichen Nationen und meinen christlichen Mitbürgern zum Geburtstag Christi. Alles, was Jesus Christus betraf, war ein Wunder. Es war ein Wunder, daß er von einer Jungfrau geboren wurde, es war ein Wunder, daß er in der Wiege sprechen konnte, es war ein Wunder, daß er für die Menschheit Frieden... brachte.« Khomeini bezieht sich hier auf die Sure 3,41, wo der Verkündigungsengel zu Maria sagt: »Und reden wird er mit den Menschen in der Wiege«, und auf Sure 19, 31, wo das Jesuskind aus der Wiege eine kurze Ansprache hält, die mit den Worten beginnt: »Siehe, ich bin Allahs Diener...«

Es ist den meisten Katholiken nicht bewußt, daß infolge des Einflusses der christlichen Apokryphen auf den Koran die Jungfrau Maria in ihm eine nicht unbedeutende Rolle spielt und daß Maria laut Koran Jesus jungfräulich empfangen hat. Die Verkündigungsszene des Lukas taucht in aller Ausführlichkeit im Koran auf. So in Sure 3,47: »Sie (Maria zum Engel) sprach: ›Mein Herr, woher soll mir ein Sohn werden, wo mich kein Mann berührte?‹ Er sprach: ›Also schafft Allah, was er will; wenn er ein Ding beschlossen hat, spricht er nur zu ihm: ›Sei!‹, und es ist.‹« Sure 3, 59 sagt der Engel weiter zu Maria: »Siehe, Jesus ist vor Allah gleich Adam; er erschuf ihn aus Erde, und alsdann sprach er zu ihm: ›Sei!‹, und er ward.« (Vgl. auch Sure 19,16 ff.)

Deutlich und richtig bringt übrigens hier der Koran das auch bei Lukas Gemeinte zum Ausdruck, nämlich daß es sich um ein schöpferisches Handeln Gottes und nicht um eine Sexualbeziehung eines Gottes zu einer Frau handelt. Diese Koranparallelen zur Verkündigungsszene des Lukas sind übrigens wieder ein Hinweis darauf, daß Gottessohnschaft und Jungfrauengeburt nicht untrennbar zusammengehören, da ja Jesus für die Muslime trotz seiner Geburt aus einer Jungfrau nicht als Gottes Sohn gilt.

Neben der apokryphen Darstellung der Jungfräulichkeit Mariens, die bis hinein in den Koran und bis zur Jungfräulichkeitsfixierung Johannes Pauls II. eine Rolle spielt, verdanken wir der Phantasie der Apokryphen auch viele Details der heutigen Weihnachtskrippenidylle, so daß der, der bei der Weihnachtsmette an die Krippe tritt oder sich zu Hause seine Krippe selber baut, sich damit in ein apokryphes Märchenland begibt:

Im *Armenischen Kindheitsevangelium* sind die Magier zu drei Königen geworden, und zwar zu drei Brüdern (wenngleich dieser letztere Gedanke im katholischen Märchenbilderbuch wieder abhanden gekommen ist): Gaspar (= Caspar) herrscht über Arabien, Melqon (= Melchior) über Persien und Balthasar über Indien (Schneemelcher I, S. 364).

Aus dem *Pseudo-Matthäusevangelium,* ebenfalls einem Kindheitsevangelium, das im 8./9. Jahrhundert im Abendland geschrieben wurde, sind Ochs und Esel an der Krippe bis zu uns herübergetrottet. In ihm werden die Geburtshöhle des Protevangeliums des Jakobus und der Stall mit der Krippe aus dem Lukasevangelium kombiniert: »Am dritten Tag nach der Geburt unseres Herrn Jesus Christus trat die seligste Maria aus der Höhle, ging in einen Stall hinein und legte ihren Knaben in eine Krippe, und Ochs und Esel beteten ihn an« (14,1; Schneemelcher I, S. 367).

Diesem Werk war allerdings ein Fehler der Unkeuschheit unterlaufen: Josef wurde trotz der erwähnten päpstlichen Verdammung seiner ersten Ehe immer noch als ein Mann geschildert, der schon einmal verheiratet gewesen und verwitwet war. Und aus Josefs erster Ehe stammten immer noch die von Hieronymus bekämpften Stiefgeschwister Jesu. Das Werk mußte deshalb gereinigt werden und wurde nach dieser Säuberung »Geschichte von der Geburt der Maria« genannt. Und der Erzbischof Jacobus de Varagine übernahm es dann 1298 in seine Goldene Legendensammlung (= Legenda Aurea), die als Erbauungsbuch weltberühmt wurde und die »Geburt Mariens« ebenfalls weltberühmt machte.

Schwerpunkte der phantasievollen Ausmalung in den apokryphen Evangelien sind nicht nur die Geburt Jesu, sondern auch Jesu Passion. Letztere schildern die *Pilatusakten* (im 5. Jahrhundert zusammengestellt, aber in Teilen bis in das 2. Jahrhundert zurückreichend; seit der Zeit Karls d. Gr. auch *Nikodemusevangelium* genannt). Pilatus spielt darin, wie schon der Name sagt, eine besondere Rolle. Er wird der christlichen Tendenz gemäß weiter von der Schuld am Tode Jesu entlastet. Entsprechend werden die Juden der gleichen christlichen Tendenz gemäß weiter belastet. In der Frage des Urteils über Jesus läßt sich Pilatus von Jesus beraten, so weit ist das Einverständnis der beiden schon fortgeschritten.

Jesus wünscht, wegen der alttestamentlichen Prophezeiungen hingerichtet zu werden. Wörtlich heißt es: »Da hieß der Statthalter die Juden aus dem Prätorium hinausgehen, rief Jesus zu sich und sprach zu ihm: ›Was soll ich mit dir anfangen?‹ Jesus antwortete dem Pilatus: ›Was in deine Macht gegeben wurde‹. Pilatus: ›Inwiefern das?‹ Jesus: ›Moses und die Propheten haben meinen Tod und meine Auferstehung vorherverkündet‹« (IV,3). In den Pilatusakten erfahren wir auch die Namen der mit Jesus gekreuzigten »Räuber«, nämlich Dysmas und Gestas. Dysmas war derjenige, der sich bekehrte (IX, 4 ff.).

Zu den Pilatusakten zählt man auch die *Paradosis Pilati* (= Auslieferung des Pilatus). In ihr wird Pilatus vom Kaiser angeklagt wegen der Hinrichtung Jesu, der inzwischen auch in den Augen des Kaisers ein gerechter Mann gewesen war. Pilatus erklärt: »...wegen der widergesetzlichen Aufruhrneigung der gesetz- und gottlosen Juden habe ich das getan.« – »Von Zorn erfüllt« befiehlt daraufhin der Kaiser dem »Kommandanten im Orient«, Licianus, »die Juden«, da sie »Pilatus zwangen, den als Gott anerkannten Jesus zu kreuzigen«, zu Kriegsgefangenen und Sklaven zu machen, aus Judäa zu verjagen und unter alle Völker zu verstreuen. »Da befolgte

Licianus seine furchtbaren Befehle und vernichtete das ganze jüdi-
sche Volk, und die in Judäa Übrigbleibenden verstreute er als
Sklaven unter die Völker.« (Anmerkung: Hier begegnet uns die
Katastrophe des Jüdischen Krieges und der Untergang des jüdi-
schen Staates im Jahre 70 n. Chr. in ihrer christlichen Deutung als
Strafe Gottes für die Gottesmörder.)

Den Pilatus verurteilte der Kaiser zum Tode durch das Schwert.
Pilatus betete vorher noch ein christliches, d. h. antijüdisches, Gebet: »O Herr, vernichte mich nicht mit den boshaften Juden, weil
ich unter dem Zwang des gesetzlosen Judenvolkes Hand an dich
legte.« Und als der Präfekt Pilatus das Haupt abgeschlagen hatte,
kam »ein Engel des Herrn und hob es auf. Und als seine Frau Prokla
den Engel kommen und das Haupt aufnehmen sah, da erfüllte sie
Freude, und sogleich gab sie ihren Geist auf und wurde mit ihrem
Mann begraben« (Schneemelcher I, S, 422 f.).

In den Pilatusakten (Nikodemusevangelium) erfahren wir auch
etwas über das Schicksal des Josef, des reichen Mannes aus Arimathäa, einer Stadt im Gebirge Ephraim, der laut den Evangelien den
Leichnam Jesu vom Kreuz geholt und bestattet hatte. Die Juden
hatten ihn wegen seiner guten Tat ins Gefängnis, in ein »fensterloses
Bauwerk«, gesperrt, aber Jesus kam persönlich in das Gefängnis,
küßte ihn und befreite ihn: »Als ich um Mitternacht dastand und
betete, wurde das Gebäude, in das ihr mich eingesperrt hattet, an
den vier Ecken in die Höhe gehoben, und ich sah so etwas wie einen
leuchtenden Blitz mit meinen Augen. Voller Furcht fiel ich zu
Boden. Jemand faßte mich bei der Hand und richtete mich auf, und
etwas Feuchtes wie Wasser floß mir vom Kopf bis zu den Füßen,
und der Geruch von duftendem Öl drang in meine Nase. Und er
trocknete mein Gesicht, küßte mich und sprach zu mir: Fürchte
dich nicht, Josef... Ich schlug die Augen auf und erblickte Jesus«
(XV, 6). Josef von Arimathäa wird unter dem 17. März als heiliger
Märtyrer gefeiert.

Nach späteren Legenden hatte Josef von Arimathäa mit einem
Kelch Blutstropfen Jesu, die am Kreuz heruntertropften, aufgefan-

gen. Diesen Kelch, der zum Heiligen Gral wurde, hat er dann samt Blutstropfen nach Großbritannien mitgenommen, wohin ihn der Apostel Philippus im Jahre 63 schickte. In Großbritannien hat Josef eine Stadt gegründet, nämlich die Stadt Glastonbury. Der Heilige Gral indessen ging in Großbritannien verloren, und die Ritter der Tafelrunde des Königs Artus haben ihn vergeblich gesucht. Im 9. Jahrhundert sind dann die Reliquien des Josef nach Italien gebracht worden; ein Arm von ihm befindet sich in St. Peter (vgl. Wetzer/Welte VI, S. 1865).

Eine besondere Rolle in den Apokryphen spielt Maria Magdalena. Zwar spielt sie auch im Neuen Testament eine Rolle. Sie ist eine der Frauen, die Jesus begleiten und die die Jesusgruppe »mit ihrem Vermögen« unterstützen (Lk 8,2 f.). Und wer das Geld hat und andere damit unterstützt, hat immer auch etwas mitzureden. Von Bedeutung ist Maria Magdalena im Neuen Testament ferner als Zeugin der Auferstehung Jesu (Mk 10; Mt 28; Lk 24; Joh 20). Aber die früh einsetzende Männer-Alleinherrschaft in der christlichen Kirche hat der anfänglichen Gleichberechtigung der Frauen ein schnelles Ende gesetzt.

Während also schon früh in der christlichen Kirche die Frauen nicht mehr lehren durften (was sie ursprünglich taten) und überhaupt keine Position über einem Mann einnehmen konnten, sondern sich auf das Kindergebären zu konzentrieren hatten, so der gefälschte Paulusbrief (1 Tim 2,12 ff.; über Fälschungen vgl. das nächste Kapitel), sprechen einige gnostische Evangelien eine andere Sprache.

Im *Evangelium der Maria* (gemeint ist Maria Magdalena), im 2. Jahrhundert entstanden, tröstet Maria Magdalena die Jünger nach dem Fortgang Jesu und teilt ihnen Offenbarungen mit, die sie von Jesus erhalten hat. Allerdings stößt sie auf Unglauben und Mißtrauen: »Petrus sagte: ›Sprach er (Jesus) mit einem Weibe heimlich vor uns und nicht offen?... Hat er sie uns gegenüber bevorzugt?‹« Ein anderer Jünger mit Namen Lewi nimmt daraufhin Maria Magdalena in Schutz: »Wenn der Erlöser sie würdig gemacht hat, wer bist du denn, daß du sie verwirfst? Sicherlich kennt der Erlöser sie ganz genau. Deshalb hat er sie mehr als uns geliebt« (Schneemelcher I, S. 314 f.).

Die Zahl der Apokryphen wurde 1945 (zwei Jahre vor den Qumranfunden am Toten Meer) durch einen sensationellen Fund in Nag Hammadi in Ägypten vermehrt. Man fand eine gnostische Bibliothek, darunter Evangelien, in denen Maria Magdalena häufig auftritt, z. B. im *Philipperevangelium* aus dem 2. Jahrhundert: »Drei Frauen hatten ständigen Umgang mit dem Herrn: Maria, seine Mutter, seine Schwester und Magdalena, die seine Gefährtin genannt wird. Seine Schwester, seine Mutter und seine Gefährtin heißen nämlich Maria« (§ 32; Schneemelcher I, S. 159). Jesus ist demnach offenbar nicht Herr unter lauter »Brüdern«, wie es im Neuen Testament manchmal scheint. Weiter heißt es: »Der Erlöser liebte Maria Magdalena mehr als alle Jünger, und er küßte sie oftmals auf ihren Mund« (§ 55b; Schneemelcher I, S. 161).

Diese Küsse müssen nicht im erotischen Sinn verstanden werden, wohl eher analog dem »Bruderkuß«. Jedenfalls mit den Brüdern kommt es ständig zu Konflikten. Im Text des Philipperevangeliums heißt es weiter: »Die übrigen Jünger kamen zu ihr und machten ihr Vorwürfe. Zu ihm sagten sie: ›Weswegen liebst du sie mehr als uns alle?‹ Der Erlöser antwortete und sprach zu ihnen: ›Weswegen liebe ich euch nicht so wie sie?‹«

Im ebenfalls in Nag Hammadi gefundenen *Koptischen Thomasevangelium,* das aus der Mitte des 2. Jahrhunderts und zum Teil noch aus dem 1. Jahrhundert stammt, äußert Petrus seinen Unwillen: »Simon Petrus sagte ihnen: ›Maria soll aus unserer Mitte fortgehen, denn die Frauen sind nicht würdig des Lebens‹« (114; Schneemelcher I, S. 113).

Allerdings ist die Antwort, die Jesus darauf gibt, nicht befriedigend und zeugt von einer anderen Art von Frauenfeindlichkeit. Jesus sagt nämlich zu Petrus, der Maria Magdalena entfernen will: »Siehe, ich werde sie leiten, um aus ihr einen Mann zu machen, damit sie ein lebendiger Geist wird, ähnlich euch Männern.« Während das Christentum schon früh sowohl frauenfeindlich als auch sexualfeindlich wurde, sind diese gnostischen Kreise offenbar nur sexualfeindlich. So stehen sie zwar, was die Führungspositionen der Frauen anbelangt, im Kontrast zur christlichen männerbeherrschten Großkirche, sind aber im Einklang mit der großkirchlichen Sexualfeindlichkeit.

Daß die Frauen im Idealzustand Männer werden müssen, schreibt z. B. Hieronymus (†419/20): »Solange die Frau für Geburt und Kinder lebt, besteht zwischen ihr und dem Mann derselbe Unterschied wie zwischen Leib und Seele; wenn sie aber Christus mehr dienen will als der Welt, wird sie aufhören, Frau zu sein, und ›Mann‹ wird man sie nennen, weil wir wünschen, daß alle zum vollkommenem Mann erhoben werden« (Kommentar zu Epheser 5). Und ähnlich auch der Kirchenvater Ambrosius (†397) über Maria Magdalena: »Jesus sagt zu ihr: ›Frau.‹ Die nicht glaubt, ist eine Frau, und sie wird noch mit ihrer körperlichen Geschlechtsbezeichnung angeredet; denn die Frau, die glaubt, wird zum vollkommenen Mann« (CSEL 23,3,514). Und die Säule der Kirche und der Sexualfeindlichkeit, Thomas von Aquin (†1274), schreibt im Einklang mit dieser Vermännlichungstherapie für Frauen: »Dadurch, daß sie das Gelübde der Jungfräulichkeit oder des Witwenstandes ablegen und so Christus anverlobt werden, werden sie zur Würde des Mannes erhoben (promoventur in dignitatem virilem)« (in: 1 Kor cap. 11, lectio 2).

Die anfängliche Zufriedenheit heutiger feministischer Theologinnen in bezug auf die stärkere Position der Frau in den gnostischen Nag Hammadi Evangelien ist abgekühlt, die neuere Diskussion ist »nüchterner« geworden, wie die evangelische Theologin Luise Schottroff sagt, weil »den frauengerechten Aspekten gnostischer Tradition eine Übermacht von frauenverachtenden Aussagen jeweils in denselben Texten zur Seite steht« und die Frage entstehen läßt, »ob der dualistische Gesamtrahmen gnostischen Denkens... mit seiner Leibfeindlichkeit trotz der starken Rolle der Frauen als Trägerinnen der Offenbarung nicht den Frauen eine Rolle zuweist, die sie von sich selber entfremdet« (in: Wörterbuch der feministischen Theologie, 1991, S. 157 f.).

Von den apokryphen *Apostelgeschichten* wurden die sogenannten *Petrusakten* (entstanden 180–190 n. Chr.) mit ihrer Schilderung des Kreuzestodes Petri bereits im vorigen Kapitel genannt. Über den Tod des Paulus berichten die apokryphen *Paulusakten* (entstanden ca. 185–195 n. Chr.). In ihnen finden wir die Legende vom Tod des Paulus durch Enthauptung. Diese erfolgte auf Befehl Neros, und diesem hatte Paulus schon vorher prophezeit: »Wenn du mich enthaupten läßt, werde ich auferstehen und dir erscheinen.« So geschah es dann auch. Als Paulus enthauptet wurde, spritzte nicht Blut, sondern Milch auf die Kleidung der Soldaten. Und nach seinem Tod machte Paulus seine Drohung wahr. Er trat vor Nero hin und sagte: »›Kaiser, da bin ich, Paulus, der Kämpfer Gottes; ich bin nicht gestorben, sondern ich lebe mit meinem Gott. Dir aber wird viel Übles und schwere Strafe widerfahren, du Elender, weil du der Gerechten Blut ungerechterweise vergossen hast, nicht lange nach diesen Tagen‹. Und nachdem Paulus dieses gesagt hatte, ging er von ihm weg« (Schneemelcher II, S. 240). Am nächsten Morgen war Paulus außerdem auch noch von den Toten auferstanden. Er stand mit zwei anderen Männern, einem gewissen Longus und dem Centurio Cestus, an seinem eigenen Grab und betete gemeinsam mit den anderen.

Diese phantastische Geschichte ist für die Kirche der Grund, die Enthauptung des Paulus als historische Tatsache z. B. im Römischen Meßbuch zu behaupten. Die Enthauptung des Paulus in Rom ist ebenso wahr oder eben nicht wahr wie die Beobachtung, daß »nicht Blut, sondern Milch auf die Kleidung der Soldaten spritzte«, als er enthauptet wurde.

Über den wirklichen Tod des Paulus wissen wir nichts. Das »Lexikon für Theologie und Kirche« (VIII, S. 340) hingegen sieht in dem im vorigen Kapitel erwähnten ersten Klemensbrief (geschrieben ca. 96 n. Chr.) nicht nur den Martyrertod des Petrus, sondern auch den Martyrertod des Paulus in Rom »bezeugt«. Eine solche

Behauptung kann nur im Vertrauen darauf gemacht werden, daß niemand die Stelle nachprüft, vielmehr einer vom anderen abschreibt. Denn in Wirklichkeit heißt es im ersten Klemensbrief, nachdem unmittelbar vorher von Petrus die Rede war, über Paulus, wie wir sahen, folgendermaßen: »Wegen Eifersucht und Streit hat Paulus den Erweis seiner Ausdauer erbracht. Siebenmal gefesselt, vertrieben, gesteinigt, Verkünder (des Evangeliums) im Osten und Westen, holte er sich den herrlichen Ruhm seines Glaubens. Er hatte die ganze Welt Gerechtigkeit gelehrt, war bis in den äußersten Westen vorgedrungen und hatte vor den Machthabern sein Zeugnis abgelegt. So wurde er hinweggenommen von dieser Welt und ging ein in den heiligen Ort, das größte Beispiel der Geduld.«

Die kirchliche Geschichtsschreibung versteht die Texte, wie es am besten paßt. Das griechische Wort *martyrein* = Zeugnis ablegen, das hier von Paulus ausgesagt wird, ist noch nicht im späteren Sinn von »den Martyrertod erleiden« zu verstehen, wie im vorigen Kapitel bezüglich der parallelen Bemerkung des 1. Klemensbriefs über Petrus dargelegt wurde.

Das Bestreben, sowohl Petrus als auch Paulus zu Martyrern zu machen, obwohl frühe Quellen darüber nichts wissen, ist durch die Martyriumsbegeisterung des frühen Christentums zu erklären. Der bedeutendste Herold dieser Begeisterung ist um 110 n. Chr. Ignatius, Bischof von Antiochien, der auf dem Transport nach Rom, wo er den wilden Tieren vorgeworfen werden sollte, sieben Briefe schrieb. Ein Privileg der Römer bestand darin, daß für ihre Zirkusspiele zum Tode Verurteilte aus den Provinzen nach Rom transportiert wurden. Die Briefe des Ignatius haben für die Katholiken höchsten Rang, weil sie als wichtigste Zeugnisse für die Zeit unmittelbar nach dem Neuen Testament gelten. Ignatius ist der Bedeutendste in der Gruppe der sogenannten »Apostolischen Väter«, womit nicht die Väter der Apostel gemeint sind, sondern diejenigen Kirchenväter, die noch mit den Aposteln in mindestens zeitlicher Nähe lebten. Zur gleichen Gruppe der Apostolischen Väter zählt übrigens auch der Verfasser des ersten Klemensbriefs.

Ignatius ist in Wirklichkeit – obwohl kaum jemand das angesichts seiner hohen Bedeutung und seines Martyrertodes so auszudrücken wagt – ein rücksichtsloser Selbstzerstörer, ein Martyriumsneurotiker und religiöser Masochist, der für die krankhafte Martyriumssehnsucht vieler katholischer Heiliger Pate gestanden hat. Auf dem Weg zum römischen Zirkus schreibt er unter anderem einen Brief an die Römer, dessen Hauptinhalt ist, daß auf gar keinen Fall Schritte zu seiner Rettung unternommen werden dürfen.

Solchen religiösen Fanatikern (die man nicht nur im Christentum findet, dort aber in besonderem Maße, und zwar wegen der theologischen Billigung des Kreuzestodes als dem Willen Gottes entsprechend) ist es absolut gleichgültig, daß sie andere Menschen zu Vollstreckern und Henkern machen, daß sie also nicht zum Wachsen der Liebe unter den Menschen, sondern zum Wachsen der Grausamkeit beitragen.

Ignatius schreibt an die Römer und fleht sie an, ihn seinen Martyrertod sterben zu lassen, ohne einzuschreiten: »Ich fürchte mich nämlich vor eurer Liebe« (1). »Denn weder werde ich nochmals eine solche Gelegenheit, zu Gott zu kommen, finden, noch werdet ihr, wenn ihr schweiget, auf bessere Werke euren Namen setzen können... Erweiset mir damit den größten Gefallen, daß ich Gott geopfert werde« (2). Höchstes Gebot des Christentums ist nicht mehr, wie für Jesus, die Liebe. Für Ignatius ist höchstes gutes Werk, ihn, den zu schlimmem Tod Verurteilten, diesen schlimmen Tod sterben zu lassen, ohne einzugreifen, ohne auch nur zu widersprechen, damit er Opfer für seinen Gott sein kann, der offenbar Menschenopfer gut findet.

»Ich schreibe an alle Kirchen und teile allen mit, daß ich gern für Gott sterbe, wenn ihr es nicht verhindert. Ich flehe zu euch, daß euer Wohlwollen mir keine Schwierigkeit bereitet. Laßt mich eine Speise der wilden Tiere werden; durch sie ist es mir möglich, zu Gott zu kommen. Brotkorn Gottes bin ich, und durch die Zähne der Tiere werde ich gemahlen, damit ich als reines Brot Christi erfunden werde. Lieber schmeichelt den Tieren, damit sie mir zum

Grabe werden und nichts von meinem Körper übriglassen... Betet für mich zu Christus, auf daß ich durch diese Werkzeuge als Opfer für Gott erfunden werde« (4).

»Freuen will ich mich auf die Tiere, die für mich bereitgehalten werden, und ich bete, daß sie sich scharf gegen mich zeigen; ich will sie noch locken, daß sie mich sogleich aufzehren, nicht daß sie, wie es bei einigen geschah, aus Furcht nicht anpacken. Und wenn sie widerspenstig sind und nicht wollen, werde ich sie mit Gewalt dazu zwingen... Feuer, Kreuz, Kämpfe mit wilden Tieren, Zerschnei-dung, Zerteilung, Zerschlagen der Gebeine, Verzerrung der Glie-der, Zermalmung des ganzen Körpers, des Teufels böse Plagen sollen über mich kommen, nur damit ich zu Jesus Christus gelange« (5).

Soweit dieser unglückliche Heilige, kurz bevor er den wilden Tieren vorgeworfen wurde. Es mag sein, daß das bevorstehende Schreckliche einen Menschen zerrüttet. Insofern steht uns kein Urteil über die psychische Verfassung des Ignatius zu. Aber diese Martyriumsmanie stellt doch die Frage, ob jemand, der Barmher-zigkeit für sich selbst nicht will, die Barmherzigkeit Gottes für andere repräsentieren kann.

Auf jeden Fall ist das christliche Martyriumsideal eine Kompo-nente, die dazu beigetragen hat, daß Petrus und Paulus nicht normal gestorben sein durften, obwohl das Wort *martyrein* im Text des ersten Klemensbriefes nicht den späteren Sinn von »Martyrertod erleiden« hat. Das evangelische Standardwerk von Kittel »Theolo-gisches Wörterbuch zum Neuen Testament« schreibt in seiner Ana-lyse des Wortes *martyrein* im ersten Klemensbrief: »Ebenso bemer-kenswert ist das völlige Fehlen der martyrologischen Verwendung der ganzen Wörtergruppe bei Ignatius. Er ist erfüllt von der Idee des Martyriums. Der ganze Vorstellungsgehalt, der sich mit dieser Idee verbindet, ist bei ihm reich entwickelt. Er ist Nachahmer, Träger Christi; er ist als der zum Martyrium Gehende im Begriff, wahrhaft Jesu Christi Jünger zu werden. Aber von *martyrein* usw. ist nir-gends die Rede; d. h. Ignatius weiß vom späteren Sprachgebrauch noch nichts« (Bd. IV, 1942, S. 511). Erst recht weiß davon nichts der erste Klemensbrief, der ja noch früher geschrieben wurde als die Ignatiusbriefe.

Das macht aber nichts. Wo eben möglich, macht man die frühen Christen zu Verfolgten und am liebsten zu Martyrern. Und wenn die alten Texte etwas anderes behaupten, dann sorgt man wenigstens in der Übersetzung für Martyrerleichen. Katholische Theologen übersetzen *martyrein* und sogar die abgeleiteten Formen wie *memartyremenos* (= einer, der ein gutes Zeugnis erhält), wenn eben möglich mit »Martyrertod erleiden«, außer das Leben des Betreffenden geht in der nächsten Zeile weiter.

So übersetzt z. B. die klassische deutsche »Bibliothek der Kirchenväter« im Ignatiusbrief an die Epheser (12), wo Ignatius über den Apostel Paulus spricht, das Wort *memartyremenos* mit »gemartert« und im Ignatiusbrief an die Philadelphier (11) mit »von gutem Leumund«. Hier geht nämlich der Text über den Diakon Philo von Kilikien weiter: »der auch jetzt mir dient...« Da hat Philo noch Glück gehabt, daß er dem Bischof Ignatius weiterhin diente, denn sonst hätte die Bibliothek der Kirchenväter Philo aus Kilikien sicher schon im ersten Satzteil zum Martyrer gemacht (Apostolische Väter, 1918, S. 122 und 146).

Bei näherem Hinsehen kann vielmehr die Stelle im ersten Klemensbrief gerade umgekehrt als Hinweis dafür genommen werden, daß Paulus eben nicht in Rom hingerichtet wurde. Klemens sagt nämlich über Paulus, daß dieser »bis in den äußersten Westen vorgedrungen« sei. Damit ist Spanien gemeint, und eine solche Spanienreise kann nur nach dem römischen Gefängnisaufenthalt und nach dem Prozeß erfolgt sein. In der Tat begegnen wir neben späteren unzuverlässigen Erzählungen von seiner Enthauptung in Rom auch solchen, allerdings ebenso unzuverlässigen, die von seinem Freispruch in Rom und der darauf folgenden Spanienreise berichten, so z. B. in den apokryphen Petrusakten. Ihnen zufolge hatte Paulus nach seiner Freilassung eine »Erscheinung, in der der Herr zu ihm sprach: ›Paulus, stehe auf und sei den Menschen in Spanien ein Arzt‹« (Schneemelcher II, S. 191).

Und auch der sogenannte Kanon Muratori (entstanden Ende des 2. Jahrhunderts, genannt nach seinem Entdecker Muratori) spricht von einer Reise des Paulus nach Spanien. Und zwar sagt er über die Apostelgeschichte des Lukas folgendes: »Lukas faßt für den ›hochverehrten Theophilus‹ zusammen, was in seiner Gegenwart geschah. Und so läßt er das Leiden des Petrus weg, ebenso die Reise des Paulus, der sich von der Stadt Rom nach Spanien begab« (35 ff.).

Tatsächlich hatte Paulus eine Spanienreise geplant, er spricht in seinem Brief an die Römer davon: »Ich hoffe bei der bevorstehenden Reise nach Spanien auf der Durchreise euch zu sehen« (15,24). Es ist möglich, daß Paulus nach Spanien kam, es ist aber auch möglich, daß man später aus dieser seiner Notiz im Römerbrief (15,24) folgerte, daß er irgendwann seine Absicht verwirklichte und also wohl in Spanien war. Wie auch immer, über seinen Tod weiß man nichts.

Die Paulusakten haben nicht nur die Taten von Männern gerühmt, vornehmlich die des Paulus, sie haben auch einer zumindest im Altertum und im Mittelalter berühmten Frau zu ihrem Ruhm verholfen. Sie haben diese Märchenfigur nicht nur ins Leben gerufen, sie haben sie auch mit enormer Heiligkeit ausgestattet, ihr weltweite Bedeutung gegeben und sogar ihre kultische Verehrung (Fest am 23. September) bewirkt. Es handelt sich um die heilige Thekla. Die Paulusakten sind als Ganzes verlorengegangen, aber die ursprünglich dazu gehörenden *Taten des Paulus und der Thekla* haben sich erhalten.

Und hier die Geschichte: Thekla hörte den Paulus in Ikonium predigen und bekehrte sich. Zu ihrer Bekehrung gehörte, daß sie sich der Keuschheit wegen von ihrem Verlobten zurückzog, denn Paulus machte »Jünglingen die Frauen und Jungfrauen die Männer abspenstig«, indem er predigte: »Auf andere Weise gibt es für euch keine Auferstehung, es sei denn, daß ihr rein bleibt und das Fleisch nicht befleckt« (12). Der wütende Bräutigam bewirkte die Verhaftung des Paulus. Paulus wurde dann vertrieben, und die arme Thekla wurde zum Feuertod verurteilt. Aber ein wunderbarer Regen und ein wunderbarer Hagel befreiten sie. Sie traf sich wieder mit

Paulus und ging mit ihm nach Antiochien. Hier verliebte sich ein gewisser Alexander in sie, den sie aber nicht erhörte. Daraufhin wurde sie zum Tierkampf verurteilt. Beim vorausgehenden Umzug der Tiere wurde sie an eine wilde Löwin gebunden, aber sie setzte sich auf das Tier, und die Löwin leckte ihr die Füße. Beim eigentlichen Tierkampf wurden lauter schreckliche Tiere auf sie losgelassen, aber eine Löwin verteidigte sie – eben wie eine Löwin – gegen einen Bären und einen Löwen. Dann sprang Thekla in ein Wasser, das zufällig auch da war. Und sie taufte sich selbst, während sie sprang, und die Robben in dem Wasser konnten sie nicht fressen, denn sie waren plötzlich sämtlich tot. Es wurden noch mehr Tiere gegen sie losgelassen, aber sie alle schliefen ein. »Und man band sie mit den Füßen mitten zwischen die Stiere und legte unter deren Geschlechtsteile glühend gemachte Eisen, damit sie, noch mehr gereizt, sie töten sollten« (35).

Man sieht, die fromme Phantasie war nicht gerade jugendfrei, und nackt war Thekla zu alledem auch noch. Aber schließlich wurde sie gerettet und befreit und traf wieder Paulus. Und in dessen Auftrag verkündete sie das Wort Gottes. Sie soll um 100 im Alter von 90 Jahren in Seleukia friedlich gestorben sein. Von einer ganzen Reihe von Kirchenvätern wurde sie »Apostolin« genannt.

Über dem Grab dieser Märchenfrau wurde später eine Basilika erbaut, die sich zu einem rege besuchten Wallfahrtszentrum entwickelte. Sie wirkte dort nach einem zeitgenössischen Bericht 31 Wunder. Zu ihren Ehren wurde von Kaiser Zeno dann dort noch eine zweite Kirche erbaut. In Konstantinopel gab es sogar vier Thekla-Kirchen. Ein Heiligtum der heiligen Thekla gab es auch bei Jerusalem, und auf Zypern wurden fünf Dörfer nach ihr benannt. In vielen Städten Europas finden sich Reliquien der Heiligen. Ihr Kopf wird in Mailand aufbewahrt, ein Arm, den König Jakob II. von Aragon in Armenien erworben hatte, befand sich zunächst in Barcelona, dann in Tarragona. Dort wurde Thekla sogar Stadtpatronin. Auch nach Köln (St. Gereon), wie auch nach Bologna und Chartres gelangten ihre Reliquien (Wetzer/Welte XI, S. 1481).

Der Gipfel der frommen Phantasie ist der *Brief Jesu an den König Abgar V. Ukkama von Edessa* (entstanden Ende des 3. Jahrhunderts). Mit einem originalen Jesus-Werk war zu rechnen, denn die Phantasie tendiert zur Steigerung. Der Kirchenhistoriker Eusebius († 339) versichert, den Brief Jesu mit eigenen Augen gesehen zu haben. Dieser König Abgar hatte, wie Eusebius berichtet, von Jesu Wundertaten gehört und wollte, da er krank war, von ihm geheilt werden. Deswegen schickte er den Schnelläufer Ananias mit einem Brief zu Jesus, und dieser gab diesem Ananias sogleich eine schriftliche Antwort mit. Eusebius berichtet: »Am besten ist es, die Briefe selbst zu hören, die wir dem Archiv (in Edessa) entnommen und wörtlich aus dem Syrischen übersetzt haben. Sie lauten wie folgt...« (KG I, 13).

Um es kurz zu machen, Jesus schrieb, er habe im Augenblick keine Zeit und müsse erst (nach seinem Tod) in den Himmel fahren, dann werde er aber einen Jünger schicken, der den König heilen würde. Und so geschah es auch. Und die berühmte, wahrscheinlich aus Südfrankreich stammende Nonne Egeria (auch Aetheria oder Eucheria genannt), die 384 Edessa in Mesopotamien besuchte und darüber in ihrer »Peregrinatio Egeriae« (Pilgerfahrt der Egeria) berichtete, erfuhr von dem Bischof von Edessa, »daß König Abgar und seine Nachfolger den Brief Jesu jedesmal ans Stadttor trugen, wenn eine Belagerung drohte. Wenn der Brief dort verlesen wurde, hätten sich die Feinde sofort zerstreut« (Schneemelcher I, S. 389).

15. KAPITEL

Fälschungen und falsche Autoren

Jesus und Kirche sind zweierlei. Jesus war längst gestorben und begraben und nach Hause in den Himmel gefahren, da entstand die Kirche. Sie hat sich sozusagen selbst gezeugt und selbst geboren. Sie sagt zwar, sie sei des Heiligen Geistes Kind: Dieser sei zu Pfingsten, 52 Tage nach Jesu Tod, mit Sturm und Feuer vom Himmel herabgefahren und habe Hierarchie und Papsttum begründet, und die Kirche besitze seitdem den Heiligen Geist. Aber dieser Heilige Geist ist kein Geist, der sich besitzen läßt, denn er weht, wo er will, und nicht dort, wo die Kirche oder sonst wer es will. Und so ist anzunehmen, daß die Kirche lediglich ihres eigenen Geistes Erzeugnis ist.

Ein Geistesblitz der Kirche ganz besonderer Art war die sogenannte Konstantinische Schenkung. Darin hatte sich Kaiser Konstantin (†337) großzügig gezeigt: »Wir haben unseren (Lateran-) Palast und alle zur Stadt Rom, zu Italien und zum Abendland gehörigen Provinzen, Orte und Städte dem hochseligen Oberpriester, unserem Vater Silvester, dem Universalpapst, übertragen und seiner – oder seiner Nachfolger – Gewalt und Botmäßigkeit überlassen.« Datum, Dienstsiegel und Unterschrift des Kaisers beglaubigten diese Schenkung. Konstantin, der Alleinherrscher, schenkt also dem Papst den ganzen Westen, das weströmische Imperium, und die Päpste werden im Westen zu Nachfolgern der römischen Kaiser. Er selbst begnügt sich mit dem Osten, »weil der irdische Kaiser nicht Gewalt haben soll, wo vom himmlischen Kaiser (= Jesus) das Haupt der christlichen Religion (= der Papst) eingesetzt ist«.

Und dabei war alles nur ein Schwindel, eine ausgemachte und hausgemachte kirchliche Fälschung, woraus die Kirche allerdings unermeßliche Vorteile an Macht und Besitz zog, und zwar jahrhundertelang. Denn die Fälschung entstand in den päpstlichen Kanzleien ca. Mitte des 8. Jahrhunderts. Aufgedeckt wurde der Schwindel erst im 15. Jahrhundert durch eine Schrift des humanistischen Papstkritikers und hohen Kurienbeamten Lorenzo Valla († 1457), und veröffentlicht wurde die Valla-Schrift erst 1517 durch Ulrich von Hutten zu Beginn der Reformation. Und zugegeben seitens der Katholiken wurde der ganze Betrug erst noch viel später. Das »Lexikon für Theologie und Kirche« schreibt: »Seit der Mitte des 19. Jahrhunderts gilt ... der Inhalt der Konstantinischen Schenkung auf katholischer Seite als gefälscht« (VI, 1961, S. 484). Das hat die Kirche mit der Post gemeinsam, daß bei ihr alles nicht so schnell geht.

Neben dieser Schenkung an die Kirche durch Konstantin könnte man von einer Schenkung an die Kirche durch Jesus reden, wonach Jesus der Kirche sozusagen die ganze Welt geschenkt hätte, damit sie dort ihre Herrschaftsspiele spiele. Und tatsächlich hat die Kirche in reichem Maße die Erde zu ihrer Spielwiese gemacht, zu ihrem Abenteuerspielplatz – mit so fatalen kirchlichen Spielen wie »Judenverfolgung« und »Kreuzzüge« und »Inquisition« und »Hexenverbrennung« und »Indianerausrottung« und vielen anderen dergleichen. Aber auf alle diese Spiele hat nicht Jesus, sondern die Kirche das Copyright.

Überall im Neuen Testament begegnen uns die Spuren dieser jesuanischen Schenkung der Welt an die Kirche. Die Welt wird zur Aufgabe, und eben damit wird sie auch zur Gabe. Noch das allerletzte Wort Jesu vor seiner Himmelfahrt betrifft diese Aufgabe: »Ihr werdet meine Zeugen sein in Judäa und Samaria und bis an das Ende der Welt« (Apg 1,8). Es kommt darauf an, was Jesus unter dem »Ende der Welt« versteht, ob er damit vielleicht Galiläa meint, auf das viele Juden herabsahen und das sie tatsächlich als eine Art »Ende der Welt« ansahen, oder ob Jesus meinte, die Apostel sollten

Galiläa überspringen und gleich zu den realen Enden der Welt als seine »Zeugen« vordringen. Egal, was Jesus gemeint hat, die Kirche hat jedenfalls die Enden der Welt weit gesteckt und darunter die ganze Gegend zwischen dem Kap Deschnew in Sibirien oben rechts und dem Kap Hoorn unten links verstanden, auf deutsch: alles bis in den letzten Winkel der Welt. Die Kirche ist immer aufs Ganze, man kann sagen: aufs Totale gegangen, und diese totale Kirche hat sich zu einer totalitären entwickelt, und ihre Vertreter haben es darum versäumt, Jesu wirkliche »Zeugen« zu werden.

Man hat Jesus vom Heilsverkünder für Israel, der er sein wollte (»Ich bin nur gesandt zu den verlorenen Schafen Israels«, Mt 15,24) zu einem unverhofften Erretter der Heiden in aller Welt gemacht, ob diese es nun wollten oder nicht. Man hat ihn aus einem jüdischen Prediger und Propheten zu einem hauptstädtisch-universalen Herrscher, zu einem römisch-katholischen Weltherrscher umfunktioniert, und man hat den feindeliebenden Jesus zu einem Feind vieler gemacht. Seine »Zeugen« haben sich weithin als falsche Zeugen erwiesen.

Zum Zweck der Verbreitung des Christentums, zur Machtgewinnung und Machterhaltung war den Kirchenvertretern manches Mittel recht, auch das Mittel der Fälschung, nicht erst der Konstantinischen. Mit solchen Fälschungen befaßt sich der Kirchenkritiker Karlheinz Deschner. Der europäische Bürger, den beim Begriff »Christliches Abendland« satte Selbstzufriedenheit zu befallen pflegt, weil »Christliches Abendland« in seinen Ohren nach frommer Rechtschaffenheit klingt, sieht nach der Lektüre von Deschner seine Suppe voller Haare. Christliche Unwissenheit und Arroganz werden durch Deschner empfindlich gestört. Sein dritter Band der »Kriminalgeschichte des Christentums. Die alte Kirche« (1990), befaßt sich mit den Fälschungen, z. B. innerhalb des Neuen Testaments.

In christlichen Lehrbüchern pflegt man inzwischen für neutestamentliche Fälschungen, bei denen man nicht mehr umhin kann, sie zuzugeben, mildernde Umstände vorzubringen, etwa so: »In der

Antike hatte man nicht unseren Begriff von geistigem Eigentum.« Deschner zeigt, daß das durchaus nicht stimmt. Er widmet sich in diesem Zusammenhang auch der Frage, mit welchem Recht man die Bibel überhaupt als »Wort Gottes« bezeichnen kann, einer Frage, die vor allem für Protestanten interessant sein dürfte. Denn was bei den Katholiken das Diktat des Papstes ist, ist bei den Protestanten die Diktatur des Wortes Gottes.

Fälschungen finden sich im Neuen Testament in vielfältigem Sinn, z. B. wenn Jesus Worte in den Mund gelegt werden, die ihn zu einem Propagandisten der Kirche und ihrer Wirksamkeit machen. Eine solche Fälschung finden wir in dem Missions- und Taufbefehl Jesu bei Matthäus: »Darum gehet zu allen Völkern und macht alle Menschen zu meinen Jüngern; tauft sie auf den Namen des Vaters und des Sohnes und des Heiligen Geistes« (Mt 28,19). Jesus hatte aber mit Kirche und erst recht mit einer Weltkirche nichts im Sinn. Echt ist etwa das Wort Jesu (Mt 10,5 f.), das das genaue Gegenteil eines universalen Auftrags für alle Völker zum Ausdruck bringt: »Diese Zwölf sandte Jesus aus und gebot ihnen: Geht nicht zu den Heiden, und betretet keine Stadt der Samariter, sondern geht zu den verlorenen Schafen des Hauses Israel.« Echt sind Mt 15,24: »Ich bin nur zu den verlorenen Schafen Israels gesandt«, und Mt 10, 23: »Ihr werdet nicht zu Ende kommen mit den Städten Israels, bis der Menschensohn wiederkommt.«

Eine Heidenmission und die Idee einer solchen gab es bei Jesus nicht, eine solche gibt es erst seit Paulus. »Der Historiker wird daher urteilen müssen, daß das Wort Mt 28,19a erst entstanden ist, als die Heidenmission dank der Lebensarbeit des Apostels Paulus längst ein unangreifbares Werk der Kirche geworden, als die Juden-mission völlig zurückgetreten war« (Johannes Weiß/Wilhelm Bousset, in: Die Schriften des Neuen Testaments, Bd. I, 1917, S. 389). Bei Jesus finden wir nämlich – das wird inzwischen von allen Theologen anerkannt – eine sogenannte Naherwartung des Kommens des Reiches Gottes. Das ist aber das Gegenteil einer großangelegten Weltmission.

Hans Küng schreibt mit Recht: »Der geschichtliche Jesus hat...
mit der Vollendung der Welt und ihrer Geschichte zu seinen Lebzeiten gerechnet. Und für dieses Kommen des Reiches Gottes
wollte er zweifellos nicht eine von Israel unterschiedene Sonderge-
meinschaft mit eigenem Glaubensbekenntnis, eigenem Kult, eigener Verfassung, eigenen Ämtern gründen... Das alles bedeutet:
Jesus hat zu seinen Lebzeiten keine Kirche gegründet. Er dachte
nicht an die Gründung und Organisation eines zu schaffenden
religiösen Großgebildes... Er dachte weder für sich noch für die
Jünger an eine Mission unter den Heidenvölkern« (Christ Sein,
1976, S. 338 ff.).

Im Zusammenhang mit dem Missions- und Taufauftrag (Mt
28,19) ist auch der Hinweis von Bedeutung, den Schalom Ben-
Chorin gibt: »Es ist für unsere Betrachtung nicht unwesentlich, daß
diese Stelle in ältesten Handschriften, vor dem Konzil von Nicäa
325, wie Professor Pines von der Hebräischen Universität Jerusalem nachwies, fehlt« (Schalom Ben-Chorin, Paulus, 1986, S. 23).

In dem Auftrag, den Jesus gibt: »Gehet hin in alle Welt und lehret
alle Völker...« (Mt 28,19), spricht laut Matthäus der Auferstandene, dessen Tod hinter ihm liegt. Auch die heutigen Theologen
bedienen sich gern der Wendung: »Hier spricht der nachösterliche
Jesus.« Und zwar benutzen sie diese Wendung nicht nur dann,
wenn in den Evangelien, wie hier bei Matthäus, Jesus *nach* seiner
Auferstehung etwas sagt. Nein, die Theologen benutzen diese Wendung »hier spricht der nachösterliche Jesus« auch immer dann,
wenn die Evangelisten dem *vor*österlichen Jesus Worte in den
Mund gelegt haben, die Jesus zur Zeit seines irdischen Lebens nicht
gesagt haben kann. Die Theologen halten das für völlig legitim, da
sie der Auffassung sind, der Evangelist interpretiere Jesus richtig,
lege ihm sozusagen die Worte in seinen irdischen Mund, die er –
zwar erst als Auferstandener – bestimmt gesagt hat bzw. hätte.

Hier, bei Matthäus 28, spricht laut dem Evangelisten also der
Auferstandene. Die Frage der Zweiflerin erhebt sich, wie spricht ein
Auferstandener, da doch die Auferstehungsberichte mit dem wie-

der ins Leben zurückgekehrten Toten als legendäre Bilder zu verstehen sind. Kein Tonträger hätte die Stimme des Auferstandenen auffangen können. Das übrigens wiederum geben die evangelischen Theologen fast ausnahmslos zu, die katholischen und wundergläubigeren noch nicht allesamt. Für diese wundergläubigeren katholischen Theologen hätte Jesu Stimme bei der heutigen Technik per Tonträger aufgefangen werden können. Aber die evangelischen, die zugeben, daß kein Tonträger die Stimme des Auferstandenen auffangen könnte, auch sie haben überhaupt keine Schwierigkeit, trotzdem alles zu glauben, was der Auferstandene laut Matthäus gesagt haben soll. Denn für sie hat Matthäus den Auferstandenen nur das sagen lassen, was er auch wirklich (wenn auch nicht per Tonträger übertragbar) gesagt hat.

»Der nachösterliche Jesus« ist also, so gesehen, voll in der Hand der Kirche. Außerdem nimmt sich jede kirchliche Konfession das Recht, die Worte des nachösterlichen Jesus zu interpretieren, wie es ihrer Auffassung entspricht: Bei den Katholiken päpstlich einheitlich, bei den Protestanten professoral vielfältig. Erst verleiht die Kirche (in diesem Fall der Evangelist) Jesus ihre Stimme, und dann legt die Kirche die Worte Jesu aus. So ist die Kirche vor Überraschungen sicher, und Jesus sagt nie etwas Falsches. Er redet sozusagen kirchlich vorzensiert und kirchlich nachgebessert.

Die Kirche hat Jesus zu ihrem Propagandisten gemacht. Deswegen können wir alles, was die Existenz einer Kirche voraussetzt oder betrifft oder fördern soll, als Einschübe der Evangelienautoren in die ursprünglichen Worte Jesu ansehen. Dazu gehört Petrus der Fels, auf den Jesus seine Kirche bauen will (Mt 16,18), da Jesus keinerlei Absicht hatte, eine Kirche zu bauen. Ganz gleichgültig, ob es sich bei dieser Stelle um spätere Zusätze handelt, wie manche Theologen meinen, oder ob sie von Anfang an im Matthäusevangelium standen, es ist nicht Jesus, der hier spricht, es ist die frühe Kirche, die ihrer wachsenden hierarchischen Struktur wegen an einer solchen Führungsfigur und -position interessiert war.

Im unechten 21. Kapitel des Johannesevangeliums, das heißt in einem späteren Zusatz zum eigentlichen Evangelium, ist dann der Stellvertretergedanke schon deutlich ausgebildet. Petrus wird der Hirt der Herde Christi, er übernimmt die Funktion Jesu, des bisherigen und eigentlichen Hirten, als dessen Vertreter. Und durch die bald darauf in der Kirche folgende Vorstellung, daß nicht Petrus als Person von Bedeutung ist, sondern daß das Amt, das er besitzt, das Felsenfundament der Kirche ist und daß Jesus dieses Amt als ein bleibendes gestiftet habe, sind wir bei den Päpsten als Nachfolgern Petri und Stellvertretern Christi, sind wir beim Papsttum als dem Fundament der Kirche (Mt 16,18).

Aber es ist nicht nur so, daß die Evangelisten Jesus Worte in den Mund legen, die er nicht gesagt hat, und ihm Taten (z. B. Wunder) andichten, die er nicht getan hat, sie sind auch selbst nicht die, als die sie von der Kirche uns präsentiert werden. In der Übersetzung des Neuen Testaments von Josef Kürzinger (1970) steht in der Einführung zum Matthäusevangelium: »Nach ältester Überlieferung, schon Anfang des 2. Jahrhunderts nachweisbar, stammt das erste Evangelium vom Apostel Matthäus, auch Levi genannt, dem Sohn des Alphäus.« Das klingt alles gut: »älteste Überlieferung« klingt gut, »nachweisbar« klingt gut, »Apostel« bürgt für Augenzeugenschaft, und ein so genauer Name samt Vatersname erweckt auch Vertrauen.

Die »älteste Überlieferung«, von der Kürzinger spricht, stammt von Bischof Papias von Hieropolis etwa aus dem Jahre 140. Alle späteren haben ihm nachgeredet. Das Werk von Papias (»Erklärungen der Herrenwörter«) ist verlorengegangen, aber Fragmente von diesem Werk sind uns in Gestalt von Zitaten bei anderen Autoren erhalten geblieben. Und in ihnen finden wir über Matthäus die Aussage: »Matthäus stellte in hebräischer (aramäischer) Sprache die Worte (Jesu) zusammen, und jeder übersetzte sie, so gut er es konnte« (Eusebius, Kirchengeschichte III, 39,16).

Beim Matthäusevangelium handelt es sich aber um eine von Anfang an griechisch geschriebene Schrift, keinesfalls um eine Übersetzung. Deswegen besteht unter den Theologen heute fast

Einstimmigkeit darüber, daß das, was Papias sagt, nicht auf das uns vorliegende Matthäusevangelium zu beziehen ist. Und es bedeutet, Erkenntnisse der Forschung nicht zur Kenntnis nehmen zu wollen, wenn z. B. die evangelisch-katholische »Einheitsübersetzung« 1980 immer noch von der »alten kirchlichen Überlieferung« über eine aramäische Urfassung dieses Evangeliums redet.

Auch ist keinesfalls der Apostel Matthäus der Autor des Matthäusevangeliums, wie Papias meint. Die griechische Sprache des Evangeliums steht dem entgegen. Ferner: Das Matthäusevangelium ist abhängig vom Markusevangelium, welch letzteres auch kirchlicherseits schon immer als Evangelium eines Nichtjüngers gilt. Matthäus übernimmt fast den gesamten Stoff des Markus, die Reihenfolge der Ereignisse des Markus und weithin auch den Wortlaut des Markus. Es wäre unbegreiflich, daß ein Augenzeuge (der Apostel Matthäus) sich von einem Nicht-Augenzeugen (dem Markusevangelisten) so abhängig macht.

Der wirkliche Verfasser des Matthäusevangeliums ist unbekannt. Seine Sprache zeigt, daß es sich um einen gebildeten, Griechisch sprechenden Autor handelt, der sich auf Überlieferungen und Quellen (insbesondere auf das Markusevangelium) stützt. Es ist unter den Fachgelehrten umstritten, ob es sich um einen Juden- oder Heidenchristen handelt. Es dürfte sich eher um einen Heidenchristen handeln, da ein Judenchrist schwerlich die Legende von der Jungfrauengeburt übernommen hätte, die der Glaubens- und Vorstellungswelt des Judentums fremd ist. Einem Heidenchristen würde dagegen eine solche Legende wegen der zahlreichen hellenistischen Gottes-Sohn-Zeugungen aus Verbindungen von Göttern mit Menschenfrauen leicht in die Schreibfeder fließen. Die Entstehung wird für die Zeit von 80 bis 90 angenommen.

Über den Verfasser des Markusevangeliums, das allgemein als das älteste Evangelium gilt, wissen wir nichts. Kürzinger führt wieder die Tradition an: »Das zweite Evangelium stammt nach einheitlicher, frühester Überlieferung von dem Mitarbeiter des heiligen Petrus, Johannes Markus.« Diese »früheste Überlieferung« ist wieder der schon erwähnte Papias. Eusebius zitiert Papias: »Markus hat die Worte und Taten des Herrn, an die er sich als Dolmetscher des Petrus erinnerte, genau, allerdings nicht in der richtigen Reihenfolge, aufgeschrieben. Denn er hatte den Herrn nicht gehört und begleitet. Wohl aber folgte er später, wie gesagt, dem Petrus, welcher seine Lehrvorträge nach den Bedürfnissen einrichtete, nicht aber so, daß er eine zusammenhängende Darstellung der Herrenberichte gegeben hätte. Es ist daher keineswegs der Fehler des Markus, wenn er es so aufzeichnete, wie es ihm das Gedächtnis eingab. Denn für eines trug er Sorge: nichts von dem, was er gehört hatte, auszulassen oder zu verfälschen« (Eusebius, KG III, 39,15).

Demnach wäre das Markusevangelium die Wiedergabe von ungeordneten Jesusberichten des Petrus, und in Wirklichkeit hätten sich die Ereignisse im Leben Jesu in anderer Reihenfolge abgespielt, als es im Markusevangelium steht. Die Behauptung des Papias, Markus sei Schüler des Petrus gewesen, wird allerdings von den meisten Wissenschaftlern als unzutreffend bezeichnet, weil Johannes Markus immer nur als Begleiter des Paulus auf dessen Missionsreisen erscheint. Die Abfassungszeit des Markusevangeliums, über dessen Verfasser wir also nichts wissen, dürfte um das Jahr 70 liegen, der Abfassungsort ist unbekannt.

Wie die kirchliche Tradition das Markusevangelium einem Petrusbegleiter zuschrieb, so ordnete sie das Lukasevangelium einem Paulusbegleiter zu. Solche Ausgewogenheit des Ursprungs bietet sich der unwissenschaftlichen Phantasie schon aus Gründen einer Art von Ebenbürtigkeit der beiden Apostel an. Und wie Markus sein Wissen von Petrus empfangen haben soll, so erhielt Lukas das seine angeblich von Paulus. Lukas habe, so schreibt Bischof Irenäus um 190, »das von Paulus gepredigte Evangelium in einem Buche« niedergelegt (Adv. haer. 3,1,1) und sei mit Paulus unzertrennlich gewesen (a. a. O., 3,14,1).

Im sogenannten Kanon Muratori, auch das Muratorische Fragment genannt, einer um 200 n. Chr. entstandenen Schrift eines unbekannten Verfassers, die Angaben über die kanonischen, also kirchlich anerkannten, Schriften enthält, heißt es: »Das dritte Evangelium nach Lukas. Dieser Arzt Lukas verfaßte es, als ihn Paulus nach der Himmelfahrt Christi als einen des Weges (gemeint ist mit ›Weg‹ die christliche Lehre) Kundigen mit sich nahm, auf Weisung des Paulus.«

Vor allem die evangelischen Theologen stellen diese Nachrichten in Frage. Sie betonen, daß dem Lukasevangelium und der Apostelgeschichte (beide haben ja denselben Verfasser) die paulinische Theologie völlig fremd ist und daß darum »Lukas, der geliebte Arzt« (Kol 4,14) und »Mitarbeiter« des Paulus (Philemon 24), nicht der Verfasser des Doppelwerks sein könne. In der Apostelgeschichte ist »jener wirkliche Paulus, den seine Schüler wie seine Widersacher kannten, durch einen Paulus ersetzt, wie ihn sich eine spätere Zeit dachte, und die christliche Urzeit (wird) hier nicht von einem geschildert, der sie noch zum großen Teil miterlebt hat«, schreibt Ernst Haenchen in seinem Kommentar (Die Apostelgeschichte, 1977, S. 124). Alles, was man über den Verfasser des Lukasevangeliums mit Bestimmtheit sagen kann, ist, daß es sich um einen Heidenchristen handelt, der ein kultiviertes Griechisch schreibt. Die Entstehungszeit dürften die Jahre 80 bis 90 sein.

Über das Johannesevangelium schreibt Kürzinger: »Der Verfasser ist nach verlässiger Überlieferung, die sich auch durch das Selbstzeugnis des Evangeliums (vgl. 21,24) ergänzen läßt, der Zebedäussohn Johannes, der als einer der ersten Jünger zu den führenden Aposteln gehörte. Nach der gutbegründeten Tradition verfaßte er hochbetagt gegen Ende seines Lebens, wahrscheinlich zwischen 90 und 100 n. Chr., in Ephesus in Kleinasien die Aufzeichnungen zum Evangelium, das dann von seinen Schülern herausgegeben wurde.«

Der erste, der etwas über den Verfasser des vierten Evangeliums sagt, ist wieder Bischof Irenäus von Lyon um 190. Bei ihm heißt es: »Zuletzt gab Johannes, der Jünger des Herrn, der an seiner Brust ruhte, während seines Aufenthalts in Ephesus in Asien das Evangelium heraus« (Adv. haer. 3,1). Eine sonderbare Entstehungsgeschichte bietet das Muratorische Fragment um 200: »Das vierte

Evangelium ist das des Jüngers Johannes. Als ihn die Mitjünger und Bischöfe aufforderten, sagte er: ›Fastet mit mir drei Tage, und was einem jeden geoffenbart werden wird, laßt uns dann einander erzählen.‹ In derselben Nacht wurde dem Apostel Andreas geoffenbart, daß Johannes alles unter seinem Namen aufschreiben solle gemäß der Erinnerung aller.«

Diesmal müssen Kürzinger und die konservativen Bibelgelehrten auf Bischof Papias, den sie gern als Zuweiser von Autorschaften heranziehen, verzichten, denn Papias steht einer Autorschaft des Apostels Johannes direkt entgegen. Nach Papias nämlich war Johannes zur Abfassungszeit des vierten Evangeliums bereits tot. In einem Werk aus dem 5. Jahrhundert von Philippus von Side finden wir ein Zitat aus dem zweiten Buch des Papiaswerks: »Johannes, der Theologe und sein Bruder Jakobus wurden von den Juden ermordet.« Und in einem syrischen Martyrologium von 411, das sich auf ältere Quellen stützt, steht unter dem 27. Dezember: »Johannes und Jakobus, die Apostel in Jerusalem.«

Tatsächlich legen das Markus- und das Matthäusevangelium den Schluß nahe, daß Johannes sogar schon vor der Abfassung dieser beiden Evangelien, die früher als das Johannesevangelium entstanden sind, den Tod gefunden hat. Johannes und Jakobus, die Zebedäussöhne und jähzornigen Brüder, die ein ungastliches Samariterdorf mit Feuer vom Himmel einäschern wollten (Lk 9,54), hatten ehrgeizige Pläne, denen laut Matthäus auch ihre Mutter Nachdruck verlieh. Sie wollten nämlich im Himmelreich die Plätze unmittelbar rechts und links neben Jesus einnehmen. Wenigstens im Karrierestreben stehen die kirchlichen Amtsträger also in der Nachfolge der Apostel.

Jesus fragte sie: »Ihr wißt nicht, was ihr verlangt. Könnt ihr den Kelch trinken, den ich trinke, oder mit der Taufe getauft werden, mit der ich getauft werde?« Und als sie die Frage bejahten, sagte Jesus: »Den Kelch, den ich trinke, werdet ihr trinken, und mit der Taufe, mit der ich getauft werde, werdet ihr getauft werden, aber das Sitzen zur Rechten oder zur Linken habe nicht ich zu vergeben, sondern es ist für die, denen es bereitet ist« (Mk 10,35 ff.; vgl. Mt 20,20 ff.). Übrigens murrten die übrigen zehn über das Streben der beiden nach den besten Positionen und Posten, wahrscheinlich, weil sie selber danach strebten.

Es kann kaum Zweifel bestehen, daß Jesus in seiner Antwort an die beiden von seinem eigenen Tod und vom Martyrertod der beiden redet. Diese Prophezeiung wäre wohl nicht in den Text gelangt, wenn sie nicht eingetroffen wäre. Wahrscheinlich ist die Prophezeiung erst nach dem Tod der zwei Jünger Jesus in den Mund gelegt worden als sogenannte Prophezeiung nach dem Eintreffen (= vaticinium ex eventu). Zur Zeit der Abfassung des Markusevangeliums (das dem Matthäusevangelium zugrunde liegt), also um das Jahr 70, war offenbar die Überzeugung vorhanden, daß sowohl Jakobus als auch Johannes eines gewaltsamen Todes gestorben seien. Von der Hinrichtung des Jakobus durch Herodes Agrippa I. um das Jahr 44 wird in der Apostelgeschichte berichtet (12,1 ff.). Eine Nachricht über den Tod des Johannes haben wir nicht. Warum das Wissen von seinem gewaltsamen Tod, das zur Zeit der Entstehung des Markus- und Matthäusevangeliums noch lebendig war und sich auch noch bei Papias findet, später verlorengegangen ist, ist heute nicht mehr zu sagen.

Kürzinger verweist außer auf die »verlässige Überlieferung« – wir sahen gerade, wie die Überlieferung sich gegenseitig widerspricht – auf das »Selbstzeugnis des Evangeliums, vgl. 21,24«, die sich »ergänzen«. Was dieses Selbstzeugnis betrifft, so erfahren wir in Joh 21,24 von dem »Jünger, den Jesus lieb hatte, der auch beim Mahl an seiner Brust lag« (Joh 21,20): »Das ist der Jünger, der hierfür Zeugnis gibt und der dies geschrieben hat, und wir wissen, daß sein Zeugnis wahr ist.« Dieses 21. Kapitel ist ein späterer Nachtrag zum eigentlichen Evangelium und stammt von anderer Hand als das Evangelium selbst. In diesem Nachtrag wird der »Lieblingsjünger« als der Verfasser des Evangeliums bezeichnet. Damit wissen wir aber vollends nicht, wer der Verfasser ist.

Denn diese Gestalt des »Lieblingsjüngers«, der im Johannesevan-

gelium und in diesem 21. Kapitel erwähnt wird und dem die Autorschaft am vierten Evangelium zugeschrieben wird, macht die Sache
erst recht undurchsichtig. Der Lieblingsjünger-Verfasser ist Teil
der »johanneischen Frage« (= die Frage, warum das vierte Evangelium so ganz anders ist als die drei ersten Evangelien), die die
Theologen seit dem 18. Jahrhundert und vor allem seit Anfang des
19. Jahrhunderts beschäftigt, nachdem immer mehr Zweifel an der
kirchlichen Tradition aufkamen, daß das vierte Evangelium von
einem Apostel geschrieben sei.

Der Lieblingsjünger, diese »rätselhafte Gestalt« (Rudolf Bultmann), ist nämlich mit keinem der Apostel identisch, auch nicht mit
dem Apostel Johannes, dem Zebedäussohn, wie viele fälschlich
glauben. Es scheint, als habe der Verfasser des Johannesevangeliums, wer immer es war, mit dem »Lieblingsjünger« eine Figur in
das Evangelium hineingebracht, mit der er sich selber identifizierte
und durch die er sich in seiner frommen Phantasie zu einem Zeit-
zeugen und bevorzugten Jünger Jesu materialisierte. Er hat sich in
das Bild, das er malte, sozusagen selber hineingemalt.

Interessant ist, daß dieser Lieblingsjünger regelmäßig in einer
Kontrastbeziehung zu Petrus steht. Beim Abschiedsmahl fragte
Petrus nicht Jesus direkt, wer der Verräter sei, sondern er bat den
Lieblingsjünger, zu fragen (Joh 13,24). Er ist vermutlich jener »andere Jünger«, der Jesus in den Hof des Hohenpriesters folgte,
während Petrus draußen blieb und erst von diesem »anderen Jünger« hineingeführt wurde (Joh 18,15f.). Und so steht in Vers 19,26
der Lieblingsjünger treu unter dem Kreuz, während Petrus seinen
Herrn inzwischen mehrfach verleugnet hatte und wie die anderen
Apostel zu feige war, in der Todesstunde bei Jesus zu bleiben. Nach
der Auferstehung liefen Petrus und der Lieblingsjünger zum Grab,
letzterer war natürlich der schnellere, wenn er dann auch nicht als
erster in das Grab hineinging (Joh 20,4 f.). Und der Lieblingsjünger
glaubte daraufhin an die Auferstehung Jesu. Davon, daß auch Petrus glaubte, wird nichts gesagt. Und noch im später an das Johannesevangelium angehängten 21. Kapitel ist dieser Kontrast zwi-

schen Petrus und dem Lieblingsjünger zu spüren: Petrus erkannte den auferstandenen Herrn nicht, der Lieblingsjünger aber sehr wohl (Joh 21,7).

Wenn der »Lieblingsjünger« vermutlich das Produkt schriftstellerischer Phantasie ist, dann ist die gesamte Szene unter dem Kreuz, in der dieser Jünger, wie Wetzer/Weltes Kirchenlexikon es ausdrückt (VI, S. 1537), »zum Lohn das teuerste Erbstück« Jesu »erhielt«, nämlich Maria, ebenfalls dichterische Phantasie. Es ist auch schwer denkbar, daß die übrigen Evangelisten die Anwesenheit der Mutter und eines Jüngers unter dem Kreuz, wenn sie wirklich stattgefunden hätte, in ihren Darstellungen unerwähnt gelassen hätten.

Um den realen Apostel Johannes, den Zebedäussohn, der in der kirchlichen Tradition fälschlicherweise als Verfasser des vierten Evangeliums bezeichnet wird, weil man seinen Tod vor der Abfassungszeit des vierten Evangeliums später nicht mehr realisierte, hat sich in den folgenden Jahrhunderten ein reicher Legendenkreis gebildet. Dem Gesetz der Legendenbildung entsprechend weiß man im Laufe der Zeit immer mehr und immer Genaueres.

Während der Christenverfolgung unter Kaiser Domitian (81–96) wurde er nach Rom verbracht, »wo er, nachdem er in siedendes Öl getaucht wurde, keinen Schaden erlitten hat und dann auf eine Insel verbannt wurde«, wie Tertullian († nach 220) berichtet (Prozeßeinreden gegen die Häretiker 36). Und schließlich war er laut Irenäus nach dem Tode Domitians bis zu den Zeiten Trajans (98–117) wieder in Kleinasien (Adv. Haer. II, 22,5). Demnach wäre er also sehr alt geworden. Manche glauben, wie Augustinus († 430) erzählt, daß er überhaupt nicht gestorben sei: »Wie aber diese meinen, sei er nicht gestorben, sondern einem Toten ähnlich dagelegen, und da er für tot gehalten wurde, sei er schlafend beerdigt worden; und bis zur Wiederkunft Christi bleibe er so und gebe sein Leben durch das Aufwirbeln von Staub kund. Von diesem Staub glaubt man, er werde, damit er von der Tiefe zur Oberfläche des Grabhügels emporsteige, durch den Atem des dort Ruhenden in Bewegung gesetzt« (Comm. in Joh 124,2).

Epiphanius, Bischof von Salamis († 413), stellt ihm – wenn auch nicht als erster, das hatten vor ihm längst die apokryphen Johannesakten, die Pistis Sophia und das Bartholomäusevangelium, alle drei aus dem 3. Jahrhundert, auch schon getan – das herrlichste aller christlichen Zeugnisse aus: Johannes war jungfräulich geblieben. Und deswegen hatte Jesus ihm später am Kreuz Maria anvertraut: »Als der Erlöser am Kreuz hing, da wandte er sich, wie es im Johannesevangelium heißt, und sah den Jünger, den der Herr lieb hatte, und sprach zu ihm von Maria: Sieh, deine Mutter, und zu ihr selbst sagte er: Siehe deinen Sohn ... Aus welchem Grunde übergab er sie nicht vielmehr dem Petrus? Aus welchem Grunde nicht dem Andreas, Matthäus und Bartholomäus? Doch offenbar dem Johannes wegen dessen Jungfräulichkeit ... Er wollte zeigen, daß sie die Mutter« und Schutzherrin der Jungfräulichkeit ist« (Arzneikasten, Gegen die Antidikomarianiten 10; diese Antidikomarianiten waren Gegner der Theorie von der immerwährenden Jungfräulichkeit Mariens. Sie behaupteten, Maria und Josef hätten nach der Geburt Jesu ehelichen Verkehr gehabt).

Wie bei dem legendären König Midas, dem sich alles, was er berührte, in Gold verwandelte (so daß er schließlich nichts mehr essen konnte), so wurde jeder, der mit Maria in Berührung geriet, jungfräulich, wovon zuallererst Marias Ehemann Josef betroffen war. Und nun auch (nach Epiphanius ist Josef verstorben) Johannes. Man konnte der immerwährend Jungfräulichen nicht einen Verheirateten oder Witwer zumuten. Das hat ja Hieronymus, der Zeitgenosse des Epiphanius, für den Witwer Josef aus dem Protevangelium des Jakobus ein für allemal klargestellt: Für die Jungfräuliche ist nur der Jungfräuliche standesgemäß. Der jungfräulichen Maria entspricht also nur der jungfräuliche Josef und anschließend nur der jungfräuliche Johannes.

In seiner Jugend allerdings hatte Johannes dreimal versucht, zu heiraten, aber Jesus hatte ihn immer wieder daran gehindert. Das erste Mal, indem er ihm erschien und sagte: Ich bedarf deiner, Johannes. Das zweite Mal durch eine Krankheit. Das dritte Mal dadurch, daß er ihn zwei Jahre erblinden ließ, so daß Johannes keine Frauen mehr sehen konnte. Als er dann wieder sehen konnte, hatte Jesus inzwischen auch seinen Verstand geöffnet, so daß Johannes nicht mehr heiraten wollte (Johannesakten 113; 3. Jahrhundert).

Noch später weiß man aus den letzten Worten, die der jungfräuliche Johannes sagte, als er auf dem Sterbebett lag, daß er gleich von Jugend an den Gedanken an Heirat von sich gewiesen hat. Seine letzten Worte sind nämlich jetzt diese: »O Herr, der du mich von meiner Jugend an bis zu diesem Alter vom Weibe bewahrt hast, der du davon meinen Körper abgehalten hast, so daß der bloße Anblick einer Frau Abscheu in mir erregte. O Gabe Gottes, vom weiblichen Einfluß unberührt zu bleiben!« (Pseudo-Titus-Brief, 5. Jahrhundert; Schneemelcher II, S. 64).

Ebenfalls dem Apostel Johannes zugeschrieben wird von den konservativen Theologen die Apokalypse, das letzte Buch des neuen Testaments. Sie wird darum häufig »Geheime Offenbarung des heiligen Johannes« genannt. Kürzinger sagt über den Verfasser: »Als Verfasser nennt sich ausdrücklich Johannes, vgl. 1,1. 4. 9; 22,8. Schon die älteste Überlieferung sieht darin mit wenigen Ausnahmen den Apostel Johannes, den Verfasser des vierten Evangeliums und der drei Johannesbriefe. Sprache und Stil sowie auch der Inhalt zeigen freilich auffallende Besonderheiten gegenüber den übrigen johanneischen Schriften.« Bei Kürzinger kommt nicht zum Ausdruck, daß die »Besonderheiten« so besonders sind, daß es unmöglich ist, für das vierten Evangelium und die Apokalypse denselben Verfasser anzunehmen.

Der Unterschied zwischen Apokalypse und Evangelium ist schon im Altertum aufgefallen. Eusebius zitiert in seiner Kirchengeschichte Bischof Dionysios von Alexandrien d.Gr. († 264/65): »Einige unserer Vorfahren haben das Buch verworfen und ganz und gar abgelehnt. Sie beanstandeten Kapitel für Kapitel und erklärten, daß der Schrift Sinn und Zusammenhang fehle und daß der Titel falsch sei. Sie behaupteten nämlich, dieselbe stamme nicht von Johannes und sei überhaupt keine Offenbarung, da sie in den dichten Schleier der Unverständlichkeit gehüllt sei. Der Verfasser dieser Schrift sei kein Apostel, ja überhaupt kein Heiliger und kein Glied der Kirche, sondern Cerinth, der auch die nach ihm benannte cerinthische Sekte gestiftet hat und der seiner Fälschung einen glaubwürdigen Namen geben wollte... Ich möchte aber nicht wagen, das Buch zu verwerfen; denn viele Brüder halten große Stücke auf dasselbe. Ich möchte vielmehr glauben, daß es über meine Fassungskraft hinausgehe. Ich vermute nämlich, daß die einzelnen Sätze einen verborgenen und ganz wunderbaren Sinn in sich schließen« (KG VII, 25; Übers. Philipp Haeuser, BKV, 1932).

Heute wird von den meisten evangelischen und auch von vielen katholischen Theologen anerkannt, daß das Johannesevangelium und die Apokalypse verschiedene Verfasser haben müssen. Wer der Verfasser der Apokalypse war, wissen wir nicht.

Haben wir es also bei den Evangelien, der Apostelgeschichte und der Offenbarung des Johannes mit Schriften zu tun, denen von späterer dritter Seite falsche Verfasser zugeschrieben wurden, so begegnen uns unter den Apostelbriefen sozusagen originale Fälschungen, d. h. Schriften, in denen der Verfasser selbst sich für einen anderen ausgibt, als er in Wirklichkeit ist. Dies gilt für eine ganze Reihe unter ihnen. Erwähnt wurde bereits der erste Petrusbrief. Auch in der katholischen Bibeltheologie hat sich die Unechtheit dieses Briefes inzwischen weithin herumgesprochen.

Wie der erste Petrusbrief ist auch der zweite eine Fälschung. »Symeon Petrus, Knecht und Apostel Jesu Christi, an alle, die durch die Gerechtigkeit unseres Gottes und Retters Jesus Christus den gleichen kostbaren Glauben erlangt haben wie wir...« (2 Petr 1,1). Während Kürzinger in seiner Übersetzung des Neuen Testaments nach wie vor die Echtheit dieses Briefes vertritt, erklärt die »Einheitsübersetzung« immerhin: »Im zweiten Kapitel lehnt er sich an Ausführungen des Judasbriefs an. Deshalb wird oft angenommen, das Schreiben sei erst nach dem Tod des Apostels entstanden.«

Wo in der katholischen Theologie solche Verfasserfälschungen zugegeben werden, werden sie gleichwohl verharmlost oder gerechtfertigt. Es handele sich dabei angeblich »um eine legitime, weitverbreitete literarische Gepflogenheit«, meint etwa das »Lexikon für Theologie und Kirche« (VIII, S. 867). Daß solche Fälschungen in der Urkirche »eine weitverbreitete Gepflogenheit« waren, soll gar nicht bestritten werden, »legitim« waren sie darum nicht. Es ist und bleibt religiöse Falschmünzerei.

Von den Paulusbriefen sind vermutlich unecht: der Epheserbrief (»Paulus, Apostel Christi Jesu durch den Willen Gottes...« [1,1]), der Kolosserbrief (»Paulus, Apostel Christi Jesu durch den Willen Gottes...« [1,1]) und der zweite Thessalonicherbrief. Ganz sicher unecht sind die drei sogenannten Pastoralbriefe, das ist der erste Timotheusbrief (»Paulus, Apostel Christi Jesu durch den Willen Gottes...« [1,1]), der zweite Timotheusbrief (»Paulus, Apostel Christi Jesu durch den Willen Gottes...« [1,1]) und der Titusbrief (»Paulus, Knecht Gottes, Apostel Jesu Christi...« [1,1]).

Daß die drei Pastoralbriefe nicht von Paulus stammen, wird inzwischen auch auf katholischer Seite allgemein anerkannt. Von vielen katholischen Theologen wird auch die Unechtheit des Epheser- und Kolosserbriefs angenommen. Der Direktor des katholischen Bibelwerks in Stuttgart, Paul-Gerd Müller, gibt Hinweise, wie man »im Schulunterricht, in Bibelkreisen und in der Erwachsenenbildung« die Unechtheit den Leuten nahebringen soll. Er schreibt, man solle »die Pseudonymität des Epheser- und Kolosserbriefes wie auch der drei Pastoralbriefe 1–2 Tim, Tit... behutsam und konstruktiv« erörtern (Bibel und Kirche 3/1981, S. 265).

Hier wird zwar der Sachverhalt einer gefälschten Autorschaft eingeräumt, aber sofort wieder verharmlost. Das Wort »Pseudonym« wird im allgemeinem Sprachgebrauch ja nicht in seiner wörtlichen Bedeutung als »Lügenname« verstanden, sondern meint einen vom Autor erfundenen Deck- oder Künstlernamen. Einen Künstlernamen zu verwenden ist etwas Legitimes und etwas ganz anderes, als zu behaupten, man sei der Apostel Paulus.

Mit der Verharmlosung, es handele sich ja nur um Pseudonyme, geschieht also heute eine erneute Täuschung der Leser und Hörer.

Denn einem Künstlernamen geht es nicht um das, was die neutestamentlichen Brieffälscher bezweckten: die Selbstverleihung einer apostolischen Autorität, die »durch den Willen Gottes« verliehen wurde und darum eine Autorität im Namen Gottes sein will. Die Kirche reagiert bei der Frage: Wie sage ich es meinem Kinde? sehr zögernd. Sie trennt sich schwer von solch göttlich autorisiertem Schwindel. An apostolischer Verfasserautorität ist der Kirche gelegen, weil solche apostolische Autorität sich immer in kirchliche Größe ummünzen läßt. Von dieser Größe ginge viel verloren, wenn die Kirche alle Fälschungen offen zugäbe.

Insbesondere den Frauen wurden in den vermutlich falschen und in den sicher falschen Briefen des falschen Paulus allerlei fromme Anweisungen zuteil, um deren Beherzigung durch die Frauen die Kirche sich während der ganzen Geschichte ausdauernd mühte: »Die Frauen seien ihren Männern untertan wie dem Herrn, denn der Mann ist das Haupt der Frau, wie Christus das Haupt der Kirche ist... Wie nun aber die Kirche Christus untertan ist, so sollen es auch die Frauen ihren Männern in allem sein« (Eph 5,22 ff.). »Ihr Frauen, seid untertan euren Männern, wie es sich geziemt im Herrn« (Kol 3,18). »Die Frauen sollen in würdiger Haltung mit Ehrgefühl und Sittsamkeit sich schmücken, nicht mit Haargeflechten, Gold, Perlen oder teurem Kleid, sondern, wie es Frauen geziemt, die sich zur Gottesfurcht bekennen, mit guten Werken. Die Frau soll sich still verhalten und lernen in aller Unterordnung. Daß eine Frau lehre, gestatte ich nicht, auch nicht, daß sie sich unabhängig erhebe über den Mann, sondern sie soll sich still verhalten. Denn Adam wurde zuerst geschaffen, danach Eva. Und Adam wurde nicht verführt, das Weib vielmehr wurde verführt und ist in Übertretung geraten. Sie wird aber gerettet werden durch das Kindergebären« (1 Tim 2,9 ff.).

Und der erste Petrusbrief stößt in dasselbe Horn: »Ihr Frauen sollt euren Männern untertan sein... Euer Schmuck bestehe nicht im Äußeren, im Haargeflecht, im Anlegen von Gold oder im Tragen von Gewändern« (1 Petr 3,1 ff.).

Früher stand auf Banknoten der Spruch: »Wer Banknoten nachmacht oder verfälscht oder nachgemachte oder verfälschte sich verschafft und in Verkehr bringt, wird ... bestraft.« Es ist schade, daß ein solcher Spruch nicht auch – unter Ersetzung des Wortes »Banknoten« durch das Wort »Apostelbriefe« – auf den neutestamentlichen Briefen steht. Vielleicht würde das die Kirche mit ihrer ständigen Verbreitung von Apostelbrief-Blüten etwas bescheidener machen, und sie würde den Gebrauch des Ausdrucks »Wort Gottes« etwas einschränken, und zwar nicht nur für die falschen Briefe, sondern gleich auch für die echten, die bei aller Echtheit allesamt nicht mehr sind als Gotteswort-Blüten, weil sie allesamt niemals mehr sind als Menschenwort.

16. Kapitel

Die Hölle

Der Himmel ist das Reich eines Gottes, die Hölle ist das Reich einer Göttin, jedenfalls im germanischen Sprachraum. Der Name sagt es: Die Hölle ist das Reich der Todesgöttin Hel. Das ist aber kein Grund zum Erschrecken, denn die Göttin war keine böse Göttin, und die Hölle war kein böses Reich, bis man sie zu einem schlimmen Ort des Schreckens umfunktioniert hat.

Der Name der Göttin Hel ist in unserer christlich-männlichen Gedankenwelt verblaßt oder verlorengegangen, aber ihr Reich ist uns dem Namen nach, immer noch ihrem Namen nach, erhalten geblieben, denn christlich renoviert und vor allem mit einem Feuer ausgestattet, erfüllt die Hölle als kirchliche Drohung an alle Sünder und Kirchengegner den heiligen Zweck lebenslänglicher Einschüchterung.

Dabei war das Reich dieser Göttin Hel zunächst gar nicht böse. Hölle und Hel hängen mit dem Wort hehlen zusammen und bedeuten hüllen, bergen, schützen. Die Göttin war demnach die Bergende, diejenige, die die Toten einhüllte und schützte. Auch die Wörter Höhle und Halle hängen damit zusammen. Die Hölle der Hel ist die Höhle, die Halle, das Haus, in dem die Toten wie in einem göttlichen Mutterschoß in ihrer letzten Ruhe wohnen. Kein unbarmherziger Gott erweckt sie daraus im Namen der Gerechtigkeit zu einem höllischen Dasein voller sinnloser Leiden.

Die negative Umwidmung von Hels stillem Reich begann schon zur germanischen Zeit, man weiß nicht genau wann, als die gefallenen Helden vom Gott Odin ausgewählt und in das Krieger- und Helden- und Männerparadies Walhalla versetzt wurden. (Wal-statt = Schlachtfeld, und Wal-halla = Halle für die in der Schlacht gefallenen Krieger.) Ein Garten des Paradieses wäre bei den Germanen unangebracht gewesen, weil es dort im Winter zu kalt gewesen wäre, darum die Festhalle Walhalla. In Hels Reich verblieben nur noch die Unheroischen, die Nichtkrieger.

Die germanische Religion ist nicht die einzige Religion, die zuerst für tote Krieger Hoffnung auf himmlischen Trost gewährte. »Überhaupt ist der Gedanke, daß die im Krieg Gefallenen eines bevorzugten jenseitigen Loses teilhaftig werden, überaus weit verbreitet. So gingen bei den Azteken gewöhnliche Tote in die Unterwelt, im Krieg Gefallene aber zur Sonne; die Gefallenen von Thermopylai wurden zu Heroen« (RGG 2. Aufl. 3, 1929, Art. »Krieg«, S. 1304).

Eine ähnliche religionsgeschichtliche Entwicklung hat sich im Judentum, von dem das Christentum seine Auferstehungshoffnung übernahm, vollzogen. Auch dort hatte es zunächst nur ein stilles Reich der Toten, wenn auch ohne Göttin, gegeben, das unterschiedslos alle Toten für ewige Zeiten oder zeitlose Ewigkeit aufnahm. Es war die Scheol (griechisch: Hades), die Unterwelt. (Auch bei den Griechen war der Hades zunächst kein Strafort für einige Menschen, sondern er barg alle Toten ausnahmslos.) Diese Unterwelt (Scheol oder Hades) liegt nach dem Buch Hiob tiefer als das Meer (Hiob 26,5). Der Bereich der Toten ist »das Land des Vergessens« (Psalm 88,13), die Stätte völligen Dunkels, die keine Beziehung zur Oberwelt hat. Von hier gibt es keine Rückkehr mehr zur Welt des Lichts: »Alle, die zu ihr eingehen, kehren nicht wieder, gelangen nicht zu den Pfaden des Lebens« (Sprüche Salom. 2,19). Die dort weilen, bleiben tot und können nicht mehr den Ewigen preisen (Psalm 6,6).

Das um 250 v. Chr. entstandene alttestamentliche Buch »Prediger« (= Kohelet), das melancholischste des Alten Testaments (»O Eitelkeit der Eitelkeiten, und alles ist eitel«), setzt das Schicksal der Menschen sogar mit dem der Tiere gleich und schreibt: »Denn das

Geschick der Menschenkinder ist gleich dem Geschick des Tiers; *ein* Geschick haben sie beide. Wie dieses stirbt, so sterben auch jene, und *einen* Odem haben sie alle. Der Mensch hat vor dem Tier keinen Vorzug. Denn alle gehen an *einen* Ort. Alle sind aus Staub geworden, und alle werden sie wieder zu Staub« (Pred 3,19f.). Und im neunten Kapitel schreibt er von der Unterwelt, daß das Leben der Menschen dort für alle gleich, nämlich für alle gleich traurig sei: »Denn in der Unterwelt, wohin du gehst, gibt es nicht Schaffen noch Planen, nicht Erkenntnis noch Weisheit mehr« (Pred 9,10).

Kaum hundert Jahre später, im allerspätesten Buch des Alten Testaments, dem Buch Daniel (ca. 165 v. Chr. entstanden), kommt Bewegung in die Unterwelt, ist erstmals innerhalb des Alten Testaments klar der Auferstehungsglaube bezeugt: »Und viele von denen, die schlafen im Erdenstaub, werden erwachen, die einen zum ewigen Leben, die anderen zu Schmach, zu ewigem Abscheu« (Dan 12,2). Es scheint noch nicht klar, ob alle auferstehen werden oder nur »viele«.

Manche Juden allerdings sagten: Weder viele noch alle, sondern keiner wird auferstehen. So die Sadduzäer noch zur Zeit Jesu. Sie verwarfen den Glauben an die Auferstehung, weil er nicht in der Heiligen Schrift bezeugt sei. Das liegt daran, daß die Sadduzäer das Buch Daniel nicht als zur Heiligen Schrift gehörig betrachteten. Der Umfang der Heiligen Schrift (= Kanon) wurde nach Jahrhunderten der Kontroverse erst im Jahre 90 n. Chr. von den jüdischen Gelehrten endgültig festgelegt, zu einer Zeit, als mit dem Untergang des Tempels (70 n. Chr.) auch die Sadduzäer als die Partei der höheren und hohen Priester ihren Einfluß verloren hatten.

Übrigens, nur für die Juden und für die Protestanten ist das Buch Daniel das späteste Buch der Bibel bzw. des Alten Testaments. Für die Katholiken ist die Weisheit Salomonis das späteste alttestamentliche Buch. Sie entstand 80 bis 30 v. Chr. Das Alte Testament der Katholiken zählt nämlich sieben Bücher mehr, die zum Teil später als das Buch Daniel entstanden sind: Judit, Tobias, Jesus Sirach, Weisheit Salomonis, Baruch und zwei Makkabäerbücher. Sie werden »deutero-kanonische« (= zweit-kanonische) Schriften genannt. Die Katholiken folgen – anders als die Juden und die Protestanten – nicht dem ersten, dem hebräischen Kanon, sondern dem zweiten, dem griechischen, sogenannten alexandrinischen Kanon, wie ja die Frage, was zum Kanon gehört, für das Alte und das Neue Testament eine langwierige Frage war (vgl. das Kapitel »Apokryphen«).

Jedenfalls, ab ca. 165 v. Chr., im Buch Daniel, ist der Auferstehungsglaube im Alten Testament erstmalig bezeugt. Die sogenannte Jesaja-Apokalypse Jesaja 24–27: »Deine Toten werden leben« (Jes 26,19) stammt ebenfalls aus dieser späten Zeit. In den deutero-kanonischen Schriften, z. B. in der Weisheit Salomonis, dem spätesten alttestamentlichen Buch für die Katholiken, tritt er dann noch stärker hervor und klingt wie ein Protest gegen die pessimistische Lehre des »Predigers«: »Die Frevler ... sagen: Kurz und traurig ist unser Leben; gegen das Ende des Menschen gibt es keine Arznei, und man kennt keinen, der aus der Welt des Todes befreit. Durch Zufall sind wir geworden, und danach werden wir sein, als wären wir nie gewesen« (Weish 1,16–2,2). »Die Seelen der Gerechten ... in den Augen der Toren sind sie gestorben ... aber ihre Hoffnung ist voller Unsterblichkeit ... Die Frevler jedoch werden für ihre Pläne bestraft« (Weish 3,1–10). Die Formulierungen über das jenseitige Leben nach dem Tod sind hier stark von der griechischen Lehre der Unsterblichkeit der Seele gefärbt.

Daß im 2. Jahrhundert v. Chr. Bewegung in die Scheol, die Unterwelt des Todesschlafes, kommt, hängt mit den Makkabäerkriegen zusammen. Wie bei den Germanen die Walhalla, so ist bei den Juden der Himmel zuerst für die Krieger (= Martyrer) ins Blickfeld geraten und damit das Totenreich – nach Abzug der Krieger – zu einem Aufenthaltsort der Nicht-Helden und Zivilisten herabgesunken. Im Henochbuch, dem verbreiteten und beliebten außerbiblischen jüdischen Sammelwerk, scheint in der sogenannten »Hirtenvision« (ca. 135–115 entstanden) nur von einer Auferstehung der Martyrer (der Makkabäerkriege) die Rede zu sein (Henoch 90,33; vgl. Strack/Billerbeck IV, S. 1167 f.).

Aus der militärischen Zweiteilung wurde allerdings ziemlich sofort eine moralische Zweiteilung in Gute und Böse. Dieser Übergang von militärischen zu ethischen Kategorien ist nicht so verwunderlich, wie es auf den ersten Blick scheinen mag, denn Krieg und Religion waren immer ein harmonisches Paar. Darum ist es auch kein Zufall, daß die Römer ein einziges Wort für militärische Tüchtigkeit und ethische Tugend haben: *virtus*. Es kommt von dem Wort *vir* = Mann. *Virtus* bedeutet 1. militärische Kraft und 2. Tugend, weil der erste Adel, der unter den Menschen auftauchte, auf der Muskelkraft beruhte, mit der die Stärkeren sich nicht nur materielle Vorteile über die Schwächeren verschafften, sondern gleichzeitig sich ideellen Ruhm und Ehre zulegten. Tugend und Moral sind sogar immer das erste, was die Sieger für sich beanspruchen, wie sie immer das erste sind, was sie den Besiegten absprechen.

Der Anlaß für die Makkabäerkriege war dieser: Seit Alexander d. Gr. († 323 v. Chr.) war es zu einer Hellenisierung Palästinas gekommen, das heißt: die griechische Lebensart begann die einheimische jüdische zu durchdringen. Mit der griechisch-syrischen Besatzungsmacht des Königs Antiochus IV. (175–164 v. Chr) führte das zu ständigen Auseinandersetzungen, die immer mehr eskalierten. Im Verlaufe der Streitigkeiten war Antiochus IV. im Jahr 169 v. Chr. sogar in den Tempel eingetreten, eine ungeheure Entweihung in den Augen der Juden, die das Betreten des Tempels Nichtjuden bei Todesstrafe verboten hatten. Antiochus untersagte schließlich alle Opfer, das Halten des Sabbath, die Beschneidung (über die die Griechen sich ohnehin immer lustig machten) und setzte im Tempel den Kult des Zeus Olympios ein. Daraufhin erhob sich eine Widerstandsgruppe von Freiheitskämpfern um den Priester Mattathja und dessen drei Söhne: Judas, genannt der Hammer (Makkabaios), Jonathan und Simon. Im Verlauf der Kämpfe wurde der Tempel befreit.

Die Frage nach dem jenseitigen Leben ist so alt wie die Menschheit, denn immer stellt der Tod die Frage nach dem Leben jenseits des Todes. In Zeiten erhöhter militärischer Forderung nach Sterbebereitschaft und Kampfmotivation auf seiten der Krieger wird diese Frage dringlich und öffnet sich dabei unter Umständen Antworten, die andere schon vorher gegeben haben. Perikles z. B., der große griechische Feldherr und berühmte Redner († 429 v. Chr.), hatte schon längst militärseelsorgerlich bedeutsame Antworten gefunden. In seiner feierlichen Rede zu Ehren der auf Samos gefallenen Athener sagte er laut Plutarch: »Jene Männer seien unsterblich wie die Götter geworden... weil sie für das Vaterland ihr Leben gelassen haben« (Vergleichende Lebensbeschreibungen, Perikles 8).

Denn während bei den Juden der Auferstehungsglaube erst im 2. Jahrhundert v. Chr. im Zusammenhang mit den Makkabäerkämpfen größere Verbreitung findet, war in der griechischen Welt der Glaube an ein Weiterleben nach dem Tod längst in das allgemeine Bewußtsein eingedrungen: so bei Platon, bei den Stoikern, in den griechischen Mysterienreligionen und im Volksglauben. Aber wichtiger noch als der Einfluß der Unsterblichkeits-Vorstellungen der Griechen scheint für die Juden der Einfluß des persischen Auferstehungsglaubens gewesen zu sein. Mit den Persern hatten die Juden in engster Berührung gestanden, da sie sich von 539 bis 333 v. Chr. unter persischer Oberhoheit befanden.

Begründer der persischen Religion ist Zarathustra (wahrscheinlich 7./6. Jahrh. v. Chr.). Er war übrigens ein leidenschaftlicher Gegner aller blutigen Opfer und darum verfeindet mit der Mithras-Priesterschaft wegen deren Stieropfer. Die Vorstellungen der persischen Religion über das Schicksal des Menschen nach dem Tod werden um 600 v. Chr. in den Gatha beschrieben, heiligen Schriften, die auf Zarathustra zurückgehen: Drei Tage bleibt die menschliche Seele bei ihrem toten Körper. In der Dämmerung des vierten Tages nach dem Tod begibt sich die Seele zur Cinvat-Brücke, die sich über dem Abgrund der Hölle spannt. Dort werden die guten und bösen Taten des Menschen gewogen. Die Waagschale bestimmt das Urteil. Wenn die guten Taten überwiegen, wird die Seele in das Paradies geführt.

Die Bösen hingegen stürzen von der Brücke in die Hölle, die unter der Brücke liegt. Dort werden sie bis zur Auferstehung gepeinigt. Zum Weltgericht erhalten alle Seelen ihre Leiber und werden endgültig gerichtet vom weisen Schöpfer-Gott Ahuramazda (Ormuzd). Die Bösen kehren zurück in die Hölle, aber nur für drei Tage. Dann werden alle , die Guten und die Bösen und die ganze Erde, mit reinigendem Feuer übergossen, mit einer Flut aus geschmolzenem Metall. Für die Guten ist das so wie ein Bad in warmer Milch, für die Bösen ist es wie ein Höllenfeuer. Aber auch sie werden durch das Feuer gereinigt. Ja, die ganze Erde wird durch das Feuer gereinigt und wird durch diese Reinigung zum Paradies, in dem alle zusammen in vollkommenen Leibern wohnen werden. (Viel weiter sind die Christen heute auch nicht, der einzige Fortschritt ist, daß die Hölle ewig ist.)

Wer heute nach Bombay kommt, den wird man auf die »Türme des Schweigens« auf dem Malabar Hill aufmerksam machen. Dort oben, abgeschirmt von der Neugier der Photographen, werden die Leichen der Parsen den Geiern zum Fraß hingelegt. Die Parsen stammen, wie der Name sagt, aus Persien. Sie sind die Bewahrer der alten persischen Religion und infolge der Islamisierung Persiens nach Indien ausgewandert. Die Parsen sind eine einflußreiche und angesehene indische Volksgruppe, die sich über ganz Indien ausgebreitet hat und die weitgehend für die Industrialisierung in Indien maßgeblich war. Ihr Zentrum ist Bombay. Daß die Parsen nicht, wie in Indien üblich, ihre Leichen verbrennen, weil sie nicht durch die Leichen das Feuer verunreinigen wollen, hängt mit ihrem Feuerkult zusammen. Und dieser jahrtausendealte Feuerkult ist auch heute noch stärker als der Schauder, der manchen Parsen vor seinem Tod angesichts der »Türme des Schweigens« befallen mag.

Das Feuer, inzwischen den Christen als Fegefeuer und Höllenfeuer nicht mehr unbekannt, entstammt nicht nur persischen Endzeitvorstellungen, sondern spielte auch bei den Endzeitvorstellungen der Griechen, vor allem der Stoiker, eine große Rolle.

Spät im Vergleich mit anderen Religionen wird also zur Zeit der

Makkabäerkriege im 2. Jahrhundert v. Chr. bei den Juden der Gedanke an ein Leben nach dem Tod zur Gewißheit. Den Zusammenhang zwischen dem Glauben an ein Jenseits-Leben und dem Kriegführen hebt Tacitus als charakterstisch für die Juden hervor. Wir erwähnten Tacitus († 120 n. Chr.) schon, den bedeutendsten und erbittertsten Gegner des Judentums und Christentums in der heidnischen Antike. Unter dem Eindruck des Jüdischen Krieges und des Untergangs Jerusalems und des jüdischen Staates (70 n. Chr.) als Folge ständiger, eskalierender Aufstände sah er die Christen als eine gefährliche Gruppe jüdischer Aufständischer, als eine Terroristenorganisation mehr unter diesem für die Römer so strapaziösen Volk.

Juden oder Christen, für Tacitus war das dasselbe. Und mit derselben Bitterkeit, mit der er über die Christen im Zusammenhang mit der Feuersbrunst des Nero redet (vgl. das Kapitel über Karfreitag), wendet Tacitus sich hier gegen die Juden. Sie stellen sich ihm dar als Leute, die, motiviert durch ihren Glauben an die Auferstehung ihrer Gefallenen und hingerichteten Aufständischen, mit Vorliebe Krieg führen und den Tod suchen. In der langen Reihe von Vorwürfen, die er gegen die Juden erhebt, dieses »dem Aberglauben ergebene und der Religion widerstehende Volk«, schreibt er: »Die Seelen derer, welche in der Schlacht oder durch Hinrichtung umkommen, halten sie für unsterblich. Daraus wächst... ihre Todesverachtung.«

Den König Antiochus IV. übrigens sah Tacitus – anders als die Makkabäer, die gegen Antiochus ihren kriegerischen Aufstand machten – als Überbringer griechisch-kultureller Entwicklungshilfe, die die Juden dringend nötig gehabt hätten: »Der König Antiochus suchte sie von ihrem religiösen Wahn zu befreien und ihnen griechische Lebensart beizubringen, wurde aber durch den Parthischen Krieg daran gehindert, eine heilsame Umwandlung bei dem widerlichen Volk hervorzubringen« (Historien V, 5–13).

Die makkabäischen Martyrer sind also die ersten, die die Ewigkeit und Monotonie des jüdischen Totenreichs, der Scheol, umstrukturieren. Der Glaube an ein ewiges Leben führt dazu, daß für diese Krieger = Martyrer und dann auch für andere Fromme durch den Auferstehungstermin der Aufenthalt in der Unterwelt erstens zeitlich befristet und zweitens überhaupt anders gestaltet wird. Denn die Scheol bekommt jetzt verschiedene Abteilungen: Für die Gerechten wird in ihr ein angenehmer Ort des Wartens auf die Auferstehung eingerichtet, für die Gottlosen eine Abteilung vorläufiger Strafe bis zum Endgericht, welchselbige Abteilung nach dem Endgericht in einen Ort ewiger Strafe umgewandelt wird.

Zur Zeit Jesu sind es lediglich die Sadduzäer, die Partei der Vornehmen und Adeligen, die in der Scheol nach wie vor das ewige und unterschiedslose Totenreich aller sehen, die weder an Belohnung noch an Strafe im Jenseits glauben und die Lehre von der Auferstehung leugnen. Die Masse des jüdischen Volkes aber folgte den Pharisäern und deren Auferstehungsglauben. Auch Jesus teilt die pharisäische Auffassung. In seinem Gleichnis vom reichen Mann und armen Lazarus (Lk 16) ist der Hades durch einen »klaffenden Spalt« in zwei Abteilungen aufgeteilt. In der einen Abteilung leidet der reiche Mann »große Pein« in einem Feuer, in der anderen Abteilung sitzt der arme Lazarus in Abrahams Schoß; dort gibt es Wasser und Annehmlichkeit.

Die griechische Unsterblichkeitslehre bewirkte, daß nach Auffassung mancher Juden die Seelen der Gerechten auch nicht einmal mehr vorübergehend, wie Abraham und der arme Lazarus, in das Totenreich gelangten, sondern sofort in die Höhen des Himmels auffuhren, so die Essener (sprich: Esseener), die man heute mehr oder weniger mit den Qumranleuten gleichsetzt. Über deren Unsterblichkeitsglauben schreibt Josephus: »Mit allem Nachdruck sind sie davon überzeugt, daß der Körper vergeht und daß die Materie nicht von Dauer ist, daß jedoch die Seelen unsterblich sind für immer und ewig... Von den Seelen glauben sie, daß sie aus feinstem Äther hervorgegangen seien... Wenn sie von den Fesseln des Fleisches befreit würden, dann fühlten sie sich wie aus langer Haft entlassen und erhöben sich in seliger Freude wieder nach oben.

Mit den Söhnen Griechenlands stimmen sie in der Lehre überein, daß auf die guten Seelen jenseits des Ozeans ein Leben wartet in einem Land, das weder unter Regengüssen noch Schneefällen noch Hitze leidet, das vielmehr beständig ein vom Ozean wehender sanfter Zephyr erquickt. Auf die Bösen wartet nach ihrer Meinung eine finstere, eiskalte Höhle, der Ort ewiger Strafe. Ich glaube, die gleiche Annahme findet sich auch bei den Griechen, die für ihre Helden die Inseln der Seligen haben, für die Seelen der Sünder jedoch den Hades, den Ort der Frevler« (Der Jüdische Krieg II, 8,11).

Josephus beschreibt auch seinen persönlichen Glauben: »Die reinen und folgsamen Seelen dauern fort und kommen (nach dem Tod) an den heiligsten Ort des Himmels. Von dort aus nehmen sie beim Umschwung der Weltzeiten (bei der Auferstehung) wieder ihre Wohnung in heiligen Leibern. Die aber, die so wahnwitzig sind, sich selbst zu töten, deren Seelen nimmt der finstere Hades (= Scheol) auf« (Der Jüdische Krieg III, 8,5).

Während also in der Vorstellung des Gleichnisses vom reichen Mann und armen Lazarus im Neuen Testament die guten Toten noch bis zur Auferstehung in einer Sonderabteilung der Scheol wohnen, hat in der Vorstellung der Essener und des Josephus die Scheol, die Totenwelt, jeden Kontakt mit den Frommen verloren. Und dieser Trend hält an. Laut Rabbi Jochanan ben Zakkai († ca. 80 n. Chr.) gelangen die Seelen aller Guten nach ihrem Tod sofort in den Garten Eden. Dieser Garten Eden ist ihr Zwischenaufenthaltsort bis zur Auferstehung. Die Guten gelangen also nach ihrem Tod auch nicht mehr vorläufig in die Scheol. Die Scheol wird zum Strafort der Gottlosen. Aus dem Totenreich aller, der Guten und der Bösen, wird ein Verdammungsort.

Aber die Scheol verliert nicht nur immer mehr ihre Bedeutung für die Guten, sondern schließlich auch für die Bösen. Im jüdischen Schrifttum ab ca. 130 v. Chr. war plötzlich neben der Scheol ein zweiter Ort aufgetaucht: das Tal Gehinnom, ein Ort des Schreckens, der nie, wie ursprünglich die Scheol, ein Ort für Gute war.

Dieser Gehinnom verdrängt immer mehr die Scheol auch als Strafort.

Im Neuen Testament bestehen die beiden Orte *Scheol* und *Gehinnom* noch nebeneinander: Die eigentliche Hölle und der endzeitliche Strafort der Bösen ist der *Gehinnom* (griechisch: Gehenna): Mt 5,22.29 f.; 10,28; 18,9; 23,15.33; Mk 9,43. 45. 47; Lk 12,5; Jak 3,6. Die *Scheol* (griechisch: Hades) ist nur noch der Ort des Zwischenzustandes aller Verstorbenen, Warteraum für die Guten und vorläufiger Strafraum für die Bösen bis zur Auferstehung und zum anschließenden Endgericht. Hier im Hades warten der reiche Mann und der arme Lazarus auf die endgültige Entscheidung (Mt 11,23; 16,18; Lk 10,15; 16,23; Apg 2,27.31; Offenbarung 1, 18; 6,8; 20,13 f.).

Ab Ende des ersten nachchristlichen Jahrhunderts jedoch ist für die jüdischen Gelehrten nur noch der Gehinnom der Strafort der Bösen, sowohl endgültiger Strafort als auch zwischenzeitlicher, und die Scheol (Hades) hat als Strafort keine eigene Bedeutung mehr, sie ist sozusagen völlig im Gehinnom aufgegangen. Die Scheol, die Totenwelt, hat also mit Aufkommen des Auferstehungsglaubens im 2. Jahrhundert v. Chr. zuerst ihre Bedeutung für die Krieger und die Guten immer mehr verloren, dann aber ab Ende des 1. Jahrunderts n. Chr. auch für die Bösen keine Bedeutung mehr.

Der Gehinnom, die ewige Hölle des Neuen Testaments, war ursprünglich ein verrufenes Schreckenstal südlich von Jerusalem, auch »Feuertal« genannt, verrufen wegen der Kinderopfer, die dort im Feuer dargebracht worden sein sollen, z. B. von König Ahas (8. Jahrhundert v. Chr.; 2 Kön 16,3) und von König Manasse (7. Jahrhundert v. Chr.; 2 Kön 21,6). Dieses Horrortal wird von der jüdischen Literatur ab ca. 130 v. Chr. zur Stätte des Endgerichts gemacht, und im griechisch geschriebenen Neuen Testament gibt es der Hölle seinen (griechischen) Namen: Gehenna.

Die beiden Hauptstrafmittel des Gehinnom, der eigentlichen Hölle also, sind erstens das Feuer und zweitens die Finsternis, zwei Dinge, die nicht zusammenpassen. Das liegt daran, daß zu dem

Feuer, das von Anfang an mit dem Gehinnom verbunden war, man die Finsternis aus dem Totenreich (Hades, Scheol) hinzugefügt hat, als der Gehinnom langsam an die Stelle der Scheol rückte, als sozusagen aus dem Totenreich (dunkel) die Hölle (Feuer) wurde.

In den Qumranschriften vom Toten Meer ist von »der Dunkelheit ewigen Feuers« die Rede (1 QS II, 8; 2./1. Jahrhundert v. Chr. entstanden). Die Hölle mit ihrem Feuer nimmt also vom Totenreich noch die Finsternis hinzu und wird zu einem »schwarzen Feuer« oder »finsteren Feuer« (Strack/Billerbeck IV, S. 1079, 1084). So ist im Neuen Testament in bezug auf die Hölle von der »Finsternis« die Rede, wo »Heulen und Zähneknirschen« sein wird (Mt 8,12; 22,13; 25,30). Das »Heulen« vor Schmerz war ursprünglich in bezug auf die im Höllenfeuer Leidenden ausgesagt, die Finsternis kam, wie gesagt, später zum Feuer hinzu.

Aber nicht nur übernimmt die Hölle aus dem Totenreich die Finsternis, sondern das Totenreich übernimmt von der Hölle das Feuer. Im Gleichnis Jesu wartet der reiche Mann im Totenreich, im Hades (Scheol), im Feuer auf das Endgericht.

Dem Feuer des Gehinnom haben die jüdischen Gelehrten von Anfang an eine reinigende, sühnende Kraft zugeschrieben. Die Hölle war also sozusagen gleichzeitig Fegefeuer. Zwischen der Schule des Rabbi Schammai und der Schule des Rabbi Hillel kam es in der ersten Hälfte des 1. nachchristlichen Jahrhunderts zu einer Kontroverse: Die Schule Schammais sagte, daß die Mittelmäßigen durch das Feuer des Endgerichts von ihren Sünden gereinigt würden und dann an den Ort der Seligkeit gelangten. Die Schule Hillels sagte, die Mittelmäßigen kämen erst gar nicht in das Feuer des Gehinnom; das heißt, sie kommen beim Endgericht ins Paradies.

Ab Ende des 1. Jahrhunderts n. Chr. – inzwischen ist der Gehinnom auch zum zwischenzeitlichen Strafort geworden (vorher wurden die Sünder während des Zwischenzustands in der Scheol, im Hades, gestraft, siehe reicher Mann im Hadesfeuer) – ab Ende des 1. Jahrhunderts also sah man auch im zwischenzeitlichen Gehinnom ein reinigendes Feuer. Rabbi Akiba († 135 n. Chr.) meint, daß das gewissen »Gottlosen« zugute komme. Nach zwölfmonatigem Feuer sei ihre Schuld nämlich getilgt. Auch können die Hinterbliebenen durch Fürbitte und Almosen das zwischenzeitliche Gehinnomgericht verkürzen (Strack/Billerbeck IV, S. 1045).

Aber anders als beim persischen Höllenfeuer, das im Endeffekt alle Menschen reinigt und ins Paradies bringt, bleiben einige Leute von der Seligkeit ausgeschlossen. Laut Rabbi Akiba († 135 n. Chr.) und seiner Schule folgende Personen: Leute, die die Auferstehung leugnen, Freigeister, Leute, die nichtkanonische Bücher lesen, und Häretiker.

Eine Gruppe von Menschen kommt überhaupt nicht ins Gehinnom, weder vor noch nach dem Jüngsten Gericht: »Drei sehen das Angesicht des Gehinnom-Gerichts nicht. Diese sind: die unter drückender Armut, unter Unterleibskrankheiten und unter Gläubigern leiden. Einige fügen noch hinzu: wer ein böses Weib hat« (Strack/Billerbeck IV, S. 1071). Sie alle haben ihre Hölle auf Erden schon hinter sich gebracht.

Diese theologische Mischung von Humanität und Inhumanität beim Gestalten der Hölle hat schließlich zu einem unübersichtlichen Durcheinander geführt, das mit den beschriebenen Punkten keineswegs erschöpfend geschildert worden ist. Da gibt es Leute, die nach Vorstellung der jüdischen Gelehrten zwar in die Zwischenhölle Gehinnom kommen, aber dann nicht auferstehen zum Endgericht, weil sie vom Zwischen-Feuer ganz vernichtet wurden und aufgehört haben zu existieren. Andere wiederum »werden einen ewig Schlaf schlafen und nicht aufwachen«, also auch nicht zur Auferstehung für das Endgericht. So z. B. das Geschlecht der Sintflut, die Generation des Turmbaus zu Babel, die im Schilfmeer ertrunkenen Ägypter, die Truppen Nebukadnezars und die unmündigen Kinder der Heiden. Bis dann Rabbi Abbahu um 300 n. Chr. die Konsequenz zog und sagte, auferstehen würden überhaupt nur die Gerechten. Die Schulen Hillels und Schammais Anfang des 1. christlichen Jahrhunderts hatten aber erklärt: Alle Menschen werden auferstehen (Strack/Billerbeck IV, S. 1178–89).

Ordnung in das Höllen-Chaos der jüdischen Theologen zu bringen gelang erst den christlichen Theologen. Vor dieser jahrhundertelangen Arbeit hat man als erstes Jesus zu einem Höllenprediger gemacht. Er war aber kein solcher. Bemerkenswert ist auch, daß Paulus, der früheste Schriftsteller des Neuen Testaments, zwar Wendungen wie Tod und Verwerfung und Untergang oder ähnliches verwendet, um die Verfehlung der endgültigen menschlichen Berufung zu umschreiben, daß er aber von einer Hölle nicht redet.

Auch Johannes, der späteste der vier Evangelisten, enthält sich jeglicher Höllen-Phantastereien. Der katholische Theologe Georg Baudler hebt hervor: »Im Johannesevangelium, das in besonderer Weise die Selbstoffenbarung Gottes als Liebe zum Thema hat, ist ... deutlich eine Tendenz festzustellen, ein aktives ... Richten, Urteilen und Verstoßen von Gott wegzunehmen« (Jesus und die Hölle, in: Theologie der Gegenwart 3/1991, S. 166).

Bei Jesus ist viel weniger von Hölle die Rede, als man nach den kirchlichen Drohgebärden vermuten möchte. Und von dem wenigen ist alles Jesus erst nachträglich in den Mund gelegt worden. Es ist vor allem Matthäus, der Jesus mit der Hölle drohen läßt. Bultmann zeigt jedoch, daß z. B. die sechsmalige Wendung im Munde Jesu: »Dort wird Heulen und Zähneknirschen sein« (Mt 8,12; 13,42.50; 22,13; 24,51; 25,30) erläuternde und verstärkende redaktionelle Einfügungen des Matthäus in den ursprünglichen Redenstoff sind und nicht von Jesus stammen (Geschichte der synoptischen Tradition, 1931, S. 352). Und die einzige Stelle bei Lukas (13,28), wo das »Heulen und Zähneknirschen« vorkommt, bezeichnet Bultmann als »ein Drohwort, das keine Beziehung zur Person Jesu enthält« (a. a. O., S. 122).

Ähnlich urteilt Georg Baudler: »Von daher ist es von höchster theologischer Bedeutung, daß die Bilder von der Gehenna *nicht* zum dichterischen Motivschatz Jesu gehören, sondern nach übereinstimmender Meinung der Gleichnisforschung nachträglich (zumeist von der Matthäus-Gemeinde) in Jesu Gleichniswerk eingetragen wurden. Sämtliche in Jesu Gleichnissen vorkommenden

Strafgerichte und Bilder der Gehenna sind spätere Anfügungen, die zum Teil die Struktur des ursprünglichen Gleichnisses geradezu zerstören« (a. a. O., S. 167).

Zur Rede Jesu vom Jüngsten Gericht, wo die Guten von den Bösen geschieden, die Guten gerettet, die Bösen verdammt und ins Feuer geschickt werden: »... dann wird er auch sagen zu denen zur Linken: Gehet hinweg von mir, ihr Verfluchten, in das ewige Feuer, das mein Vater dem Teufel und seinen Engeln bereitet hat!« (Mt 25, 31–46) schreibt Bultmann, daß »jüdisches Gut von der christlichen Tradition übernommen und Jesus in den Mund gelegt ist« (a. a. O., S. 132 f.).

Jesus war kein Höllenprediger. Sein Auftreten in der Synagoge von Nazareth zu Beginn seiner Lehrtätigkeit, von dem die Anwesenden beeindruckt waren (»Seine Rede fand bei allen Beifall; sie staunten darüber, wie begnadet er redete« [Lk 4, 22]) und auf die wir einen kurzen Blick werfen wollen, zeigt vielmehr, daß er biblische Droh- und Strafworte aus Prophetentexten überschlug.

Der jüdische Synagogen-Gottesdienst, Vorbild für katholischen und evangelischen Gottesdienst bis heute, fand zur Zeit Jesu am Sabbathvormittag, am Sabbathnachmittag, ferner am Montag und am Donnerstag statt. Montag und Donnerstag waren Gerichts- und Markttage, an denen viele Landleute in die Städte kamen und dann Gelegenheit hatten, einem Gottesdienst beizuwohnen, eine Gelegenheit, die sie in ihren Dörfern nicht hatten.

Zu jedem Gottesdienst gehörten die Schriftlesungen (im Stehen) mit anschließender Predigt (im Sitzen). Die Schriftlesungen erfolgten erstens aus den fünf Büchern Mose, zweitens aus den Propheten. Das Vorlesen der Schrift war nicht Privileg eines bestimmten Standes, sondern »selbst ein unmündiger Knabe, selbst eine Frau« kann die Lesung vornehmen (Strack/Billerbeck IV, S. 157). Es waren immer mehrere Personen, die die Schrift vorlasen. Sie wurden vom Synagogenaufseher aufgerufen, möglichst zuerst ein Priester, dann ein Levit, dann die anderen. Sie waren am Tag zuvor verständigt worden, damit sie sich vorbereiten konnten. Da zur Zeit Jesu das Hebräische nicht mehr die Muttersprache war, sondern das Aramäische, übersetzte nach jedem Vers (bei der Prophetenlesung nach drei Versen) ein Übersetzer das Vorgelesene ins Aramäische.

An die Lesung aus den fünf Büchern Mose schloß sich die Prophetenlektion an. Sie war (im Unterschied zur Lesung aus den fünf Büchern Mose) zur Zeit Jesu noch nicht festgelegt, der Vorleser konnte den Text selbst auswählen. Lukas schreibt (4,16 ff.): »Und er kam nach Nazareth, wo er erzogen worden war, und ging nach seiner Gewohnheit am Sabbath in die Synagoge und stand auf, um vorzulesen. Und es wurde ihm das Buch des Propheten Jesaja gegeben; und als er das Buch auftat, fand er die Stelle, wo geschrieben stand: ›Der Geist des Herrn ruht auf mir, weil er mich gesalbt hat. Er hat mich gesandt, den Armen frohe Botschaft zu bringen, den Gefangenen Befreiung zu verkünden und den Blinden das Augenlicht, die Zerschlagenen zu befreien und zu entlassen und ein angenehmes Jahr des Herrn zu verkünden.‹«

Jesus schließt also seine Schriftlesung (Jes 61, 1 f.). mit den Worten: »und ein angenehmes Jahr des Herrn zu verkünden« (Jes 61,2a). Er bricht mitten im Satz des Propheten Jesaja ab. Dort folgt nämlich: »und einen Tag der Rache unseres Gottes« (Jes 61,2b). Gemeint ist mit Rache die endzeitliche Rache an den Feinden.

Und dann hält Jesus eine kurze Predigt, wie es damals im Anschluß an die Prophetenlesung üblich war. Lukas fährt fort (4,20 f.): »Und als er das Buch zugetan hatte, gab er es dem Diener wieder und setzte sich, und aller Augen in der Synagoge waren auf ihn gerichtet. Er begann damit, ihnen zu sagen: Heute ist dieses Schriftwort erfüllt vor euren Ohren.« Damit macht Jesus zu Beginn seiner Lehrtätigkeit, sozusagen in einer Programmvorschau, deutlich, daß die Endzeit-Rache nicht zu seiner Sendung, nicht zu seiner Botschaft gehört.

Und noch bei einer anderen Gelegenheit, die sowohl von Matthäus als auch von Lukas berichtet wird, läßt Jesus die endzeitliche Rache und Vergeltung weg: »Als aber Johannes im Gefängnis von den Werken Christi hörte, ließ er ihm durch seine Jünger sagen: Bist du es, der da kommen soll, oder sollen wir auf einen anderen warten? Und Jesus antwortete und sprach zu ihnen: Gehet hin und berichtet dem Johannes, was ihr hört und seht: ›Blinde werden sehend und Lahme gehen, Aussätzige werden rein und Taube hören, Tote werden auferweckt und Armen wird die frohe Botschaft gebracht‹, und selig ist, wer an mir keinen Anstoß nimmt« (Mt 11,2–6; vgl. Lk 7,22 f.).

Die Antwort, die Jesus dem Täufer geben läßt, ist eine Kombination aus drei Zitaten aus dem Propheten Jesaja, nämlich Jes 29,18 f., ferner Jes 35,3 f. und wieder, wie in der Synagoge von Nazareth, Jes 61,1. Bei allen drei Zitaten läßt Jesus das unmittelbar folgende Rache- und Vergeltungswort weg. Er läßt also weg: Jes 29,20: »Ausgerottet sind alle, die auf Frevel lauern«, ferner Jes 35,4b: »Rache zu üben kommt er, es kommt die Vergeltung« und wieder, wie schon in Nazareth, Jes 61,2: »und einen Tag der Rache unseres Herrn.«

Obwohl also Jesus gerade das Gegenteil eines Höllenpredigers war, ein Kontra-Höllen-Prediger sozusagen, kam mit dem Christentum die Hölle erst zu ihrer eigentlichen Blüte und trat sie mit dem Christentum ihren Siegeszug an. Die Kirche hat sich nicht so sehr zu einer Himmels- als zu einer unermüdlichen Höllenpredigerin selbstverwirklicht, weil solche göttliche Höllendrohung für sie das bequemste Mittel war, Glaubensgehorsam von den erschreckten Gemütern der Gläubigen zu erzwingen. Die kirchlichen Hirten haben den kirchlichen Schafen den Horror vor Gott angezüchtet und Gott zu einer Art Wach- und Höllenhund über ihre Herde umfunktioniert. Sie haben, um eine willige Herde führen zu können, behauptet, daß Gott bellt und beißt und brät. Sie haben damit in den Menschen die Liebe zu Gott in gleichem Maße verkümmern lassen. Ginge es im Jenseits nach der Lehre der Kirche zu, so möchte mancher Tote sich wünschen, statt aufzuerstehen in die Hölle des Christengottes hinein, viel lieber in der ursprünglichen Hölle Hels unter dem Weltenbaum Yggdrasill seinen ewigen Schlaf weiterzuschlafen.

Das Wissen der Kirche in bezug auf die Hölle nahm an Umfang stetig zu. Origenes († 253), der größte Gelehrte des christlichen Altertums, wurde ca. 300 Jahre nach seinem Tod von der Synode von Konstantinopel (543) verdammt, weil er die Ewigkeit der Höllenstrafen geleugnet hatte: »Wer sagt oder glaubt, die Strafe der bösen Geister und gottlosen Menschen sei nur zeitlich und werde nach bestimmter Zeit ein Ende nehmen und dann komme eine völlige Wiederherstellung (Apokatastasis) der bösen Geister und gottlosen Menschen, der sei verdammt.«

Es hat in der alten Kirche eine lange Reihe anderer Theologen gegeben, die Anhänger des Origenes waren und sich gegen die Vorstellung der Unaufhörlichkeit der Höllenstrafen wandten, aber alle wurden mit dem Urteil gegen Origenes verurteilt. Die schon Jahrhunderte dauernden Streitigkeiten wegen Origenes (= origenistischen Streitigkeiten) dauerten auch nach der Verdammung des Origenes noch an. Und immer wieder hat es im Laufe der Kirchengeschichte Theologen gegeben, die die Ewigkeit der Höllenstrafen leugneten. Aber die Prediger der ewigen Hölle haben sich durchgesetzt und z. B. auch dafür gesorgt, daß diese Ewigkeit der Höllenstrafen möglichst schnell beginnt. Daß die Höllenstrafen sofort nach dem Tod beginnen, bestimmte Papst Benedikt XII. im Jahre 1336 in seiner Konstitution »Benedictus Deus«: »Ferner bestimmen Wir: Wie Gott allgemein angeordnet hat, steigen die Seelen derer, die in einer tatsächlichen schweren Sünde verschieden, sofort in die Hölle hinab, wo sie von höllischen Qualen gepeinigt werden.«

Daß alle Menschen in die Hölle gelangen, die nicht vor ihrem Tod katholisch geworden sind, verkündet das Konzil von Florenz 1442: Die heilige römische Kirche »glaubt fest, bekennt und verkündet, daß niemand außerhalb der katholischen Kirche, weder die Heiden noch die Juden noch die Häretiker (= Ketzer) oder Schismatiker (= Abgespaltenen), des ewigen Lebens teilhaftig werden, sondern in das ewige Feuer eingehen werden, das dem Teufel und seinen Engeln bereitet ist, wenn sie nicht vor ihrem Tod sich der Kirche anschließen.«

Auch Dante († 1321) hatte in seiner »Göttlichen Komödie« nicht gewagt, einen Ungetauften in den Himmel gelangen zu lassen – weder Platon noch Aristoteles noch vor allem seinen Führer Vergil, den er so verehrte. Er wies ihnen einen Platz am Eingang der Hölle zu. Erst über 500 Jahre nach dem Konzil von Florenz (1438–1445) hat das Zweite Vatikanische Konzil (1962–1965) ökumenischere Kunde über das Schicksal der Nichtkatholiken verlautbart, die allerdings sofort für Unruhe unter den Missionaren sorgte.

Diese Beruhigung für die Heiden und Beunruhigung für die Christen verlief im einzelnen so: Im Zweiten Vatikanischen Konzil heißt es in der »Konstitution über die Kirche« (Lumen Gentium) 1964 in Artikel 16: »Wer das Evangelium Christi und seine Kirche ohne Schuld nicht kennt . . ., kann das ewige Heil erlangen.« Und in der »Erklärung über das Verhältnis der Kirche zu den nichtchristlichen Religionen« (Nostra Aetate) vom 28. Oktober 1965 heißt es in Artikel 2: »So sind auch die übrigen in der ganzen Welt verbreiteten Religionen bemüht, der Unruhe des menschlichen Herzens auf verschiedene Weise zu begegnen, indem sie Wege weisen: Lehren und Lebensregeln sowie auch heilige Riten. Die katholische Kirche lehnt nichts von alledem ab, was in diesen Religionen wahr und heilig ist.«

Diese Konzilstexte schufen, wie gesagt, bei den Missionstätigen große Besorgnis, denn ihre Arbeitsplätze schienen in Gefahr. Deswegen hat das Zweite Vatikanische Konzil am 7. Dezember 1965 ein »Dekret über die Missionstätigkeit der Kirche« (Ad Gentes) verfaßt, wo es in Artikel 7 heißt: »So ist es nötig, daß sich alle zu ihm (Jesus), der durch die Verkündigung der Kirche erkannt wird, bekehren, sowie ihm und seinem Leib, der Kirche, durch die Taufe eingegliedert werden . . . Wenngleich Gott Menschen, die das Evangelium ohne ihre Schuld nicht kennen, auf Wegen, die er weiß, zum Glauben führen kann . . ., so liegt also doch auf der Kirche die Notwendigkeit . . . der Evangeliumsverkündigung.«

Den angesichts der Auflösungserscheinungen der Hölle frustrierten Missionaren suchte auch Suso Brechter OSB, Erzabt von

St. Ottilien in München, Trost zu spenden. In seinem kirchen-offiziellen Kommentar zu diesem Artikel 7 schreibt er: »Eine große Zahl aktiver Missionare war beunruhigt ob der allzu positiven Beurteilung der Fremdreligionen und der Heilsmöglichkeit der Nichtchristen, wie sie vermeintlich vom Konzil in der Kirchenkonstitution (Artikel 16) und in der Erklärung über das Verhältnis der Kirche zu den nichtchristlichen Religionen (Artikel 2) ausgesprochen war. Sie forderten eine klare Stellungnahme zu diesen Problemen und eine offizielle Verlautbarung über die Notwendigkeit der Mission auch nach dem Konzil, um ein solides theologisches Fundament für ihre mühsame und verantwortungsvolle Arbeit zu haben.« Der Erzabt-Kommentator fährt dann beruhigend (beruhigend für die Missionare, nicht für die Heiden) fort: Das Konzil habe »über den Heilswert der nichtchristlichen Religionen« keine »Entscheidung« getroffen, und »bis zur Stunde jedenfalls ist die traditionelle Lösung keineswegs von Grund auf erschüttert« (Lexikon für Theologie und Kirche. Das Zweite Vatikanische Konzil, Bd. III, 1968, S. 40).

Die Missionare können also aufatmen und weitermachen. Das Schlimmste ist vorläufig noch abgewendet. Das Schlimmste wäre nämlich, daß ohne Kirche und ohne Missionare alle Menschen in den Himmel kämen und niemand mehr in die Hölle. Es fragt sich allerdings, ob nicht seit dem Zweiten Vatikanischen Konzil, wo Gott die »ohne Schuld« Ungläubigen retten kann, »auf Wegen, die er weiß«, d. h. die die Kirche noch nicht weiß, also, wo Gott neben den geraden Wegen für die Christen auch noch krumme Wege für die Heiden weiß, es fragt sich also, ob die Missionare nicht neuerdings Unheil stiften, weil sie hauptsächlich nur dies zustande bringen: die heidnische Unschuld zu zerstören. Denn sobald die Missionare aufkreuzen, ist die Unschuld verloren. Die Voraussetzung: »die das Evangelium ohne ihre Schuld nicht kennen«, trifft ja für die von Missionaren Heimgesuchten nicht mehr zu.

Daß das Feuer in der Hölle nicht bildlich oder im übertragenen Sinn zu verstehen ist, sondern daß es sich dabei um ein tatsächliches

Feuer handelt, dafür spricht laut dem bekannten katholischen Theologen Michael Schmaus »die gesamte kirchliche Tradition«. Er fährt fort: »Wer diese Ansicht verläßt, entfernt sich vom allgemeinen kirchlichen Bewußtsein. Sein Vorgehen schließt daher ein Wagnis, eine Verwegenheit in sich«. Schmaus weist auf folgendes hin: »Bedeutungsvoll ist auch eine Äußerung der Pönitentiarie (in Rom) vom 30. April 1890. Ein Beichtvater aus der Diözese Mantua fragte, wie er sich einem Beichtenden gegenüber verhalten solle, der ihm erkläre, daß er nicht an das Feuer der Hölle glaube, sondern darin eine Metapher für die Schmerzen der Hölle sehe. Die Antwort lautete, solche Beichtenden seien sorgfältig zu unterrichten und dürften, wenn sie hartnäckig bei ihrer Ansicht verharrten, nicht absolviert werden« (Katholische Dogmatik, Bd. IV/2, 1959, S. 492 f.), d. h. der Unglückliche ist in Gefahr, in das Höllenfeuer zu kommen, weil er nicht genügend an das Höllenfeuer geglaubt hat.

Über das Mengenverhältnis der Verdammten zu den Nichtverdammten weiß Augustinus († 430) Genaueres, nämlich: »daß sogar der größere Teil der Menschen nicht selig wird« (Enchiridion 97). Daß aus dem Christentum eine Religion des göttlichen Verdammens geworden ist, geht wesentlich auf diesen größten der Kirchenväter zurück. Für ihn ist nämlich die gesamte Menschheit wegen des Sündenfalls Adams eine Masse der Verdammten (massa damnata). Und nur ein kleinerer Teil wird gerettet, und dieser kleinere Teil muß sich dessen ständig bewußt sein, »was eigentlich die gesamte Menschheit verdient hätte«, nämlich die ewige Verdammnis (Enchiridion 25).

Besonders schmerzlich – jedenfalls für Mütter – ist die Lehre des Augustinus, daß die ungetauften Kinder das Feuer der Hölle zu spüren bekommen, »wenn auch in weniger schmerzhafter Weise als alle, die persönliche Sünden auf sich geladen haben« (Brief an Paulinus 29). Des Augustinus intelligentester Gegner, der Bischof Julian von Eclanum – der wegen seiner Gegnerschaft zu Augustinus als großer Ketzer in die Kirchengeschichte einging –, nennt den Gott des Augustinus einen »Verfolger der Neugeborenen, der winzige Säuglinge in das ewige Feuer wirft« (Augustinus, opus imperfectum contra Julianum I,48).

Die kirchliche Lehre von der Höllenstrafe für die ungetauften Kinder zeigt, daß die Kirche durchaus kein Anwalt der Ungeborenen ist, wenngleich sie immer das Gegenteil behauptet. Allerdings sind die Folgen noch schlimmer, wenn die Kirche sich in ihrer Weise doch zum Anwalt der Ungeborenen macht. Alfons von Liguori († 1787), der bis Mitte unseres Jahrhunderts in der Moraltheologie maßgebend war, widmet sich der Frage, was zu tun ist, wenn ein Ungeborenes in Gefahr ist, vor der Geburt und damit vor der Taufe zu sterben. In diesem Zusammenhang erörtert er eingehend die Frage, »ob die Mutter verpflichtet ist, ein Aufschneiden ihres Leibes zu erdulden, damit das Kind getauft werden kann«. Er kommt zu folgendem Ergebnis: Die Mutter muß ihren möglichen Tod durch das Aufgeschnittenwerden ertragen, wenn dadurch für das Kind die wahrscheinliche Möglichkeit der Taufe und damit des ewigen Lebens gegeben ist. Wenn jedoch ihr Tod sicher ist und die Möglichkeit der Taufe des Kindes nicht sicher ist, dann ist die Mutter nicht verpflichtet, den sicheren Tod hinzunehmen (Theologia moralis VI n. 106).

Bernhard Häring, auflagenstärkster Moraltheologe der Jahrhundertmitte, schreibt 1967: »Wenn keine Hoffnung besteht, dem Kinde auf andere Weise das Leben und vor allem die Taufe zu sichern, ist die Mutter verpflichtet, sich einer derartigen Operation zu unterziehen« (Das Gesetz Christi, Bd. III, S. 225). Halten wir also fest: Wichtig ist »vor allem die Taufe«. Unter »derartigen Operationen« versteht Häring: Kaiserschnitt, Durchtrennen der Beckenknochen, der Schamfuge, die »unter gewissen Gefahren für die Mutter« vorzunehmen sind. Daß die Ungeborenen Gottes Höllenhänden entzogen und in Gottes Himmelshände gelegt werden können, dafür muß eine Mutter schon einige Opfer bringen und hat in den vergangenen Jahrhunderten wegen der geringeren medizinischen Kunst so manche Mutter ihr Leben gelassen (vgl. Uta Ranke-Heinemann, Eunuchen für das Himmelreich, 1990[15], S. 310ff.).

Allerdings haben viele Theologen seit etwa dem 12. Jahrhundert den ungetauften Kindern eine eigene Hölle geschaffen. Sie glauben, daß Gott diese Kinder nicht in die tieferen Regionen der Feuer-Hölle verstößt, sondern sie an einer Art Rand oder Saum (lateinisch: limbus) der Hölle ansiedelt. Deutsch nennt man diese Höllenrandgegend gewöhnlich »Vorhölle«. Umstritten war noch im vorigen Jahrhundert die Frage, ob sie dort Schmerzen leiden. »Das Kirchenlexikon« von Wetzer/Welte meinte jedoch, dies sei »nicht einmal wahrscheinlich« (IV, 1886, S. 768).

In unserem Jahrhundert ist man sich inzwischen sicher, daß sie »keine körperlichen Schmerzen leiden. Diese Meinung ist heute moralisch gewiß, obwohl sie von Augustinus und vielen anderen bestritten wurde« (Dictionnaire de Théologie Catholique, Bd. II, 1932, S. 366). Mit einer Humanisierung der Menschheit ist immer auch eine Humanisierung Gottes gegeben. Und einige Theologen haben heute den ganzen Limbus für die ungetauften Kinder abgeschafft.

Aber immer noch trifft man auf Auffassungen wie die des Pfarrers Wasser in St. Hubertus in Essen, der ca. 1970 die Kinder im Kommunionunterricht lehrte: »Vor der Taufe wart ihr Teufelskinder, durch die Taufe seid ihr Gotteskinder.« Einige Kinder waren davon tief verstört.

Wo etwas brennt, muß etwas verbrennen. Womit der Teufel sein Feuer betreibt, etwa mit Holz oder Kohle oder Gas oder Öl, hat die Kirche noch nicht definiert. Wetzer/Weltes »Kirchenlexikon« nennt als Brennstoff z.B. Schwefel (Bd. VI, 1889, S. 116). Vielleicht nimmt er aber auch etwas ganz anderes: Er hätte jedenfalls eine Menge Brennmaterial, wenn er die Hölle mit dem Papier beheizen würde, das mit kirchenamtlichen und theologischen Höllenlehren vollgeschrieben wurde.

Mit der Lehre von der Hölle hat die Kirche die Lehre Christi auf den Kopf gestellt. Sie hat aus seiner guten Botschaft eine böse Botschaft gemacht, aus einem Gott der Liebe einen Gott der Grausamkeit. Sie fordert Vergebungs- und Versöhnungsbereitschaft von den Menschen und verschafft ihren Forderungen Nachdruck mit dem Hinweis auf die Unversöhnlichkeit Gottes. Es macht die Sache nicht besser, wenn die Theologen seit jeher der Hölle einen erhabenen Sinn zuzuschreiben wissen: »Der Sinn der Hölle ist nicht die Besserung, die Erziehung des Menschen, sondern die Verherrlichung Gottes, des Heiligen, des Barmherzigen, des Wahrhaftigen und Gerechten« (Michael Schmaus, Katholische Dogmatik, Bd. IV/2, 1959, S. 507).

Neuerdings helfen sich viele, vor allem katholische Theologen, die sich verpflichtet fühlen, an der Hölle festzuhalten, aber nicht länger an ihr festhalten wollen, mit der Beschwichtigung: »Die Hölle besteht als Möglichkeit, aber es ist nicht unsere Pflicht, zu glauben, daß jemand in ihr ist.« Das ist eine von den vielen Halbherzigkeiten, die das Christentum nur noch unglaubwürdiger machen. In der Botschaft von der Liebe Gottes hat die Lehre von der Möglichkeit der Hölle keinen Sinn. Jesu Verkündigung ist die Überwindung jeglicher Höllenpredigt.

17. Kapitel

Jesus und die Schriftrollen
vom Toten Meer

Viel diskutiert wird in jüngster Zeit das Verhältnis Jesu zu den Leuten von Qumran. (Bei den Qumranleuten handelt es sich vermutlich um Mitglieder einer jüdischen Gruppe, die unter dem Namen »Essener« vor allem durch Josephus [† ca. 100 n. Chr.] bekannt ist.) Die beiden britischen Journalisten Michael Baigent und Richard Leigh behaupten, die Schriften vom Toten Meer – in den Jahren 1947 bis 1956 entdeckt – würden immer noch zu einem beträchtlichen Teil der Öffentlichkeit vorenthalten und unter Verschluß gehalten. Dafür sei der Vatikan und vor allem Kardinal Ratzinger verantwortlich (Verschlußsache Jesus, 1991).

Solche Behauptungen zeigen, wie weit das Mißtrauen reicht, das dem Vatikan entgegengebracht wird und wie tief die Überzeugung ist, daß der Vatikan jeder Art von Aufklärung und wissenschaftlichem Fortschritt unterdrückend entgegensteht. Galilei ist noch nicht vergessen. In diesem Fall muß jedoch gerechtigkeitshalber gesagt werden: Der Vatikan und Kardinal Ratzinger sind nicht schuld, sei es auch nur darum, weil heute im Zeitalter der Massenmedien keine Dunkelmännergruppe mehr in der Lage wäre, wissenschaftliche Erkenntnisse unter Verschluß zu halten oder einfach verschwinden zu lassen; besonders aber darum, weil Fragen, die den historischen Jesus betreffen, das katholische Lehramt mehr oder weniger gleichgültig lassen. Es genügt, daß Jesus gelebt hat und vor allem gekreuzigt wurde. Was seine Worte und Taten betrifft, so ist entscheidend die Interpretation. Und für die Interpretation ist ohnhehin der Papst zuständig. Daß noch nicht alle Qumrantexte veröffentlicht sind, mag man mit Recht für einen Skandal halten, aber das ist nicht ein Ratzinger-Komplott, sondern eine Sache von Kompetenzstreitigkeiten und Langsamkeit.

Es soll eine vermißte Ziege gewesen sein, die den Stein ins Rollen brachte. Und es soll der Hirtenjunge Mohammed adh-Dhib (= Mohammed der Wolf) gewesen sein, der auf seiner Suche nach besagter Ziege im Jahr 1947 am Nordwestufer des Toten Meeres auf eine Höhle mit Tonkrügen stieß, in denen er statt der erhofften Goldschätze uralte Schriftrollen fand, Schriften der sogenannten Qumran-Sekte nämlich. Diese nennt man so, weil in der Nähe der Fundstätte das Tal (= Wadi) Qumran und die Ruine (= Chirbet) Qumran liegen. Man suchte weiter und grub weiter und stieß in den Jahren 1951 bis 1956 auf die Reste einer umfangreichen, alten klosterähnlichen Siedlung mit Wohngebäuden, Werkstätten, Vorratsräumen, Bädern, Zisternen, Befestigungen usw. sowie auf einen großen und zwei kleinere Friedhöfe. Auf dem großen Friedhof liegen – in sorgfältiger Ordnung – etwa 1100 Männer, auf den beiden kleineren Friedhöfen liegen – in weniger sorgfältiger Ordnung – etwa hundert Gräber, darunter sieben Frauen (mit ärmlichen Schmuckbeigaben) und vier Kinder.

Die Qumrangemeinde hat sich wahrscheinlich ab Mitte des 2. Jahrhunderts v. Chr. in Qumran niedergelassen, und zwar auf den Resten alter jüdischer Bauwerke. Im Jahre 31. v. Chr. war die Siedlung nach einem Erdbeben und Bränden verlassen worden, wurde aber in den Jahren 4 bis 1 v. Chr. wieder aufgebaut und besiedelt. Im Jahre 68 n. Chr. wurde während des Jüdischen Krieges (66–70 n. Chr.) die ganze Anlage von den Römern zerstört. Römische Soldaten unterhielten in Qumran noch bis zum Ende des Jahrhunderts einen Außenposten. Beim Bar-Kochba-Aufstand (132 –135 n. Chr.), dem allerletzten Aufstand der Juden gegen die Römer, hatten jüdische Rebellen dort einen Stützpunkt. Aber nach der Niederschlagung dieses Aufstands war alles menschenleer.

Bei den Untersuchungen stieß man auf 40 ehemals bewohnte

Höhlen. In elf dieser Höhlen, die man numeriert hat und 1–11 Q nennt, fand man Handschriften. Vermutlich sind sie bei Ausbruch des Jüdischen Krieges dort versteckt worden. Die Schriftrollen und -bruchstücke sind aus Leder mit Ausnahme einiger Papyrusschriften. Außerdem fand man zwei Kupferrollen (mit einem Verzeichnis verborgener Schätze).

Die Schriften lassen sich in drei Gruppen teilen:

Die erste Gruppe (etwa ein Viertel des Gesamtfundes) besteht aus Abschriften alttestamentlicher Bücher. Diese sind deswegen von großer Bedeutung, weil sie 1000 bis 1200 Jahre älter sind als die älteste bis dahin bekannte komplette hebräische Bibelhandschrift (aus dem Jahre 1008 n. Chr.). Mit den Qumran-Bibelhandschriften konnte die Texttreue der uns bis dahin vorliegenden Handschriften kontrolliert und bestätigt werden. Sonderbarerweise fehlt einzig das Buch Esther.

Die zweite Gruppe sind (alttestamentliche) Apokryphen und Pseudepigraphen. (Alttestamentliche) Apokryphen sind die Schriften, die in das katholische Alte Testament Aufnahme fanden, nicht jedoch in die jüdische Bibel und das evangelische Alte Testament. Pseudepigraphen sind ähnliche jüdische Schriften, die jedoch in keine der drei Bibeln Aufnahme fanden. Der Kanon (d. h. der Umfang) der jüdischen Bibel wurde erst 90 n. Chr. festgelegt, war also zur Zeit der Qumranschriften noch fließend.

Die dritte Gruppe sind Originalschriften, also Eigenwerke der Qumrangemeinde: z. B. Kommentare zu alttestamentlichen Texten. Sie geben die spezifische Gedankenwelt der Qumranleute wieder, weil sie aktualisierende, das heißt auf die konkrete Situation der Qumrangemeinde Bezug nehmende Auslegungen von biblischen Büchern (wie z. B. Habakuk, Jesaja, Hosea, Micha, Psalmen u. a.) sind. Ferner gehören zu dieser Gruppe, durch die wir die spezifische Gedankenwelt der Qumrangruppe erfahren, Schriften wie die »Sektenregel« (1QS), die »Gemeindeordnung« (1 QSa), die »Hymnenrolle« (1 QH), die »Kriegsrolle« (1 QM), die »Damaskusschrift«.

Diese dritte Gruppe, die eigentlichen Sektenschriften der Qumrangemeinschaft, sind die für die Wissenschaft interessantesten. Für die Frage nach der Beziehung zum beginnenden Christentum bzw. zu Jesus sind vor allem sie von Bedeutung. Was sich in ihnen über das Leben und den Glauben und die Gemeinschaftsordnung der Gemeinschaft widerspiegelt, vermittelt einen unmittelbaren Einblick in das religiöse Leben der Zeit.

Die Qumrangemeinschaft war Mittelpunkt einer separatistischen jüdischen Gruppe, die unter priesterlicher Leitung stand. Sie hatte sich in der zweiten Hälfte des 2. Jahrhunderts v. Chr. vom Jerusalemer Tempelkult getrennt und war unter ihrem Führer, dem »Lehrer der Gerechtigkeit«, als dessen Gegenspieler der »Frevelpriester« genannt wird, in die judäische Wüste nach Qumran ausgewandert. Dort hatte sie ihr Zentrum errichtet. Untergruppen dieser Sekte gab es im ganzen Land. Ihre Mitglieder wohnten von den anderen Ortsbewohnern getrennt.

Alle bisherigen Versuche, den »Lehrer der Gerechtigkeit« und seinen Opponenten, den »Frevelpriester«, mit bekannten Zeitgenossen zu identifizieren, sind gescheitert. Die absurde Behauptung der beiden britischen Journalisten, der »Lehrer der Gerechtigkeit« sei der Bruder Jesu, Jakobus der Gerechte, und der böse Gegenspieler sei der Apostel Paulus, scheitert, von allem anderen abgesehen, schon allein am jüngst durchgeführten Radiocarbontest, der das Alter der Schriftrollen auf das 2. und 1. Jahrhundert v. Chr. festlegt.

Einige Dichtungen unter den Qumrantexten, die von hoher poetischer Kraft zeugen, werden diesem »Lehrer der Gerechtigkeit« zugeschrieben. Er sieht sich einerseits als Unwürdigen und Schwachen, so in einem der Loblieder der »Hymnenrolle«, einer Art Psalmensammlung: »Mich haben Beben und Schrecken ergriffen, und alle meine Knochen sind zerbrochen, und mein Herz schmilzt wie Wachs vor dem Feuer, und meine Knie liefen wie Wasser, das den Berg hinabfließt, denn ich gedachte meiner Freveltaten und der Schuld meiner Väter« (1 QH IV 33 f.). Andererseits hat er das

Selbstbewußtsein eines religiösen Führers: »Ich lobpreise dich, Herr. Du hast mich gestützt mit deiner Kraft. Du hast deinen Heiligen Geist über mich ausgegossen... Du hast mich aufgerichtet wie einen starken Turm... und befestigst meinen Bau auf einem Felsen... Du machtest mich zum Vater für die Söhne der Treue« (1 QH VII 6–9. 20).

Christentum und Qumran sind zwei Bewegungen innerhalb des Judentums, die sich in manchen Punkten sehr ähnlich sind: Beide betrachten sich als das wahre Israel. Beide sehen sich in der Endzeit und erwarten das unmittelbar bevorstehende Ende der Welt. (Und beide haben sich mit ihrer Naherwartung geirrt.) Beide verehren ihre jeweiligen Meister als Offenbarer göttlicher Geheimnisse. Beide sind überzeugt, daß sie in biblischen Schriften vorausgesagt sind, und sehen sich als die Erfüllung dieser biblischen Verheißungen.

Bei beiden spielt ein Kultmahl eine große Rolle. Josephus schreibt über die Essener: »Wenn sie dann bis zur fünften Stunde (= 11 bis 12 Uhr mittags) mit Hingabe gearbeitet haben, finden sie sich wieder an einem bestimmten Platz ein, binden sich eine Leinenschürze um und baden sich in kaltem Wasser. Nachdem sie gebadet haben, versammeln sie sich in einem besonderen Gebäude, wo es keinem erlaubt ist, einzutreten, der nicht den gleichen Glauben hat. Sie selbst treten nur als Reine in den Eßsaal wie in ein Heiligtum. Nachdem sie, ohne ein Wort zu reden, Platz genommen haben, verteilt der Bäcker der Reihe nach die Brote, und der Koch setzt jedem eine Schüssel mit einem einzigen Gericht vor. Vor Beginn der Mahlzeit spricht der Priester ein Gebet. Es ist niemandem erlaubt, die Speise vor dem Gebet anzurühren. Nachdem sie die Mahlzeit eingenommen haben, spricht er ein neues Gebet. Zu Beginn und zum Schluß preisen sie Gott als den Spender der Lebensnahrung. Dann legen sie die Kleider, die für sie gewissermaßen heilig sind, wieder ab und widmen sich bis zum Abend ihrer Arbeit« (Der Jüdische Krieg 2,8,5).

Das kultische Moment ist hier deutlich: Der Eßsaal ist ein »Heiligtum«. Der Priester spielt eine entscheidende Rolle. Nur Gereinigte dürfen am Mahl teilnehmen. Andersgläubige sind ausgeschlossen. Eine besondere Kleidung – bei den Essenern weiße Gewänder, die Josephus kurz zuvor erwähnt hat (2,8,3) – statt der gewöhnlichen Arbeitskleidung ist Vorschrift. Die Qumranschriften bestätigen diesen Bericht des Josephus (vgl. die Sektenregel 1QS 6,3–5 und die Gemeindeordnung 1 QSa 2,17–22).

Das christliche Abendmahl, das in vielem so ähnlich verläuft wie das Qumran-Kultmahl, hat inzwischen durch fortschreitende Stilisierung seinen Ernährungscharakter völlig verloren. Aber zu Beginn war das anders. Paulus tadelt die korinthischen Christen wegen der ungleichen Verteilung des Essens und Trinkens: »Der eine hungert, der andere ist betrunken« (1 Kor 11,21).

In 2000 Jahren Christentum haben die Christen sich daran gewöhnt, das Alte Testament als Verheißung auf Jesus und die christliche Kirche zu verstehen. Nun stellt sich heraus, daß Qumran oft haargenau dieselben Worte des Alten Testaments für sich beansprucht als Verheißung auf Qumran und den »Lehrer der Gerechtigkeit«.

Ein solches Verheißungswort ist das Prophetenwort Jesaja 61,1f. In der »Hymnenrolle« (1QH 18,14) von Qumran wird die Aufgabe des »Lehrers der Gerechtigkeit« im Anschluß an dieses Wort folgendermaßen beschrieben: »Gemäß deiner Wahrheit soll er die gute Botschaft verkünden, in der Zeit deiner Güte die Botschaft den Armen bringen gemäß dem Übermaß deiner Barmherzigkeit, um sie zu tränken an der Quelle deiner Heiligkeit, um zu trösten die Traurigen im Geist und die Niedergeschlagenen, um ihnen ewige Freude zu geben.«

Auch Jesus bezieht sich auf diesen Prophetentext, und zwar in der Synagoge von Nazareth (Lk 4,18), und sagt, mit ihm sei dieses Schriftwort erfüllt. Jesus läßt dabei, wie wir im vorigen Kapitel sahen, die Worte Jesaja 61,2b »und einen Tag der Rache unseres Herrn« weg. Der Text der Hymnenrolle ist an dieser Stelle beschädigt. Daß aber für Qumran, anders als für Jesus, der Tag der Rache keineswegs wegfällt, vielmehr entscheidende Bedeutung hat, daß Qumran sozusagen das militaristische Kontrastprogramm zu Jesus ist bzw. Jesus das pazifistische Kontrastprogramm zu Qumran, davon wird noch die Rede sein. Nur dies vorweg: In der Kriegsrolle wird von den »Armen« etwas gesagt, was Jesus von den »Armen« gerade nicht gesagt hat: »Denn in die Hand der ›Armen‹ (womit die Qumranleute sich selber meinen) lieferst du aus die Feinde aller Länder..., Vergeltung heimzuzahlen den Frevlern« (1 QM XI 13).

Aber zunächst noch ein weiteres Beispiel für Gemeinsamkeiten: Beide, Qumran und die Christen, beziehen das Wort des Propheten Jeremia (31,31) vom Neuen Bund auf sich. In der Damaskusschrift (20,12) nennt Qumran sich die »Gemeinde des Neuen Bundes«. Und die »Sektenregel« (1QS 4,22) schreibt: »Gott hat die Frommen zu einem ewigen Bund erwählt.« Im Neuen Testament versteht sich auch die christliche Gemeinde als der Neue Bund, und demgemäß läßt sie Jesus beim Abendmahl sagen: »Dies ist mein Blut des Bundes, das für viele vergossen wird zur Vergebung der Sünden« (Mt 26,28). Paulus spricht vom Neuen Bund: »Gott hat uns tüchtig gemacht zu Dienern des Neuen Bundes, nicht des Buchstabens, sondern des Geistes« (2 Kor 3,6). Im Hebräerbrief (9,15) wird von Christus gesagt: »Deshalb ist er der Mittler des Neuen Bundes.«

Auch in Einzelheiten der Lehre herrscht auffallende Übereinstimmung: Beide, Jesus (Mk 10,6; Mt 19,4) und die Qumransekte, verweisen auf 1 Mose 1,27 (»als Mann und Frau erschuf er sie«), um Monogamie und Treue und nicht Vielweiberei und Ehescheidung als das ursprünglich Gottgewollte zu betonen, und beide setzen sich damit in Gegensatz zu den polygamen Tendenzen und zu der Scheidungsleichtigkeit in der zeitgenössischen jüdischen Männerwelt. In der Damaskusschrift (4,20 f.) heißt es von den Gegnern der Qumranleute: »Sie leben in der Unzucht, indem sie zwei Frauen in ihrem Leben nehmen, während doch der Grundsatz der Schöpfung ist: Als Mann und Frau erschuf er sie. Und jene, die in die Arche gingen, gingen paarweise hinein.«

Als Jesus – wie Qumran – Ehebruch und Ehescheidung verwirft, sehen seine Jünger damit ihre polygamen Interessen angetastet und meinen entsetzt: Wenn man sich nicht mehr scheiden lassen darf, dann sei es besser, gar nicht zu heiraten, da man sonst seine sexuelle Freiheit und die Möglichkeit, seine Frau wieder loszuwerden, verliert (Mt 19, 9 f.). Jesus antwortet: »Nicht alle fassen dieses Wort« (Mt 19,11). Jesu weise Einsicht in menschliche Unzulänglichkeit wurde von der katholischen Kirche nicht übernommen. Während die beiden anderen großen christlichen Kirchen, die evangelische und die orthodoxe Kirche, die Wiederheirat Geschiedener tolerieren, hat die katholische Kirche die wiederverheirateten Geschiedenen zur Sonderbestrafung aussortiert, obwohl Jesus gerade von dieser Gruppe sagt: »Nicht alle fassen dieses Wort.« Die katholische Kirche faßt zwar auch nicht alles, aber das hat sie erfaßt, daß man die, die das nicht fassen, besonders erfassen muß.

Christliche Theologen sind seit 2000 Jahren damit beschäftigt, das Einmalige und noch nie Dagewesene der Person Jesu zu zeigen. Dabei stellen sie unweigerlich immer Dinge heraus, die entweder nicht wahr sind (z. B. Jungfrauengeburt biologisch verstanden oder Wundertaten als Durchbrechung der Naturgesetze) oder die auch von anderen schon genauso gesagt, genauso getan oder genauso erlitten wurden. Für den unvoreingenommenen und sorgfältigen Betrachter bleibt bei solcher Sichtung nichts Einmaliges an Jesus übrig. Die Christen sollten trotzdem hören, was Jesus sagte, selbst wenn andere Ähnliches gesagt haben. Das Richtige wird nicht richtiger dadurch, daß es vorher noch niemand gesagt hat, und nicht falsch dadurch, daß vorher schon ein anderer es sagte. Wenn im folgenden die Unterschiede zwischen Jesus und dem »Lehrer der Gerechtigkeit«, zwischen Christen und Qumran, gezeigt werden, dann nicht aus Theologen-Rechthaberei, die sich nie geschlagen geben will und eine lange Tradition hat im Mattsetzen anderer Religionen.

In zwei Punkten vor allem unterscheidet sich die Qumrangruppe von dem ursprünglichen Christentum: erstens in der Militarisierung und zweitens in der Frauenfeindlichkeit. Militarisierung und

Frauenfeindlichkeit haben allerdings schon früh auch in das Christentum ihren Einzug gehalten, und die Christen haben im Laufe ihrer Geschichte beides reichlich nachgeholt.

Das Auffallendste und Ungewöhnliche an der Qumrangemeinschaft ist – da Kriegführen für Männer nicht als ungewöhnlich bezeichnet werden kann – ihre Stellung zu den Frauen. Man hat Qumran häufig als »Mönchsorden«, als »Kloster« bezeichnet, und man hat von der Verpflichtung zum »Zölibat« gesprochen, so z.B das katholische »Lexikon für Theologie und Kirche« (1963) und das evangelische Standardwerk »Religion in Geschichte und Gegenwart« (1961), beide im Artikel »Qumran«. Shemaryahu Talmon, einer der bedeutendsten Qumrankenner der Gegenwart, Professor für Bibelwissenschaft an der Hebräischen Universität Jerusalem, meint auf Grund neuester Forschungsergebnisse: »Die in Qumran ansässigen männlichen Mitglieder lebten in einer Form von vorchristlicher asketischer Mönchskommune. Aber sie verpflichteten sich anscheinend nicht zu einem lebenslänglichen Zölibat und verstanden ihr frugales Leben als nur eine situationsbedingte Notwendigkeit, nicht als ein Glaubensprinzip . . . Wir können daher vermuten, daß ein Mann zwischen zwanzig und dreißig dem biblischen Gebot, Kinder zu zeugen, nachkam und dann für zehn Jahre zölibatär in Qumran lebte« (12. Januar 1991 auf einer Studientagung der Katholischen Akademie München).

So weit einige Stimmen über die Frauenlosigkeit der Qumrangemeinde. Die zwei christlichen Stimmen sehen in Qumran eine Art antiken Vatikan. Der jüdische Qumrankenner Talmon sucht die Sexualfeindlichkeit der Qumranleute zu mildern und gewissermaßen in Einklang mit der jüdischen Tradition zu bringen, die – anders als die christliche Tradition – nicht sexualfeindlich ist.

Das Alte Testament und das Judentum sind nämlich nicht sexualfeindlich. (Deswegen hat die christliche Junggesellentheologie es später nicht versäumt, das Judentum als »fleischliches Judentum« zu diffamieren.) Der jüdische Religionsphilosoph Ben Chorin ist sogar der Meinung, daß auch Jesus als jüdischer Rabbi verheiratet war. Er verweist auf das Wort des Rabbi Eleasar Ben Asarja (um 100 n. Chr.): »Wer sich der Ehe versagt, der verletzt das Gebot von der Vermehrung des Menschen und ist als Mörder anzusehen, der die Zahl der im Ebenbild Gottes geschaffenen Wesen vermindert« (Mutter Mirjam, 1982, S. 92 f.). Ähnlich hat sich Rabbi Eliezer (um 90 n. Chr.) geäußert: »Wer sich nicht mit Fortpflanzung befaßt, ist wie einer, der Blut vergießt« (Strack/Billerbeck II, S. 373).

Angesichts der Anti-Zölibats-Einstellung des Judentums hat die frauenlose Qumrangemeinde schon im Altertum Aufmerksamkeit erregt. Philo von Alexandria († ca. 45/50 n. Chr.), der gebildetste jüdische Zeitgenosse Jesu, schreibt in seinem Bericht über die Essener, daß sie »die Heirat verboten und gleichzeitig eine vollständige Enthaltsamkeit vorgeschrieben« hätten (Quod omnis probus liber 75–91). Und der berühmte Naturwissenschaftler Plinius d. Ä., der beim Ausbruch des Vesuvs 79 n. Chr. umkam, schreibt von den Essenern, daß sie »ohne Frauen und ohne Liebe« leben und »ein Volk sind, in dem niemand geboren wird«. Wörtlich sagt er: »... ein einsames und in der ganzen Welt vor anderen merkwürdiges Volk, ohne alle Frauen, das jeder Liebe entsagt hat und ohne Geld bei den Palmen wohnt. Tag für Tag wird in gleichem Maße die Schar derer, die zusammenkommen, wiedergeboren durch zahlreiche Hinzukommende, die das Schicksal, da sie des Lebens müde geworden sind, in Strömen zu ihrer Lebensweise hinzubringt. So ist durch die Jahrtausende – es klingt wunderbar – ein Volk ewig, in dem niemand geboren wird« (Naturgeschichte 5,17,4).

Der jüdische Historiker Josephus schreibt über sie: »Nach dieser Lehre leben über viertausend Menschen. Sie heiraten nicht ... weil sie die Ehe für die Quelle alles Streites halten, und so leben sie von den anderen abgesondert« (Jüdische Altertümer 18,1,5).

An einer anderen Stelle schreibt Josephus: Die Essener, »Juden von Geburt, ... wenden sich von den Lebensfreuden wie von einem Übel ab und umfangen die Enthaltsamkeit wie eine Tugend. Über die Ehe urteilen sie abträglich. Doch nehmen sie die Kinder anderer auf, solange sie noch in einem bildungsfähigen Alter stehen. Sie hüten sich vor der Unbeständigkeit der Frauen und sind überzeugt, daß keine von ihnen ihrem Mann die Treue hält... Es gibt aber auch noch eine andere Gruppe von Essenern... Sie glauben, wer auf die Ehe verzichte, vernachlässige ein wesentliches Lebenswerk, nämlich die Zeugung der Nachkommen, das heißt, sie meinen, wenn alle so dächten, dann sei es mit dem Menschengeschlecht bald zu Ende. Aber sie prüfen ihre künftigen Ehefrauen drei Jahre lang, und wenn diese... ihre Gebärfähigkeit erwiesen haben, dann wird die Ehe geschlossen. Während der Schwangerschaft pflegen sie keinen Beischlaf, woraus hervorgeht, daß sie nicht aus Gründen der Wollust, sondern des Kindersegens wegen heiraten« (Der Jüdische Krieg 2,8,2–13). Laut Josephus gibt es also offenbar zwei Typen von Essenern: ehelos Lebende und Verheiratete.

Von zwei Typen ihrer Sektenglieder sprechen auch die Qumranfunde. Von verheirateten Qumranleuten redet z. B. die Damaskusschrift (1896 in Kairo erstmals entdeckt und dann in mehreren Handschriften auch in Qumran gefunden). Wir erwähnten schon, daß in der Damaskusschrift – wie später bei Jesus – Treue und Monogamie auch von den Männern gefordert wird, was bis dahin bei den Juden weniger üblich war. Die in Qumran gefundene Sektenregel (1QS) hingegen setzt die Ehelosigkeit der Mitglieder voraus.

Diese Unausgeglichenheit sucht man zu lösen, indem man annimmt, daß in Qumran, als dem Zentrum, der Männerorden lebte und daß die verheirateten Qumranleute in den im Land verstreuten Einzelgemeinden wohnten. Der Qumranspezialist S. Talmon findet, wie wir sahen, einen jüdischen Kompromiß: Er sieht auch in den ehelos Lebenden des Qumranzentrums verheiratete Männer, die ihrer Pflicht zur Zeugung schon nachgekommen sind.

Wie dem auch sei, diese frauenlosen – wenn auch vielleicht nicht ehelosen – Männer, diese verheirateten oder vielleicht unverheirateten Mönche in Qumran sind ein Phänomen, das für das Judentum ungewöhnlich ist und auch in der Antike als ungewöhnlich empfunden wurde. Und zu den etwa elfhundert sorgfältig angelegten Männergräbern auf dem großen Friedhof von Qumran wollen die sieben

Frauengräber auf den zwei weniger sorgfältig angelegten Friedhöfen – die vier Kindergräber könnten von frühverstorbenen fremden Kindern stammen, die die frauenlose Sekte adoptiert hatte –, wollen also die Frauengräber nicht passen und beschäftigen seit 1947 die Gelehrten.

Während im Qumranzentrum die Frauen von Anfang an ausgeschlossen waren, setzt im Christentum die Frauen- und Sexualfeindlichkeit nicht mit Jesus, sondern erst später ein. Jesus war im Gegenteil frauenfreundlich, sozusagen der erste und letzte Freund der Frauen in der christlichen Kirche. Er hatte »viele Frauen« (Lk 8,3) in seiner Umgebung, also durchaus nicht nur zwölf Jünger, sondern viele Jüngerinnen. Und diese Frauen waren es, die die Jesusgruppe »mit ihrem Vermögen« finanzierten (Lk 8,3), was darauf hindeutet, daß die Jüdinnen der Zeit Jesu emanzipierter waren, als es während der folgenden 2000 Jahre, sozusagen bis gestern, den Christinnen vergönnt war. (Über den Niedergang der Bedeutung der Frauen in der christlichen Kirche und über die zunehmende Sexualfeindlichkeit bis Johannes Paul II. vgl. Uta Ranke-Heinemann, Eunuchen für das Himmelreich. Katholische Kirche und Sexualität, 1990[15].)

Es ist nicht ausgeschlossen, daß die Qumransekte auf die frauenfeindliche Entwicklung des Christentums Einfluß gehabt hat und daß ehe- und familienfeindliche Sprüche aus Qumran schon Jesus in den Mund gelegt und ihm angedichtet wurden. Essenischen Ursprungs ist wahrscheinlich dieses befremdende Wort: »Wenn jemand zu mir kommt und nicht seinen Vater und seine Mutter und sein Weib und seine Kinder und seine Brüder und seine Schwestern und dazu auch sein eigenes Leben haßt, kann er nicht mein Jünger sein« (Lk 14,26). Das ist sozusagen die jüdische Qumran-Variante bzw. Vorstufe zum christlichen Zölibat: Heirat zur Zeugung findet noch statt zum Dienst an der Menschheit, danach aber werden alle und alles verlassen, und es beginnt der eigentliche Gottes-Dienst. Gottesdienst und Menschenhaß fließen ineinander. Weil sie keinen Menschen lieben, meinen sie Gott zu lieben.

In der Parallelstelle zu diesem Haß-Wort, nämlich bei Mt 10,34 bis 37, ist die Familienfeindlichkeit mit dem Schwert verbunden, wie ja auch in der Qumransekte die Frauen- und Familiengeringschätzung aus der militaristischen Situation, auf die wir gleich zu sprechen kommen, erwachsen ist. Jesus sagt also angeblich: »Ich bin nicht gekommen, Frieden zu bringen, sondern das Schwert. Denn ich bin gekommen, einen Menschen mit seinem Vater zu entzweien und eine Tochter mit ihrer Mutter und eine Schwiegertochter mit ihrer Schwiegermutter, und des Menschen Feinde werden die eigenen Hausgenossen sein. Wer Vater und Mutter mehr liebt als mich, ist meiner nicht wert.«

Diese aggressive Sektenmentalität, von der manche Eltern und Großeltern bei ihren an Sekten verlorenen Kindern und Enkeln ein bitteres Lied singen können, scheint von der Qumransekte in das frühe Christentum eingedrungen zu sein. In Wirklichkeit hat Jesus sich gegen Haßworte aus Qumran gewandt, und zwar in folgendem Satz der Bergpredigt: »Ihr habt gehört, daß gesagt ist: Du sollst deinen Nächsten lieben und deinen Feind hassen. Ich aber sage euch: Liebet eure Feinde« (Mt 5,43 f.). Bis zu den Funden von Qumran war man ratlos bezüglich dieses Wortes der Bergpredigt. Da im Alten Testament zwar steht, daß man seinen Nächsten lieben soll (3 Mose 19,18), aber nirgends steht, daß man seinen Feind hassen soll, blieb unklar, wo solcher Feindeshaß »gesagt ist« und wo die Juden ihn »gehört« haben könnten. Seit den Funden von Qumran ist es deutlich, wen Jesus meint: Der Haß der Feinde ist ein Grundbekenntnis der Qumrangemeinde.

Die Sektenregel schreibt gleich zu Beginn: »Aufgabe der Mitglieder der Gemeinde ist es, zu lieben jeden, den Gott erwählt hat, und zu hassen jeden, den er verworfen hat« (1 QS 1,4). Und weiter: Wer der Gemeinde angehört, ist verpflichtet, »alle Söhne des Lichtes zu lieben, jeden entsprechend seinem Los im Ratschluß Gottes, und alle Söhne der Finsternis zu hassen, entsprechend dem Racheplan Gottes, und zwar jeden gemäß seiner Schuld« (1 QS 1,9 f.). Und weiter: »Dies sind die Richtlinien des Weges für den Verständigen in diesen Zeiten, für seine Liebe wie für seinen Haß: Ewiger Haß ist verbunden mit dem Willen zur Absonderung gegenüber allen Männern des Verderbens... auf den Tag der Rache hin...« (1 QS 9,21–23). Und so immer wieder (vgl. 1 QH VII, 23 und Damaskusschrift II,15).

Dieser Haß wird zum Ausbruch kommen im unmittelbar bevorstehenden Endzeit-Krieg. Dem Ende der Welt, das sie in Kürze erwarten, geht nämlich nach Meinung der Qumransekte ein Rache- und Vergeltungskrieg, der »Krieg der Söhne des Lichtes (= Qumrangemeinde) gegen die Söhne der Finsternis«, voraus. Dieser Krieg wird vor allem in der »Kriegsrolle« (1 QM) ausführlich beschrieben. Er findet phalanxartig gemäß allen Regeln römischer Kriegstechnik statt. Der Krieg wird 40 Jahre dauern. In den ersten 20 Jahren werden alle Fremdvölker, in den darauffolgenden 20 Jahren alle anderen Juden besiegt.

Gegen Ende des Kampfes, der der Anfang des neuen, himmlisch-irdischen Lebens sein wird – die Vorstellungen von Jenseits und Diesseits, von Himmel und Erde, gehen ineinander über und sind nicht getrennt, die Endzeithoffnung wird in irdisch apokalyptischen Farben ausgemalt –, gegen Ende des Kampfes also werden zwei Messiasse auftreten: ein hohepriesterlicher Messias aus dem Hause Aaron und ein königlicher Messias aus dem Hause David. Beide haben ihr Gefolge, der Hohepriester-Messias ein priesterliches, der Königsmessias ein militärisches. Der Königsmessias ist der erwartete Sohn Davids. Er wird das Gottesreich aufrichten, indem er in den Endkampf eingreift und ihn siegreich beendet, das Heilige Land befreit und die Herrschaft Israels herstellt. Im Mittelpunkt dieser befriedeten Welt wird Qumran-Israel stehen. Der Priestermessias vergibt die Sünden und öffnet das Paradies (Damaskusschrift VII,20 f.; Sektenregel 1Q S 5,20–26).

Der Priestermessias und die Priester nehmen am Endkampf nicht teil, wohl spornen die Priester zum Kampf an durch Zurufe und Trompeten: »Und wenn die Erschlagenen fallen, sollen die Priester von ferne blasen und nicht mitten unter die Erschlagenen kommen, damit sie sich nicht besudeln mit deren unreinem Blut, denn sie sind heilig und sollen nicht das Salböl ihrer Priesterschaft mit dem Blut eines wertlosen Volkes entweihen« (Kriegsrolle 1 QM 9,7–9). Daß Priester vom Militärdienst befreit sind, dafür aber die Truppe militärseelsorgerlich zum Kampf motivieren, hat offenbar eine alte Tradition.

Beide Messiasgestalten tragen die Bezeichnung »Sohn Gottes«, so z. B. in einem messianischen Fragment der Höhle 4 (4Q Florilegium 1,10 f.). Der Herrschaftsbereich des hohenpriesterlichen Messias ist der Himmel, der Herrschaftsbereich des Königsmessias ist die Erde. Der Hohepriester-Messias ist dem Königsmessias vorgeordnet. Das wird vor allem deutlich beim großen messianischen Mahl. Der Priestermessias hat dabei den Ehrenplatz inne. Er segnet Brot und Wein. Der nächste im Rang nach ihm ist der Königsmessias (Gemeindeordnung 1QSa 2,11–21).

Dieses gefährliche, aggressive Endzeitprogramm der Qumrangemeinde ist wohl nicht toter Buchstabe geblieben, sondern zum totbringenden Buchstaben geworden, denn es hat wahrscheinlich dazu geführt, daß die Qumransekte aktiv an den Aufständen der jüdischen Zeloten gegen die Römer und vor allem am Jüdischen Krieg 66 bis 70 n. Chr. teilgenommen hat, der zum Untergang Israels in der Antike führte.

Tacitus († 120 n. Chr.), der über den Beginn des Kampfes der Römer gegen Jerusalem, der im Frühjahr des Jahres 70 n. Chr. begann, berichtet, erwähnt, daß auf seiten der aufständischen Juden eine Utopie der Weltherrschaft eine entscheidende Rolle gespielt hat. Den Namen der Essener erwähnt Tacitus zwar nicht, aber in seiner Sicht waren auch Christen und Juden ein und dasselbe gefährliche Terroristenpotential, mit denen sich die Römer ständig auseinanderzusetzen hatten. Im Falle des Christus war es Pontius Pilatus gewesen (vgl. das Kapitel über Karfreitag). Jetzt also berichtet er vom Angriff des Kaisers Titus auf Jerusalem.

Tacitus beschreibt die Situation kurz vor der Erstürmung Jerusalems, die im Juli des Jahres 70 erfolgte: »Die Mehrzahl (der Juden) war des festen Glaubens, es stehe in alten Urkunden der Priester, daß das Morgenland sich in Kraft erheben und von Judäa die Macht ausgehen werde, welche die Weltherrschaft erringen würde... Waffen hatten alle, die sie tragen konnten, und derer, die danach verlangten, waren mehr als erforderlich... Männer und Frauen waren gleich unbeugsam... Gegen diese Stadt und dieses Volk beschloß der Kaiser Titus... den Kampf« (Historien 5,13).

Teilnehmer am Jüdischen Krieg war auch der spätere Historiker Josephus. Er hatte zunächst den Krieg gegen die Römer mitorganisiert und war Kommandant gewesen. Als die Festung Jotapa von den Römern erobert wurde, rettete er sich mit 40 Genossen in eine Zisterne. Dort plädierte Josephus dafür, daß man sich den Römern ergeben sollte. Daraufhin wollten die Kameraden ihn als Verräter umbringen. Dann wurde beschlossen, daß alle Selbstmord begehen sollten. Josephus hielt den Kameraden eine Rede über die Sündhaftkeit des Selbstmordes, welche Rede wir im Kapitel über die Hölle kurz erwähnten, und schlug vor, ein anderes Verfahren zu wählen: Das Los sollte entscheiden, in welcher Reihenfolge jemand zunächst einen Kameraden umzubringen hatte, um dann selbst von dem nächsten umgebracht zu werden.

»Es kann Zufall gewesen sein oder Gottes Vorsehung« (oder die Intelligenz des Josephus), jedenfalls blieben nur noch ein anderer und Josephus übrig. Und da Josephus weder seinen Kameraden umbringen noch von ihm umgebracht werden wollte, überredete er ihn, daß sie sich den Römern ergeben sollten. Dem Feldherrn Vespasian prophezeite Josephus dann, daß er und sein Sohn Titus Kaiser werden würden (Der Jüdische Krieg 3,8). Als Vespasian dann wirklich – nach Nero – im Jahre 68 Kaiser wurde, gab er Josephus die Freiheit und verlieh ihm vielerlei Ehrungen. Josephus begleitete Vespasians Sohn Titus zur Belagerung Jerusalems und versuchte vergebens, seine Landsleute von der Sinnlosigkeit weiteren Widerstandes zu überzeugen. Später beschrieb er den Jüdischen Krieg und verurteilte die politisch-messianischen Aufstände der Juden, durch die es zum Krieg und Untergang gekommen war.

Josephus erwähnt, daß ein »Johannes der Essener« beim Jüdischen Krieg Kommandant war: »Der Essener Johannes wurde Kommandant von Thamna, außerdem wurden ihm Lydda, Joppe und Emmaus unterstellt« (Der Jüdische Krieg 2,20,4), immerhin »das strategisch außerordentlich wichtige Dreieck... das die Verbindung von Jerusalem zur Meeresküste beherrscht« (J. Maier/ K. Schubert, Die Qumran-Essener, 1991, S. 83).

Ob auch die Essener in ihrer Gesamtheit an den Aufständen beteiligt waren, erfahren wir von Josephus nicht.Und doch geht aus seinem langen Bericht über die Essener indirekt hervor, daß diese aktiv in die Aufstände gegen die Römer verwickelt waren. Das dramatische und grausame Ende, das sie im Jüdischen Krieg fanden, deutet darauf hin. Josephus schreibt: »Den Tod ziehen sie einem Leben ohne Ende vor, wenn er sich naht in Begleitung des Ruhms. Alle diese Charaktereigenschaften zeigten sich besonders im Krieg gegen die Römer; man folterte sie auf jede Weise, man brannte sie, zerschmetterte sie und zerrte sie durch alle Marterstätten, daß sie entweder den Gesetzgeber lästern oder Verbotenes essen sollten, aber sie verharrten unbeugsam und ließen sich weder zum einen noch zum anderen zwingen, auch nicht zu guten Worten für ihre Henker oder zu Tränen. In ihrer Pein fanden sie noch ein Lächeln, spotteten ihrer Folterknechte und schieden voll Bereitschaft aus dem Leben, als würden sie es wiederempfangen« (Der Jüdische Krieg 2,8,10). Dieser Bericht spricht dafür, daß Qumran ein Zentrum des Widerstandes gegen die Römer gewesen ist und nicht eine pazifistische Gruppe, die lediglich ihre Schriftrollen studierte.

Anders als Qumran rief Jesus nicht zum messianischen Endkampf gegen Rom. Und die ältesten Schriften des Neuen Testaments, die in den fünfziger Jahren geschriebenen Paulusbriefe, sind so staatskonform und systemerhaltend, daß mancher Kritiker einer Allianz von Thron und Altar nur mit Kopfschütteln die Sätze aus dem Römerbrief zur Kenntnis nimmt: »Jedermann sei den vorgesetzten Obrigkeiten untertan; denn es gibt keine Obrigkeit, außer von Gott, die bestehenden aber sind von Gott eingesetzt. Somit widersteht der, welcher sich der Obrigkeit widersetzt, der Anordnung Gottes« (Röm 13,1f.) Die Eskalation der Aufstände, die zum Endkampf im Jüdischen Krieg führte, wurde nicht von Paulus bewirkt und auch nicht von Jesus. Jesus verkündete nicht das Reich Gottes als Krönung der jüdischen Weltmachtposition.

Jesus paßte schon als Typ nicht in die Reihe der asketisch priesterlichen Qumranleute, die sich immer nur mit »einem einzigen Gericht« pro Mahlzeit (Josephus) begnügten und von denen Josephus schreibt: Die Essener, »Juden von Geburt, ... wenden sich von den Lebensfreuden wie von einem Übel ab ... Weder Geschrei noch sonstiger Lärm stört je die Weihe des Gebäudes ... Die Menschen draußen aber mutet die Stille drinnen wie ein schauerliches Geheimnis an. Diese Stille ist die Folge der ständig eingehaltenen Nüchternheit und der Übung, Speise und Trank nur bis zur Sättigung zu sich zu nehmen« (Der Jüdische Krieg 2,8,2–5).

Anders als der Priestersohn Johannes der Täufer, der sich von Heuschrecken und wildem Honig ernährte und von dem manche annehmen, daß er vielleicht einmal Mitglied von Qumran war (RGG, 5, 1961, S. 751) und von dem man sagte: »Er aß nicht und trank nicht« (Mt 11,18), wurde Jesus als »Fresser und Säufer« bezeichnet (Mt 11,19; Lk 7,34).

Rudolf Bultmann und viele evangelische Theologen bestreiten, daß Jesus sich selbst für den Messias hielt. Jesus habe sich nicht einmal mit dem traditionellen nationalistischen Messiasgedanken auseinandergesetzt, ihm auch keinen korrigierten, vergeistigten Messiasbegriff gegenübergestellt. Gegenteilig lautende Texte oder Äußerungen aus Jesu Mund seien Legenden. Das ist richtig: Jesus wurde erst nachträglich in dieses Messias-Raster eingepaßt, bzw. der Messiasbegriff wurde auf ihn zurechtgestutzt und damit völlig verzerrt.

Das aus dem Hebräischen stammende Wort »Messias« (deutsch = »Gesalbter«; griechisch = »Christos«) ist im Alten Testament Bezeichnung für Könige, Hohepriester u. a. und entwickelte sich dann zur Bezeichnung für eine ideale Rettergestalt, die Israel von aller

Fremdherrschaft befreien und zum Weltherrscher erheben würde, eine Hoffnung, die um die Zeitenwende eine enorme Intensität erreicht hatte und bis zum Untergang im Jahre 70 ständig wuchs, ja auch dann noch nicht zu Ende war, wie der allerletzte Aufstand gegen die Römer zeigt, der des Bar Kochba (= Sternensohn), den man für den Messias hielt.

Derjenige, der in Bar Kochba den Messias sah und dem wegen seiner Autorität die meisten Juden gefolgt sind, war der berühmteste aller jüdischen Gelehrten, der Rabbi Akiba (hingerichtet von den Römern ca. 135 n. Chr.). Akiba war es, der den Umfang der Bibel, d. h. des Alten Testaments, festgelegt hat, der z. B. durchsetzte, daß das »Hohelied Salomos« in die Bibel aufgenommen wurde. Wesentlicher Grund für seine Behauptung, Bar Kochba sei der erwartete Messias, war für Akiba dieser: die außergewöhnliche Kraft und Geschicklichkeit, mit der Bar Kochba die Wurfsteine der Römer mit seinen Knien auf die Feinde zurückschleudern und viele damit erschlagen konnte (Kittel IX, S. 514).

Daß Bar Kochba nicht aus dem Hause David stammte, fiel in Akibas Augen demgegenüber nicht ins Gewicht (a. a. O., S. 514 f.). Noch wichtiger, als daß der Messias in seiner Vergangenheit von David abstammt, ist offenbar, daß er in der Gegenwart die Feinde Israels zerschmettert. Rabbi Akiba jedenfalls verkündete, er sehe in Bar Kochba die Erfüllung der Weissagung: »Hervorgetreten ist ein Stern aus Jakob« (4 Mose 24,17).

Wenn wir die Fortsetzung lesen, dann verstehen wir, wie beschaffen der erwartete Messias auf jeden Fall sein mußte, unabhängig davon, ob er nur von Jakob (= Enkel Abrahams und Sohn Isaaks) oder zusätzlich auch noch von David (= Nachkomme Jakobs) abstammt. Die messianische Verheißung mitsamt ihrer Fortsetzung lautet: »Hervorgetreten ist ein Stern aus Jakob, ein Szepter erhebt sich aus Israel; er zerschmettert die Schläfen Moabs (Nachbarvolk Israels) ... und Israel gewinnt Macht; Jakob zertritt seine Feinde und vernichtet die Flüchtlinge aus den Städten .. « (4 Mose 24,17–19).

Anders als Jesus war also Bar Kochba ein Messias im eigentlichen Sinn, das heißt ein politischer und militärischer Messias. Von seinen zwei Brüdern wird berichtet, daß sie »keinen Römer vorübergehen ließen, ohne ihn zu töten. Sie sagten, wir wollen die Krone Hadrians (römischer Kaiser 117–138 n. Chr.) nehmen und sie auf das Haupt Schimons (= Bar Kochba) setzen« (Strack/Billerbeck I, S. 13).

Rabbi Akiba hat übrigens fast alle seine Jünger in seinen Untergang hineingezogen, als er seine gesamte Studentenschaft (»Jünger« heißt im griechischen Urtext des Neuen Testaments mathetes, lateinisch: discipulus – Schüler, Student) zum Kampf gegen die Römer an der Seite Bar Kochbas aufrief.

Einige allerdings hat Akiba nicht von der Messianität des Bar Kochba überzeugen können. Sein Schüler Rabbi Schimon ben Jochai berichtete später: »Akiba, mein Lehrer, hat öffentlich vorgetragen: ›Hervorgetreten ist ein Stern aus Jakob‹ (4 Mose 24,17)... Als mein Lehrer Akiba den Bar Kochba erblickt hatte, sagte er: ›Dieser ist der König, der Messias.‹ Rabbi Jochanan ben Tortha erwiderte ihm: ›Akiba, Gras wird aus deinen Kinnbacken (aus deinem Grab) wachsen, und noch immer nicht wird der Sohn Davids (der Messias) gekommen sein‹« (Strack/Billerbeck I, S. 13).

Der Messiastitel wird im gesamten Neuen Testament auf Jesus bezogen und ist schon bei Paulus zu Jesu Eigennamen erstarrt. Der moderne Mensch unterscheidet überhaupt nicht mehr zwischen Jesus und Christus. Jesus war aber nicht der Messias, ihn hatte man nicht erwartet. Es ist deswegen im Grunde eine Wortklauberei und Verdrehung feststehender jüdischer Ideen, darauf bestehen zu wollen, Jesus sei doch der Messias gewesen. Ein Wort mit anderem Inhalt zu füllen und dann als Bezeichnung sowohl für den neuen als auch für den alten Inhalt in Umlauf zu halten ist nichts anderes als Etikettenschwindel. Die Juden erwarteten einen politischen, militärischen Führer, und es kam Jesus, der der Erwartete nicht war und also auch nicht der Messias war. Was natürlich nicht bedeutet, daß die neutestamentlichen Schriftsteller nicht nachträglich auch für den gekreuzigten Jesus eine passende messianische Weissagung im

Alten Testament gefunden hätten, z. B. die vom leidenden Gottes-knecht (Jes 53). Das Bemühen der neutestamentlichen Schriftsteller und der Theologen bis heute, allerlei alttestamentliche Worte konkret auf Jesus zu beziehen, sind gewaltsam, sie bedeuten nichts, was irgend etwas mit Jesus zu tun hätte.

Sätze des katholischen »Lexikons für Theologie und Kirche«, Stichwort »Messias«, wie diese : »Die Art, wie Jesus wenige Tage vor seinem Leiden in Jerusalem einzieht, kann nur als messianische Kundgebung verstanden werden, mit der er die jüdische Erwartung bejaht und zugleich modifiziert, indem er die Idee des kriegerischen Messias ablehnt«, sind sinnlos. Wieso bejaht hier Jesus die messiani-sche Erwartung auf ein jüdisches Großreich? Jesus ist nicht der Messias, und glücklicherweise ist er es nicht.

Jesus wollte nicht ein Christus sein. Die Beobachtung von Joel Carmichael ist darum teilweise richtig (wenngleich Carmichael zu anderen Schlußfolgerungen kommt und in Jesus einen politischen Messias sieht, der »eine messianische Theokratie«, ein »nationales Königreich« mit Waffen herstellen wollte) – teilweise richtig also ist, wenn er sagt: »Das berühmte messianische Geheimnis, das heißt Jesu ständige Ermahnung an seine Jünger, zumindest zeit-weise während seiner Mission über seinen Rang zu schweigen, kann nur als ein Notbehelf verstanden werden, der die Haltung des auferstandenen und verherrlichten Jesus mit der historischen Tatsa-che aussöhnen sollte, daß Jesus sich niemals als Messias ausgab. Nirgendwo wird berichtet, daß er sagte: ›Ich bin der Messias‹« (Leben und Tod des Jesus von Nazareth, 1965, S. 197 f.). Historisch richtig ist, daß Jesus sich niemals als Messias, das heißt als Christus bezeichnet hat.

Jesus war nicht der Messias und wollte es auch nicht sein. Viele Juden damals, einschließlich mancher seiner Jünger, hätten gern gehabt, daß er es gewesen wäre, und diese Erwartung, die man auf ihn richtete, wird der Grund gewesen sein, die zu seiner Hinrich-tung geführt hat. Womit dann für die Christen das Problem ent-stand, daß ein gekreuzigter Messias das Gegenteil von dem ist, was man von einem siegreichen Messias erwartete. Welches Problem sie dann mit ihrer unsäglichen Sühnetodtheorie zu lösen suchten oder mit Horror-Sprüchen, daß Gott seinen Sohn für uns opferte usw., und welches der barbarischen Schauerlichkeiten mehr sind.

Zu Jesus paßt der Messiasbegriff nicht. Und das priesterliche bzw. militärische Gefolge der messianischen Herren der Qumrangemeinde unterscheidet sich von den Leuten, die Jesus folgten. »Blinde, Krüppel, Hinkende, Taube« dürfen nicht in die Gemeinde von Qumran aufgenommen werden. So das zur Damaskusschrift XV,15–17 gehörige Fragment 4 QD^b. Sie wären ja auch für den bevorstehenden Endkampf störend gewesen.

Die Kriegsrolle macht deutlich, daß solche Leute nicht zum Endkampf geeignet sind: »Alle jene, welche die Leichen ausziehen, die Beutesammler, die Geländereiniger, die Waffenwarte und die Proviantbesorger sollen sämtlich 25 bis 30 Jahre alt sein..., kein Hinkender oder Blinder oder Gelähmter oder jemand, der ein dauerndes Gebrechen an seinem Leibe hat, oder jemand, der geschlagen ist mit einer Unreinheit seines Leibes, soll mit ihnen in den Krieg gehen. Alle sollen kampfwillige Männer sein, makellos an Geist und Leib und bereit zum Tag der Rache« (1 QM VII, 2–5).

Jesus hingegen schied diese Kriegsuntüchtigen nicht aus, denn er rief nicht zum Krieg und nicht zum Haß, sondern zur Feindesliebe. Sein Programm war dem von Qumran entgegengesetzt.

Die Essener haben nicht nur heute wegen der Schriftrollen vom Toten Meer von sich reden gemacht, sie haben schon einmal, nämlich vor etwa 200 Jahren, großes Aufsehen erregt. Damals erschienen zwei Jesusbiographien, in denen Jesus als Angehöriger des Essenerordens dargestellt wurde. Von den Essenern, nämlich von dem Essener Joseph von Arimathäa, sei er auch, da er nach der Kreuzigung nur scheintod war, wiederbelebt worden, um nach drei Tagen den Jüngern zu erscheinen. Ein Essener in weißem Ordensgewand sei zu den Frauen getreten, die am Ostermorgen zum Grab gingen, und habe ihnen die Auferstehung Jesu verkündet. Die ganze

Geschichte Jesu wird bis in die kleinsten Einzelheiten beschrieben. Es handelt sich um die Leben-Jesu-Darstellungen der beiden evangelischen Theologen Karl Friedrich Bahrdt († 1792) und Karl Heinrich Venturini († 1849). Der Jesusroman von Bahrdt erschien 1782 und umfaßte 3000 Seiten, der von Venturini erschien 1806 und umfaßte 2700 Seiten. Sie hatten eine ungeheure Verbreitung und beeinflussen bis heute in immer neuen Nachdrucken und Abdrukken und Variationen die Phantasie.

Albert Schweitzer (1875–1965), der Urwalddoktor und bedeutende Theologe, hat diese beiden Romane in seiner »Geschichte der Leben-Jesu-Forschung« (1906) in dem Kapitel »Die ersten romanhaften Leben-Jesu« erörtert. Nach Schweitzer sind sie bei all ihrer »Halbwissenschaft« die ersten, die »den inneren treibenden Zusammenhang der Ereignisse und Erlebnisse Jesu begreifen wollen. Da sie einen solchen bei den Evangelisten nicht finden, tun sie ihn hinzu... In Wirklichkeit sind diese Leben-Jesu, so romanhaft sie sind, die ersten Leben-Jesu.« Schweitzer meint sogar: »Man schätze diese beiden Leben-Jesu als historische Leistungen nicht zu gering ein. Manches ist sehr fein beobachtet. Bahrdt und Venturini haben eben die richtige Empfindung, daß man den Zusammenhang der Ereignisse im Leben Jesu erst schaffen müsse und daß die Evangelien nur eine Reihenfolge bieten, aber keine Erklärung, wie alles so gekommen ist« (a.a.O., Ausg. 1966, S. 79,83). Und etwas weiter: »Mit Venturinis Plan, so phantastisch er auch erscheint, ist die Eingliederung des Lebens Jesu in die jüdische Zeit- und Ideengeschichte viel konsequenter erreicht als in irgendeinem anderen Leben-Jesu« (a.a.O., S. 192).

Aber sosehr solche Romane ein Bild der damaligen Zeit geben und jüdische Sitten und Gebräuche anschaulich machen können: was das konkrete Leben Jesu betrifft, sind sie fast ausschließlich Phantasie. Denn die Evangelien eignen sich tatsächlich nicht als Grundlage einer Jesusbiographie. Die Evangelien haben Jesus vergöttlicht. Nicht den Menschen Jesus und sein reales Leben wollten sie darstellen, ihre Absicht ist vielmehr die Interpretation seiner

Gestalt unter theologischen Leitideen. Und damit ist für sie z. B. Jesu menschlich psychologische Entwicklung – unerläßlich für jede Jesusbiographie – gleichgültig geworden. Jesus ist also, was sein konkretes Leben betrifft, der große Unbekannte des Christentums. Er ist als Mensch in dem theologischen Gebäude, mit dem man ihn überbaute, verlorengegangen oder abhanden gekommen. Mancher mag das bedauern.

18. Kapitel

Erlösung durch Hinrichtung

Bei Umbauten einer baufälligen Kirche und Neugestaltung des Friedhofs auf seinem Gut Ferney wollte Voltaire († 1778) ein riesiges Holzkreuz auf dem Friedhof, das direkt vor den Fenstern seines Schlosses stand, an einer anderen Stelle errichtet haben. Er sagte deswegen zu den Handwerkern: »Nehmen Sie den Galgen hier weg!« (Otez-moi cette potence.) Das kam dem Pfarrer von Moens, seinem Nachbarn, zu Ohren. Er verlangte von Voltaire, daß er sich wegen des abscheulichen Wortes »Galgen« rechtfertige. Voltaire bestritt, es so gesagt zu haben. Und sechs Handwerker, die Zeugen des Vorfalls gewesen waren, verteidigten ihn und versicherten, »Galgen« sei ein rein technischer Ausdruck der Schreinerzunft für T-förmige Balken und deswegen in keiner Weise beleidigend gemeint. Der Pfarrer aber sah eine Beleidigung des Kreuzes in Voltaires Worten und gab sich nicht zufrieden. In Dijon kam es zum Prozeß in dieser Sache. Voltaires Freund Tronchin gelang es jedoch, eine Verurteilung Voltaires zu verhindern. Die Strafe für eine derartige Gotteslästerung war Herausschneiden der Zunge und Abhakken der Hände (vgl. Jean Orieux, Voltaire, 1966, S. 550 f.).

Voltaire verabscheute Hinrichtungen. Als Madame Suard Voltaire in Ferney besuchte, stieß sie auf eine Radierung, die die Familie Calas beim Abschied zeigte, bevor der Vater gerädert wurde. Voltaire sagte zu ihr: »Ach, Madame, seit elf Jahren bin ich mit dieser unglücklichen Familie und der Familie Sirven beschäftigt, und während dieser ganzen Zeit habe ich jedes kleinste Lächeln, das mir entglitt, als ein Verbrechen betrachtet« (a. a. O., S. 713).

Jean Calas (1698–1762), Hugenotte und reicher Kaufmann in Toulouse, wurde lebendig gerädert. Man beschuldigte ihn, seinen Sohn Marc-Antoine (der sich erhängt hatte) umgebracht zu haben, um ihn am Übertritt vom Protestantismus zum Katholizismus zu hindern. Voltaire erreichte 1765 die Rehabilitierung von Calas durch das Pariser Parlament. Die Rehabilitierung kam für den Toten zu spät, aber für seine Familie war sie ein Akt der Gerechtigkeit. Von der Kirche wurde Voltaires »Traktat über die Toleranz«, den er 1763 in der Sache Calas geschrieben hatte, 1766 auf den Index der verbotenen Bücher gesetzt.

Sirven, geboren 1709, Hugenotte und Landvermesser, wurde vom Parlament in Toulouse 1764 zum Tode verurteilt, konnte jedoch fliehen. Man hatte die Leiche seiner Tochter Elisabeth in einem Brunnen gefunden und beschuldigte Sirven, sie ermordet zu haben, um sie am Übertritt zum Katholizismus zu hindern. Sirven wurde 1771 durch Voltaires Bemühen rehabilitiert und entging dadurch der Hinrichtung.

1766 beschäftigte sich Voltaire mit dem Fall des neunzehnjährigen Chevalier Jean-François de La Barre (1747–66). Zu seinem großen Kummer gelang es ihm nicht zu verhindern, daß La Barre vom Tribunal Abbeville 1766 zum Tode verurteilt wurde. Er wurde gefoltert und enthauptet. Man verzichtete im letzten Moment darauf, ihm vor der Enthauptung die Zunge herauszuschneiden, wie es im Urteil vorgesehen war. Man verbrannte seinen Leichnam und mit dem Leichnam die »Briefe über die Wunder« und andere Schriften Voltaires, die man bei ihm gefunden hatte.

La Barre wurde vorgeworfen, daß er beim Vorbeiziehen einer Prozession nicht gegrüßt und daß er ein Kruzifix auf einer Brücke beschädigt habe. Nachgewiesen wurde ihm nur, daß er nicht den Hut vor der Prozession gezogen und »anstößige Lieder« gesungen hatte. Voltaire konnte den Chevalier nicht retten, aber wenigstens seinen Freund und Mitangeklagten Gaillard d'Etallonde, der geflohen war. Calas, Sirven, La Barre sind die drei berühmtesten von einer ganzen Reihe von Fällen, in denen Voltaire die Hinrichtung von Menschen zu verhindern suchte bzw. ihre Rehabilitierung bewirkte.

Der Fall Calas war Anlaß für den italienischen Juristen Cesare Beccaria († 1794), erstmals in einem wissenschaftlichen Buch »Von den Verbrechen und Strafen« 1764 die Todesstrafe überhaupt abzulehnen, ein Buch (zu dem Voltaire 1766 einen Kommentar schrieb), das von der katholischen Kirche verboten wurde. Die katholische Kirche ist immer für die Todesstrafe eingetreten. So mußten die Waldenser, die die Todesstrafe verwarfen, im Fall ihrer Rückkehr in die katholische Kirche auf Anordnung Papst Innozenz III. 1210 folgendes schwören: »Von der weltlichen Gewalt behaupten wir, daß sie ohne Todsünde ein blutiges Urteil vollstrecken kann, sofern sie zur Verhängung der Todesstrafe nicht aus Haß, sondern nach Recht, nicht unbesonnen, sondern mit Überlegung schreitet.« 1985 schreibt der damalige Kölner Kardinal Joseph Höffner in seiner »Christlichen Gesellschaftslehre«: »Die Heiligkeit der Gottesordnung wird durch die Todesstrafe auch in diesem Äon als mächtig erwiesen.«

Die Kirche ist von einem Abscheu vor der Todesstrafe noch jahrhunderteweit entfernt, und es ist zu befürchten, daß es christliche Theologen sein werden, die das amtliche Blutvergießen um der »Heiligkeit der Gottesordnung« auch dann noch fordern werden, wenn alle anderen dermaleinst von der Todesstrafe als einem archaischen Rest überwundener barbarischer Rechtsordnung Abschied genommen haben werden.

Das Christentum ist die Religion der Verherrlichung einer konkreten historischen Hinrichtung, der Hinrichtung Jesu, denn die Kirche sieht in ihr eine Erlösung durch Blut. Für die Christen ist damit die Todesstrafe die Voraussetzung ihrer Erlösung. Die Todesstrafe ist sozusagen geheiligt als Mittel dieser Erlösung. Gott ist der oberste Anwalt der Todesstrafe, da er seinen Sohn zum Tode verurteilte und die Kreuzigung seines Sohnes gewollt hat: wg. Erlösung. Weil die Einrichtung der Todesstrafe schon vor Jesus bestehen mußte, um rechtzeitig den Erlösungstod möglich zu machen, sind alle vor Jesus Hingerichteten die Voraussetzung, die Vorläufer, die Wegbereiter des Erlösungstodes. Und alle nach Jesus Hingerichteten sind Opfer dieser Kreuz-Erlösungs-Idee, weil die Institution der Todesstrafe, die in bezug auf Jesus gottgewollt war, bei anderen Menschen nicht gegen Gottes Willen sein kann. So gesehen sind alle Hingerichteten gewissermaßen Martyrer, sie starben und sterben für eine gute, für die beste Sache: die Erlösung der Welt.

Der Mensch stand immer, wenn es ihm diente, auf Tod und Blut. Immer hat er im Töten ein Mittel gesehen, Übel zu beseitigen, durch Todesstrafe, Kriege und durch die Vernichtung von Bösem. Blut hat für den Menschen eine erlösende Funktion. Aber für die Kirche hat Blut nicht nur eine erlösende Wirkung en détail, sondern auch en gros: Die Menschheit insgesamt wird gemäß der christlichen Vorstellung durch Blut erlöst, denn auch Gott steht auf Blut. Es ist Gottes eigener Sohn, der sterben muß, in diesem Fall stellvertretend sühnend für die Sünder, damit diese von allem Bösen erlöst werden.

Vor einiger Zeit war der Scorsesefilm »Die letzte Versuchung Christi« in den Kinos zu sehen. Der Film erzählt in grandiosen Bildern die Geschichte des Jesus von Nazareth, der um unseres Heiles willen Gottes Blutopfer wurde und, an ein Kreuz genagelt, sterben sollte, obwohl er doch davon träumte, leben zu dürfen. Denn es war nicht sein eigener Wille gewesen, zu sterben, sondern der Wille seines göttlichen Vaters. Was ihn selbst betraf, so hatte er im Gebet versucht, seine schlimme Bestimmung von sich abzuwenden: »Du verlangst von mir, daß ich mich kreuzigen lasse. Gibt es keinen anderen Weg? Du reichst mir einen bitteren Kelch, aber ich kann nicht, ich möchte nicht trinken. Bitte, laß ihn an mir vorübergehen, bitte ...« Aber da half diesem Sohn das Beten nicht und nicht seine Trauer, nicht sein Blutschweiß und nicht die lange Nacht seiner Angst. Wie soll eines Menschen Verzweiflung auch an das Ohr Gottes reichen, wenn sie sich gegen Gottes Willen richtet, und dieser unerbittliche Wille heißt: Tod.

Gott beharrte auf dieser Hinrichtung seines Sohnes. Und auch die Christen beharren auf ihr. Niemals werden sie Jesus erlauben, weiterzuleben, denn ohne diese Hinrichtung wären sie nicht erlöst – so meinen sie. Das sieht dann auch Jesus ein. Der Film-Jesus zu Judas: »Ich habe keine Wahl. Ich bringe Gott und die Menschen auf diese Weise zusammen. Wenn ich nicht sterbe, finden sie nie zueinander. Ich bin das Opfer.« Diese Hinrichtung durfte nicht verhindert, das Menschenopfer mußte dargebracht werden. Wer Einwände hätte, verdiente den Namen eines Christen nicht mehr, denn gegen Jesu Tod zu sein bedeutet, gegen Jesus selbst sich zu wenden.

Sogar die Mutter des Gehenkten hat nach christlicher Auffassung diese Hinrichtung bejaht. Photius († nach 886), berühmter Patriarch von Konstantinopel, schreibt in seiner zweiten Predigt zu Mariae Verkündigung: »Maria verfügte über männliche Tugend und Mut. Sie war nicht einmal irritiert während der Passion ihres Sohnes, deren sie Zeuge war. Anders als sonst die Mütter, wenn sie der Hinrichtung ihrer Kinder beiwohnen.« Und Erzbischof Antoninus von Florenz († 1459) meint: »Maria hätte, wenn niemand bereit gewesen wäre, die Kreuzigung zu vollziehen, durch die die Welt erlöst werden sollte, ihren Sohn selbst ans Kreuz genagelt. Denn man darf nicht annehmen, daß sie Abraham an Perfektion und Gehorsam nachstand, der Gott seinen eigenen Sohn als Opfer darbrachte« (Summa Theologica, part. IV, tit. XV, c. XII, 1 t. IV col. 1227). Und Papst Benedikt XIV. († 1758) tadelt die Maler, die Maria unter dem Kreuz schmerzüberwältigt darstellen, und ebenso wendet er sich gegen Prediger, die das so sehen (Dictionnaire de Théologie catholique IX, 1927, S. 2432). Laut Papst Pius X. stand Maria »nicht schmerzverloren in diesem furchtbaren Anblick, sondern freudig« am Kreuz ihres Sohnes (Enzyklika »Ad diem illum«, 1904), und Johannes Paul II. meint, daß Maria »in mütterlichem Geist... der Darbringung des Opfers, das sie geboren hatte, liebevoll zustimmte« (Marienenzyklika »Redemptoris mater«, 1987).

Schließlich kann man heute das ganze Christentum sogar in einem einzigen Wort unterbringen. Der Kölner Kardinal Joachim Meisner läßt keine Gelegenheit aus, seine mit nicht so viel »männ-

licher Tugend« wie Maria ausgestatteten Schafe mit seinem Lebens-
motto zu schockieren. Es lautet: »Kreuzfidel«. Jeder versteht, daß
»fidel« = lustig ist. Fidel heißt laut »Duden, Etymologisches Lexikon« (1963): »lustig, gut gelaunt, vergnügt, Studentenwort des
18. Jahrhunderts, das scherzhaft entwickelt ist aus älterem fidel,
treu.« Kreuzfidel heißt soviel wie: superlustig, besonders lustig. Es
war das Motto seiner Amtseinführung in Köln im Februar 1989 und
das Motto, das er dem Essener Bischof Hubert Luthe bei dessen
Amtseinführung im Bistum Essen im Februar 1992 auf den Weg
gab. Man wundert sich, daß einem Kardinal, nachdem er das Wort
»Kreuz« in den Mund genommen hat, nicht das Wort »fidel« im
Hals stecken bleibt. Daß Kreuz und Lustigkeit zusammengehören,
meinte auch der Essener Kardinal Franz Hengsbach († 1991). Der
Essener »Südanzeiger« (23. 8. 91) zitiert ihn mit den Worten: Er
finde es richtig, »wenn Menschen mitten im Trubel der Begeisterung eines Fußballspiels sich bekreuzigen. Das ist echte Freude, die
immer vor Gott bestehen kann.«

Diese christlichen Feiertagsprediger und Sonntagsredner gehen
mit ihrer gedankenlosen Freudigkeit, mit der sie das Wort »Kreuz«
ständig im Mund führen, welches Wort sich bei ihnen immer dann
einstellt, wenn ihnen sonst nichts mehr einzufallen droht, in Wahrheit an dem Tod und dem Leiden eines jeden Menschen vorbei. Sie
sind es, durch die das Christentum zu einer Erziehung zur Ab-
stumpfung verkommt. In einem Gebet christlicher Eheleute heißt
es denn auch: »Das Kreuz, das Zeichen Deines Opfertodes,
schmückt unser Heim.«

Und hier als Kostprobe die Ansprache, die Kardinal Meisner
anläßlich der erwähnten Amtseinführung von Bischof Luthe in
Essen am 2. Februar 1992 hielt: »Die Einführung eines Bischofs
nannte man früher Inthronisation. Für den ernannten Bischof bedeutete das damals schon soviel wie Kreuzerhöhung! (Ausrufungs-
zeichen von der Autorin). Das Brustkreuz ist bischöfliches Erken-
nungszeichen … Das Kreuz zeigt zunächst die horizontale Linie
oder die sogenannte Weltlinie. Sie steht uns immer dicht vor Augen.

330

Sie verläuft horizontal nach rechts und links ins Unendliche…
Indem die Senkrechte, die Gotteslinie, die waagerechte Linie durchkreuzt, entsteht eben das Kreuz… Wir wissen aus Erfahrung,… daß neben der ins Auge fallenden Weltlinie die eher verborgene Gotteslinie unterbelichtet wird… (›unterbelichtet‹ ist ein treffendes Wort!) Der Bischof ist am Kreuzespunkt angesiedelt. Er muß ihn zusammenhalten… Daß Du dabei, lieber Bischof Hubert, kreuzfidel… bleiben wirst, ist mein und unser aller Gebet. Amen.«

Bei solchem Menschenopfer-Vater und solcher Menschenopfer-Mutter und solchen kreuzfidelen Kardinälen ist es gotteslästerlich, diesen Kreuzestod abzulehnen und an ein Weiterleben des Sohnes zu denken. Im Scorsesefilm kommt jedoch dem Sterbenden im Traum eine Frau in die Quere und sabotiert den Erlöser-Tod. Sie dringt in die Phantasien des Gekreuzigten ein und ist weit davon entfernt, die christliche Henkertheologie um unseres Heiles willen nachzuvollziehen. Zunächst erscheint Jesu Schutzengel und versichert dem Gehenkten, es sei nicht notwendig, daß er sterbe. Aus letztem Lebenswillen heraus träumt der arme Mensch Jesus am Kreuz diesen Traum, der Vater habe ihm erlaubt, zu leben. Der Filmengel sagt: »Dein Vater ist der Gott des Erbarmens, nicht der Bestrafung… der Herr will nicht dein Blut. Er sagte: Laß ihn sein Leben leben.« Und Jesus steigt vom Kreuz herab und vom Berge herunter und heiratet Maria Magdalena.

Der verheiratete Sohn allerdings stört das christliche Gottesbild, der grausame Vater nicht. Die Liebe des Sohnes hat sich im Blutopfer zu manifestieren, keinesfalls im Liebesakt. Und so tröstet es die Christen, daß er auch bei Scorsese mit dem Entzug seiner Messianität bestraft wird. »Ich muß nicht geopfert werden?« fragt er. Und der Engel sagt: »Nein, nein, gewiß nicht.« Dann: »Ich bin nicht der Messias?« Und der Engel: »Nein, bist du nicht.« Jesus muß also einen hohen Preis dafür zahlen, daß sein Vater sich seiner erbarmt, den Preis nämlich, daß er dann und darum nicht mehr der Messias ist und sicher auch nicht Gottes Sohn. Gottessohnschaft und Weiterleben passen nicht zusammen.

Zum Glück für die Christen ist alles nur ein böser Traum. Der Film-Jesus kehrt zurück ans Kreuz. Der Film-Judas hat ihm klargemacht: »Dein Platz war am Kreuz. Dort hatte Gott dich hinbefohlen... Als der Tod dir zu nahe kam, brach dir der kalte Angstschweiß aus, du ranntest weg... Gegen Gott, deinen Vater, hast du dich gewendet.«

Die durch ein Menschenopfer blutig Erlösten können aufatmen. Aber der Schock klingt noch nach. Denn die Vorstellung, daß dieser der Erlösung halber Gehenkte weiterleben dürfe, beleidigt das fromme Gefühl aller christlichen »Kreuzigt-ihn«-Rufer, all derer, die nach religiösem Blutrausch verlangen, die im altehrwürdigen Kirchenlied »Stabat mater« (= es stand die Mutter Maria) zu Maria beten: »Mach mich von Christi Blute trunken.«

Man muß schon gegen die übliche christliche Gedankenlosigkeit andenken, um in dem, was der Engel im Film zu Jesus sagt, nicht Blasphemie, sondern gerade die eigentliche christliche Wahrheit zu erkennen, die lautet, daß Gott nicht die Tötung seines Sohnes will und auch nicht sonst irgend jemandes Tötung, weil Gott, wie der Engel sagt, ein Gott der Barmherzigkeit ist, der keine Menschenopfer will, und daß Jesus das Recht Gottes auf seiner Seite gehabt hätte, wenn er vom Kreuz herabgestiegen wäre.

Wir sollten Jesus, was an uns liegt, vom Kreuz herabsteigen und weiterleben lassen, weil auf solche Weise das Bild eines schrecklichen Gottes, wie es christlicher Gedankenleere entspricht, eines Gottes, der um einer heiligen Sache willen den Tod seines eigenen Sohnes will und gegebenenfalls auch den Tod anderer Menschen um anderer heiliger Sachen willen, verblaßt und einem anderen Gottesbild Platz macht: dem Bild eines sanften Gottes, der ein Gott des Lebens und nicht des Tötens ist.

Denn Gott ist kein Henker. Gott trauert über diesen Tod. Die Träume von der Barmherzigkeit Gottes sind keine abwegigen Phantasien, sie sind Wahrheit, auch wenn sie in der Realität der Welt Träume bleiben. Eine »Versuchung« nennt Scorsese diesen Traum von Menschlichkeit. Aber er ist keine Versuchung. Er ist die

Anklage eines von einem unmenschlichen Gott und von unmenschlichen Menschen verlassenen Opfers.

Weil Menschen Henker sein können, haben sie Gott zu einem Henker gemacht. Zu leicht und zu selbstverständlich wollen Christen Jesus nach Gottes Willen hängen sehen. Und sie haben nicht die geringste Absicht, ihn vom Kreuz zu erlösen. Selten findet sich in der Christenheit der Versuch, Jesus gegenüber menschlich zu sein. Von Therese von Lisieux, der »kleinen« heiligen Theresia, wird berichtet, daß sie einmal, als sie krank war, in hohem Fieber versuchte, aus einem Kruzifix die Nägel zu entfernen, um Jesus zu retten. Da war der Legende nach auch ein Vogel bei der Kreuzigung barmherziger, ein Kreuzschnabel aus der Familie der Finkenartigen, der versuchte, die Nägel aus dem Kreuz herauszuziehen.

Die Sprache der Christen dagegen ist voller Blut. Wie die Spanier sich nicht den Stierkampf, so lassen die Christen sich nicht die Erlösung durch Blut ausreden. Sie sind süchtig nach Blut. Am 11. Juni 1980 war Bischof Klaus Hemmerle von Aachen im Zweiten Deutschen Fernsehen zu sehen. Auf die Frage eines Journalisten, was er morgens bei der Begegnung mit dem ersten Menschen, der ihm entgegenkomme, denke, sagte dieser ansonsten so sensible und sympathische Mensch: Bei der Begegnung mit dem ersten Menschen morgens sehe er das Blut unseres Erlösers an diesem Menschen herabfließen und wisse dann, daß wir erlöst sind. So ähnlich jedenfalls.

Blut ist gut. Der Bußprediger, Frauengegner und Zölibatsbegeisterte, der heilige Petrus Damiani (✝ 1072), rät seinem Neffen als Mittel zur Erhaltung der Keuschheit die tägliche Kommunion: »Der Teufel als Feind der Reinheit ergreift die Flucht, wenn er deine Lippen gefärbt vom Blut Christi sieht« (De castitate).

Die heilige Katharina von Siena (✝ 1380) hatte oft Visionen von Blut, wenn während der Messe der Priester den Kelch erhob. Sie sah dann das Blut Christi über den Altar laufen. Von allen Getränken bevorzugte sie roten Essig, weil er sie »an das glückselige Leiden Jesu« erinnerte. Und wenn man die Hostie vor ihren Augen zerbrach, sah sie dieselbe sich blutrot färben. Sie spürte beim Kommunizieren den Geschmack von Blut in ihrem Mund und hatte das Gefühl, »Christus ganz klein und blutig bei der Eucharistie zu empfangen«. Für sie hatte der Wein bei der Eucharistie größere Bedeutung als das Brot, weil er die Schlacht-Opferung besser zum Ausdruck bringt. Sie wollte deswegen unbedingt immer beim Abendmahl den Kelch trinken (André Vauchez, Les laïcs au moyenâge, 1987, S. 262 f.). Für Katharina von Siena gibt es ohne Blut keine Erlösung. Der Papst ist für sie »der Kellermeister« dieses Blutes.

In dem Film »Gandhi« (1981/82) mit Ben Kingsley als Gandhi sagt ein Moslem (oder Hindu?): Ich kenne ein junges Mädchen, eine Christin, die trinkt Blut. Die anderen fragen verwundert: Wieso? Antwort: Das Blut des Herrn im Abendmahl. Die anderen: Ach so. Dieser kurze Dialog zeigt das Irrsinnige, das die christliche Religion in den Augen unvorbereiteter Nicht-Christen hat. Eine 2000jährige Gewöhnung an die Christen hat inzwischen bewirkt, daß man diesen christlichen Kannibalismus des Menschenblut-Trinkens mit einem Achselzucken quittiert.

Was übrigens nicht immer so war. In den ersten Jahrhunderten kam es gelegentlich zu Mißverständnissen und tauchte von Zeit zu Zeit der Vorwurf der Heiden auf, die Christen äßen kleine Kinder. Später, nachdem sie ab dem 4. Jahrhundert das Sagen hatten und ihrerseits Andersgläubige verfolgen konnten, nahmen die Christen diesen Vorwurf in das Standardrepertoire ihrer Judenpogrome auf. Der letzte große sogenannte Ritualmordprozeß, in dem es um das Kinderblut-Trinken seitens der Juden geht (wenn man von zwei wenig beachteten Ritualmordprozessen unter den Nazis 1936 in Memel und 1937 in Bamberg absieht), fand 1913 gegen den Juden Mendel Beilis in Kiew statt. Anlaß des Prozesses war, daß man 1911 bei Kiew die Leiche des verbluteten 13jährigen Andreas Iouchtchinsky aufgefunden hatte.

Das Blut Jesu gehört abends zum frommen christlichen Hausgebrauch. Es gibt ein evangelisches Kinder-Nachtgebet: »Hab ich Unrecht heut getan, sieh es, lieber Gott, nicht an. Deine Gnad und

Jesu Blut macht ja allen Schaden gut.« Und das Blut Jesu ist auch für Erwachsene von Nutzen: Vor einigen Jahren war zu lesen, daß der amerikanische Fernsehprediger Jimmy Swaggart, der laut Zeitungsmeldungen über eine Prostituierte gestolpert war, zu Jesus gebetet habe: »Laß dein kostbares Blut jeden Flecken abwaschen und reinigen.« Blut wäscht aber keine Flecken ab, im Gegenteil: Blut gibt Flecken.

Evangelische und katholische Christen, in vielem uneins, sind in der Bedeutung des Blutes für die Erlösung in unerbittlicher Blutsbrüderschaft verbündet. Auf diese Hinrichtung legen sie Wert, auf sie wollen sie nicht verzichten. Erlösung der Menschheit ohne Blut ist nach ihnen nicht möglich. Aber was wäre denn eigentlich geschehen, wenn das Römische Reich damals unter Kaiser Tiberius schon so human gewesen wäre wie die Bundesrepublik Deutschland unter Helmut Kohl und wenn Pontius Pilatus keine Todesstrafe hätte verhängen können? Wenn Jesus an Altersschwäche oder Fischvergiftung gestorben wäre? Wäre dann die Erlösung der Menschheit an der Humanität der Menschen gescheitert?

Oder wäre sie nur halb gelungen, wenn die Römer bei ihrer Hinrichtungsmethode technisch bereits den fortschrittlichen Standard gehabt hätten, wie er heute eingesetzt werden kann, etwa die Errungenschaft des elektrischen Stuhls? Würden die Christen dann, statt zu beten: »O Gott, wie du uns mit Freude erfüllst durch die Ehre des heiligen Kreuzes« (Fest Kreuzerhöhung, 14. September), mit der Zeit gehen und von der »Freude durch die Ehre des elektrischen Stuhls« reden?

Oder wenn Jesu Tod durch Giftspritze, wie in einigen Staaten Amerikas üblich, erfolgt wäre, hätten wir dann die Erlösung durch die Spritze? Den goldenen Schuß für die Menschheit? Vermutlich doch nicht ganz, weil kein Blut geflossen wäre. Uns würde sozusagen die Hälfte des Abendmahls, der Eucharistie, fehlen, nämlich der Wein, alias Blut. Und bei der Messe kämen die Priester mit der Hälfte ihrer Wandlungsworte aus. Woran man übrigens erkennt, daß unsere Abendmahlsfeier nicht nur mit dem Tod Jesu, sondern vor allem mit der richtigen Todesart Jesu steht und fällt. Praktisch haben uns also die Römer erlöst. Dank ihrer blutig grausamen Strafjustiz kam es zum Heil für die Welt.

Der evangelische Theologe Rudolf Bultmann, der auf die evangelische Theologie großen Einfluß hat, seit einiger Zeit auch auf die katholische, dem man aber in seiner Radikalität der Entmythologisierung des Neuen Testaments im allgemeinen nicht gefolgt ist, schreibt 1926 in seinem Buch »Jesus«: »Im übrigen hat Jesus nicht von seinem Tod und seiner Auferstehung und von ihrer Heilsbedeutung geredet. Zwar sind ihm in den Evangelien einige Worte solchen Inhalts in den Mund gelegt, aber sie stammen erst aus dem Glauben der Gemeinde, und zwar wohl durchweg nicht einmal aus der Urgemeinde, sondern aus dem hellenistischen Christentum. So vor allem die beiden wichtigsten dieser Worte, das Wort vom Lösegeld und die Abendmahlsworte: ›Der Menschensohn kam nicht, um sich dienen zu lassen, sondern um zu dienen und sein Leben als Lösegeld für viele zu geben‹ (Mk 10,45). ›Als sie aßen, nahm er das Brot, sprach den Segen und brach es, gab es ihnen und sagte: Nehmt, das ist mein Leib! Und er nahm einen Kelch, sprach den Dank und gab ihn ihnen, und sie tranken alle daraus. Und er sagte zu ihnen: Dies ist mein Blut des Bundes, das für viele vergossen wird‹ (Mk 14,22–24)« (S. 196).

Das heißt, Jesus hat weder sein Fleisch zu essen noch sein Blut zu trinken gegeben, weder im wörtlichen noch im übertragenen Sinn. Jesus hat sich nicht selbst geopfert. Er hat seinen eigenen Tod nicht gewollt, auch nicht aus Gehorsam gegen seinen Vater. Denn auch Gott hat seinen Tod nicht gewollt. Weder verlangte Gott ein Opfer, noch hat der Sohn das Opfer geleistet. Die Christen sollten die Eucharistie als ein Mahl zum Gedächtnis an Jesus feiern. Das nämlich wäre die wahre Eucharistie (= Danksagung).

Das römisch-hellenistische Umfeld hat auf die Entwicklung des frühchristlichen Abendmahls nicht unwesentlichen Einfluß gehabt. Insbesondere ist dabei die Mithras-Religion von Bedeutung gewesen. Der christliche Messias wuchs immer mehr in eine Rolle hinein, die vor ihm Mithras zuteil geworden war, einem Gott des Himmels und des Lichts, der zunächst im alten Persien verehrt wurde, dann seit dem 1. Jahrhundert v. Chr. auch im Westen zahlreiche Anhänger fand. Vieles, was von Mithras gegolten hatte, wurde auf Jesus übertragen. Mithras wurde an einem 25. Dezember geboren. (Deswegen legten die Christen Weihnachten auf den 25. Dezember.) Es waren Hirten, die als erste das neugeborene Kind anbeteten. Nachdem er auf der Erde für seine Anhänger Gutes getan hatte, feierte er mit ihnen ein letztes Mahl und fuhr wieder zum Himmel auf. Am Ende der Zeit wird Mithras wiederkommen, die Menschen zu richten. Die Auserwählten wird er zum ewigen Leben führen. Mithras wurde die unbesiegbare Sonne (sol invictus), welcher Titel auf Jesus überging. Mithras war der Schutzgott des römischen Heeres, bis dieses unter Konstantin begann, im Zeichen des Kreuzes zu kämpfen und zu siegen. Und der Sonntag, der nunmehr der »Tag des Herrn« ist, war und ist immer auch noch der Tag des Sonnengottes.

Die Anhänger des Mithras fanden sich zu kultischen Mahlen zusammen, die den christlichen Eucharistiefeiern so sehr glichen, daß z. B. Justin († um 165) die Mithraskultessen für eine dämonische Nachahmung der christlichen Eucharistie hält: »Denn die Apostel haben in den von ihnen stammenden Denkwürdigkeiten, Evangelien genannt, überliefert, es sei ihnen folgender Auftrag zuteil geworden: Jesus habe Brot genommen, gedankt und gesagt: ›Das tut zu meinem Gedächtnis, das ist mein Leib‹, und ebenso habe er den Becher genommen, gedankt und gesagt: ›Dies ist mein Blut‹… Auch diesen Brauch haben die Dämonen in den Mithrasmysterien nachgeahmt« (1. Apologie 66). Und Tertullian († nach 220) führt es auf den Teufel zurück, daß die Mithrasanhänger »sogar die Handlungen, wodurch die Sakramente Christi vollzogen werden, bei ihren götzendienerischen Verrichtungen in so böswilliger Weise zum Ausdruck bringen« (Prozeßeinreden gegen die Häretiker, 40).

Die Mithrasanhänger haben keineswegs die christliche Eucharistie imitiert, sondern umgekehrt. Bultmann nimmt an, daß die urchristlichen »Mahlzeiten, die nicht eigentlich kultische Feiern, sondern Ausdruck und Band der Gemeinschaft im Sinne der Tradition des Judentums und des geschichtlichen Jesus selbst waren, im hellenistischen Christentum zu sakramentalen Feiern umgestaltet« wurden (Theologie des Neuen Testaments, 1951, S. 149).

Als ein Beispiel für die ursprüngliche christliche Eucharistie, die eine »Mahlfeier ganz im Sinne der jüdischen Tradition« war, »in der jeder Bezug auf den Tod Jesu fehlt und von sakramentaler Kommunio keine Rede ist«, verweist Bultmann dann auf die Didache, auch »Lehre der zwölf Apostel« genannt, entstanden in der erste Hälfte des 2. Jahrhunderts. Hier heißt es »in betreff des Kelches: Wir danken dir, unser Vater, für den heiligen Weinstock Davids … und in betreff des gebrochenen Brotes: Wir danken Dir, unser Vater, für das Leben und die Erkenntnis, die Du uns zu erkennen gabst durch Jesus, deinen Knecht« (Didache 9).

Später war den Christen eine solche Mahlfeier, wie sie hier in der Didache beschrieben wird, d. h. ohne Bezug auf den Tod Jesu und ohne die Vorstellung, eine göttliche, sakramentale Speise zu sein, nicht mehr genug. Aus dem Erinnerungsmahl der Gemeinde wurde ein priesterliches Opferritual.

Wie sich aus der Sicht eines katholischen Priesters heute dieses eucharistische Opfergeschehen, das sich auf Christi Fleisch und Blut konzentriert, darstellt, sagt Eugen Drewermann: »Als ich vor über zwanzig Jahren selber zum Priester geweiht wurde, wußte ich (noch) nicht, wie sehr das Gottesbild der Kleriker, wenn man nur lange genug zuhört, weit eher dem Gott der Azteken, dem blutrünstig-segnenden Tonatiuh, als dem ›Vater‹ Jesu Christi entspricht« (Kleriker, 1991, S. 89).

Und Hans Küng fragt mit Recht: »Läßt sich bestreiten, daß gerade der Begriff des Sühneopfers zumindest in populären Vorstellungen oft geradezu peinliche heidnische Mißverständnisse aufkommen ließ: als ob Gott so grausam, ja sadistisch sei, daß sein Zorn nur durch das Blut seines eigenen Sohnes besänftigt werden könne?« (Christ Sein, 1976, S. 515 f.). Hinzuzufügen wäre allerdings, daß es sich nicht nur um populäre Vorstellungen handelt, sondern um Vorstellungen, die weithin bei Theologen und der Priesterschaft zu finden sind. Die Frage ist sogar, ob das monströse Gottesbild sich nicht von oben nach unten ausgebreitet hat.

Drewermann weist darauf hin, welche Folgen die christliche Erzählung vom Tod des Gottessohnes für die Kinder hat: »Er wurde ›geopfert‹, so daß die Erzählung von seinem Tod in der Seele eines jeden Kindes bereits als erstes Trauer- und neuerliches Schuldgefühl für die eigene Bosheit hervorrufen muß« (a. a. O., S. 395).

Um Schaden von seiner Tochter Elina abzuwenden, verlangte der Maler Ernst Seler in Reuting in der Oberpfalz, einen 80 Zentimeter großen gekreuzigten Christus, der direkt über der Tafel des Klassenzimmers hing, zu entfernen. Er meinte: »Die Schüler werden durch den Anblick ... in ihren Seelenkräften gelähmt.« Der katholische Pfarrer Josef Denk war einfühlsam und hängte statt des großen Kreuzes über der Tafel ein kleines Kreuz über die Tür. Aber als 1988 Elina in die dritte Klasse kam, hing wieder ein großes Kreuz mit schmerzgekrümmtem Christus über der Tafel, und der (weltliche) Klassenlehrer weigerte sich, es abzuhängen. Ernst Seler und seine Frau Renate wandten sich an das Bayerische Staatsministerium für Unterricht und Kultus, ob und warum ein so großes Kruzifix direkt über der Tafel hängen müsse. Die Antwort aus München, Aktenzeichen III/8–50 938 von Ministerialdirigent Kaiser lautete: »Das Kreuz als konfessionsunabhängiges Symbol des Christentums« sei »in dieser Weise besonders geeignet, die überpositivistische Dimension der staatlichen Bildungsziele in Erinnerung zu bringen«. Daneben trage »sein allgemein christlicher Aussagewert zur charakterlichen Bildung der Schüler bei« (vgl. Rupp Doinet, Das Kreuz mit dem Kreuz, in: Stern, Nr. 11, 9. 3. 89).

Aber nicht nur Elina litt in der Schule, weil sie zu ihrer »charakterlichen Bildung« ständig den Gekreuzigten über der Tafel hängen sah, sondern auch Erwachsenen kann das passieren. Der große

Maler Nikolaus Poussin (1594–1665) war 52 Jahre alt, als er, nachdem er ein Kreuzigungsgemälde vollendet hatte, das nächste Gemälde, »Jesus trägt sein Kreuz«, nicht mehr in Angriff nehmen wollte. Er schrieb an seinen Freund: »Ich habe nicht mehr genug Freude und Gesundheit, solche Themen zu gestalten. Die Kreuzigung hat mich krank gemacht. Sie ist mir so schwer geworden. Jetzt Jesus, der sein Kreuz trägt, zu malen, würde mich töten.« Poussin hat von da an keine Kreuzigung mehr gemalt.

Der Psychotherapeut Tilmann Moser ist ein durch ekklesiogene Neurose – das ist eine Neurose, die man sich in der Kirche einfängt – Geschädigter. In seinem Buch »Gottesvergiftung« beschreibt er seine bedrückenden Erlebnisse: Er hat als Kind Gott »schreckliche Opfer gebracht an Fröhlichkeit und Freude« (1976, S. 10). Immer bedrückte ihn die »ewig lauernde Verdammnis« (S. 13). »So daß ich keinem Menschen glauben konnte, wenn er sagte, er liebe mich. Ich habe das dann für Täuschung gehalten und ließ mich nicht heilen von dir, sondern dachte verächtlich über den Versuch, mich zu lieben« (S. 36).

Die Worte »Verdammnis« und »Verwerfung« begegnen in seinem Buch am häufigsten. In der Häufigkeit an zweiter Stelle folgen die Worte »opfern«, »schlachten«, »Kreuz«. Das Problem des Autors ist die Grausamkeit Gottes: »Du scheinst die Stunden vor dem Morgengrauen zu lieben, es ist die Zeit der Hinrichtungen, des Selbsthasses und des Gottesbesuchs« (S. 38). Seine Idee von der Grausamkeit Gottes wird vor allem durch die biblische Geschichte von Abraham genährt, der Gott seinen einzigen und geliebten Sohn Isaak opfern will. »Ich habe dich, wie es mir deine Diener nahelegten, angestaunt ob deiner Güte, Abraham den Isaak nicht schlachten zu lassen. Du hättest es ja so leicht fordern können, er hätte es *für dich* getan« (S. 20).

Tatsächlich, die Geschichte der Opferung Isaaks ist eine schreckliche Geschichte. Einem Kind kann sie Alpträume verursachen und selbst einen Theologen, der auf alles eine Antwort zu geben gewohnt ist, in Ratlosigkeit versetzen. Wenn Abraham heute lebte und die Absicht hätte, seinen Sohn Isaak auf Gottes Befehl hin auf dem Scheiterhaufen zu opfern, dann gehörte Abraham in eine geschlossene Anstalt. Diese Horrorgeschichte hat mit Christentum nichts zu tun, sondern ist zu sehen auf dem Hintergrund einer Entartung menschlicher Religiosität, gegen die sie ja auch gerichtet ist und von der noch die Rede sein wird.

Auf derselben Linie eines menschenopfersüchtigen Gottes sieht Tilmann Moser den Kreuzestod Jesu. Es bedrängt ihn die Frage, was denn das für ein Gott sei, der seinen eigenen Sohn am Kreuz schlachtet, um auf diese blutrünstige Art die Menschheit angeblich zu erlösen. »Vielleicht wären dem guten Abraham doch noch Zweifel an den Vorteilen seiner privilegierten Beziehung zu dir gekommen, wenn ihn erst Isaaks Blut bespritzt hätte? Bei deinem eigenen Sohn warst du dann ungenierter und hast deinem Sadismus freien Lauf gelassen... und wiederum habe ich versucht, auf allgemeine Aufforderung hin, dich anzustaunen, weil du für mich armen Sünder deinen einzigen Sohn geopfert hast. Das macht natürlich Eindruck... Keiner von den Predigern hat je Verdacht geschöpft, daß vielleicht nicht mit *uns*, sondern mit *dir* etwas nicht stimmt, wenn du vor lauter Menschenliebe deinen Sohn schlachten lassen mußtest« (20 f.).

Ein anderer Fall von Schädigung durch das christliche Gottesbild ist der Chinese Lin Yu-Tang, Sohn eines christlichen Pastors. Er zog, wie er in seinem bekannten Buch »The importance of living« beschreibt, die Konsequenz und gab 1958 seine geistliche Laufbahn, für die er bestimmt war, auf und kehrte zum chinesischen »Heidentum« zurück, weil er es als ungereimt ansah, daß Gott, nachdem Adam und Eva von einem Apfel gegessen hatten, so zornig wurde, daß er sie und alle ihre Nachkommen zum Leiden verurteilte, dann aber, als eben diese Nachkommenschaft seinen eigenen Sohn tötete, darüber »so erfreut war, daß er allen vergab« (vgl. Helmut v. Glasenapp, Die fünf Weltreligionen, Bd. II, 1957, S. 463).

Das Christentum führt offenbar zu Mißverständnissen, wenn die Christen sich so ausdrücken, wie sie sich auszudrücken pflegen;

etwa sich so ausdrücken, wie der »Katholische Katechismus« der deutschen Bischöfe von 1949, der »ein Lebensbuch... ein Führer und Wegweiser für eure ganze Erdenwanderschaft« sein will. Dick gedruckt: »Jesus hat uns... das Anrecht auf den Himmel verdient.« Darunter die Erläuterung dünn gedruckt: »Jesus hat... vor allem durch sein Leiden und Sterben dem himmlischen Vater die höchste Genugtuung geleistet.« Für manche sensiblen Denker klebt zuviel menschliches Blut an solcher Eintrittskarte in den Himmel. Sie lehnen dieses durch Henkershände erwirkte »Anrecht« ab.

Ein anderes Beispiel für christlichen Religionsunterricht (für neun- bis zehnjährige Schüler), der in der Lage ist, zu bewirken, daß die Schüler, sobald sie erwachsen sind, sich ins Heidentum flüchten, ist folgendes. Da heißt es in dem Schulbuch »Kommentar und Katechesen zum Glaubensbuch für das 3. und 4. Schuljahr« (1965) aus der Feder des katholischen Theologen Josef Dreißen: »Die Größe einer Beleidigung wächst mit der Person des Beleidigten. Die Sünde ist die Beleidigung einer unendlichen göttlichen Person. Darum kann sie nicht von einer endlichen menschlichen Person wiedergutgemacht werden... Weil Gott der Beleidigte war, konnte auch nur Gott diese Beleidigung aufwiegen. Weil ein Mensch der Beleidigende war, mußte aber einer aus den Reihen der Menschen das schwere Werk der Wiedergutmachung auf sich nehmen... Er (der Gottmensch Jesus Christus) allein ist in der Lage, die Sünde von ihrer tiefsten Sohle aufzuarbeiten und dem Vater nicht nur eine genügende, sondern eine überreiche Genugtuung zu leisten« (S. 348).

Diese barbarische Irrsinnigkeit, diese Horrorkalkulation über die Notwendigkeit des Kreuzestodes Jesu, geht zurück auf den berühmten Erzbischof Anselm von Canterbury († 1109). Seine »Satisfaktionslehre« (= Genugtuungslehre), so nennt man diesen Nonsens, ist heute bei einsichtigeren Theologen nicht mehr sehr beliebt, aber die 1956/57 geborenen und noch nicht ins Heidentum abgewanderten Schüler haben davon keinen Nutzen. Die Wiedergutmachung gegenüber diesen durch den Religionsunterricht Geschädigten steht noch aus.

Der Tag im Jahr, an dem die Christen Jahr für Jahr das Christentum in sein Zerrbild umwandeln, ist der Karfreitag. Im Prolog des Johannesevangeliums wird Jesus zwar »das Wort« genannt, das »bei Gott« ist (Joh 1,1). Aber die Menschen hörten nicht auf dieses Wort, sie sind hauptsächlich damit beschäftigt, statt des göttlichen Wortes ihre eigene Tat zum Willen Gottes zu erheben, und haben es verstanden, den Mord zu glorifizieren und das Beste, wirklich das Allerbeste, daraus zu machen: die Erlösung der Menschheit, was immer das ist. Nicht das Wort Jesu, sondern die Theologie des Kreuzes wurde die Mitte des Christentums. Die Kreuzigung wurde *das* Ereignis, durch das Jesus von Interesse ist. Nicht was er sagte, sondern was man ihm antat, ist den Christen wichtig. Das Christentum hat mit seiner Menschenopferreligion an die Stelle des Wortes Jesu eine Henkertheologie gesetzt und versteigt sich zu solch gotteslästerlicher Mörder-Behauptung wie dieser: *Gott* will durch den Kreuzestod die Menschen erlösen. *Er* will uns durch das Blut seines Sohnes retten.

Es ist wahr, Jesus wurde getötet. Aber nicht von seinem Vater, der seinen einzigen Sohn in den Tod geschickt und geopfert hätte. Weder wird Gott durch diesen Tod versöhnt, noch werden wir durch ihn erlöst. Jesus wurde von Menschen umgebracht. Ein Mensch, der sich mit allen Armen und Angewiesenen solidarisiert – in diesem Sinn bedeutet Karfreitag das Gedächtnis eines Sympathisanten mit jedermann –, steht für viele auf der Seite des Feindes und bringt damit in der Welt der Mörder, in der wir leben, sein Leben in Gefahr.

Erlöst von was eigentlich? Erlöst von weiteren Morden? Das wäre immerhin etwas. Aber wer wird durch Morden vom Morden erlöst? Und das Morden ging ja auch weiter, für Gott, mit Gott, im Namen Gottes. Weder erlöst der Mord, noch macht das Leiden eines Menschen die anderen Menschen besser. Durch Töten kommt kein Heil.

Die falsche Interpretation des Todes Jesu beginnt schon im Neuen Testament, indem eine falsche jüdische Interpretation durch eine falsche christliche Interpretation ersetzt, ein Irrtum durch einen neuen Irrtum korrigiert wird. Nach jüdischer Vorstellung war ein Gehenkter ein von Gott Verfluchter (vgl. Gal 3,13 und 5 Mose 21,23). Durch die Kreuzigung Jesu waren die »menschlichen Vorstellungen von messianischem Glanz zerbrochen« (Bultmann). Die Kreuzigung Jesu war ein Schock für Jesu Anhänger. Dieses erschreckende Ereignis verlangte danach, eingeordnet zu werden in die Sicht, die Jesu Anhänger von Jesus als dem von Gott Gesandten hatten. Bultmann nimmt an, daß schon vor Paulus »die Urgemeinde Jesu Tod als Sühneopfer aufgefaßt« hat (Theologie des Neuen Testaments, S. 47).

Diese Deutung des Todes Jesu als Sühneopfer macht zwar die persönliche Schuldlosigkeit Jesu deutlich – er starb demnach nicht als Verbrecher für seine eigenen Sünden –, aber diese christliche Deutung, daß er für fremde Sünden starb, schafft neue Probleme. Denn es ist ja nicht so, daß der Zorn Gottes statt auf uns stellvertretend auf Jesus gefallen ist, er also stellvertretend für unsere Sünde gestorben wäre, wie uns immer erzählt wird. Jesus starb überhaupt nicht *für*, sondern ganz allein *durch* die Sünden der Menschen.

In dem Bemühen, dem Tod Jesu einen Sinn zu geben, kann man nur Un-Sinn hervorbringen, weil man eine Tötung rechtfertigen will, die nicht zu rechtfertigen ist, da überhaupt keine Tötung je zu rechtfertigen ist und sein wird. Die Berufung auf Gott und Gottes Willen kann menschliche Verbrechen nicht geradebiegen.

Die Christen sollten nicht einen Galgen verherrlichen, sondern sie sollten sich sensibilisieren für den Terror der Todesstrafe, der Kriege, der Gewalt, der Folter, der militärischen Vergeltungsschläge. Sie sollten, nachdem sie schon die Tötung Christi nicht mehr verhindern können, ihr wenigstens nicht noch nachträglich zustimmen. Und sie sollten, nicht zuletzt um des Todes Christi willen, keines Menschen gewaltsamem Tod in der Welt zustimmen, sondern jeden Tod, was an ihnen liegt, verhindern.

Daß das christliche Gottesbild im Grunde immer noch ein heidnisches Gottesbild ist, und zwar ein primitiv heidnisches – denn nur die Arroganz der Christen erlaubt es, das heidnische Gottesbild insgesamt als primitiv einzustufen –, wurde vor einiger Zeit in einem Bericht deutlich, den die große (papstfreundliche) italienische Zeitschrift »Oggi« am 16. Mai 1990 »Über die täglichen Gewohnheiten von Johannes Paul II.« anläßlich dessen 70. Geburtstag veröffentlichte. Dort heißt es: »Ein alter Freund von Wojtyla hat dem spanischen Journalisten Juan Arias, dem Korrespondenten von »El País« am Vatikan, anvertraut: der Papst sei zutiefst davon überzeugt, all seinen Erfolg mit einem schweren Unglück eines Nahestehenden, vielleicht eines Verwandten oder Freundes, bezahlt zu haben.«

Um die Wurzeln des primitiv-heidnischen Gottesbildes des Papstes, wie es hier zum Ausdruck kommt, zu verstehen, müssen wir hinabsteigen in die Vergangenheit der Menschenopfer und anderer Opfer für die Götter.

Gott hat zwar den Menschen nach seinem Bild geschaffen, aber ebenso wahr ist auch dies, daß die Menschen Gott nach ihrem Bild geschaffen haben. Das heißt: neidisch und mißgünstig. Der neidische und mißgünstige Mensch schuf die neidischen und mißgünstigen Götter. Diese neidischen und mißgünstigen Götter geben nur, wenn man ihnen vorher gibt, nach dem lateinischen Motto: *do ut des* (= ich gebe dir, damit du mir gibst).

Den Göttern muß man also geben bzw. opfern – denn in sakraler Sprache nennt man das Geben für Gott: opfern –, und zwar nicht dies oder jenes, sondern das Liebste. Das heißt das, was man am liebsten *hat*, und das, was man am liebsten *tut*. Am liebsten *hat* man die eigenen Kinder: also Kinderopfer. Dabei ist Sohnesopfer besser als Tochteropfer, und hier wiederum ist besser das Opfer des ersten Sohnes, noch besser das des einzigen Sohnes, am besten das Opfer des erstgeborenen und einzigen Sohnes.

Der Gott der Väter ist nicht der Gott der Söhne. Der Gott des Alten Testaments nicht, falls er wirklich von Abraham verlangte, ihm seinen Sohn Isaak zu opfern, und der Gott des Neuen Testaments ganz bestimmt nicht, falls es stimmt, was die deutschen

Bischöfe am 17. 11. 1977 erklärten: »Abraham, der bereit war, seinen einzigen Sohn Isaak zu opfern, ist nur ein schwaches Vorausbild des Handelns des himmlischen Vaters. Denn zu Abraham sprach der Engel vom Himmel: ›Lege nicht Hand an den Knaben und tu ihm nichts zuleide‹ (1 Mose 22,12). Aber der himmlische Vater hält nicht ein, er gibt den einzigen Sohn, sein Liebstes, und damit sich selbst für uns dahin« (Erklärung zu dem Buch »Christ Sein« von Hans Küng).

Abraham gehört nach der theologischen Vorstellungswelt der deutschen Bischöfe offenbar zu den Leuten, die zwar ja, ja sagen, aber im Endeffekt nicht halten, was sie zugesagt haben. So haben die deutschen Bischöfe, wenn sie auch an Abraham herumnörgeln und ihn irgendwie schwach finden, allen Grund, mit Gott zufrieden zu sein, der bei der Sohnestötung »nicht einhält«.

Die Vorstellung, daß Gott oder die Gottheit das Liebste vom Menschen fordert, nach dem Blut der Kinder verlangt, war in Palästina und überhaupt im Mittelmeerraum verbreitet. Der griechische Historiker Diodor von Sizilien (1. Jahrhundert v. Chr.) berichtet, als einmal (im Jahre 310 v. Chr.) schweres Unheil die Stadt bedrohte, schrieben die Karthager dieses Unglück dem Zorn des Kronos zu, dem sie einst die besten ihrer Kinder, dann aber gekaufte oder schwächliche Kinder dargebracht hatten. Darauf opferten die Karthager 200 Kinder der besten Familien. Es gab eine Statue des Kronos aus Erz, auf dessen Arme man das Kind legte, das dann in den Feuerofen rollte (Historische Bibliothek XX,14). Daß bei den Phöniziern Kinderopfer üblich waren, berichtet auch Philo von Byblos, der um 100 n. Chr. eine »Geschichte der Phönizier« schrieb: Die Phönizier hätten bei nationaler Gefahr »ihre liebsten Kinder auf eine geheimnisvolle Weise geopfert«.

In jüngster Zeit sind Zweifel an den Berichten über Kinderopfer der Phönizier laut geworden. Der italienische Archäologe Sabatino Moscati, wissenschaftlicher Leiter der großen Phönizier-Ausstellung (1988) im Palazzo Grassi in Venedig, betont, weder im kosmopolitischen Karthago noch in den phönizischen Stadtstaaten des

Ostens seien die Götter durch den systematischen Feuertod von Kindern gnädig gestimmt worden. Auch zeigten die Untersuchungen der Kinderleichen auf den Kinderfriedhöfen (Thophets), die man oft als Kinderopferstätten angesehen hat, keine Gewaltanwendung, es handele sich vielmehr um Feten, ferner um totgeborene oder durch Krankheit gestorbene Kinder, die in heiligen Bezirken beigesetzt worden seien. Moscati hält die Kinderopfer-Berichte über die Phönizier für feindselige Propaganda seitens der griechisch-römischen Geschichtsschreibung, mindestens, was eine systematischen Kinderopferung anbelangt. Die Feindschaft erklärt sich aus der Geschichte: Die phönizische Handelsstadt Tyros war 332 v. Chr. von dem Griechen Alexander d. Gr. erobert worden, und Karthago, im 9. Jahrhundert v. Chr. von Tyrus aus gegründet, wurde 146 v. Chr. von den Römern dem Erdboden gleichgemacht; und damit wurden die Phönizier als Beherrscher des Mittelmeeres von den Römern abgelöst. Mit anderen Worten: Weil Griechen und Römer die Phönizier in Tyros und Karthago bekämpften, verleumdeten sie die Phönizier und sagten: Diese Leute opfern ihre Kinder ihren Göttern und beweisen damit ihr Untermenschentum und die Überlegenheit unserer griechisch-römischen Kultur.

Von Kinderopfern ist auch im Alten Testament häufig die Rede. Sie werden als verwerflicher Brauch kritisiert. König Mesa von Moab (9. Jahrhundert v. Chr.), der östliche Nachbar der Israeliten, gab seinen einzigen Sohn als Brandopfer hin auf den Mauern seiner von den Israeliten belagerten Hauptstadt (2 Kön 3,27). Von Hiel (9. Jahrhundert v. Chr.) wird berichtet: »In jenen Tagen baute Hiel aus Bethel Jericho wieder auf. Um den Preis seines Erstgeborenen Abiram legte er das Fundament, und um den Preis seines Jüngstgeborenen Segub errichtete er die Tore der Stadt (1 Kön 16,34). Wahrscheinlich allerdings »besagt die Erzählung wohl nur dies, daß beim Wiederaufbau von Jericho und bei dessen Vollendung zwei Söhne Hiels starben, was man als Erfüllung eines auf der Stätte lastenden Fluchs (vgl. Jos 6,26) aufgefaßt hat« (RGG 3. Aufl. 4, S. 868).

Kritisiert wird im Alten Testament der jüdische König Ahas (8. Jahrhundert v. Chr.): »Er ließ seinen Sohn durchs Feuer gehen (= opferte ihn im Feuer) nach der greulichen Sitte der Völker, die der Herr vor Israel vertrieben hat« (2 Kön 16,3). Das gleiche wird von König Manasse (7. Jahrhundert v. Chr.) berichtet (2 Kön 21,6). Solche Kinderopfer fanden vor allem im »Hinnom-Tal« südlich von Jerusalem statt, das heute noch »Feuer-Tal« heißt und das dem Wort für »Hölle« im Neuen Testament seinen Namen gegeben hat: Gehenna.

Auch diese Berichte des Alten Testaments über Kinderopfer beruhen zum großen Teil auf übler Nachrede und feindseliger Propaganda: »Nach der greulichen Sitte der Völker, die der Herr vor Israel vertrieben hat«, heißt es anläßlich des Kinderopfers des Königs Ahas. Mit den vertriebenen Völkern sind die Voreinwohner der Israeliten, die Kanaanäer, gemeint. Nach Meinung der Israeliten wurden sie also wegen solcher Schandtaten wie Kinderopfer von den Israeliten mit Recht vertrieben. Daß man die eigenen kriegerischen Aktionen mit Greuln auf der Feindesseite rechtfertigen kann, ist nicht erst den Juden eingefallen. Und sie waren auch nicht die letzten, die diese Idee hatten. Siehe die Propagandalüge, die Iraker hätten in Kuwait 312 Babys aus den Brutkästen gerissen, mit welcher Lüge die Amerikaner mit Hilfe einer amerikanischen Werbeagentur (Hill & Knowlton) und falschen Zeugen für den Beginn des Golfkrieges motiviert wurden.

Aber nicht alle Berichte des Alten Testaments über Kinderopfer beruhen auf feindseliger Propagandalüge, nicht in allen alttestamentlichen Berichten werden Kinderopfer als heidnische Greuel verworfen. Es scheint, daß es fromme israelische Leute gegeben hat, die die Vorstellung hatten, daß Gott das Liebste, nämlich die Kinder, von ihnen fordert. Und einer von ihnen wurde nicht nur vom Alten Testament, sondern sogar vom Neuen Testament als vorbildlich gelobt, nämlich der Richter Jephta (12./11. Jahrhundert v. Chr.). Er opferte seine einzige Tochter als Brandopfer (Ri 11). Jephta hatte keinen Sohn. »Sie war sein einziges Kind, er hatte außer ihr weder Sohn noch Tochter.« Gott mußte also mit seiner Tochter vorlieb nehmen. Der alttestamentliche Autor berichtet diese Opferung ohne Tadel, und im Neuen Testament wird Jephta zusammen mit Abraham sogar als Held des Glaubens gepriesen (Hebr 11,32; 11,17). Im allgemeinen opfern die Menschen Gott oder den Göttern (oder für die gute Sache) ihre Feinde und deren Kinder. Und doch, die Idee, daß Gott oder die Götter das Liebste, also nicht die Leichen der Feinde, sondern die der eigenen Kinder verlangt, ist, wie hier in der alttestamentlichen Geschichte von Jephta, lebendig.

Um das Opfer der eigenen Tochter geht es auch in dem Drama des Euripides († 406 v. Chr.) »Iphigenie in Aulis«, in dem Euripides eine alte Sage aufnimmt: Die Königstochter Iphigenie wird von ihrem Vater Agamemnon der Göttin Artemis geopfert, damit die Göttin günstige Winde für die griechische Kriegsflotte schickt. Diese lag nämlich bei Aulis fest und konnte nicht nach Troja gelangen, weil die günstigen Winde ausblieben.

Durch Opfer dem Neid der Götter zu entkommen, trachtete vergebens Polykrates, Tyrann (= Alleinherrscher) der Insel Samos im 6. Jahrhundert v. Chr. Sein glückliches Leben und sein tragisches Ende beeindruckten die Griechenwelt (Herodot 3, 120 ff.): Polykrates wurde von dem persischen Satrapen Oroites, der ihm die Hälfte seines Schatzes versprach (acht Kisten mit Steinen, die mit einer dünnen Goldschicht bedeckt waren), getäuscht, hingerichtet und seine Leiche gekreuzigt.

Schillers Gedicht »Der Ring des Polykrates« schildert die Phase seines Lebens, als er noch beneidenswert glücklich war:

> Er stand auf seines Daches Zinnen,
> er schaute mit vergnügten Sinnen
> auf das beherrschte Samos hin.
> »Dies alles ist mir untertänig«,
> begann er zu Ägyptens König,
> »gestehe, daß ich glücklich bin.«

Der ägyptische König aber mißtraut dem Glück:

> »Mir grauet vor der Götter Neide;
> des Lebens ungemischte Freude
> ward keinem Irdischen zuteil.«

Der ägyptische König erwähnt, daß die Götter ihm seinen einzigen Sohn und Erben genommen haben und er so sein »Glück bezahlt« habe. Er rät dem Polykrates, den Göttern seinen liebsten Schatz zu opfern und ins Meer zu werfen. Polykrates wirft daraufhin seinen kostbarsten Ring in die Flut. Aber ein Fischer schenkt ihm am nächsten Morgen einen Fisch, und in dem Fisch ist der Ring. Da ergriff der ägyptische König die Flucht:

> Hier wendet sich der Gast mit Grausen...
> »Die Götter wollen dein Verderben;
> fort eil' ich, nicht mit dir zu sterben.«
> Und sprach's und schiffte schnell sich ein.

Um vor Katastrophen seitens der mißgünstigen und neidischen Götter sicher zu sein, opfert man also, was man am liebsten hat (am besten die Kinder oder, wie im Fall des Polykrates, den wertvollsten Schatz), oder aber auch, was man am liebsten tut: alles, was mit Liebe und Sexualität zusammenhängt. Die gottgeweihte Jungfräulichkeit soll schon sofort der zweite König Roms, nämlich der weise Sakralgesetzgeber Numa († 672 v. Chr.), eingeführt haben. Plutarch († ca. 120 n. Chr.) schreibt: »Die Aufsicht über die geweihten Jungfrauen, die sie Vestalinnen nennen, hatte der Pontifex Maximus (= oberster Priester).« Dieser Titel ging später auf die römischen Päpste über. Die Vestalinnen hüteten das heilige Feuer.

Plutarch fährt fort: »Den heiligen Jungfrauen wurde von dem König 30jährige Keuschheit vorgeschrieben... Doch verlieh Numa ihnen auch große Vorrechte. Eins derselben ist, daß sie bei Lebzeiten ihres Vaters ein Testament machen und ihre übrigen Geschäfte ohne einen Vormund erledigen dürfen wie die Frauen mit drei Kindern (Anmerkung: Kaiser Augustus [† 14 n. Chr.] hatte später dieses ›Dreikinderrecht‹ [ius trium liberorum] zur Förderung der Geburtenzahl erlassen). Gehen sie aus, so schreiten Liktoren (= amtliche Ehrenbegleitung für die höheren römischen Beamten und höheren Priester) vor ihnen her. Begegnen sie zufällig einem, der zum Tode geführt wird, so wird er nicht hingerichtet... Die aber, die ihre Keuschheit preisgibt, wird bei der porta Collina (in Rom) lebendig begraben.

Hier wird ein nicht großer unterirdischer Raum angelegt, in den man von oben hinabsteigen kann. In ihm befindet sich ein Ruhebett mit Decken, eine brennende Lampe und geringe Mengen der notwendigen Lebensmittel wie Brot, Wasser in einem Gefäß, Milch, Öl... Die zur Bestrafung Bestimmte setzen sie in eine Sänfte, die außen fest verschlossen ist und in der sie so gebunden und mit Riemen geknebelt wird, daß kein Laut von ihr hörbar werden kann, und tragen sie über den Markt. Alle machen schweigend Platz und geleiten sie, ohne ein Wort zu sprechen, in tiefster Niedergeschlagenheit. Es gibt kein schaurigeres Beispiel, und die Stadt kennt keinen unseligeren Tag als diesen. Ist die Sänfte an den Ort gebracht worden, so lösen die Diener die Fesseln, und der Oberpriester verrichtet vor der Vollstreckung mit zu den Göttern emporgehobenen Händen ein geheimes Gebet. Dann führt er die Verhüllte heraus und stellt sie auf die Leiter, die in das Gemach hinunter führt. Dann wenden er und die anderen Priester sich ab. Ist sie hinuntergestiegen, so wird die Leiter weggenommen und das Verließ reichlich mit Erde überschüttet... So werden die Vestalinnen bestraft, die die heilige Keuschheit preisgegeben haben« (Vergleichende Lebensbeschreibungen, Numa 10).

Die heidnische, d. h. die allgemein menschliche, Vorstellung vom Neid der Götter setzt sich im Christentum fort. Nach wie vor soll man Gott möglichst sein Liebstes opfern. Bezüglich des Opfers der eigenen Kinder ergibt sich allerdings eine interessante Verschiebung: Was man bisher meistens den Feinden angehängt hatte, wird von den Christen auf Gott übertragen. Aus vorchristlicher Greuelpropaganda wird christliche Frohbotschaft: Gott opfert seinen einzigen erstgeborenen Sohn.

Der Philosoph Ernst Bloch hat schon vor geraumer Zeit diesen Wahnsinn des zentralen Glaubenssatzes der Christen so umschrieben: »Ist doch der nun letzte Quell der Opfertodlehre nicht nur besonders blutig, sondern auch besonders archaisch: er entspringt dem ältesten, so lange schon vermiedenen *Menschenopfer*... Gnadenlose Gerechtigkeit rechnete nun Schulden auf, für die Bezahlung verlangt wurde, und der Christus der Opfertodlehre bezahlte sie mit seinem unschuldigen Blut, sogar noch durch überschüssiges Verdienst einen Gnadenschatz zu kirchlicher Verwaltung anhäufend...« (Atheismus im Christentum, 1969, S. 221 f.)

Das Freudige und Neue an der Sache soll nach christlicher Auffassung dies sein: Gott opfert seinen Sohn nicht zu seinem eigenen Vorteil, sondern für uns. Er will damit nicht für sich etwas erreichen, sondern für die Menschheit. Das Äußerste, was der Mensch für Gott tat, tut Gott jetzt für den Menschen, im christlichen Sprachgebrauch auch »Gnade« genannt. Während im Alten Testament die Geschichte von der Opferung Isaaks erzählt wird, um zu zeigen: Gott lehnt Kinderopfer ab (statt Isaak wird nur ein Widder geschlachtet), schlachtet im Neuen Testament Gott statt eines Lammes seinen eigenen Sohn, und wird Abraham als Vorläufer solcher Sohnesschlachtung gesehen. Man sieht den Fortschritt vom Judentum zum Christentum.

Gott, »der Würger der Erstgeborenen«, wie er im Hebräerbrief (11,28) genannt wird, weil er die Erstgeburt der Ägypter tötete, erwürgt jetzt seine eigene Erstgeburt. Dieser Gott mit den blutigen Händen läßt seine Priester Tag für Tag das blutige Sohnesopfer »unblutig« wiederholen (Katholiken) oder wenigstens sonntags daran erinnern (Protestanten). Das Sohnesopfer ist jedenfalls für alle Christen der Kern des Christentums.

Aber sonst bleibt alles wie vorher. Der Gedanke, daß man Gott das Liebste, nämlich Menschenleben, opfern soll, ist so lebendig wie bei den Heiden. Statt des Opfers des Erstgeborenen (für diese Barbarei ist im Christentum nur noch Gott selbst zuständig) wird im Christentum die Idee des Martyriums herrschend: das Opfer des eigenen Lebens. Die christliche Heiligenverehrung beginnt im 2. Jahrhundert an den Gräbern der Martyrer. Dort feiert man die

Eucharistie. Über den Gräbern der Martyrer werden Kirchen erbaut. Die Martyrer, die Gott ihr Leben opferten, sind die ersten Heiligen. Vom 4. Jahrhundert an, als das Christentum zur Staatsreligion wurde und aus den Verfolgten Verfolger, wurden Mönchtum und Jungfräulichkeit zu den wichtigsten Wesensmerkmalen christlicher Opfermentalität.

Natürlich bleibt das blutige Martyrium die höchste Vollendung. Die kleine Therese von Lisieux († 1897) schreibt in ihrer Selbstbiographie: »Und vor allem wünsche ich Martyrerin zu sein! Das Martyrium! Es war mein Jugendtraum, und dieser Traum nahm in der kleinen Karmelzelle an innerer Kraft zu. Ich sehne mich nicht nur nach einer einzigen Art der Marter. Ich verlange nach allen. Gleich dir, mein göttlicher Bräutigam, möchte ich gegeißelt und gekreuzigt werden... Gleich dem heiligen Bartholomäus möchte ich mir die Haut abziehen lassen, mit dem heiligen Johannes in siedendes Öl getaucht, wie der heilige Ignatius von Antiochien von den Zähnen der wilden Tiere zermalmt werden, auf daß ich als würdiges Gottesbrot erfunden würde. Mit der heiligen Agnes und der heiligen Cäcilia wünschte ich meinen Nacken dem Henker darzubieten und mit Johanna von Arc den Namen Jesus auf einem brennenden Scheiterhaufen zu flüstern« (Geschichte einer Seele, 1936, S. 207).

Da das Martyrium sich nicht zu allen Zeiten verwirklichen läßt, ist im allgemeinen die gottgelobte Jungfräulichkeit als das weiße Martyrium zum Ideal derer geworden, die sich Gott ganz opfern wollen. Johannes Paul II., der laut Juan Arias überzeugt ist, seinen Erfolg »mit einem schweren Unglück eines Nahestehenden bezahlt zu haben«, hat keine Kinder und keine Frau. Nahe steht ihm demnach niemand. Für ihn persönlich kann also die Höchst-Bezahlung der Gottheit nach altem heidnischem Aberglauben nur in der gottgeweihten Jungfräulichkeit liegen. Sie wird denn auch in dem »Oggi«-Geburtstagsartikel über den Papst ausdrücklich hervorgehoben: »Für den Papst ist und bleibt das Ideal des Christentums die Keuschheit.« Und in seinem Apostolischen Schreiben über »Die

Würde der Frau« (1988; Inhalt [sinngemäß]: 1. Teil: Die Jungfrau Maria. – 2. Teil: Maria, die Jungfrau. – 3. Teil: die Jungfräulichkeit Mariens) bezeichnet Johannes Paul II. als Stern und Kern der Botschaft Christi, als das eigentlich Neue und Entscheidende des Christentums: die Jungfräulichkeit (Kap. 20).

Für die kleinen Normalchristen sind als Bezahlung der Gottheit nicht die beiden großen Opfer (Lebensopfer und Jungfräulichkeit) vorgesehen, sondern kleinere Öpferchen. Solche beschreibt Kardinal Hengsbach zu Beginn der Fastenzeit laut Bericht der »Westdeutschen Allgemeinen Zeitung« vom 8. 3. 1984: »Bischof Hengsbach stellt die Frage: ›Wie wir Christen es mit dem Opfer halten‹. Er betont, daß der Mensch in jedem Opfer bezeugt, der gesamten Schöpfung und dem Schöpfer zu unterstehen. Allerdings, so räumt Bischof Hengsbach ein, müsse dieses Opfer in ›Freiheit und Liebe‹ dargebracht werden und nicht durch irgendwelche Zwänge wie ›Krankheit, Mißerfolg, Arbeitsunfähigkeit und Arbeitslosigkeit‹ hervorgerufen sein.« Hier zeigt sich die ganze Unbarmherzigkeit einer Religion, der die echten Leiden der Menschen nicht genug sind, sondern die Wert darauf legt, daß zusätzlich unechte Leiden produziert werden.

Madonna, amerikanischer Medienstar, sagt über ihren katholischen Vater: »Mein Vater hat einen nie-endenden Eindruck auf mich gemacht. Er hatte eine Philosophie, kleine Perlen der Weisheit, die er auf uns tropfen ließ. Eine davon war: wenn es sich gut anfühlt, tust du etwas Unrechtes. Wenn du leidest, tust du etwas Richtiges« (Time, 20. 5. 1991, S. 48).

In dem Fernsehfilm »Vom Kloster in die Ehe« (WDR III, 18. 11. 1991) erzählt eine ehemalige Karmeliterin, daß sie sich im Kloster jede Woche geißeln mußten auf die nackte Hüfte, in der Karwoche sogar jeden Tag einen Bußpsalm lang »zur Erinnerung an das Leiden Christi«. Nach der Karwoche konnte sie nicht mehr sitzen oder liegen. Die jetzt verheiratete Nonne sagt: »›Zur Erinnerung an das Leiden Christi?‹, den Zusammenhang habe ich nie verstanden.« Da gibt es auch nur diesen einen Zusammenhang: daß menschliche

Grausamkeit fälschlich als Gottes Wille betrachtet wird. Das Christentum ist insofern eine Erziehung zur Grausamkeit.

Die kleine Therese von Lisieux, Karmeliternonne, schreibt: »Während meines Postulats (= Probezeit) fielen mir gewisse in unseren Klöstern gebräuchliche äußere Bußübungen sehr schwer. Allein ich gab meinem Widerwillen niemals nach. Mir schien, als sähe der Gekreuzigte im Kreuzgarten mit flehendem Blick auf mich herab und <u>bettle</u> (unterstrichen von der kleinen Therese) um diese Opfer« (a. a. O., S. 223).

In dem Fernsehfilm »Leben um zu beten. Marienau, die einzige Kartause in Deutschland« (WDR III, 16. 3. 1985) sagt ein Mönch: »Wir bringen alle 14 Tage das Opfer unserer Haare und fegen dann selbst die Haare zusammen.« Die Kartause zog inzwischen wegen Fluglärms ins Allgäu. Dabei hätte sich der Fluglärm mindestens so wie der Haarschnitt als Gottesopfer geeignet.

Das an den Haaren Herbeigezogene der heidnisch-katholischen Opfermentalität zeigt auch Johannes Paul II. Er sagte am 12. November 1988 auf dem internationalen Moraltheologenkongreß in Rom: »Auch für Aidskranke oder für Personen, die Verhütungsmittel als Vorbeugung gegen die Immunschwächekrankheit gebrauchen wollen«, lasse die kirchliche Morallehre »keine Ausnahme zu. Eine solche Ablehnung der kirchlichen Morallehre entleert das Kreuz Christi.« Und Carlo Caffarra, Sprachrohr des Papstes und Leiter des päpstlichen Instituts für Ehe- und Familienfragen, fügte hinzu: Wenn der aidsinfizierte Ehemann die lebenslängliche »völlige Abstinenz« nicht fertigbringe, sei es besser, daß er seine Ehefrau infiziert, als daß er ein Kondom nimmt, denn »die Wahrung spiritueller Güter, wie des Sakraments der Ehe, ist dem Gut des Lebens vorzuziehen.« Selbstverständlich, denn Lebensopfer und Sexualopfer sind seit Heidengedenken erprobte Mittel, die Götter wohlwollend zu stimmen. Von einer absurden Kreuzestheologie zu einer absurden Kondomtheologie ist offenbar nur ein Schritt. Der gemeinsame Nenner ist die Unmenschlichkeit.

Der große Wiener Historiker Friedrich Heer schreibt, daß Goethe und Schiller die Christen sahen »als grausame Feinde des Lebens, als Kreuzverehrer, Bußkrampf-Verirrte, als weltfeindliche Töter, als Fanatiker; als Menschen, die dringend einer Erlösung bedürfen: in einer Religion des Menschen« (Europa, Mutter der Revolutionen, 1964, S. 121).

Und doch hat es immer Theologen gegeben, die gegen das sinnlose Opferbringen sich wandten, z. B. die Propheten Amos (5,21–25), Hosea (6,6), Jesaja (1,10–17), Micha (6,6–8), alle aus dem 8. Jahrhundert v. Chr., und der Prophet Jeremia (6,19 f.; 7,21–23) aus dem 7. Jahrundert v. Chr. Der Prophet Hosea sagt: »An Liebe habe ich Wohlgefallen und nicht an Schlachtopfern« (6,6). Und der Prophet Micha fragt: »Hat der Herr Wohlgefallen an vieltausend Widdern, an ungezählten Bächen Öl? Soll ich meinen Erstgeborenen hingeben für meine Sünde, die Frucht meines Leibes als Sühne meiner Seele? ›Es ist dir gesagt, Mensch, was gut ist und was der Herr von dir fordert: nichts als Recht üben und die Güte lieben und demütig wandeln vor deinem Gott.‹« Aber es sollte noch bis zum Jahre 70 n. Chr. dauern, bis die Tieropferungen aufhörten. Es war kein freiwilliger Verzicht und keine Befolgung der Prophetenworte, es war, weil die Römer den Tempel zerstörten.

Und es gibt auch heute Theologen, die nachdenklicher über Kreuz und Opfer reden, z. B. Kardinal Joseph Ratzinger, der, bevor er Kardinal wurde, ein bedeutender Theologe war. Er schreibt in seinem Buch »Einführung in das Christentum« (1968): »Das konstitutive Prinzip des Opfers ist nicht die Zerstörung, sondern die Liebe ... Wie sollte Gott an der Qual seiner Kreatur oder gar seines Sohnes Freude haben oder womöglich gar darin die Valuta sehen können, mit der von ihm Versöhnung erkauft werden müßte? Die Bibel und der rechte christliche Glaube sind weit von solchen Gedanken entfernt. Nicht der Schmerz als solcher zählt, sondern die Weite der Liebe ... Wäre es anders, dann wären die Henkersknechte am Kreuz die eigentlichen Priester gewesen ... Daß der vollendete Gerechte, als er erschien, zum Gekreuzigten, von der Justiz dem Tod Ausgelieferten, wurde, das sagt uns nun schonungslos, wer der Mensch ist: so bist du, Mensch, daß du den Gerechten nicht ertragen kannst – daß der einfach Liebende zum Narren, zum Geschlagenen und zum Verstoßenen wird« (S. 238 ff.).

Das ist richtig. Es ist zu vermuten, daß Kardinal Ratzinger, hätte er damals gelebt, sich gegen diese Kreuzigung aufgelehnt hätte. Aber jetzt, nach 2000 Jahren christlicher Theologie, die diese Kreuzigung fixiert und in ihrem Lehrgebäude versteinert hat, die diesen Tod unter- und überbaut hat als notwendig zu allem und jedem, als einen Tod, ohne den es keine Erlösung gibt, jetzt ist es nicht mehr so sicher, daß er auf die Kreuzigung verzichten möchte.

Ja, es ist nicht sicher, ob nicht überhaupt alle Christen durch die Lehre vom Kreuz, die sie als das Zentrum der christlichen Lehre betrachten, in Gefahr sind, die Barmherzigkeit zu verlieren. Es ist nicht sicher, ob nicht das Christentum durch seine unmenschliche Kreuzestheologie, statt die Menschen menschlicher zu machen, nur die Unmenschlichkeit der Menschen fördert.

Was bleibt? Manche meinen: Wenn wir die Märchen und Wundergeschichten des Christentums beiseite gelegt haben, dann sei das Christentum entleert, und es bleibe von ihm nichts mehr übrig. Aber der Glaube, der Märchen und Wundergeschichten zum Inhalt hat oder sich auf diese gründet, ist ein kläglicher und nichtiger Glaube. Er ist ein Glaube, der zu nichts taugt. Weht der Wind der Zeit die Märchen fort, ist auch dieser Glaube fortgeweht.

Aber hinter dem flüchtigen und verwehenden Märchenglauben bleibt, was keine Zeit fortwehen kann. Es bleibt der Glaube an Jesus selbst, und zwar unmittelbarer und entscheidender, als dieser Glaube es inmitten der vielen Wundergeschichten hätte sein können. Denn es bedeutet für unser Leben nichts, ob Jesu Geburt eine Jungfrauengeburt war, ob Jesus Wasser in Wein verwandelte, ob er über das Wasser laufen konnte oder Kranke heilte. Wenn nicht auch wir von ihm geheilt werden, bedeutet uns das alles nichts. Und auch seine Hinrichtung bedeutet uns, außer daß sie unser Mitleid anspricht, letztlich nichts. Es gab damals und gibt heute viel zu viele Hingerichtete (jeder von ihnen war und ist einer zuviel), die, außer daß sie unser Mitleid und unseren Protest gegen die Todesstrafe hervorrufen, für unser Leben nichts bedeuten.

Es ist Jesu Leben, das für uns entscheidend ist, seine Stimme, die zu uns spricht, die uns mehr und Größeres als alle Mirakel sagt, weil sie die Stimme der Barmherzigkeit Gottes ist. Dieser Stimme sollen wir glauben, mehr als unserer eigenen. Jesus sagt von sich, daß er der

Weg und die Wahrheit und das Leben ist. Nicht der Weg zu einem kleinen Leben, das die Zeit verweht, sondern zu einem wahren und ewigen Leben, das für immer Gültigkeit behält.

Als ich nach Erscheinen dieses Buches einen Vortrag in einer Bielefelder Buchhandlung hielt und anschließend Bücher signierte, kam zum Schluß der Buchhändler und bat mich, noch ein Exemplar zu signieren, zu dem er mir etwas erklären wolle. Ich sagte, das sei nicht nötig, ich wollte es auch so und auf jeden Fall signieren. Aber dann legte er eine Todesanzeige hin und sagte: Es handelt sich um diese Eltern, die eigentlich heute abend kommen wollten, aber sie sind gestern in die USA geflogen zur Beerdigung ihres Sohnes, und die Mutter bat mich vorher, dieses Exemplar von Ihnen signieren zu lassen. Ich las die Todesanzeige: Unser einziger Sohn ... Professor ... Es folgte der Name einer Universität in Amerika.

Ich war erschrocken und überlegte, wie kann ich nun in einem Satz alles sagen, sozusagen das End-Gültige, das am Ende noch Gültige? Ich dachte an die Auseinandersetzung über die Auferstehung, die Jesus mit den Sadduzäern, die nicht an die Auferstehung glaubten, hatte: »Und es kamen Sadduzäer zu ihm, die bekanntlich sagen, es gebe keine Auferstehung«, und daß Jesus zu ihnen sagte: »Was die Toten betrifft, daß sie auferweckt werden, habt ihr denn nicht gelesen im Buch Moses bei der Geschichte vom Dornbusch, wie Gott zu ihm sagte: ›Ich bin der Gott Abrahams und der Gott Isaaks und der Gott Jakobs‹? Er ist nicht ein Gott der Toten, sondern der Lebendigen. Ihr irrt sehr« (Mk 12,18 ff.).

Und so schrieb ich also in das Exemplar: »Gott ist nicht ein Gott der Toten, sondern der Lebendigen« (Mk 12,27). Ich weiß nicht, ob dieser Satz, den Jesus zu den skeptischen Sadduzäern sagte, ein Trost sein konnte für jene Eltern. Aber ich weiß, daß dieser Satz ein Trost war und ist für mich.

361